MENTIRAS CREÍBLES Y VERDADES EXAGERADAS

500 AÑOS DE LEYENDA NEGRA

ENRIQUE SUEIRO

PRÓLOGO DE JOSÉ ANTONIO ZARZALEJOS

KOLIMA BOOKS

Título original: *Mentiras creíbles y verdades exageradas. 500 años de Leyenda Negra.*

Primera edición: Marzo 2022
© 2022 Editorial Kolima, Madrid
© Enrique Sueiro
www.editorialkolima.com

Autor: Enrique Sueiro
Dirección editorial: Marta Prieto Asirón
Maquetación de cubierta: Beatriz Fernández Pecci
Maquetación: Carolina Hernández Alarcón

ISBN: 978-84-18811-59-3

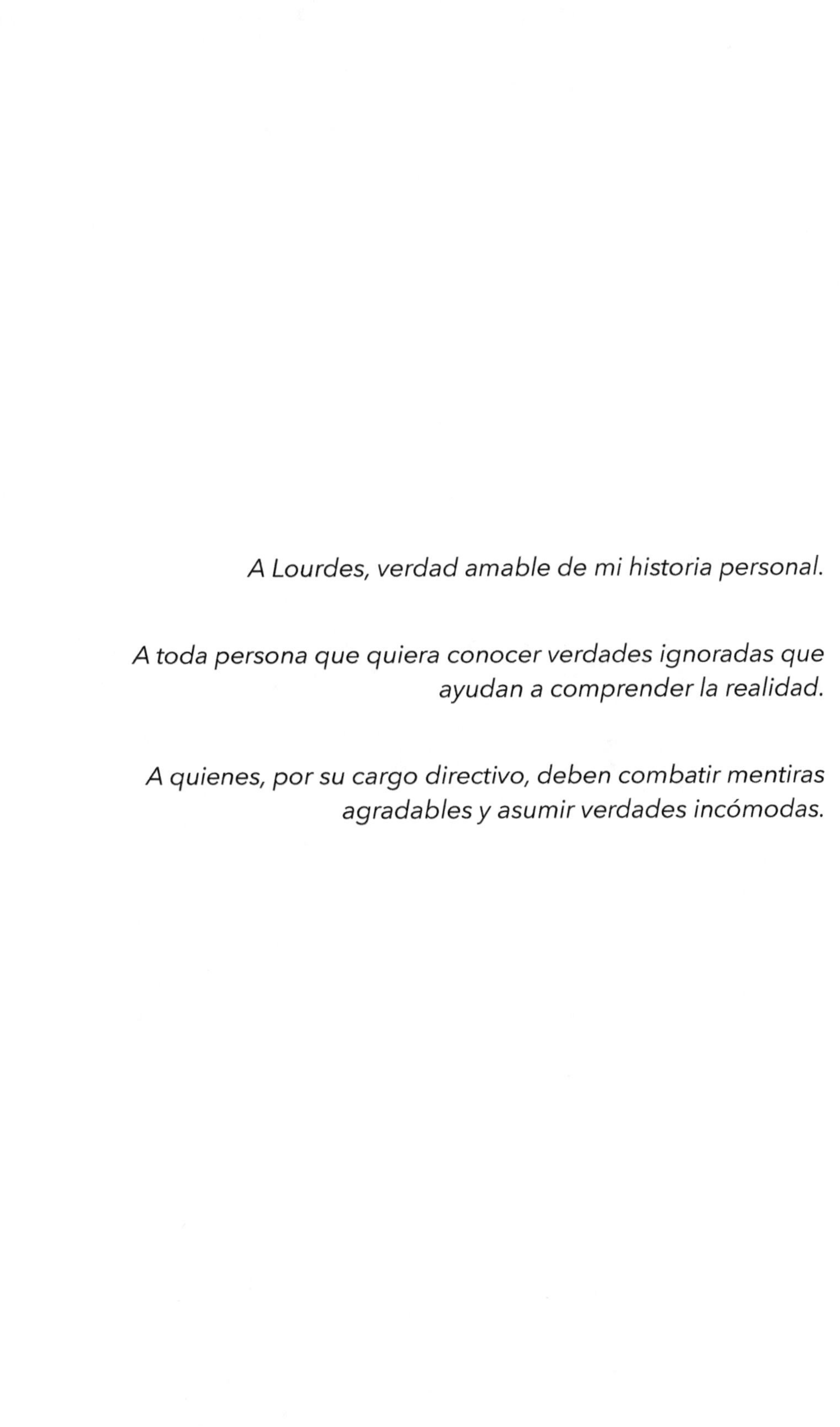

A Lourdes, verdad amable de mi historia personal.

A toda persona que quiera conocer verdades ignoradas que ayudan a comprender la realidad.

A quienes, por su cargo directivo, deben combatir mentiras agradables y asumir verdades incómodas.

Índice

Prólogo

Una España sin relato

Este libro que me honro en prologar no lo es de historia en sentido estricto, aunque verse sobre hechos de nuestro pasado, decisivos en la conformación de la imagen de España y en la autopercepción por los españoles de su propio devenir. Tampoco es un ensayo sobre comunicación reputacional estrictamente, aunque el autor sea un acreditado especialista en la materia. Se trata de una obra híbrida que, con gran erudición y abundancia de datos contrastados, escoge episodios históricos decisivos para nuestra nación y demuestra cómo no hemos sabido transmitirlos de una forma tal que, respondiendo a la veracidad de los acontecimientos, mostrasen a su través nuestras virtudes colectivas y nuestras carencias individuales y sociales, al igual que, con habilidad, han logrado otros países que en su tiempo se convirtieron en feroces adversarios de España.

Mentiras creíbles y verdades exageradas de Enrique Sueiro, subtitulado «500 años de leyenda negra» es un texto que no pretende, creo, competir con otras obras de referencia sobre el origen y el desarrollo de la fabulación que atribuye a nuestros más grandes logros −desde la civilización de la América hispana hasta nuestra presencia en los territorios al norte de la hoy república francesa− lacras que como un mantra se han ido transmitiendo de generación en generación hasta alcanzar a nuestros días. El alma de este libro consiste en explicar cómo la historiografía no ha rectificado las «verdades exageradas» a las que alude el autor y que se han convertido en «mentiras creíbles» configurando así un cuerpo de doctrina que sienta el principio indiscutible de que España y los españoles, prácticamente durante los tres siglos de su hegemonía imperial, se comportaron de forma neroniana frente a las actitudes poco menos que humanitarias, comprensivas e integradoras de potencias coloniales como la británica y la francesa, y otras menores pero relevantes, como la belga, y recientes, como la soviética y la estadounidense a las que el profesor procura un higiénico repaso crítico. En definitiva, se trata de una indagación del porqué la «leyenda negra» se ha instalado en la cultura histórica —y en la política— que se maneja sobre nuestro país y que los españoles hemos asumido con una cierta mansedumbre intelectual.

La comunicación reputacional es «performativa», es decir, que al emitirse transforma la realidad percibida y muta su vibración estableciendo el estado de opinión pretendido. En nuestros días esa capacidad de presentar la realidad de un determinado modo, con el lenguaje adecuado, mechando en él las emociones y los sentimientos, secuenciando los hechos con rigor, pero con intención, es todo ello lo que conforma el relato también denominado «storytelling». Y justamente es de relato, de ese relato reputacional, del que España ha carecido. Y Enrique Sueiro explica la razón de esa omisión que es idiosincrática en España.

Quizás fuera adicionalmente necesario incorporar a la constatación de esa insuficiencia crónica de la política y la historiografía españolas algunas reflexiones diagnósticas sobre los rasgos psicológicos del biotipo español que se caracteriza por una suerte de quijotismo —es decir, de orgullo tantas veces mal entendido— que suele despreciar los intangibles para atenerse a las materialidades, a los elementos objetivos de la realidad como si estos tuvieran por sí mismos capacidad de comunicación. Lo que enlaza con una actitud que, siendo orgullosa, es también resignada y de raíz confesional: el evangélico de «por sus hechos los conoceréis».

Decididamente, los hechos no tienen capacidad de relatar su ontología, sino que se someten a interpretación y enjuiciamiento en un debate caleidoscópico en el que intervienen tanto el rigor como la emoción. Por eso provoca asombro —y lamentación— que los episodios radiografiados en el libro, sin duda los más protagonistas de nuestra entidad histórica y los más contribuyentes a la leyenda negra, se presenten sin la versión contrastada en beneficio de la negativamente exagerada urdida por los adversarios de la larga hegemonía histórica de España. El autor demuestra así que la técnica performativa del relato no es un hallazgo contemporáneo en la comunicación reputacional, sino un mecanismo propaganda que comenzó, a la manera en la que entonces resultaba posible, hace un buen puñado de siglos. A fin de cuentas, los detractores más aviesos del imperio español fueron Bartolomé de las Casas y Antonio Pérez, y los autores confesos del pesimismo patrio de finales del siglo XIX fueron egregios españoles que integraron la llamada «Generación del 98».

La lectura de este libro es apasionante porque introduje el bisturí del análisis, con toda suerte de datos, hasta alcanzar la localización de la tumoración maligna que emponzoña nuestra historia y crea a los propios españoles una baja estima en su condición nacional. Se atribuye a Antonio Cánovas del Castillo la frase amarga de que «son españoles los que no pueden ser otra cosa», un lamento inspirado por la dificultad casi insalvable de definir la nacionalidad española en un proyecto de constitución. La frase del que fuera uno de los políticos más relevantes del siglo XIX remite al efecto perverso que la ausencia de relato histórico gratificante –a la vez que justo– sigue causando en la cohesión de España. Nuestra estima, por los suelos.

En este sentido, Enrique Sueiro parece muy consciente de la gran actualidad de su trabajo porque el sustrato de la crisis territorial de la nación –irresuelta por la Constitución de 1978 pese al establecimiento de un modelo de Estado autonómico– es que España está en la picota porque, como afirmó un expresidente del Gobierno, su naturaleza nacional es «discutida y discutible». El factor afectivo de la pertenencia se ha ido debilitando de manera progresiva y, en los momentos más cruciales de nuestro presente, se ha anclado en el brumoso pasado: la fecha mágica del secesionismo catalán es 1714 y el integrismo sabiniano vasco se remonta al mito del cantabrismo de la época romana y a fabulaciones posteriores.

Esas tensiones segregacionistas en nuestro país, que arrancan de principios del siglo XX aunque tienen sus raíces en el romanticismo anterior y se agudizan con la II República y reaparecen después de la transición democrática, tienen que ver con la ausencia, en unas ocasiones, y el disenso, en otras, del y sobre el relato nacional, del olvido de las vinculaciones históricas estrechísimas que nos aglutinan en un proyecto colectivo secularmente mantenido y que ha protagonizado momentos estelares de la historia hurtando a estos efectos el título de una de las mejores obras de Stefan Zweig.

Por las razones que expone puntillosamente el autor, esos momentos «estelares» de España se han convertido en episodios tantas veces umbríos a los que se han restado épica y mérito por los adversarios, que no han encontrado réplica en una España que es nación, pero cuyo Estado, en su versión medieval, pero también contemporánea, no ha alcanzado el grado de profesionalización para comportarse como un jugador principal en las relaciones de poder internacionales.

En ese orden de cosas, es grave el embate de los populismos bolivarianos —México, Perú, Nicaragua, Venezuela— que exigen imperativamente que nuestros más altos representantes políticos e institucionales «pidan perdón» por la mayor obra —inconmensurable— de España: su acción civilizatoria en América con cuyos indígenas nuestros ancestros, como ningún otro pueblo colonizador, se fundieron en una confraternización inédita en los anales de la historia. Unen estos dirigentes a la altivez, la iconoclastia como nueva forma de «cancelación» en un ejercicio escandalosamente banal de lo políticamente correcto, un concepto que desgarra la interpretación histórica e impone los cánones no solo de lo que debe decirse, sino de cómo debe pensarse.

Uno de los grandes aciertos de esta obra consiste en su carácter pedagógico y proactivo. No se limita a relatar cómo la Armada española fracasó en su invasión de Inglaterra, ni cómo los Reyes Católicos, Carlos V y Felipe II se ocuparon de la humanidad íntegra de los naturales de las tierras colonizadas, ni de cómo los

Estados Unidos manipularon un accidente naval para convertirlo en un motivo de conflagración bélica en Cuba, ni como Julián Juderías resumió en un extraordinario párrafo que los españoles no fuimos mejores que otros pero tampoco peores en nuestra conquistas, ni cómo, en fin, Antonio Machado se duele en carta a Ramiro de Maeztu, glosándole admirativa pero también penosamente, su «Defensa de la Hispanidad».

Sueiro introduce al final de cada uno de los siete capítulos de la obra una práctica «síntesis reputacional», unos breves y atinados consejos –a veces solo reflexiones– para que, aplicándolos, no persistamos en el quietismo resignado de un pueblo con una historia que habría que esconder en vez de mostrar. Igual mención elogiosa merecen las 55 reflexiones ejecutivas con las que concluye este ensayo que cierran lo que el autor considera «un somero repaso a algunos episodios de la historia de España desde una perspectiva de comunicación directiva y de gestión reputacional».

Concluyo esta breve introducción destacando la originalidad de este texto que, además de erudición histórica (véase la bibliografía consultada y el gran número de notas a pie de página que aportan rigor científico al libro), ofrece una visión diferente en el entendimiento del sesgo canónico –y no por ello auténtico– con el que se ha leído y analizado la historia de nuestro país. Por lo demás, la aportación a la ciencia de la comunicación resulta obvia. Es esta una obra de consulta obligada que tiene la virtud de ofrecer criterios estandarizados para afrontar cualquier tipo de relato. Se trata, en definitiva, de una lección de historia, pero también de una erudita y original manera de apelar a la comunicación performativa de la realidad de España en cualquiera de las muchas facetas en las que nuestro país requiere de alguien, muchos, que le escriba para evitar la exageración de las verdades y destruir la verosimilitud de las mentiras creíbles.

José Antonio Zarzalejos

Periodista y escritor

Apertura (mental)

Saber sí ocupa lugar y, sobre todo, tiempo.

Habla el ignorante sin pudor y calla el sabio con temor.

Cuando el ignorante habla suele pontificar, exagerar y adjetivar.

Cuando el sabio habla suele dudar, matizar y sustantivar.

Si alguien nos cae mal, no llegaremos a reconocerle ni una brizna positiva.

Si alguien nos cae bien, atenuaremos hasta su barbarie más evidente.

Cuando estas premisas se aplican a asuntos complejos y distantes en el tiempo, se aleja aún más la posibilidad de hacerse una idea cabal de la realidad.

El hilo conductor de estas páginas es la Leyenda Negra, esa serie de estereotipos que, de forma consciente o no, transmiten una imagen falsa de la realidad histórica de España al magnificar bajezas y ocultar grandezas, en particular desde el siglo XVI. Este libro no es de historia, aunque se refiera a ella; habla de la Leyenda Negra, mas no agota el tema, y lo aborda desde una perspectiva de comunicación reputacional, que no es la única posible.

He disfrutado leyendo miles de páginas de obras y sitios de Internet porque quería saber. Aun a riesgo de equivocarme, intuyo algo parecido a lo que percibo al leer periódicos: que gran parte de lo publicado es cierto, pero no más que lo omitido. Y que la clave está en la proporción.

Los títulos de los capítulos tienen vocación de antídotos de esa Leyenda Negra, trasplantables a la gestión de cualquier organización humana. El primero aborda la necesidad de adaptar la percepción a la realidad, conscientes de que, si un relato es leyenda, el color da igual. Los capítulos segundo y quinto se centran en personajes clave para entender la Leyenda Negra: Bartolomé de Las Casas, Felipe II y su secretario Antonio Pérez. El motivo de pormenorizar detalles de su personalidad y comportamiento es comprender mejor su impacto en los argumentos negrolegendarios utilizados contra España. Tanto el tercero —colonialismo comparado— como el cuarto —la Inquisición— pretenden arrojar luz con unas verdades frecuentemente ignoradas de un contexto en el que otras se transmiten de forma exagerada. Ese mismo propósito guía el contenido del capítulo sexto, sobre una realidad española de vanguardia que, por desconocimiento, se percibe de forma injusta. El séptimo ejemplifica —con sucesos en torno a la Armada— cómo, no solo la mentira, sino magnificar lo puntual y silenciar lo habitual genera desinformación. El contenido se completa en la conclusión con medio centenar de reflexiones ejecutivas.

Evitar la extrema defensa y el radical ataque, sin matiz intermedio

Salvo fallo de memoria, desde que tengo carné de conducir (1986) me han notificado cuatro multas de tráfico. No menos cierto es que he cometido más infracciones que esas sancionadas. Cualquiera que publicara esto, detallado minuciosamente en varios volúmenes y traducido a diversas lenguas, estaría diciendo una verdad; pero si solo hablara de ello estaría transmitiendo al mismo tiempo una manifiesta falsedad. Quienes más me aprecian omitirían de mi pasado, probablemente, esas cuatro multas que realmente existieron. Y quienes se empeñen recabarían detalles también reales. El círculo manipulador se cerraría si, cada vez que se informase del tráfico, se recordara mi caso y solo se hablara de él.

La información accesible condiciona la percepción. Bien lo sabían los gestores de la imagen de Franklin Delano Roosevelt. De las 35.000 fotografías conservadas en la Roosevelt Presidential Library, solo dos muestran al presidente estadounidense en silla de ruedas.[1]

Apenas me ha resultado novedoso lo que he leído sobre lo muy difundido de la historia de España. Sin embargo, me ha sorprendido lo que ahora he conocido y que ha tenido una difusión mucho más restringida.

A toda costa quiero evitar la visceralidad que se percibe en algunas fuentes que van desde la extrema defensa al radical ataque, sin matiz intermedio. Como ilustra Javier Fernández Aguado en *Liderar en un mundo imperfecto*, hasta los más altos ideales incurren en errores y barbaridades. Aun en la más cruel perversidad se encuentra algún atisbo positivo.

No creo que los españoles, con nuestro historial más brillante, seamos sustancialmente mejores que los franceses, ingleses, alemanes, holandeses o portugueses, con páginas también gloriosas de historia. Tampoco estimo que nuestras bien conocidas brutalidades superen las aberraciones más ignoradas e igualmente ciertas de nuestros vecinos europeos. Cuanto más sabemos, más necesitamos matizar lo que afirmamos. Buena ilustración es la respuesta que se adjudica a Chesterton cuando le preguntaron qué opinaba de los franceses: «No sé, no me los han presentado a todos».

Los españoles se consideran, injustamente, inferiores

A la vista de los datos contrastables, parece que hay amplio margen para seguir aprendiendo sin miedo a la verdad. Sigue actual la sentencia atribuida a San Gregorio (siglo IV) de que «no hay peor escándalo que querer suprimir la verdad por miedo al escándalo».[2] Donde también se aprecia opción de mejora es en la autoestima de los españoles. Según encuestas del Real Instituto Elcano, España recibe mejor valoración de los extranjeros que de los nacionales, y los españoles nos apreciamos menos a nosotros mismos de lo que otros ciudadanos valoran a sus propios países. Tres botones de muestra dentro de Europa: vemos el país como «corrupto» (64 % frente al 27 % de los europeos), «débil» (52 % frente al 25 % de nuestros vecinos) y «pobre» (62 % frente al 43 % de ellos).[3] Se confirman tanto la saludable actitud de los españoles de no considerarse superiores, como su injusta tendencia a creerse inferiores. En tan singular proceso de extranjerización, con llamativa asimetría confluyen ignorancia y embelesamiento. Al desconocimiento de los méritos propios y de los fiascos ajenos se suman una desproporcionada admiración por lo foráneo y una minusvaloración patológica de lo nacional.

Cada cifra, cada porcentaje, cada enumeración, cada argumento aquí expuesto requeriría no pocos matices y elementos adicionales de contexto. Abordarlos todos resultaría inviable y, de conseguirlo, haría ilegible el resultado final. Sería una especie de Boletín Oficial del Estado (BOE) que recogería todo y, precisamente por eso, casi nadie consultaría. En el extremo opuesto, excesiva síntesis, el riesgo también acecha. La Agencia Central de Inteligencia (CIA) de EE.UU. resume tanto el párrafo informativo sobre España que apenas hay referencia a nada relevante entre su época dorada (siglos XVI-XVII) y la dictadura de Franco (1939-1975).[4]

A esta limitación deben añadirse, al menos, tres condicionantes específicos de la subjetividad y relatividad de los textos históricos: las connotaciones de las palabras que nombran hechos, el modo de surgir la historia como tipo de conocimiento y los diversos puntos de vista según sus protagonistas.[5]

Sobre este último aspecto, la perspectiva de los actores, resulta iluminador conocer versiones y argumentos de unos y otros, ya que sus vivencias y percepciones pueden diferir notablemente. Hernán Cortés y Moctezuma encarnan un ejemplo esclarecedor. Parece que el español tomaba la iniciativa para conseguir su conversión al cristianismo. Cuando el conquistador comparaba la aberración de los sacrificios aztecas con la sencilla misa católica, el líder mexica, que escuchaba con interés, respondía que le parecía menos execrable sacrificar personas que comer la carne y la sangre del mismo Dios.[6] Se ignora si llegó a producirse contrarréplica para explicar este misterio de la fe como renovación incruenta de la muerte de Jesús en la cruz.[7]

Comunicar es también gestionar percepciones

La reputación, aunque se refiere a algo real, se basa más en la percepción de esa realidad… y lo que se percibe no siempre coincide con lo que es. Hay personas, organizaciones y países que son mucho mejores de hecho que su reputación. Y viceversa. De ahí la relevancia de conseguir, primero, un buen producto o servicio y, después, una percepción (positiva) acorde con esa realidad (buena). Nada menos. Gran falacia la de comunicar bien algo malo. No funciona a largo plazo.

Con frecuencia el problema es de comunicación en su vertiente de gestionar percepciones. Veamos un ejemplo sobre reputación nacional. A modo de test orientativo, cabe ensayar con el siguiente cuestionario de historia:

1. ¿Dónde murieron menos personas quemadas en la hoguera acusadas de brujería?

    A. Alemania
    B. Inglaterra
    C. España

2. ¿Qué país organizó, en el siglo XIX, la primera campaña médica de vacunación internacional?

    A. España
    B. Estados Unidos
    C. China

3. ¿Qué país promovió las lenguas locales de los territorios colonizados y construyó universidades y hospitales?

    A. Holanda
    B. Francia
    C. España

4. ¿La monarquía de qué país prohibió expresamente maltratar a los indígenas y utilizarlos para el mercado internacional de esclavos?

A. Portugal
B. España
C. Inglaterra

5. ¿En qué país europeo se sigue conmemorando en el siglo XXI a un autor (Lutero) que en el siglo XVI incitó a quemar sinagogas y escuelas judías?

A. Alemania
B. Francia
C. España

Contra la verdad exagerada y la verdad omitida

Tener mala fama puede ser tan triste como, a veces, justo. Si mi comportamiento o mi servicio son deficientes, parece lógico que ello se refleje en mi reputación. Lo lamentable es cuando falta concordancia entre percepción y realidad. Hay preguntas de gestión con muy fácil respuesta: ¿Qué puedo hacer para que no me perciban como ladrón, borracho, corrupto, mentiroso o vago? Lo primero, dejar de robar, de beber, de trapichear, de mentir, y ponerme a trabajar. Corregida la realidad, si persiste la percepción negativa, tengo un problema de comunicación.

La Leyenda Negra es un caso palmario de reputación injusta para España, no porque sean falsas muchas acusaciones, sino por el recurso a exagerar lo negativo y omitir lo positivo. Paradójicamente, es lo contrario a lo que ocurre en otros países, que magnifican logros y minimizan crueldades, que también tienen. Así se verifica con las respuestas correctas del test: 1: C; 2: A; 3: C; 4: B; 5: A.

La historia de España desde el siglo XVI brinda lecciones fáciles de aplicar, si se quieren corregir errores de percepción. El tema es por supuesto más complejo de lo que apenas se puede esbozar en estas líneas. Una primera conclusión: es importante profesionalizar la comunicación de aquello que se gestiona, sea un imperio, un país o una empresa.

La nación que hoy alberga la capital de la Unión Europea es un claro ejemplo de cómo amortiguar unos datos históricos que habrían relegado a cualquier otro país al ostracismo reputacional. Mientras forma parte de la cultura popular el historial negrolegendario español, apenas se conocen y condenan barbaries como la de Leopoldo II de Bélgica a finales del siglo XIX. La empresa de la que era propietario en el Congo esclavizó y llevó a la muerte a millones de personas. Algunos comparan esa masacre con el Holocausto nazi. Qué necesario es, al recibir cualquier noticia, leer entre líneas, y más difícil aún: ante las omisiones injustas, poner las líneas que faltan para hacer justicia a la verdad.

La verdad no es la equidistancia entre dos mentiras

En algunas páginas, como presunto ejercicio de objetividad, brindaré versiones con datos diametralmente opuestos. Soy consciente de que, ante dos proposiciones contradictorias, una al menos es siempre falsa, y a veces ambas. Paradigma de ello es el cálculo de la población indígena en América antes de 1492. La realidad no es la media entre los 13,5 y los 700 millones que exhiben diferentes fuentes, de igual forma que la distancia real entre Pamplona y Madrid (400 km) no es la media ni la mediana entre quienes puedan sostener que son 250 o 550 km. No. La verdad no es la equidistancia entre dos mentiras. A esto se añade la sospecha de parcialidad si no se aportan datos contrarios, por hiperbólicos que sean. Es el caso del número de indígenas muertos por los españoles sin discriminar, por ejemplo, entre los directamente asesinados y los fallecidos por enfermedades, portadas o no por los colonizadores.

También merece recordarse que reproducir fielmente lo que alguien dice no significa que lo dicho sea fiel a la verdad. Por ejemplo, si afirmo que «los Reyes Católicos enviaron el primer hombre a la luna», además de falso es inverosímil. El problema se agudiza cuando algo falso resulta verosímil (similar a lo verdadero), como decir que «durante trescientos años de caza de brujas, la Iglesia quemó en la hoguera nada menos que a cinco millones de mujeres». Ambas frases son falsas, pero una de ellas pasa por verdadera para los millones de lectores de la novela que lo afirma, *El Código Da Vinci*. Hay que estar alerta para rechazar premisas falsas asumidas como incuestionables, no dar por hecho lo que no lo es. Hannah Arendt advierte del terrible impacto de relatos inverosímiles que, sin embargo, cuentan con «suficiente plausibilidad» para la propaganda efectiva.[8]

En 2002 acompañé a un equipo de la televisión pública austriaca, *Österreichischer Rundfunk* (ORF), que visitaba Pamplona para un reportaje. Transitando por el céntrico Paseo de Sarasate, encontramos el espectáculo de unas jóvenes bailando flamenco sobre un tablao. Como un resorte, el cámara empezó a grabar. Con intención de contextualizar para quien quizá veía flamenco por primera vez en vivo, le expliqué que ese vistoso baile no era originario ni típico de Navarra, sino de Andalucía. Seguimos adentrándonos por el casco antiguo y, en plena calle de San Nicolás, el reportero observó dos pancartas blancas en sendos balcones. Me preguntó qué significaban la imagen de aquel mapa y la leyenda que lo acompañaba. Se trataba de la representación nacionalista de Euskal Herria, que integra en su proyecto los territorios de Navarra, Euskadi y el País Vasco francés. El texto «*Euskal Presoak, Euskal Herrira*» venía a reclamar el traslado de los «presos vascos» a Euskal Herria. En este punto añadí dos matices que me parecían relevantes y que conocía bien por haber nacido en Pamplona y haber vivido allí mis primeros cuarenta años. El primero era cuantitativo: esas pancartas eran tan reales como minoritarias allí entonces. El segundo era una explicación obligada para quien desconociera el contexto social y político, ya que esos «presos vascos» no estaban en prisión por ser vascos, sino por pertenecer a la banda asesina ETA.[9] La aclaración era y sigue siendo pertinente a mi entender, entre otras razones porque algunos de los años con más asesinatos etarras coincidieron con una triste percepción de esta realidad en otros países europeos. Francia consideraba «refugiados políticos» a los terroristas que asesinaban en España y se escondían en el país vecino. La BBC británica denominaba «grupo separatista» a la banda criminal.

Nunca llegué a ver el reportaje emitido por la ORF, pero muchas veces he pensado en el impacto que aquellas imágenes podrían tener en los televidentes austriacos si se emitían sin un encuadre adecuado.

Ese marco llega con el tiempo, cuando se reúne información clave que en un primer momento es difícil de obtener. La precipitación —tan propia de las redes sociales de nuestro tiempo— explica la desafortunada portada de un periódico como *Le Monde* al día siguiente de la masacre de Hiroshima el 6 de agosto de 1945. El titular principal del rotativo parisino informaba de que «los americanos lanzan la primera bomba atómica sobre Japón» y lo calificaba de «*révolution scientifique*». Quien escribió esas palabras quizá no tardó demasiado en arrepentirse de equiparar aquella matanza con un avance tecnológico.

Portada de *Le Monde* del 7 de agosto de 1945.

El presidente estadounidense que ordenó aquella acción es el mismo del que se cuenta que, ávido de decisiones sin peros ni matices, pidió un asesor económico manco que a cada afirmación no añadiera «*on the other hand*» (por otra parte). A Harry Truman no le sirvieron 72 horas para rectificar. El 9 de agosto repitió con otra bomba similar en Nagasaki. Estos dos hitos trágicos eclipsaron otros bombardeos sobre la población civil japonesa, incluso el considerado como el ataque no nuclear más mortífero de la historia: el 9 de marzo anterior, 1.700 toneladas de bombas incendiarias lanzadas sobre Tokio mataron a unas 100.00 personas, hirieron a decenas de miles, dejaron sin hogar a un millón y arrasaron buena parte de la ciudad.[10]

Qué distinta la reacción de Luka Brajnović, periodista croata en el campo de refugiados de Fermo (Italia), que seguía emisoras internacionales y publicaba noticias de la marcha de aquella guerra. El mismo día de la matanza atómica, tras informar a sus lectores con la máxima precisión posible, escribía en su diario íntimo:

> «La conciencia despiadada del hombre de hoy, siguiendo la voz de la pasión, ha elevado la inteligencia humana a un incalculable nivel en su búsqueda del reinado sobre la naturaleza. No estoy reafirmando las frases propagandísticas de la prensa estadounidense, sino que hablo desde la convicción; así como lo siento. Si no maduramos (…), podemos acabar lamentándonos en el sufrimiento y maldiciendo el día en que nacimos».[11]

Esta finura analítica hizo de Luka Brajnović un maestro inspirador de treinta promociones de profesionales de la comunicación en la Universidad de Navarra, entre los que me cuento. Su huella, acrisolada por sufrir primero la represión nazi y después la comunista, sigue orientando la conciencia de quien se compromete con la verdad, la dignidad y la paz.

Comprender no significa justificar

Advertencia clave para entender cualquier realidad del pasado es la necesidad de ponernos las gafas de la época y con su mentalidad. Comprender no significa justificar. Hay realidades no excusables, pero sí explicables. En el siglo XVIII a. C. se produjo un avance legislativo sustancial con la ley del Talión, cuya fama perdura con el conocido «ojo por ojo». Analizada con frialdad, no deja de ser un ejemplo claro de venganza más que de justicia.

Más de treinta siglos después, a la llegada de los españoles a América, la violencia extrema era práctica habitual en la cultura azteca. Prueba de esta normalidad no son los relatos críticos de autores europeos, sino los de los propios indígenas, recogidos en *Visión de los vencidos*. Ilustran dos ejemplos protagonizados por Moctezuma, asustado por los presagios y prodigios anunciados años antes de la conquista y que recuerdan al estilo premonitorio del Antiguo Testamento bíblico. El líder azteca pregunta a los sabios «si vendrá enfermedad, pestilencia, hambre […] o si habrá guerra contra los mexicanos, o si vendrán muertes súbitas». Les reclama detalles sobre lo que está por llegar, «de dónde ha de venir, de [sic] el cielo o de la tierra». Esfumados los pronosticadores, Moctezuma se irrita con aquellos «bellacos» y ordena «que vayan a los pueblos donde ellos están, y maten a sus mujeres e hijos, que no quede uno ni ninguno y les derriben las casas». Las órdenes se cumplieron y «mataron a sus mujeres, a las que iban ahogando con unas sogas, y a los niños iban dando con ellos en las paredes haciéndoles pedazos, y hasta el cimiento de las casas arrancaron de raíz». Esta narración[12] —conviene insistir— procede de los propios nativos.

La misma fuente provee el segundo caso, ambientado años después y reflejo de la normalidad de los sacrificios humanos, cuando Moctezuma maquina cómo detener el avance de los conquistadores:

«Envió cautivos con que les hicieran sacrificio: quién sabe si quisieran beber su sangre. Y así lo hicieron los enviados. Pero cuando ellos (los españoles) vieron aquello (las víctimas) sintieron mucho asco, escupieron, se restregaban las pestañas; cerraban los ojos, movían la cabeza. Y la comida que estaba manchada de sangre la desecharon con náusea; ensangrentada hedía fuertemente, causaba asco, como si fuera una sangre podrida».[13]

A esos visitantes que rehusaron degustar la ofrenda de aquellos sacrificios, con el oro «se les puso risueña la cara», y poco después serían los sacrificados con parecido ritual. En Yacacolco, por ejemplo, murieron degollados cincuenta y tres españoles. Se ensartaron en picas sus cabezas y las de cuatro caballos.

La muerte violenta perdura, con cambios formales, según los siglos. En el XXI se promulgan o mantienen leyes que amparan la liquidación de culpables o inocentes con distintas variantes legales, como guerras, penas de muerte, abortos, etc. Cada una con su propio ecosistema circunstancial, son acciones legales que quizá en el futuro se interpreten como en 2022 hacemos con la ley del Talión o la represión azteca. Una posible clave de acierto civilizador reside quizá en actuar ahora con la proyección del mañana. Sobran experiencias de que legalidad no equivale siempre a justicia ni a licitud. La historia muestra también ejemplos de prudencia directiva, como la del rey Wenceslao de Bohemia (en checo, *Václav*), que prohibió la horca en el siglo X. Paradojas humanas, este santo patrono de la República checa murió asesinado por su hermano Boleslao.

Se debate si hubo o si perdura la Leyenda Negra. Que se hable de algo no implica su existencia, como negarla no asegura su desaparición. Resulta innegable el uso argumental de desacreditar a España, ya sea de forma explícita o solapada. El tema interesa, como lo prueban noticias y polémicas periódicas, como las protagonizadas por algunos presidentes de Venezuela, como Hugo Chávez y su sucesor, Nicolás Maduro; de México, Andrés Manuel

López Obrador (AMLO); de Perú, Pedro Castillo; o líderes de algunas comunidades autónomas españolas. Tan legítimas son ciertas aspiraciones políticas como el derecho de todos a conocer la verdad histórica, o al menos a aproximarse con honradez a ella.

Medios de comunicación y universidades siguen generando noticias relacionadas con el contenido de la Leyenda Negra:

- *Onda Madrid, Madrid, 2021. La leyenda negra de la brujería.* Entrevista con el autor Raúl Ferrero, dentro del programa 'Madrid Misterioso'.[14]

- *ABC, Madrid, 2021. Nuevo ataque al legado hispano: proponen borrar los símbolos españoles del escudo de San Diego, EE.UU.* El concejal Joe LaCava presenta una propuesta para eliminar los símbolos sobre España en el escudo de esta ciudad que tiene su génesis en la misión establecida por fray Junípero Serra.[15]

- *El Mundo, Madrid, 2021. Cae otra 'leyenda negra': Isabel la Católica sí se lavaba.* Documentos desvelados por el archivo histórico 'online' de la Fundación Tatiana Pérez de Guzmán el Bueno muestran que la reina cuidaba su higiene.[16]

- *El País, Madrid, 2020. Toda la verdad sobre la Armada Invencible.* 'Contra Armada' reconstruye la gran victoria de Felipe II sobre Isabel I que los expertos británicos siempre han ocultado.[17]

- *Universidad de Málaga, Málaga, 2019. Geopolítica y Leyenda Negra.* Cursos de verano.[18]

- *El Independiente, Madrid, 2019. Guerra a la Leyenda Negra.* Historiadores y divulgadores reaccionan ante la pervivencia de la propaganda y prejuicios históricos antiespañoles.[19]

- *Crónica Global, Barcelona, 2019. La Leyenda Negra es la primera 'fake news' de la historia.* La historiadora catalana Doris Moreno, experta en los heterodoxos y la Inquisición, reflexiona sobre el mito y propone una España que no esté «enferma de pasado».[20]

- *LaSexta, Madrid, 2019. Por qué España tiene peor fama que otros conquistadores: las 'fake news' que originaron nuestra Leyenda Negra.* Reportaje en el programa La Sexta Columna.[21]

- *Universidad de Navarra, Pamplona, 2019.* Un experto mexicano afirma que la Leyenda Negra sobre la historia de España es rentable para ciertos sectores. Se presenta el libro *América en el mundo hispánico. Una revisión jurídica, histórica y política.*[22]

- *eldiario.es (vía Efe), Madrid, 2019. España es autocrítica con la Leyenda Negra pero no sabe combatirla.* Conferencia del periodista José Julián Barriga.

- *BBC, Londres, 2019. AMLO pide que España se disculpe. Qué es la Leyenda Negra española sobre la conquista de América y qué tiene de cierto.*[23]

- *La Vanguardia, Barcelona, 2019.* Borrell alerta contra «*la Leyenda Negra de España que quiere crear el independentismo*». El ministro lamenta que los abogados de los líderes del «*procés*» participen «de la maquinaria de desinformación del separatismo».[24]

- *Ministerio de Defensa, Madrid, 2019. La Leyenda Negra: historia del odio a España.* Conferencia dentro del ciclo 'Épica y tinieblas'.[25]

- *Euromind, Bruselas, 2018. Cinco siglos de Leyenda Negra frente a Europa.* Foro de debate organizado en el Parlamento Europeo.[26]

- *UNED, Madrid, 2017. Leyenda Negra, imperiofobia e Ilustración.* Conferencia abierta al público.[27]

- *RTVE, Madrid, 2017. 'Imperiofobia y Leyenda Negra', desmontando los tópicos sobre el Imperio español.* El ensayo de María Elvira Roca Barea analiza la propaganda antiespañola.[28]

- *Universidad CEU San Pablo, Madrid, 2016. ¿Podemos hablar de Leyenda Negra de la conquista de América?* Conferencia dentro del Seminario Permanente 'Ciencia, razón y fe'.[29]

- *Télam, Buenos Aires, 2005. Se cumplen 513 años del mayor genocidio de la historia.* Con la llegada de los conquistadores se inició un exterminio que arrasó con noventa millones de pobladores de la región y quebró el desarrollo cultural de este lado del Atlántico.[30]

Cinco claves para inyectar interés en el titular de una noticia

La última referencia procede de Télam, la agencia de noticias pública de Argentina. El texto informativo suscitó una gran controversia y aporta aprendizajes de comunicación reputacional.

Primero, aprovechar los aniversarios es lo que se llama en la prensa tener una «percha informativa». El calendario predispone a abordar ciertos temas que vienen a cuento, precisamente por coincidir con la efeméride: años, lustros, decenios, siglos, milenios… y, visto el eco exitoso, también cuando «se cumplen 513 años».

Segundo, la palabra genocidio garantiza repercusión mediática… aunque se refiera a hechos que nada tienen que ver con un fenómeno de esa naturaleza: exterminio o eliminación sistemática de un grupo humano por motivo de raza, etnia, religión, política o nacionalidad.

Tercero, si a la exageración del sustantivo se añade la adjetivación «mayor de la historia», la provocación aumenta sus opciones de aparecer publicada.

Cuarto, cifras y porcentajes tienen vocación de titular periodístico en casi cualquier asunto. Si además el área temática es la Leyenda Negra, la garantía de difusión alcanza el 99 %.

Quinto, dominar el lenguaje es clave para elegir palabras con especial carga emocional. Al citado genocidio se unen el sinónimo «exterminio» y los verbos «arrasó» y «quebró».

Estas y otras claves de los medios de comunicación aparecen en el libro *Saber comunicar saber*,[31] donde también incluyo una selección de artículos de opinión sobre temas delicados con intención divulgativa y conciliadora.

«España es diferente» es una frase que algunos atribuyen a Napoleón tras la derrota en Bailén (1808). El ministro de Turismo, Manuel Fraga, lanzó o relanzó en los años 60 del siglo XX una campaña de promoción internacional con el eslogan «*Spain is different. Visit Spain*», que pudo ser idea de su antecesor, Luis Bolín. Con este mensaje de obviedad retocada buscaba neutralizar la Leyenda Negra sin necesidad de compararse con otros países y, de paso, abrir algo la dictadura franquista a parámetros sociopolíticos del resto de Europa. Para un patriotismo ponderado y al margen del marketing, quizá sería más sensato matizar el evidente «*Spain is different*» con un modesto «*like any other great country*».

Años después, recuperada la democracia, no menos singular fue la Transición. Según el historiador estadounidense Stanley Payne, la imagen de España «cambió con gran rapidez y el aplauso internacional fue prácticamente unánime. Para los españoles, gozar de una opinión favorable en el escenario mundial era una nueva experiencia».[32]

Conocer tanto la verdad histórica como la Leyenda Negra de España ayuda a reconciliarse con la realidad, premisa clave para cambiarla. Este somero repaso a los últimos 500 años desde la perspectiva reputacional sirve también para calar en el origen de expresiones como «inquisitorial», «sambenito», «torquemada», «caza de brujas», «aquelarre», etc. El buen saber se hace más apetecible si te lo cuentan bien. De ahí el éxito de iniciativas como los audios (*podcasts*) de *Memorias de un tambor*[33] y otras pistas que los más interesados pueden hallar en las numerosas notas de referencia, agrupadas por capítulos, al final de este libro.

Saber ocupa lugar e inyecta satisfacción. Bien lo experimentó el estadounidense Herbert E. Bolton, profesor de la Universidad de Notre Dame:

> «Entre mis convicciones históricas indiscutibles se encontraban las siguientes: los demócratas estaban condenados de antemano, los católicos, los mormones y los judíos debían ser mirados con desdén. Los norteamericanos vencieron a Inglaterra; vencieron a los indios, los mejores indios son los que están muertos; los ingleses llegaron a América para fundar sus hogares; los españoles, con el único fin de explotar y buscar oro. España fracasó en el nuevo mundo; los ingleses siempre triunfaron; sus sucesores, los norteamericanos, eran los elegidos de Dios; toda historia americana se desarrolló entre el paralelo 49 y el río Bravo; los norteamericanos expulsaron virtualmente a los mexicanos de Nuevo México, Colorado, Texas, Arizona y las demás regiones y, subsiguientemente, construyeron un gran imperio. Cada uno de estos conceptos es falso en su totalidad o en parte, pero necesité media vida para descubrirlo».[34]

Alcanzar este descubrimiento requiere apertura mental, pasión por la verdad y humildad para cambiar de opinión. Este talante abierto añade el desafío adicional de discernir entre realidades, interpretaciones y representaciones que, mezcladas, se tornan difícilmente distinguibles. Estar de ida y querer saber merece la alegría (no la pena).

1

Adaptar la percepción a la realidad, no al revés

Si es una leyenda, el color da igual

Leyenda: del latín *legenda*, cosas que deben leerse, que se leen. Negra: de *nigra*, negra, y derivados como negrero o denigrar. Inteligente: de *intelligens-intelligentis*, el que entiende; y de *intus*, dentro, y *legere*, leer. En libre traducción, la persona inteligente lee dentro, lee entre líneas o incluso sin ellas.

El diccionario de la Real Academia Española (2022) refiere estas dos primeras acepciones de leyenda: «Narración de sucesos fantásticos que se transmite por tradición» y «relato basado en un hecho o un personaje reales, deformado o magnificado por la fantasía o la admiración». También define el sintagma «leyenda negra» como «relato desfavorable y generalmente infundado sobre alguien o algo».[35]

Precedentes de la expresión común «leyenda negra» se hallan en varios textos[36] acerca de Napoleón. En el primero, anónimo de 1819, se lee sobre el emperador galo: «Y él mismo, para quien, en la leyenda negra / se fue a buscar un nombre tan rimbombante como su gloria / ese gran Napoleón, a quien Córcega engendró…». En 1893 se publica, también en francés, otro libro, que afirma que «la realidad acaba zafándose de las leyendas, tanto de la dorada como de la que podemos llamar leyenda negra napoleónica».

¿Hacer patente lo latente o desterrar palabras sobre lo que disgusta?

Por acción u omisión, deliberada o casual, hay que reconocer el éxito francés para que no prosperase el uso de la expresión inicialmente referida a uno de sus líderes históricos más señeros. Lo bueno de poner nombre a algo que existe es que alerta, justamente, a los inconscientes de esa realidad. Por eso no es indiferente enterrar palabras que remiten a realidades que disgustan. Si fuera francés, no me gustaría que la expresión Leyenda Negra se empleara para referirse a quien fue emperador de mi país, por muy condenables que fueran —y son— algunas de sus acciones más impropias de la condición humana.

Sin embargo, quien por primera vez empleó el sintagma genérico «leyenda negra» referido a España parece ser la gallega Emilia Pardo Bazán. Fue en una conferencia pronunciada en París y en francés el 18 de abril de 1899, el año siguiente a la pérdida española de Cuba en la guerra con EE.UU.:

> «En el extranjero se saben de sobra nuestras desdichas, y aun no falta quien con mengua de la equidad las exagere; sirva de ejemplo el libro reciente de M. Yves Guyot, que podemos considerar como *tipo de leyenda negra, reverso de la dorada.* La *leyenda negra española* es un espantajo para uso de los que especialmente cultivan nuestra entera decadencia, y de los que buscan ejemplos convincentes en apoyo de determinada tesis política.
>
> Nos acusa nuestra leyenda negra de haber estrujado las colonias. Cualquiera que venga detrás las estrujará el doble, solo que con más arte y maña.
>
> Tengo derecho a afirmar que *la contraleyenda española, la leyenda negra,* divulgada por esa asquerosa prensa amarilla, mancha e ignominia de la civilización en Estados Unidos, es mil veces más embustera que la *leyenda dorada.* Esta, cuan-

do menos, arraiga en la tradición y en la historia; la disculpan y fundamentan nuestras increíbles hazañas de otros tiempos; por el contrario, la *leyenda negra* falsea nuestro carácter, ignora nuestra psicología y reemplaza nuestra historia contemporánea con una novela, género Ponson du Terrail, con minas y contraminas, que no merece ni los honores del análisis».[37]

El primero en abordar el fenómeno con profundidad conceptual y análisis sistemático en un libro fue el madrileño Julián Juderías, historiador políglota que hablaba dieciséis lenguas, había viajado y vivido en el extranjero, y trabajaba de intérprete en el Ministerio de Estado (hoy Asuntos Exteriores). En su obra más conocida, *La leyenda negra* (1914), la define como:

> «El ambiente creado por los fantásticos relatos que acerca de nuestra patria han visto la luz pública en casi todos los países; las descripciones grotescas que se han hecho siempre del carácter de los españoles como individuos y como colectividad; la negación o, por lo menos, la negación sistemática de cuanto nos es favorable y honroso en las diversas manifestaciones de la cultura y el arte; las acusaciones que en todo tiempo se han lanzado contra España fundándose para ello en hechos exagerados, mal interpretados o falsos en su totalidad, y, finalmente, la afirmación contenida en libros al parecer respetables y verídicos, y muchas veces reproducida, comentada y ampliada en la prensa extranjera, de que nuestra patria constituye, desde el punto de vista de la tolerancia, de la cultura y del progreso político, una excepción lamentable dentro del grupo de las naciones europeas.

> En una palabra, entendemos por leyenda negra la leyenda de la España inquisitorial, ignorante, fanática, incapaz de figurar entre los pueblos cultos lo mismo ahora que antes, dispuesta siempre a las represiones violentas; enemiga del progreso y de las innovaciones; o, en otros términos, la leyenda que habiendo empezado a difundirse en el siglo XVI, a raíz de la Reforma, no ha dejado de utilizarse en contra nuestra desde entonces, y más especialmente en momentos críticos de nuestra vida nacional».[38]

Fiabilidad y exactitud de los testigos al describir con precisión lo que han visto

Juderías narra lo ocurrido en un congreso de psicología en Gotinga (Alemania). Los organizadores aprovecharon el encuentro para experimentar con los propios asistentes, grandes expertos. En un lugar cercano se celebraba una fiesta popular y, en un momento determinado, irrumpieron en la reunión científica un payaso y un negro que lo perseguía con un revólver. En medio del salón cayó el payaso al suelo, su perseguidor le disparó y, seguidamente, salieron ambos del local.

Tras el susto, el presidente del congreso pidió a los asistentes que resumieran en un papel lo que acababa de suceder. De los cuarenta textos recopilados, diez resultaron completamente falsos, veinticuatro contenían detalles inventados y apenas seis se ajustaban a la realidad. Concluye Juderías que este hecho es muy «desanimante» para los aficionados a la historia. Si esto sucedió en un congreso científico con personas de buena fe, «qué no habrá sucedido con los relatos de los grandes acontecimientos históricos, de las grandes empresas que transformaron el mundo y con los relatos de insignes personajes que han llegado hasta nosotros a través de los documentos más diversos y de los libros más distintos por su tendencia y por el carácter de sus autores».[39]

Sobre la fiabilidad de creer a un testigo, investigaciones de la psicóloga experimental Giuliana Mazzoni analizan los motivos por los que «un testimonio nunca coincide con los datos fácticos a los que dice referirse. La principal causa de semejante discordancia radica en el modo de funcionar de nuestra memoria».[40] La investigadora italiana estudia los mecanismos psicológicos que hacen que las personas modifiquen, sin darse cuenta, hechos y acontecimientos nuevos o creen *ex novo* recuerdos de acontecimientos que nunca han vivido, pero que consideran parte de su vida pasada. A esto se refería el colombiano Gabriel García Márquez, Nobel de Literatura (1982), en sus memorias: «La vida no es la que uno vivió, sino la que uno recuerda y cómo la recuerda para contarla».[41] También la neurociencia confirma que recordamos más lo que coincide con lo que pensamos, hasta el punto de que la evidencia no suele hacernos cambiar de opinión.

El testimonio depende en primer lugar de la memoria, y cuenta con dos variables determinantes: la fiabilidad y la exactitud, que se superponen. La fiabilidad se refiere a la correspondencia entre lo relatado y lo acontecido. La exactitud alude a la conexión entre lo representado en la memoria y lo realmente sucedido, entre el contenido del suceso y el contenido de la memoria.

En el caso relatado por Juderías, la fiabilidad procedería, por ejemplo, de testimonios que abundaran en detalles ciertos del vestuario, color del pelo, modo de andar, etc. de los dos protagonistas. Sin embargo, un testimonio más exacto sería el que, sin mencionar detalles menores como los recién citados, solo dijera que entraron un payaso y un negro que lo perseguía con un revólver, el payaso cayó al suelo, su perseguidor le disparó y los dos se fueron.

Ante cualquier situación, concluye Mazzoni, tendemos a interpretar espontáneamente lo que observamos. Y más importante: lo que queda grabado en la memoria dependerá del modo en que lo ocurrido venga interpretado.

Muchos recordamos dónde estábamos y qué hacíamos en el momento de enterarnos de los terribles atentados del 11 de septiembre de 2001 contra las Torres Gemelas de Nueva York. A partir de ese día, la psicóloga Elizabeth A. Phelps y varios colegas también neurocientíficos prepararon un cuestionario y, en puntos estratégicos de siete ciudades estadounidenses, entrevistaron a 3.000 personas, a quienes preguntaron cómo se habían enterado del atentado y qué detalles recordaban. Realizaron las primeras entrevistas al cabo de una semana, las repitieron con las mismas personas al año siguiente y treinta y cinco meses después.[42] En 2002, el 37 % de los participantes había modificado sus recuerdos. En 2003 ese porcentaje ascendía al 43 %. Entre los numerosos cambios de versión, algunos afirmaban haber estado en un lugar distinto cuando cayeron las torres. Modificar su relato no les impidió, sin embargo, mostrar la misma certeza acerca de lo ocurrido que a los pocos días de la tragedia.

Claroscuros de la acción humana

El historiador francés Pierre Vilar describe el liderazgo español y su momento dorado, cuando «el castellano es la lengua noble de todas partes. En la Isla de los Faisanes —veamos los tapices de Versalles—, la vieja distinción de la corte castellana anula el lujo sin gusto de Luis XIV y de su séquito. Tendrá que pasar mucho tiempo para que los nuevos ricos, que son Inglaterra, Países Bajos y la misma Francia, perdonen esa superioridad».[43] En la *penitencia* española por aquella hegemonía cabría encuadrar la Leyenda Negra. El autor galo pondera la controversia entre las posturas más extremas:

> «Lo esencial, de hecho, es distinguir entre una práctica brutal (pero no más brutal que cualquier otro tipo de colonización) y una doctrina, e incluso una legislación, de intenciones sumamente elevadas (que ha faltado frecuentemente a colonizaciones más modernas). Como la *leyenda negra* se ha apoyado sobre todo en las denuncias unilaterales de [Bartolomé de] Las Casas, ha sido fácil poner en tela de juicio los horrores, cuyos vestigios concretos resulta difícil encontrar históricamente. Por el contrario, los textos de las leyes y las afirmaciones doctrinales son de indiscutible autenticidad. Negar la *leyenda negra* no es por eso más *objetivo* que aceptarla sin crítica».[44]

El intelectual y revolucionario cubano Roberto Fernández Retamar abunda en la tesis de los claroscuros:

> «Los crímenes existieron, sí, y fueron monstruosos. Pero, vistos desde la perspectiva de los siglos transcurridos desde entonces, no más monstruosos que los cometidos por las metrópolis que sucedieron con entusiasmo a España en esta pavorosa tarea, y sembraron la muerte y la desolación en todos los continentes: en comparación con las depredaciones de Holanda, Francia, Inglaterra, Alemania, Bélgica o los Estados Unidos, para mencionar algunas ilustres naciones occidentales, si algo distingue a la conquista española no es la proporción de crímenes, en lo que ninguna de aquellas naciones

se deja aventajar, sino la proporción de escrúpulos. Las conquistas realizadas por tales países tampoco carecieron de asesinatos ni de destrucciones: de lo que sí carecieron fue de hombres como Bartolomé de Las Casas, y de polémicas internas como las que encendieron los dominicos y sacudieron al Imperio español, sobre la legitimidad de la conquista: lo que no quiere decir que tales hombres, siempre minoritarios, lograran imponer sus criterios, pero sí que llegaron a defenderlos ante las más altas autoridades, y fueron escuchados y en cierta forma atendidos».[45]

El también poeta cubano remite a numerosas referencias de otros autores, como Laurette Séjourné, arqueóloga italiana que, tras cambiar su nombre al casarse con su primer marido, francés, se naturalizó mexicana:

«Nos hemos dado cuenta también de que la acusación sistemática a los españoles desempeña un papel pernicioso en este vasto drama, porque sustrae la ocupación de América a la perspectiva universal a la cual pertenece, puesto que la colonización constituye el pecado mortal de toda Europa [...]. Ninguna nación lo hubiera hecho mejor [...]. Por el contrario, España se singulariza por un rasgo de importancia capital: hasta nuestros días ha sido el único país de cuyo seno se hayan elevado poderosas voces contra la guerra de conquista».[46]

El tono deseable para abordar realidades históricas es el propuesto por el historiador mexicano Francisco de la Maza sobre la figura de Hernán Cortés: ni elogiarlo sin más ni más, ni insultarlo sin menos ni menos. Explicarlo.

Leyenda que no suele identificarse ni condenarse como el prejuicio que es

El historiador estadounidense Philip W. Powell publicó originalmente en inglés su obra más conocida sobre este tema, *Árbol de odio*. En el prefacio a la edición española dice:

> «La tragedia fundamental es que la Leyenda Negra, de por sí un acceso antiintelectual al mundo hispánico, permanezca arraigada con tanta firmeza en los mencionados círculos culturales del mundo angloamericano, y también en la mayoría de los pueblos occidentales, incluyendo a Latinoamérica. A diferencia de otros prejuicios raciales, religiosos o propagandísticos, esta leyenda es pocas veces reconocida como tal, y aún menos condenada, por los mismos líderes intelectuales que se jactan de luchar contra similares prejuicios de raza, color o religión».[47]

Powell critica la común creencia británica, heredada por EE.UU., de que los ingleses habrían tratado a los indios americanos con más humanidad que los españoles: «No hay ni una sola brizna de evidencia en que apoyar este punto de vista comparativo y sí, por el contrario, argumentos y pruebas en su contra».[48]

Al respecto, en el mundo anglosajón no es fácil encontrar parangón con el hispano en cuanto a mestizaje, como prueban presidentes de países hispanoamericanos de manifiesta ascendencia indígena como Benito Juárez (1858-72) en México, Evo Morales (2006-19) en Bolivia, o Alejandro Toledo (2001-06) y Pedro Castillo (2021) en Perú. Por el contrario, ningún político de origen indígena ha llegado a la Casa Blanca.

Para el neozelandés sir Ronald Syme, «a pesar de las desventajas geográficas y de las distancias, España fue capaz de mantener sus extensos dominios durante tres siglos, y les dio el sello indeleble de su lenguaje, pensamiento e instituciones. Esa hazaña merece más honor del que comúnmente se le ha otorgado, y una más profunda investigación».[49]

El conocido libro de enseñanza estadounidense *The American Pageant* (*El concurso americano*), por su parte, menciona expresamente el fenómeno negrolegendario y alerta contra el engaño de validarlo como verdadero:

> «Las fechorías de los españoles en el Nuevo Mundo oscurecieron sus logros sustanciales y colaboraron al nacimiento de la Leyenda Negra. Este falso concepto sostiene que los con-

quistadores simplemente torturaron y masacraron a los indios ('matar por Cristo'), robaron su oro, les contagiaron la viruela y no dejaron más que miseria tras ellos. Los invasores españoles ciertamente mataron, esclavizaron e infectaron a un sinnúmero de nativos, pero también erigieron un colosal imperio que se extendió desde California y Florida hasta Tierra de Fuego. Trasplantaron su cultura, leyes, religión y lengua a una amplia variedad de sociedades indígenas, los cimientos de muchas naciones hispanohablantes. Evidentemente, los españoles, que llevaron más de un siglo de ventaja a los ingleses, fueron los genuinos constructores de imperios y los innovadores culturales del Nuevo Mundo. Si los comparamos con sus rivales anglosajones, su creación colonial fue más grande y más rica… Y en último término, los españoles honraron a los nativos fundiéndose con ellos a través del matrimonio e incorporando la cultura indígena a la suya propia, no ignorándolos y, con el tiempo, aislando a los indígenas como hicieron sus adversarios ingleses».[50]

Los estereotipos se forjan según la posición… y la de España era superior

El hispanista sueco Sverker Arnoldsson encuadra en Italia el origen de la Leyenda Negra. No solo porque gran parte de aquel territorio era español, sino porque otros poderosos del momento también lo eran. Por ejemplo varios papas, algunos no precisamente modélicos, como Alejandro VI, cuyo comportamiento incoherente contribuyó a forjar una imagen del español sensual e inmoral.

Medio siglo después de este papa español, el pontífice italiano Paulo IV encarnaría, según Arnoldsson, ese complejo de inferioridad de Italia ante la España líder, conquistadora y exitosa:

«Los denuestos de Pablo IV contra los españoles expresan lo que muchos italianos cultos durante el apogeo y el ocaso del Renacimiento sentían ante el poder español: la pesadumbre de que su propio país –de civilización antiquísima y heredero de Roma– estuviera dominado por un pueblo de calidad inferior en cuanto a cultura, religión y raza. La hegemonía española en Italia era para los sostenedores de tal idea una catástrofe cultural y moral. Los ataques literarios contra los españoles asumían en ocasiones verdaderos caracteres de oposición cultural».[51]

Si el origen negrolegendario contra España se localizó en Italia, con autores como Girolamo Benzoni,[52] fue en los Países Bajos donde cuajó. El historiador alemán Heinz Schilling explica que las imágenes propias y ajenas (estereotipos) de los países europeos se empezaron a fraguar en el comienzo de la Edad Moderna y se basan en dos factores: esos clichés se acuñaron según la posición que cada país adoptó en el siglo XVI, y la imagen de España fue especialmente marcada porque se expuso más que ningún otro en Europa. Su liderazgo mundial entonces hizo que fuera un país «admirado y envidiado por sus riquezas de ultramar y cuestionado por su amplia presencia en todas las plazas europeas como potencia político-militar, cultural y religiosa. En consecuencia, los juicios y prejuicios que surgieron al respecto fueron igualmente nítidos y perfilados y determinaron la imagen de España».[53]

Schilling considera que, en la formación de estados y naciones, España desempeñó un papel precursor, gracias a la acción unificadora de los Reyes Católicos y a la movilización interna que supuso la Reconquista frente a los musulmanes. Los pueblos europeos percibieron en primera línea las consecuencias de estos desarrollos por la presencia militar española. La experiencia fue ambivalente. Por una parte, la pionera organización de los Tercios producía admiración. Por otra, como las Fuerzas Armadas españolas se componían de tropas de mercenarios y no de reclutas feudales, el resto de Europa se asombraba de la pujanza económica y del poderío logístico de España al movilizar y mantener sus ejércitos. Todo ello era compatible con desequilibrados balances de ingresos y gastos referidos a la acción militar en el XVI, con bancarrotas en 1557, 1575 y 1596. Por suerte para Felipe II, sus contemporáneos apenas atisbaban los problemas de las finanzas españolas. Sin embargo, padecieron directamente sus terribles consecuencias, de las que, por otra parte, «la propaganda antiespañola informó con tanta mordacidad como correspondía a la época».[54]

Lejos quedaban los años en que alemanes y españoles celebraban su sintonía como pueblos en torno a Carlos V:

«Hispani hat uns gegeben	«España nos ha dado
Vier frummer Kaiser reich	cuatro píos emperadores.
Karolus noch am Leben	Carlos, aún en vida
Nie fand man seiner gleich».	no tiene parangón».

Especialmente en los Países Bajos, se consideraba a Felipe II un completo extranjero, no como a su padre, nacido en Gante, hoy ciudad belga.

La progresiva configuración de alianzas y bloques entre las potencias europeas facilitó la difusión internacional de la imagen de España, tan negativa para protestantes como positiva para católicos. Cada bloque generó, con desigual éxito, su campaña informativa. La Europa protestante, abanderada por los Países Bajos, sistematizó a conciencia la producción de contenidos (visuales y textuales), el rastreo de publicaciones españolas críticas con su propio país para traducirlas y difundirlas, la creación de palabras, expresiones y mitos que denigrasen a España, la exageración de verdades negativas y la omisión de las positivas sobre el Imperio hispánico, el apoyo a obras literarias y musicales que supusieran un altavoz cualitativo de permanencia en el tiempo, etc. Todo ello con prioridad de acción política, y fundamentalmente apoyo económico y financiación a medio-largo plazo.

Por su parte, la Europa católica, liderada por España y los Austrias-Habsburgo, pensó que bastaba ser para parecer, infravaloró la comunicación, no previó las consecuencias de la imprenta en la opinión pública futura, priorizó criterios éticos como la verdad, se apoyó en argumentos dirigidos a intelectuales y no al público general, y —en batalla sustancialmente asimétrica— no atacó con propaganda, o apenas lo hizo, a sus enemigos.

Aunque el político francés Talleyrand pensaba que todo lo exagerado es insignificante, la Leyenda Negra constata que exagerar con picardía, constancia y verosimilitud conlleva efectos demoledores para el prestigio legítimo de personas y organizaciones.

Mito antiespañol de la propaganda protestante

De acuerdo con Schilling, estrategias y tácticas tan diferentes llevaron a que la visión del bando protestante antiespañol se impusiera hasta bien entrada la Guerra de los Treinta Años (1618-1648). Aduce dos motivos:

> «En primer lugar, la fuerza con la que caló la Leyenda Negra, obra de holandeses e ingleses, que ofrecía una visión populista y cerrada de las crueldades cometidas por los españoles en sus territorios de ultramar y en los campos de batalla europeos, y que se ajustaba al supuesto carácter de fondo del pueblo español hosco y maligno. En segundo término, la imagen negativa de España se impuso, ya que muchos católicos, por más que admiraran a los españoles como salvadores de la fe, desconfiaban de ellos en cuestiones políticas. A diferencia del carácter uniformemente negativo, y por ello particularmente eficaz de la imagen de España en tierras protestantes, dicha imagen no fue entre los católicos continua y unitaria, y por consiguiente adoleció de una menor efectividad».[55]

Para el historiador alemán, al igual que sucede en la relación entre la Iglesia católica y la Reforma alemana, «sería erróneo entender la España de comienzos del XVI como una nación atrasada y cerrada al cambio que se opuso a la dinámica de modernización propia del imperio en esa época. Tal es el mito antiespañol de la propaganda protestante. Un análisis histórico revela de inmediato que la realidad fue justamente la contraria».[56]

La confluencia de lo político y lo religioso en aquella época explica en parte el que la Leyenda Negra contenga un ingrediente anticatólico de fácil rastreo. A grandes rasgos, cabe afirmar que hasta ese momento Europa no solo era cristiana, sino católica. Para ser precisos, supone un anacronismo decir Europa para referirse al continente en el siglo XVI. El término entonces vigente era Cristiandad,[57] entendida como tierras habitadas por cristianos y consideradas como una amplia patria humana.[58]

La evidencia también muestra que los estereotipos pueden ser imprecisos o inexactos, incluso falsos, pero son efectivos porque permanecen. La etimología de la palabra y su vinculación con la imprenta dan pistas: «estereotipia» se definía a comienzos del XIX como «el arte de imprimir con planchas firmes y estables en las que las letras no se pueden separar», es decir, que se repiten siempre. Curiosamente, el Diccionario de la RAE (2022) añade una nueva acepción como patología psiquiátrica: «repetición de un gesto, acción o palabra, característica de algunos trastornos mentales». Sin entrar en su gravedad patológica, los estereotipos vienen a ser como un pensamiento exprés o un razonamiento de urgencia, con las consiguientes limitaciones.

A ello hay que sumar la envidia y animadversión que suelen suscitar los éxitos ajenos mal digeridos, como explica el historiador de la Universidad de Cambridge y sacerdote anglicano Edgar Sanderson:

> «El honor de dar América al mundo, el consiguiente engrandecimiento de España, acrecido en lo sucesivo con nuevas aportaciones territoriales a costa de una exploración secular no igualada por ninguna otra nación en región alguna y que constituye en conjunto la más maravillosa serie de valientes proezas que registra la historia, suscitó a la larga la animadversión en la mayor parte de las naciones europeas y no se perdonó medio para contrarrestar la grandeza del glorioso pueblo que, llevado por su intrepidez al otro lado del Mar Tenebroso… había hallado y estaba colonizando un Nuevo Mundo… Tal leyenda colonial antiespañola no ha podido, sin embargo, resistir al fulgor de la verdad aportado por nuevas y desapasionadas investigaciones, el cual ha iluminado y con-

tinúa esclareciendo el fondo de crasa ignorancia y a veces de mala fe que había, y no en plumíferos de baja estofa sino en historiadores de renombre universal».[59]

Factor importante que ayudó a configurar la imagen de España fue la narración de viajes a la península, sobre todo, de franceses y británicos. Comenzaron en el siglo XVII, aumentaron en el XVIII y en la primera mitad del XIX. Con sus relatos modularon el estereotipo de los españoles, que pasaron de ser crueles, fanáticos y sanguinarios a orgullosos, indolentes y religiosos.

Estos trazos históricos configuran un cuadro que reúne las tres condiciones que el filósofo vallisoletano Julián Marías considera necesarias para perpetuar la Leyenda Negra: tratarse de un país importante, admiración envidiosa y no confesada hacia él, y una organización o varias que se combinan o turnan. Según el pensador español, para que el efecto legendario permanezca deben darse las tres a la vez. Si no, el fenómeno no cuaja o, si lo hace, decae pronto.[60]

El error de mirar acontecimientos de ayer con ojos de hoy

El reconocimiento cuantitativo y cualitativo de referentes internacionales brinda diversos ejemplos. Uno de ellos es el berlinés Kurt W. Marek, más conocido –por la transcripción de su nombre a la inversa y con c– como C. W. Ceram. Es autor de *Dioses, tumbas y sabios, El mundo de la arqueología, El primer americano* o *En busca del pasado*. En este último título asevera que «Hernán Cortés es uno de los fenómenos más extraordinarios de la historia occidental».[61]

Un gran número de nacidos en Hispanoamérica, al tiempo que defienden su origen español critican también los ataques a la que consideran «madre patria». Para Enrique Serrano, director del Archivo General de la Nación de Colombia, el modelo hispánico fue exitoso y previene del riesgo de la «ideologización de la historia».

En *Colombia, historia de un olvido*, recuerda la «formación silenciosa y discreta» de su país entre el XVI y el XVIII, «los siglos de nuestros padres fundadores. Solo que, a diferencia de los EE.UU., no tienen reconocimiento porque hablaban español y eran católicos». Como estudioso del pasado, lamenta que muchos españoles sigan creyendo las falsedades de la Leyenda Negra:

> «España se sintió abrumada durante siglos por la propaganda francesa y británica. En los siglos XIX y XX, hubo un bombardeo poderoso sobre un imperio en retirada. [...] Desde la perspectiva marxista, que privilegia la historia económica sobre la social o la cultural, España habría fracasado. Y resulta que no fracasó. Tiene más de 500 millones de hispanohablantes y sociedades con mucho futuro y con mucha fuerza».[62]

En la misma línea, académicos mexicanos alejados del debate polarizador de buenos y malos exigen un estudio sereno del pasado del país para superar una esquizofrenia pendiente.[63] Es el caso de Martín Ríos, historiador, investigador y profesor de la Universidad Nacional Autónoma de México (UNAM). En su conferencia[64] sobre el contexto histórico de Hernán Cortés, tras considerarse «mexicano de vieja cepa» aboga por asumir el pasado, decidir qué interesa conservar y qué desechar. Solicita no descargar en lo pretérito males que aquejan en el presente a la sociedad mexicana, ya que no es culpa de los españoles, dice, sino «responsabilidad nuestra, que no hemos sabido adecuarnos a los tiempos que corren». Se trata de asumir lo propio sin atribuirlo a otros: «Si se saltan un semáforo en rojo, no están cumpliendo la ley, y eso no es culpa de Hernán Cortés [...]. Ha sido muy cómodo para México achacar todos sus males al proceso de conquista».

Su compatriota y autor de *Conquistadores, una historia diferente*,[65] Fernando Cervantes, investiga para combatir acusaciones falsas y declara a la BBC: «Si se visitan Estados Unidos y Canadá, y luego se visitan México y Perú, uno se da cuenta de que los llamados genocidios se dieron en otra parte».[66]

Octavio Paz, mexicano y Nobel de Literatura (1990), expone como concepciones diferentes de imperio que en países hispanos lo que queda son palacios y catedrales, mientras que en la India británica, oficinas de correos y estaciones ferroviarias. Merece lectura completa su tribuna en *Abc*, que concluye así:

> «El odio a Cortés no es odio a España: es odio a nosotros mismos. El mito nos impide vernos en nuestro pasado y, sobre todo, impide la reconciliación de México con su otra mitad. El mito nació de la ideología, y solo la crítica de la ideología podrá disiparlo. Cortés debe ser restituido al sitio al que pertenece, con toda su grandeza y todos sus defectos: a la historia. Apenas Cortés deje de ser un mito ahistórico y se convierta en lo que es realmente: un personaje histórico, los mexicanos podrán verse a sí mismos con una mirada más clara, generosa y serena. Esta tarea de crítica equivale a una cura moral y debe ser emprendida por aquellos que son los herederos directos de los creadores del mito: los intelectuales y la actual clase gobernante de México. De ahí que la crítica que propongo tenga que comenzar por ser una verdadera autocrítica».[67]

Oriundo del mismo país norteamericano, el historiador Enrique Krauze aboga por «recobrar a España y a México como los dos ejes de la globalidad. Ahora todo el mundo habla de ella, pero fue España la que la inventó. Cortés fue un personaje central en ella y México un gran eje de esa realidad que, en muchos sentidos, es semejante a la nuestra».[68]

Quinientos años después de la conquista, la también investigadora mexicana Soledad Loaeza lamenta que prevalezcan las interpretaciones extremas: gesta heroica o devastadora tragedia. «Lo que entiendo menos es por qué traer a este debate a los españoles de hoy, pues creo que el esclarecimiento del destino de nuestro pasado indígena es un asunto entre mexicanos en el que los españoles juegan, si acaso, un papel secundario». Y concluye: «Nadie pone en duda que la Conquista fue un evento cataclísmico para los pueblos indígenas, para su civilización y para su historia; pero si queremos entender la nuestra, no hay peor camino que mirar con los ojos de hoy los acontecimientos de ayer».[69]

Recordar en el siglo XX que los indígenas son también seres humanos

Tan importante como aprender y saber es recordar: 420 años después de la bula de Paulo III, que prohibía esclavizar a los indios, la Corte Suprema de Justicia de Paraguay envió (1957) una circular a los jueces del país con el mensaje de que «los indios son tan seres humanos como los otros habitantes de la república». Más adelante, una encuesta reveló que ocho de cada diez paraguayos creen que «los indios son como animales». En algunas zonas se cazaban como fieras, se vendían y explotaban en régimen indistinguible de la esclavitud.[70] Existen evidencias de matanzas, al menos hasta 1972. Tras las quejas de la Iglesia católica y de intelectuales, el Gobierno del dictador Alfredo Stroessner emitió un comunicado en el que afirmaba que «en nuestro país no se da el genocidio en el total sentido de la palabra».

El argentino Ernesto Sábato rehúye toda leyenda, negra o blanca, y se niega a equiparar las atrocidades españolas con las inglesas, «agravadas por su clásico racismo». En el caso de España «no hubo esa inferioridad espiritual que es el racismo: desde Hernán Cortés, conquistador de México, cuya mujer fue indígena, hasta los que llegaron en aquella formidable empresa hasta el Río de la Plata se mezclaron con indios, y gracias al misterio genético tengo una hermosa nieta que sutilmente revela rasgos incaicos».[71] También es pertinente referir las fecundas relaciones hispano-incas con Gonzalo y Juan, hermanos menores de Francisco Pizarro, que se casaron con sendas *ñustas*, nombre quechua para las reinas o princesas.

El escritor deplora la barbarie común a todo proceso conquistador, pero reconoce que el español legó «un tesoro fabuloso, la lengua que estamos ahora hablando, que ha dado una de las literaturas más ricas del mundo. La conquista fue un fenómeno trágico, pero fertilizante». Si la Leyenda Negra fuera cierta y toda la verdad –se pregunta–, «¿cómo pudieron dos de los más grandes poetas de todos los tiempos, Rubén Darío [nicaragüense] y César Vallejo [peruano], mestizos, descendientes de indios, no estar resentidos por la lengua impuesta y utilizarla tan extraordinariamente y cantar con ella a España?».[72]

El mismo razonamiento podría esgrimirse para hablar de Gómez Suárez de Figueroa, conocido como Inca Garcilaso de la Vega (1539-1616). Hijo de una princesa inca y un capitán español, sus escritos tratan de reconciliar el mestizaje de sus dos mundos de origen. Tradujo del italiano los *Diálogos de amor* de León Hebreo y, en los *Comentarios reales*, escribió acerca de la genealogía de los reyes incas y sobre otras cuestiones culturales del Perú previo a la llegada de los españoles.

No conceder veracidad a graves falsedades difundidas desde el siglo XVI

Otro ejemplo es el historiador rosarino Marcelo Gullo, que se considera «argentino, es decir, español americano»:

> «La Leyenda Negra es hegemónica en toda Sudamérica y es hegemónica en todas las universidades porque tanto los hispanoamericanos como los españoles hemos perdido la gran batalla cultural por el relato histórico, ya que terminó siendo escrita y contada por aquellos que fueron nuestros adversarios y enemigos. Lo paradójico de esto es que tanto los españoles como los hispanoamericanos terminamos creyendo esa falsa historia que se entiende que es la Leyenda Negra, y más concretamente la Conquista de América que difundieron primero los holandeses [la Casa de Orange], después los ingleses, tras ellos los norteamericanos, y curiosamente también los soviéticos».[73]

En su opinión, la Leyenda Negra española es la primera *fake news* o desinformación de la historia.[74] Aunque la aseveración parece excesiva —hay muchísima más historia antes que después del siglo XVI—, lo indudable es la dimensión y el impacto multisecular del fenómeno que aborda el autor de *Madre patria*, obra en cuyo prólogo Alfonso Guerra afirma:

«Lo que diferencia a la Leyenda Negra española es que, lejos de ser combatida por las víctimas de la desinformación, fue asumida, interiorizada, por ellas, hasta con un cierto placer morboso. Quinientos años después no son pocos los españoles, incluso algunas instituciones públicas, que mantienen una posición que da carta de veracidad a las graves falsedades difundidas por los que se oponían a España hace ya cinco siglos».[75]

Este exvicepresidente del Gobierno español aboga por combatir «la difamación histórica contra España» y fortalecer la «hermandad de todos los pueblos hispanoamericanos». Comparte asimismo la tesis que sostiene el filósofo marxista argentino Juan José Hernández Arregui:

«Todo eso exige una revisión de la historia. Revocar la imagen aceptada sin críticas sobre España y sobre la América hispánica [...] que ha marcado nuestra servidumbre material y cultural a lo largo de los siglos XIX y XX; [es necesaria] la abolición del concepto sobre España difundido por la oligarquía argentina, cuyos intereses de clase [como en todas las oligarquías de todas las repúblicas hispanoamericanas] la trocaron en apéndice del Imperio británico».[76]

Política contaminada en el bicentenario de la independencia de México

En cuanto Andrés Manuel López Obrador (AMLO) se convirtió en presidente mexicano, exigió que España pidiera perdón por el pasado común de ambos países. A pesar de ser uno de los estadistas más beligerantes contra la herencia hispana, que conserva en su apellido, parece que sus conciudadanos discrepan. Resulta significativo que sean los indígenas quienes piensen que no es necesaria disculpa alguna, quizá porque padecen otras verdaderas necesidades. Una encuesta de *El País* (2021) con motivo del 500 aniversario de la conquista de México revela que un 62 % de los mexicanos estima que AMLO utiliza la efeméride para hacer política. La gran mayoría ciudadana se siente responsable de los males que aquejan al país, no busca culpables en el pasado y no considera pertinente que España pida disculpas.[77]

El aniversario coincidió con el bicentenario de la independencia del país azteca. Con ese motivo, el papa Francisco envió un mensaje, dirigido al presidente del episcopado mexicano. Se generó el previsible revuelo, magnificado por algunos medios, políticos y opinadores, que se centraron solo en una parte y concluyeron que el romano pontífice condenaba la Conquista española. Conviene leer el texto completo:[78]

> « […]. Celebrar la independencia es afirmar la libertad, y la libertad es un don y una conquista permanente. Por eso, me uno a la alegría de esta celebración y, al mismo tiempo, deseo que este aniversario tan especial sea una ocasión propicia para *fortalecer las raíces y reafirmar los valores* que los construyen como nación.
>
> Para *fortalecer las raíces* es preciso hacer una relectura del pasado, teniendo en cuenta tanto las luces como las sombras que han forjado la historia del país. Esa mirada retrospectiva incluye necesariamente un proceso de purificación de la memoria, es decir, reconocer los errores cometidos en el pasado, que han sido muy dolorosos. Por eso, en diversas ocasiones, tanto mis antecesores como yo mismo hemos pedido perdón por los pecados personales y sociales, por todas las acciones u omisiones que no contribuyeron a la evangelización. En esa misma perspectiva, tampoco se pueden ignorar las acciones que, en tiempos más recientes, se cometieron contra el sentimiento religioso cristiano de gran parte del pueblo mexicano, provocando con ello un profundo sufrimiento. Pero no evocamos los dolores del pasado para quedarnos ahí, sino para aprender de ellos y seguir dando pasos, [con] vistas a sanar las heridas, a cultivar un diálogo abierto y respetuoso entre las diferencias, y a construir la tan anhelada fraternidad, priorizando el bien común por encima de los intereses particulares, las tensiones y los conflictos.

El aniversario que están celebrando invita a mirar no solo al pasado para fortalecer las raíces, sino también a seguir viviendo el presente y a construir el futuro con gozo y esperanza, *reafirmando los valores* que los han constituido y los identifican como pueblo –valores por los que tanto han luchado e incluso han dado la vida muchos de vuestros antecesores– como son la independencia, la unión y la religión. [...] María de Guadalupe, la Virgen Morenita, dirigiéndose de modo particular a los más pequeños y necesitados, favoreció la hermandad y la libertad, la reconciliación y la inculturación del mensaje cristiano, no solo en México sino en todas las Américas. Que ella siga siendo para todos ustedes la guía segura que los lleve a la comunión y a la vida plena en su Hijo Jesucristo [...]».

Desinformación y consumo de noticias en España

La desinformación supone un peligro grave para cualquier sociedad con aspiración de ciudadanía libre. Las tendencias del consumo informativo en España no son muy halagüeñas, como revela el informe *Digital News Report*[79] de 2021. Este decálogo refleja una situación en la que fenómenos como la Leyenda Negra y otros prejuicios sibilinos tienen más posibilidades de cuajar y contaminar:

1. Débil confianza en las noticias. Solo el 36 % declara fiarse de la información en general.

2. El 67 % se siente preocupado por la desinformación. España es el país con mayor porcentaje (42 %) de preocupación por los bulos creados por políticos.

3. Aumenta el desinterés por la información. Los interesados bajaron del 84 % (2016) al 67 % (2021), y al 53 % entre los menores de treinta y cinco años.

4. Débil aumento del pago por noticias (12 %) y desplome del periodismo impreso. El 67 % no pagó nada por estar informado.

5. Jóvenes, ingresos bajos y extremos ideológicos se sienten peor reflejados. Las mujeres se ven casi tan bien representadas como los hombres en los medios.

6. Referentes informativos: solo los medios locales o regionales han crecido en difusión.

7. Facebook (39 %), WhatsApp (35 %) y YouTube (21 %) son las principales plataformas para consumir noticias.

8. Los algoritmos dominan el acceso a la información y el 78 % se informa a través del móvil.

9. Madurez del *podcast* (el 38 % los escucha regularmente) y de los vídeos informativos (casi dos de cada tres los siguen).

10. Por una parte, se desea el ideal de periodismo: plural (76 %), neutral (70 %) y ecuánime (62 %). Por otra, España es de los países donde más se considera que no debe darse cobertura a aquellas partes que estiman que tienen un argumento más débil (25 % frente al 15 % en Europa o EE.UU.).

La desinformación fomenta la Leyenda Negra y otros prejuicios. A ella se refiere Jean-François Revel cuando compara el ataque al líder mundial de cada momento, España en el siglo XVI y EE.UU. en el XXI. El intelectual francés recuerda que la mayoría de las acusaciones son falsas y a veces absurdas: abundan las informaciones para contradecirlas. Sin embargo, la gestión reputacional resulta ardua porque las resistencias son tenaces. El argumento de su libro *La obsesión antiamericana*[80] serviría para otro titulable *La obsesión antiespañola*. En su opinión, el antiamericanismo se sostiene en un perverso deseo de permanecer desinformado. Aunque los datos verificables sobre EE.UU. están accesibles en gran medida, quedan sistemáticamente apartados por un deseo irracional de creer que ese país es responsable de todo el mal mundial. La dinámica es semejante a la imagen falsa sobre España.[81]

Patriotismo: de Quevedo a Maeztu y Machado

Centurias antes, Quevedo denunciaba una campaña de propaganda que apenas daba sus primeros pasos. Iniciaba su *España defendida* (1609) con un mensaje a Felipe III:

> «Cansado de ver el sufrimiento de España, con que ha dejado pasar sin castigo tantas calumnias de extranjeros, quizá despreciándolas generosamente, y viendo que, desvergonzados nuestros enemigos lo que perdonamos modestos, juzgan que lo concedemos convencidos y mudos, me he atrevido a responder por mi patria y por mis tiempos, cosa en que la verdad tiene hecho tanto que solo se me deberá la osadía de quererme mostrar más celoso de sus grandezas, siendo el de menos fuerzas entre los que pudieran hacerlo».[82]

Páginas después lamentaba la poca ambición española en su gestión reputacional y alertaba acerca de perder tanto la memoria por el olvido como la voz a causa del silencio. Tras aludir a una posible ingratitud de intelectuales que quizá no atinaron a materializar quién pudiera escribir y sobre qué, desgranaba su motivación para tomar la iniciativa:

> «No ambición de mostrar ingenio me buscó este asunto; solo el ver maltratar con insolencia mi patria de los extranjeros, y los tiempos de ahora, de los propios, no habiendo para ello más razón de tener a los forasteros envidiosos, y a los naturales que en esto se ocupan despreciados. Y callara con los demás, si no viera que vuelven en licencia desbocada nuestra humildad y silencio».[83]

El patriotismo es un valor tan loable en sí mismo como manipulado por la política de bajos vuelos. Un ejemplo de altura de miras de la cultura española se refleja en dos autores de la Generación del 98 tan diferentes como Antonio Machado y Ramiro de Maeztu. Merece reproducirse la carta (1934) del poeta sevillano al ensayista vasco en la que acusa recibo de su obra[84] al respecto.

«Querido Maeztu:

Con todo el alma le agradezco el envío de su hermoso libro *Defensa de la Hispanidad,* que he leído y releo con deleite. Sigo su obra con gran interés desde los días en que todos pecamos algo contra la hispanidad. Lo que juzgo difícil, querido Maeztu, es que se despierte en España una corriente de orgullo españolista parecida al patriotismo de los franceses o de otros pueblos. Cuando el Cid Campeador de nuestro poema se dispone a combatir con los moros que tienen cercada Valencia, llama a su mujer y a sus niñas para que vean –dice él– 'cómo se gana el pan'. El heroísmo español suele tener esa elegancia de expresión. Y es que el español, y especialmente el castellano, tiene 'el orgullo modesto', quiero decir, el orgullo profundo, basado siempre en lo esencial humano, que no puede ser español, ni francés, ni teutón. En esta opinión me confirma la lectura de su libro. Solo un español es capaz de pensar, como nuestros conquistadores de América, que un indio no sea un ser superior [sic]. 'Nadie es más que nadie', reza un proverbio castellano, y lo que se quiere decir en el fondo es esto: por mucho que valga un hombre, nunca tendrá valor más alto que el valor de ser hombre. También es cierto que esa sobreestimación de lo humano tiene el fondo religioso cristiano que usted señala. Pero por eso mismo no es fácil que salgamos por el mundo a darnos pisto de españoles; y si sacamos la espada, antes será por Dios o por el diablo que por España. Porque España ha sido siempre muy poca cosa para un español. Tal vez sea esta la causa de nuestra decadencia actual y de nuestra pasada grandeza. Aun todavía, si habla usted de las banderas de Cristo, encontrará usted quien le siga; con la bandera española no entusiasmará usted a nadie. No quiero molestar más su atención, sino expresarle el placer con que leo sus obras, mi creciente admiración y mi antigua amistad.

Siempre suyo,

Antonio Machado».

Resultan significativas las referencias machadianas a que «lo específicamente español es la modestia» y a que «España ha sido siempre muy poca cosa para un español». Vienen a confirmar actitudes generalizadas que, lejos de combatir, favorecen la Leyenda Negra.

Otra peculiaridad hispana, que se expresa ya en el siglo XIX, es la de una autocrítica desquiciada, como muestran estos conocidos versos de Joaquín Bartrina:

> «Oyendo hablar un hombre, fácil es
> saber dónde vio la luz del sol
> Si alaba Inglaterra, será inglés
> Si reniega de Prusia, es un francés
> y si habla mal de España... es español».

Más radical que el poeta catalán se mostró, según se le atribuye, el alemán Otto von Bismark: «La nación más fuerte del mundo es sin duda España. Siempre ha intentado autodestruirse y nunca lo ha conseguido. El día que dejen de intentarlo volverán a ser la vanguardia del mundo».

Algunos ven Leyenda Negra por todas partes y otros por ninguna

A lo largo de 500 años las denuncias no se limitaron a criticar la acción colonial, religiosa, económica o sociopolítica de España. Criminalizaron también rasgos étnicos y geográficos que encuadraban a los españoles de forma permanente en una condición inferior. En 1598 un folleto inglés describía a los españoles como una mezcla de «taimada zorra, voraz lobo y rabioso tigre». La serie zoológica se ampliaba con «un inmundo y sucio puerco, una lechuza ladrona y un soberbio pavo real».[85] Rasgo típico de la propaganda es convertir al enemigo en animal para deshumanizarlo. Resulta más fácil matar a un perro que a una persona.

En 2022 algunos ven Leyenda Negra por todas partes y otros no aprecian sombra de crítica infundada en ningún lado. Tan cierto como que no se conoce una trazabilidad sistemática y organizada para atacar a España de forma desproporcionada es que casi todo lo negativo falso que se le atribuye se halla en el contenido de la Leyenda Negra.

Se trata de un fenómeno prototipo de necesaria comunicación reputacional para gestionar percepciones erróneas. Esta gestión se torna decisiva porque, aunque carece de fundamento verdadero, su impacto es muy real.

Parece lógico que no aprecien Leyenda Negra los pocos con un conocimiento amplio, honrado y ponderado de la historia. El reto está en lo difícil de alcanzar este saber sin leer. Millones de personas solo conocen una parte de lo que se publica. Si lo poco que llegan a saber es además sesgado, serán víctimas inconscientes de esa ignorancia. En determinados entornos de empobrecimiento cultural, compatible con enriquecimiento económico, al desconocimiento se añade, en proporción equivalente, la visceralidad dialéctica. La crispación ambiental se asemeja a lo ridículo que resultaría un daltónico como autoridad de estética cromática o un analfabeto como experto en historia de la literatura.

Estas páginas pretenden un doble objetivo: suscitar interés por conocer lo mejor posible la realidad, de manera que la percepción se amolde a ella, no al revés, y mostrar el impacto real de la ficción y las graves consecuencias de no distinguirla de la verdad.

SÍNTESIS REPUTACIONAL

1. Interpretamos espontáneamente lo que observamos. Lo que queda grabado en la memoria dependerá del modo en que lo ocurrido venga interpretado y del grado de sintonía con nuestra concepción de la realidad.

2. Los estereotipos pueden ser imprecisos o inexactos, incluso falsos, pero son efectivos porque permanecen... y permanecen porque son útiles.

3. La Leyenda Negra española no es la primera *fake news* o desinformación de la historia, pero quizá sí una de las de mayor dimensión e impacto multisecular.

4. Aun disponiendo de datos verificables y accesibles, con frecuencia quedan sistemáticamente apartados por una especie de deseo irracional de creer que un país líder (España en el XVI, EE.UU. en el XXI) es responsable de todo el mal mundial.

5. Este prejuicio es prototipo de una necesaria comunicación reputacional para gestionar percepciones erróneas. Una labor de este tipo es decisiva porque, aunque su fundamento no sea verdadero, su impacto es muy real.

6. Doble aspiración: suscitar interés por conocer la realidad del mejor modo posible, de manera que la percepción se amolde a ella y no al revés, y mostrar el impacto real de la ficción y las graves consecuencias de no distinguirla de la verdad.

2

Desvelar la mentira
de la verdad exagerada

Hispanoamérica, según Las Casas

Bartolomé de Las Casas (1484?-1566) es un personaje clave para entender la Leyenda Negra. Este sevillano viajó a América diez años después del descubrimiento y vivió como encomendero con indígenas bajo su tutela. Se hizo fraile en la Orden de Predicadores (OP) y llegó a ser obispo de Chiapas en Nueva España (hoy México). Conocido como el «apóstol de los indios», se le considera referente de la promoción de los derechos humanos porque, cumplidos los treinta, renunció a los repartimientos y encomiendas de aquellos a quienes había explotado y se volcó en defenderlos.

La transformada sensibilidad del dominico halló sintonía en la monarquía hispana, hasta el punto de que contristó a Isabel la Católica que Colón trajera de su primer viaje media docena de indígenas a modo de muestra. La oposición regia aumentó cuando en 1495 el almirante envió una carta en la que solicitaba entregar un esclavo a cada uno de los 300 colonos establecidos y fletó un barco con otros tantos indios para comercializarlos en la península. Al conquistador le parecía muy lógica la acción, al comprobar los grandes beneficios que los portugueses llevaban tiempo obteniendo con esa práctica.

El dilema ético de Isabel y Fernando crecía ante tan novedosa situación, que heredó Carlos I, convertido en Carlos V, emperador del Sacro Imperio romano germánico. El criterio moral se hizo más expreso en una cláusula del testamento que la reina emitió días antes de morir (1504): «No consientan ni den lugar a que los indios, vecinos y moradores de las dichas Indias y Tierra Firme, ganadas y por ganar, reciban agravio alguno en sus personas ni bienes, mas manden que sean bien y justamente tratados; y si algún agravio han recibido, lo remedien y provean».

El protagonismo de fray Bartolomé se entiende mejor con la llegada de la Orden de Predicadores al Nuevo Mundo en 1510 y el papel de otro dominico, fray Antonio Montesinos. Su sermón de Adviento de 1511, crítico con el maltrato a los indígenas, molestó a las autoridades coloniales. Tanto que pidieron al clérigo que rebajase sus críticas y recurrieron a frailes franciscanos, también presentes, para defender la postura oficial. Lejos de hacer lo que le pedían, Montesinos se embarcó rumbo a España para exponer su queja directamente a Fernando el Católico —cuyas acciones «todas son nobilísimas y alguna de ellas extraordinaria»,[86] según Maquiavelo.

Comunicar mal lo bueno es una injusticia social

Primero a Montesinos, y luego a Las Casas, no solo se les escuchó, sino que se produjo una reacción novedosa y pocas veces seguida por potencias mundiales: en plena expansión, la máxima autoridad (Carlos V) frenó su acción imperial, introdujo la reflexión sobre dilemas éticos y, como consecuencia de la autocrítica, provocó cambios legislativos. Las Leyes de Burgos (1512) y Valladolid (1513) modificaron, entre otras cosas, la encomienda, que finalmente se suprimió con las Leyes Nuevas (1542). Este último *corpus* legislativo, promulgado en Barcelona, incluyó unas cuarenta normas. Todas estas acciones fueron comunicación fáctica: hechos que expresan una voluntad que los españoles de la época, a diferencia de otros protagonistas europeos, no quisieron o no supieron transformar en propaganda. Comunicar mal lo bueno es una injusticia social, como también lo es disfrazar bien lo malo.

Los historiadores británicos John H. Parry y Philip M. Sherlock se encuentran entre quienes elogian la innovación legal que instauró España en 1512. La consideran el primer código colonial europeo con precisiones reguladoras que «enunciaban con claridad tres principios: que los indios eran hombres libres, no esclavos; que debían ser convertidos al cristianismo por medios pacíficos y no por la fuerza; y que los indios tenían que trabajar».[87]

Joseph Höffner, catedrático de la Universidad de Münster, por su parte, considera que «constituye un mérito inmarcesible de la ética colonial española del Siglo de Oro haber formulado, partiendo del conocimiento de esos problemas, postulados de política colonial que se adelantaron a su tiempo en varios siglos».[88] Charles F. Lummis lo resume como «el humanitarismo escrito» y Klaus Zimmermann lo describe como «la más alta expresión del ideal de igualdad entre la población colonizadora y la colonizada».[89]

Entre otras medidas pioneras, se instituyó la figura del valedor, responsable de velar por el bienestar de los indígenas; y se estableció un doble procedimiento: el defensor general, que residía en las capitales de los virreinatos, y los ubicados en ciudades menores. Desde 1591, el valedor contó con el apoyo de un abogado y de un consultor para defender a los indios en los procesos, por ejemplo, al firmar contratos. Este último perfil alcanzó incluso rasgo de fiscal: debía conocer la lengua indígena y rendía cuentas solo ante el rey o el virrey.

Stanley G. Payne subraya que España debió enfrentarse por primera vez en la historia con los problemas básicos, legales y morales del imperialismo:

> «Las posesiones españolas en América, enormes, complejas y lejanas, no constituían de hecho una propiedad real de la Corona. La intervención papal desde el descubrimiento de las tierras, a través de diversas bulas, reconocía el dominio legítimo, pero no la posesión ni la dominación ni la explotación de sus habitantes. No había precedentes en la historia de una situación como esta».[90]

A priori, parece prudente la cautela del emperador Carlos que, llegado de Flandes, conocía poco la España peninsular y menos aún la ultramarina. Fue necesario recapitular para que el nuevo líder se hiciera cargo de una situación compleja que ignoraba. En ese proceso cada facción quiso dejar su impronta: unos, para defender sus privilegios sobre personas y tierras en América; otros, para hacer real el criterio de los Reyes Católicos de respetar la dignidad de los indígenas.

Debate sobre cómo conquistar, innovación española no imitada en Europa

En términos parecidos a los de Payne se expresa el francés Bernard Lavallé, profesor de Civilización Hispanoamericana en La Sorbona:

> «El debate sobre la Conquista y la primera colonización, limitado a unos círculos restringidos, pero oficial y auspiciado por la Corona, apenas veinte años después del Descubrimiento, era ya en sí un acontecimiento considerable que no volvería a verse en ninguna otra potencia colonial europea posterior».[91]

Los finales de la segunda década del XVI son años en los que tres reyes jóvenes muy diferentes aspiran a la hegemonía europea: Carlos V (19 años) en España, Francisco I (25 años) en Francia y Enrique VIII (28 años) en Inglaterra. «El único honrado de los tres es el austroespañol Carlos»,[92] según el británico B. D. Wyndham Lewis, que lo etiqueta como «desmedievalizador». Al margen de esta consideración, no es detalle menor el que se le compare con Carlomagno y que abdicara (1555) en el momento de mayor esplendor de España.

Si arduo llega a ser conocer los hechos, más complicado se torna consensuar su interpretación. Buena muestra de que para un martillo todo son clavos es el *Manifiesto comunista* (1848) de Marx y Engels. Traduce la grandeza del descubrimiento de América a lo que hoy llamamos globalización, básicamente reducida a tierra y riquezas. «La gran industria ha creado el mercado mundial, ya preparado por el descubrimiento de América»,[93] se lee en el primer capítulo.

En el otro extremo, resulta también pobre la interpretación capitalista de Adam Smith en *La riqueza de las naciones* (1776). Considera el hito de América y el paso hacia el Índico como «los dos acontecimientos más grandes y más importantes registrados en la historia del género humano [... que han conseguido] llevar al sistema mercantil a un grado de esplendor y de gloria que no hubiese alcanzado de otra forma».

Viene a cuento de estos reduccionismos la reflexión de Francis Fukuyama sobre lo difícil que resulta creer que en otro tiempo pudiera haber más motivaciones que las estrictamente económicas. Esta misma idea, más atinada que la puramente marxista o capitalista, aparece encapsulada en la conocida síntesis de Oskar Spate sobre el propósito español: «*God, glory and gold*», Dios, gloria y oro. También intelectuales hispanos subrayan este enfoque imperial, inédito y convertido en precedente.

Toda conquista produce barbaridades y lo novedoso de la española fue que también alumbró figuras como las de los citados dominicos, Montesinos y Las Casas. Igualmente atípica y poco equiparable en el resto de Europa es la libertad de expresión que amparó a estos españoles para criticar públicamente a sus gobernantes.[94]

Precedente español de Derechos Humanos y de control anticorrupción

Hay características que confieren una unidad peculiar a la América hispana. Por ejemplo: más de medio continente recibió de una sola vez la tradición europea (griega, romana y cristiana), su independencia fue un fenómeno continental y simultáneo, la fiesta hispanoamericana conmemorativa del Descubrimiento remite a una comunidad sin equivalente europeo, un nexo lingüístico coexiste con varios idiomas, y los emigrados que poblaron América tenían una idea de nación novedosa.

En aquellos años existían al menos dos corrientes de pensamiento o estilos de gestionar la colonización. Un referente era Juan Ginés de Sepúlveda, seguidor de Aristóteles y traductor de su *Política*, que apostaba por dominar/tutelar a los indios hasta equiparar su cultura con la supuestamente superior española. Acorde con el enfoque del filósofo griego, maestro de Alejandro Magno, Roma ejemplificaba la conveniencia del dominio natural de los mejores sobre los peores.[95]

Con planteamiento opuesto se hallaba la Escuela de Salamanca, defensora de un Derecho Natural por el que toda persona es digna solo por existir. Su exponente más conocido, el dominico Francisco de Vitoria, estimaba que la evangelización debía realizarse por convencimiento/diálogo, no por requerimiento/obligación. Dando muestras de apertura mental y gusto por el matiz, afirmaba sobre la manera de evangelizar: «Ni es tan claramente injusta que no se pueda disputar sobre su justicia, ni es tan evidentemente justa que no se pueda dudar de su injusticia».

Este segundo enfoque, avanzado en cuanto a la defensa de la igualdad ante una realidad inédita de imperio global, se considera precursor del Derecho Internacional y de los Derechos Humanos. Desconocer la figura y la relevancia de Vitoria supone una carencia digna de reparar. Que los españoles se olviden de él podría equipararse con que los franceses obviaran a Descartes, los ingleses a Bacon o los alemanes a Leibniz.

Servicio, jerarquía y hermandad, antecedentes de libertad, igualdad y fraternidad

El trasfondo antropológico que finalmente prosperó fue el de una fraternidad que equiparaba la dignidad de todo ser humano. Tal hermandad, si es tal, reclama algún tipo de paternidad que, en el caso español, refería directamente a Dios. De ahí que, en el siglo XVI, Francisco de Vitoria defendiera prácticas sin precedentes, como el que los extranjeros pudieran viajar por cualquier territorio y asentarse en él, o que no hubiera obligación moral de obedecer a un rey que declarase una guerra injusta.

Los principios de «servicio, jerarquía y hermandad» venían a sembrar los acuñados tres siglos después –con más retórica que fáctica– de «libertad, igualdad y fraternidad». Si las diferencias conceptuales son cualitativas, las ejecutivas aún lo son más:

1. El servicio incluye la libertad, pero no necesariamente a la inversa. Expresiones de ello son lo que dice en alemán el escudo de los reyes ingleses, «*Ich dien*», yo sirvo; el lema genérico de los papas, «*Servus servorum*», siervo de siervos; o la sentencia de John Milton de «mejor reinar en el infierno que servir en el cielo».

2. Vinculada con eficacia y civilización, la jerarquía legítima más efectiva es la que se funda en el servicio. Por algo el verbo «administrar» procede del latín *ad-ministrare*, para servir.

3. La fraternidad humana del cristianismo es universal (eso significa «católica»), a diferencia de la de otros credos que se consideran élite elegida por Dios o predestinados para la salvación.[96]

Si estos principios se hubieran comunicado con eficacia similar a la de los postulados revolucionarios franceses, podría haberse atenuado el impacto de la Leyenda Negra y difundido el legado español de profundidad tan expansiva.

Cómo sería la confusión y el novedoso debate ético, que motivó la citada bula de Paulo III en 1537. El documento papal asume la, cuestionada por algunos, racionalidad de los indígenas, defiende su dignidad humana y declara:

«Dichos indios, y todas las gentes que en el futuro llegasen al conocimiento de los cristianos, aunque vivan fuera de la fe cristiana, pueden usar, poseer y gozar libre y lícitamente de su libertad y del dominio de sus propiedades, que no deben ser reducidos a servidumbre y que todo lo que se hubiese hecho de otro modo es nulo y sin valor, [asimismo declaramos] que dichos indios y demás gentes deben ser invitados a abrazar la fe de Cristo a través de la predicación de la Palabra de Dios y con el ejemplo de una vida buena, no obstando nada en contrario».[97]

Consultado por Carlos V, Francisco de Vitoria razonó que la soberanía tiene sus límites, que son básicamente los derechos naturales de los individuos. Bajo esta guía moral se fueron promulgando regulaciones que culminaron, ya con Felipe II, con el compendio de nueve tomos con más de 6.000 reglamentos conocido como Las Leyes de Indias (1680). Se convirtieron en la trasposición americana de la legislación hispana, algo innovador para la época y en las antípodas de lo que otros países hicieron años después en sus colonias.

El historiador británico Arnold J. Toynbee declaró que, cuanto más investigaba el periodo español de Hispanoamérica, más reconocía «la labor realizada por la Corona española y por la Iglesia católica» y su empeño «por haber tratado a los indígenas como seres humanos y por haber intentado protegerlos». Valoró a ambas instituciones por mantener bajo control a unos conquistadores tan «valientes» como «codiciosos, crueles y revoltosos».[98] Esta postura tan poco convencional sorprende al provenir de un intelectual agnóstico, bautizado anglicano y cuya actitud resultaba incómoda tanto para ateos convencidos como para cristianos puntillosos.[99]

Lo mismo cabe decir del juicio expresado por un autor tan contrario al cristianismo como Hegel: «Las órdenes religiosas los han tratado [a los aborígenes] como convenía, imponiéndoles su autoridad eclesiástica y dándoles trabajos calculados para incitar y satisfacer, a la vez, sus necesidades».[100]

Tan palmarios como los maltratos a los indios, aunque menos conocidos, son los juicios contra sus encomenderos. Algunos de los juzgados acabaron enviados a España y ejecutados. Es el caso del marqués de Castellovetere, condenado a muerte acusado de trato brutal a sus vasallos. Fernando Álvarez de Toledo, duque de Alba y virrey de Nápoles, ejerció su autoridad en esta ocasión consciente de la importancia de una justicia imparcial y de que las clases medias y bajas de la sociedad así lo percibieran. De ahí la sorpresa que se llevó también Galeazzo di Tarsia, poeta y noble napolitano, condenado al destierro por la conducta tiránica con sus colonos.

En esta misma línea cabe enmarcar los conocidos como «juicios de residencia» para castigar excesos. El procedimiento consistía en que, al concluir sus servicios, se auditaba la gestión de los funcionarios públicos, desde alguaciles hasta virreyes. En esas sesiones, abiertas al público, se escuchaban las acusaciones que cualquiera pudiera presentar contra ellos por corrupción, abuso o ineficacia en su labor. La auditoría podía durar meses, durante los cuales el examinado no podía dejar la ciudad donde había ejercido hasta que no se verificara su inocencia. Además se le retenía parte de su sueldo como garantía de que pagara la multa si finalmente era condenado.

Tres anécdotas entre muchas ilustran el nivel de control de la época. La primera se refiere a Hernán Cortés (1529). Los 6.000 folios manuscritos del auto le obligaron a trasladarse a la península para responder de graves acusaciones sobre su política con los indígenas, así como de sospechas acerca del accidente de su mujer o de la suerte de algunos enemigos, como Narváez, Ponce de León, etc. El segundo ejemplo corresponde a un oidor del Perú declarado inocente que, por no perder el barco, dejó su puesto un día antes de cumplirse el periodo de residencia: el Consejo de Indias le obligó a pagarse el viaje de regreso a Lima para cumplir con el día de trabajo que le faltaba. El tercer caso es más complejo y polémico. El protagonista es José Solís, virrey de Nueva Granada (hoy Colombia, Ecuador, Venezuela, Panamá y Guayana). Controversias al margen de si las acusaciones contra él son más leyenda que historia, no cabe omitir la referencia al juicio de residencia más famoso y extenso (1762): seis meses de interrogatorios en unas cuarenta poblaciones y 20.000 folios de instrucción concluyeron con una condena por veintidós cargos de fraude y malversación del erario público. Revisado el caso años después, Solís resultó exculpado.

Trasparencia judicial española frente al secretismo francés y británico

La práctica de los sistemas judiciales francés o inglés era muy diferente. Las conocidas como *lettres de cachet,* o cartas selladas, eran documentos alegales del monarca galo con efectos privativos de libertad sin juicio previo. Autores como Marmontel, Voltaire o Diderot acabaron en la cárcel víctimas de estos procedimientos.

La *Star Chamber* o Cámara Estrellada, por su parte, era una especie de tribunal secreto inglés, vigente entre los siglos XV y XVII, del que se desconocían sus miembros y procedimientos. El Tribunal Supremo de EE.UU. llegó a calificar esta praxis tan arbitraria de símbolo del menosprecio a los derechos individuales. Este fue el origen de la 5ª enmienda en la Constitución estadounidense que, entre otras cosas, contempla que a ninguna persona se le prive de «la vida, la libertad o la propiedad sin el debido proceso legal».

De vuelta a la figura de Bartolomé de Las Casas, con particular sensibilidad y siguiendo la estela de Montesinos y Vitoria, alertó de los excesos de colonos con los indígenas, primero al rey Fernando, luego a la reina Isabel, después a Carlos V (1540), y finalmente al heredero Felipe II. Ilustra conocer el itinerario de su vivencia y sus publicaciones.

Como no consiguió reunirse con el emperador en el primer intento, le envió un texto bastante extenso: *Relación de denuncias y remedios.* Seis años después (1546) remitió a Felipe II y a los nobles de la corte una versión en forma de manuscrito corto. Finalmente, en 1552, publicó una obra clave tras una segunda revisión. Se titula *Brevísima relación de la destrucción de las Indias.* En el prólogo detalla que esas narraciones en versión impresa se destinan a Felipe II, por si el rey «no las leyó o ya olvidadas las tiene» (en referencia al manuscrito de 1546).

Consecuencia directa de sus denuncias fue su nombramiento como procurador o protector de los indios. Era un cargo novedoso y similar, por ejemplo, al de defensor del pueblo (*ombudsman*) que se estableció en Suecia tres siglos después. Bernard Lavallé describe a Las Casas como «persuasivo, apasionado, seguro de su misión; dotado de un sentido político agudo, pero también torpe con sus adversarios; a veces, buen táctico, a menudo mediocre estratega, cuyos proyectos, enfrentados a las duras realidades americanas, tienen dificultades para ver la luz».[101]

La modestia no parecía caracterizar a fray Bartolomé. Muestra de ello es el tono laudatorio con que se describe a sí mismo, en tercera persona, en su *Historia de las Indias*.[102] Esta obra se compone de tres libros, más de 400 capítulos y 2.000 páginas. En sus narraciones se autorreferencia como ángel venido del cielo para abrir los ojos a las autoridades ignorantes de lo que pasa. Siempre según su propia versión, el clérigo, como se autodenomina, destaca por su elocuencia, ya que «tenía en el hablar gran eficacia». En cierta ocasión relatará de tal forma las atrocidades cometidas allende los mares a miembros de la corte que, según él, parecían asistir al mismísimo Juicio final.

El carácter enérgico y la constancia reivindicativa del fraile español lo convirtieron en personaje conocido a ambos lados del Atlántico. A falta de *potestas*, se le atribuía con razón *auctoritas*, por su influencia en la regulación legal sobre los indígenas. Durante años declinó propuestas de reconocimientos, como la sede episcopal de Cuzco. Finalmente accedió a ser obispo de Chiapas (actual zona fronteriza entre México y Guatemala) en 1544. Tras trece meses de accidentado periplo desde España hasta su diócesis, el recibimiento en 1545 fue poco acogedor. Fray Tomás de la Torre, uno de los dominicos que lo acompañaba, cuenta que «entrañablemente lo aborrecían muchos en las Indias y le beberían la sangre si pudiesen».

Si creo que todos yerran, quizá el errado sea yo

El recelo afectó también a una cierta rivalidad entre órdenes mendicantes, porque el prestigio y protagonismo peninsular de dominicos y franciscanos incluye su correlato en ultramar.[103] Quizá el exponente más destacable en la parte franciscana fue fray Toribio de Benavente, llamado *«Motolinía»* (el pobre o humilde) por los indígenas. Su carácter diametralmente opuesto a Las Casas lo llevó a ser más ponderado y a cuestionar las que estimaba cifras abultadas de su compatriota. También fue más posibilista, defensor de los indígenas sobre el terreno y denunciador de injusticias, con menos beligerancia que el dominico.

Sabedor del influjo lascasiano en la corte, *Motolinía* escribió a Carlos V para lamentar que el emperador y sus consejeros «hayan podido sufrir tanto tiempo a un hombre tan pesado, inquieto e inoportuno y bullicioso, pleitista en hábito de religión, tan desasosegado, tan mal criado y tan injuriador y perjudicial y tan sin reposo». Ambos clérigos se habían conocido quince años atrás. Desde entonces, según el franciscano, el dominico «no procuró saber sino lo malo y no lo bueno, ni tuvo sosiego en esta Nueva España, ni deprendió [aprendió] la lengua de los indios, ni se aplicó a enseñarlos». En resumen, Las Casas piensa que todos yerran y que solo él acierta.[104] Por regla general, esta actitud manifiesta que el errado es uno mismo.

Fray Bartolomé, como reflejará más tarde en su *Manual de confesores*, era tan inflexible en su negativa a absolver en confesión[105] a colonos con indígenas esclavos como expeditivo para excomulgarlos.[106] En cuanto al balance espiritual, de su obra habría que deducir que todo avance evangelizador con los indios se debió a los dominicos de la Orden de Predicadores (OP) y nada a los franciscanos de la Orden de los Hermanos Menores (OFM). Para más inri, ni siquiera cita a los frailes de san Francisco de Asís a pesar de su labor allí durante treinta años y de que arribaron una década antes que los seguidores de santo Domingo de Guzmán. Tan anecdótico como sintomático, negó el bautismo a un catecúmeno de los franciscanos por considerarlo deficientemente formado en la fe.[107]

De talante similar al franciscano fray Toribio era Vasco de Quiroga: jurista y obispo de Michoacán (México), comprometido en la defensa de los indígenas, denunciador de abusos, autor del opúsculo *Información en Derecho*… y también menos beligerante y más conciliador que Las Casas. Quizá por eso el papa Francisco aprobó en 2020 la apertura del proceso de su canonización.

Relatos alternativos sobre los indígenas ayudan a una descripción más completa de aquella realidad.[108] No extraña que crecieran de forma pareja la asertividad de Las Casas y el rechazo de sus interlocutores: no solo de los colonos, sino también de algunos compañeros de su orden y de parte de la grey que debía pastorear. Un ejemplo es el del limeño Eusebio de Llano Zapata en el siglo XVIII. Atacó con tanta vehemencia al dominico que, de cara a una posible publicación, la Real Academia de la Historia recomendó moderar algunas expresiones y suprimir un fragmento.[109]

A las dotes persuasivas de fray Bartolomé en la corte para denunciar abusos no parece haberle correspondido la necesaria habilidad de gestión cuando tuvo que ejercer como obispo de Chiapas. Convencido de que su postura era la justa, se mostró tan rígido como sus adversarios locales, con la diferencia de que conocía peor que ellos la realidad vigente. Al poco de llegar con su nuevo cargo eclesiástico, empezó a visitar las regiones de su diócesis y apenas permaneció en su sede. Esta práctica directiva, en sí positiva, no pareció surtir efecto.

Es bien conocida la breve experiencia ejecutiva del dominico, inexperto en hacer concesiones en la forma para defender el fondo y de conceder algo para obtener más. No encajaba en su carácter ni en sus costumbres. Los encontronazos aumentaban en la misma proporción que su red de contactos. Entre sus cualidades no estaba la de la mano izquierda, tan eficaz para alcanzar resultados. Tras poco más de un año como obispo *in situ*, abandonó su responsabilidad episcopal y regresó a España en 1547. Quizá pensó que su influencia desde la lejanía era preferible a su gestión de la cercanía. El rechazo de los presuntamente suyos aceleró la decisión.

La 'Brevísima', sensacionalismo del siglo XVI

Antes de leer (literalmente) la obra más famosa de Las Casas, conviene encuadrar el género literario empleado. Hay que retrotraerse a la tradición medieval de disputas y argumentaciones en la que se formó durante siglos a la intelectualidad de la Iglesia. El origen se remonta a acaloradas controversias judeocristianas en las que se pasaba, en algunos casos, de la cabeza a las manos. La *Brevísima* se ubica en un género literario que incluía la antítesis y la exageración como ingredientes de la polémica. Es frecuente el uso indistinto de «millones» e «infinitos», como sinónimos. Por eso quizá en España no provocó mayor escándalo y sí polémica acorde con la sociología ibérica.

La conocida como «Controversia de Valladolid» (1550-1551) consistió en el debate organizado desde las altas instancias imperiales para mostrar las dos posturas enfrentadas. En la primera fase, Ginés de Sepúlveda empleó tres horas en exponer su posición, mientras que Las Casas necesitó cinco días para su réplica. El primero no recibió autorización para publicar sus tesis hasta 1573, mientras que fray Bartolomé se saltó –sin castigo– las reglas para exponer las suyas. Su *modus operandi* no era de implorar permiso. Tampoco de pedir perdón.

Ese clima de debate abierto en el siglo XVI alcanzó cotas inimaginables hoy. Como describe el historiador estadounidense Lewis Hanke, «por primera y última vez un imperio organizó oficialmente una investigación sobre la justicia de los métodos empleados para ampliar sus dominios».[110] Fue un precedente de debate público sin parangón que no cuajó en otras latitudes.

Lo ocurrido después se asemeja bastante a lo que sucede cuando ven la luz pública documentos que una organización maneja internamente, es decir, cuando trasciende lo que debería permanecer discreto, no secreto: la imprudencia no tarda en hallar utilidad en la competencia. Así lo reconoce el francés abate Prévost, que reprocha al fraile español un estilo que ofreció armas a los enemigos de España, ya que su obra recibió más aprecio interesado en la Europa protestante.[111]

En ello debió de pensar también la Inquisición para prohibir la *Brevísima* en 1660… más de un siglo después de su publicación (1552), cuando ya circulaban innumerables traducciones multilingües por Europa. Tras dos años de investigación inquisitorial *stricto sensu*, el jesuita Francisco Minguijón justificó actuar contra la publicación «por decir cosas muy terribles y fieras de los soldados españoles que, aunque fueran verdad, bastaba representarlas al rey o sus ministros y no publicarlas, pues de ahí los extranjeros toman argumentos para llamar a los españoles crueles y fieros».

A la vista de los resultados, parece que tan lento y meticuloso resultó el proceso investigador como ineficaz la censura. ¿Por qué prohibirla después de tanto tiempo? Según el censor, porque «no se corresponde lo allí descrito con la situación actual [1660] y muchos excesos han sido ya remediados». En efecto, desde 1542 estaban en vigor las citadas Leyes Nuevas, influencia directa de las denuncias lascasianas.

El contexto se completa al recordar que un invento decisivo para la humanidad había irrumpido en Europa hacia 1450: la imprenta. No es fácil calibrar lo que supuso, igual que resultará complicado en futuras centurias hacerse una idea de lo que implicó Internet a finales del siglo XX. Gutenberg vivía en una ciudad alemana de unos 6.000 habitantes, Maguncia, donde anunció la capacidad de su artefacto mecánico para producir copias múltiples. Las autoridades visitaron su taller, escucharon al inquieto artesano, comprobaron el funcionamiento de tan novedosa máquina y concluyeron que aquella innovación tendría poco futuro. Desaconsejaron que el Gobierno invirtiera dinero en el proyecto por tres razones:

1. Llevaría al «paro» a miles de monjes y escribas que se ganaban la vida terrena y eterna copiando manuscritos a mano.

2. No era previsible una gran demanda para copias de manuscritos.

3. Las altas cifras de analfabetismo pronosticaban escasa rentabilidad en el mercado de libros impresos.[112]

Acudir a la fuente y conocer el contexto

La desproporción de Las Casas se desbordó aún más gracias a la imprenta. Todos podemos tener un mal día, un mal año o un mal quinquenio. Es fácil equivocarse en una palabra, un párrafo o un libro. Resulta comprensible errar en una cifra, una serie o una fórmula. Lo revelador es el mantenimiento imperturbable de afirmaciones maximalistas de censura integral, sin brizna de bondad colateral ni opción de admitir equivocarse.

Lo mejor es acudir a la fuente y leer las más de 30.000 palabras que componen el texto original. Son diecinueve capítulos sobre sendas regiones del Nuevo Mundo. Se transcribe una muestra de la citada *Brevísima relación de la destrucción de las Indias*:

«En estas ovejas mansas, y de las calidades susodichas por su Hacedor y Criador así dotadas, entraron los españoles, desde luego que las conocieron, como lobos e tigres y leones cruelísimos de muchos días hambrientos. Y otra cosa no han hecho de cuarenta años a esta parte, hasta hoy, e hoy en este día lo hacen, sino despedazarlas, matarlas, angustiarlas, afligirlas, atormentarlas y destruirlas por las extrañas y nuevas e varias e nunca otras tales vistas ni leídas ni oídas maneras de crueldad, de las cuales algunas pocas abajo se dirán, en tanto grado, que habiendo en la isla Española [hoy República Dominicana y Haití] sobre tres cuentos [millones] de ánimas que vimos, no hay hoy de los naturales de ella doscientas personas. La isla de Cuba es cuasi tan luenga como desde Valladolid a Roma; está hoy cuasi toda despoblada. La isla de Sant Juan e la de Jamaica, islas muy grandes e muy felices e graciosas, ambas están asoladas. Las islas de los Lucayos, que están comarcanas a la Española y a Cuba por la parte del norte, que son más de sesenta con las que llamaban de Gigantes e otras islas grandes e chicas, e que la peor dellas es más fértil e graciosa que la huerta del rey de Sevilla, e la más sana tierra del mundo, en las cuales había más de quinientas mil ánimas, no hay hoy una sola criatura. Todas las mataron trayéndolas e por traellas a la isla Española, después que veían que se les acababan los naturales della». [500.000 muertos]

«Y más afirmo, que hasta que todas las muchedumbres de gentes de aquella isla fueron muertas e asoladas, que pueda yo creer y conjeturar, no cometieron contra los cristianos un solo pecado mortal que fuese punible por hombres; y los que solamente son reservados a Dios, como son los deseos de venganza, odio y rancor que podían tener aquellas gentes contra tan capitales enemigos como les fueron los cristianos, estos creo que cayeron en muy pocas personas de los indios, y eran poco más impetuosos e rigurosos, por la mucha experiencia que dellos tengo, que de niños o muchachos de diez o doce años. Y sé por cierta e infalible sciencia que los indios tuvieron siempre justísima guerra contra los cristianos, e los cristianos una ni ninguna nunca tuvieron justa contra los indios, antes fueron todas diabólicas e injustísimas e mucho más que de ningún tirano se puede decir del mundo; e lo mismo afirmo de cuantas han hecho en todas las Indias». [Todas las muchedumbres muertas]

«Una vez, saliéndonos a recebir con mantenimientos y regalos diez leguas de un gran pueblo, y llegados allá, nos dieron gran cantidad de pescado y pan y comida con todo lo que más pudieron; súbitamente se les revistió el diablo a los cristianos e meten a cuchillo en mi presencia (sin motivo ni causa que tuviesen) más de tres mil ánimas que estaban sentados delante de nosotros, hombres y mujeres e niños. Allí vide tan grandes crueldades que nunca los vivos tal vieron ni pensaron ver». [3.000 muertos]

«Después de que todos los indios de la tierra desta isla fueron puestos en la servidumbre e calamidad de los de la Española, viéndose morir y perecer sin remedio, todos comenzaron a huir a los montes; otros, a ahorcarse de desesperados, y ahorcábanse maridos e mujeres, e consigo ahorcaban los hijos; y por las crueldades de un español muy tirano (que yo conocí) se ahorcaron más de doscientos indios. Pereció desta manera infinita gente». [200… infinita gente]

«En tres o cuatro meses, estando yo presente, murieron de hambre, por llevarles los padres y las madres a las minas, más de siete mil niños. Otras cosas vide espantables». [7.000 niños muertos]

«Este gobernador y su gente inventó nuevas maneras de crueldades y de dar tormentos a los indios, porque descubriesen y les diesen oro. Capitán hubo suyo que en una entrada que hizo por mandado dél para robar y extirpar gentes, mató sobre cuarenta mil ánimas, que vido por sus ojos un religioso de Sanct Francisco, que con él iba, que se llamaba fray Francisco de San Román, metiéndolos a espada, quemándolos vivos, y echándolos a perros bravos, y atormentándolos con diversos tormentos». [40.000 muertos, quemados vivos]

«Más oro robaron en aquel tiempo que aquel reino (a lo que yo puedo juzgar), de un millón de castellanos, y creo que me acorto, e no se hallará que enviaron al rey sino tres mil castellanos de todo aquello robado; y más gentes destruyeron de ochocientas mil ánimas. Los otros tiranos gobernadores que allí sucedieron hasta el año de treinta y tres, mataron e consintieron matar, con la tiránica servidumbre que a las guerras sucedió los que restaban». [800.000]

«Y acaesció vez, de muchas que esto hizo, que de cuatro mil indios no volvieron seis vivos a sus casas, que todos los dejaban muertos por los caminos». [4.000]

«Una vez, porque quiso hacer nuevo repartimiento de los indios, porque se le antojó (e aun dicen que por quitar los indios a quien no quería bien e dallos a quien le parescía) fue causa que los indios no sembrasen una sementera, e como no hubo para los cristianos, tomaron a los indios cuanto maíz tenían para mantener a sí e a sus hijos, por lo cual murieron de hambre más de veinte o treinta mil ánimas e acaesció mujer matar su hijo para comerlo de hambre». [20.000-30.000]

«Después de haber descansado un rato mandó el capitán que matasen y desempeñasen del peñón abajo, que era muy alto, toda la gente que viva quedaba. Y así la desempeñaron toda, e dicen los testigos que veían nubada de indios echados del peñón abajo de setencientos hombres juntos, que caían donde se hacían pedazos». [700 muertos, despeñados]

Además del serial rocambolesco de personas asesinadas, las referencias geográficas contienen errores de bulto tales que con formación básica pueden rebatirse. Por no alargar este apartado, baste apuntar con cifras redondas tres infundios notables:

- Dice que uno de los reinos de la Isla Española, el de Maguá, alberga 30.000 ríos, doce de ellos tan grandes como el Ebro, Duero y Guadalquivir. Teniendo en cuenta que la longitud de los citados son 930, 897 y 657 km. respectivamente, las cifras no cuadran en una isla de 76.000 km^2.

- Asegura que, en la misma isla, otro de los reinos (Marien) es más grande que Portugal. Falso. El territorio luso, que hacía más de un siglo que había completado su espacio, rondaría la extensión actual de 92.000 km^2, unos seis mil más que la isla entera.

- Afirma que la isla de Trinidad es mucho mayor que Sicilia. Lo cierto es que ese territorio itálico (25.000 km^2) quintuplica al caribeño (5.000 km^2).

Libertad para criticar al poder imperial

Más allá de los adjetivos y de la reiteración de barbarie máxima española frente a la inocencia y el pacifismo aborígenes, Las Casas ofrece cifras sin matiz. El propio fray Bartolomé reconoce no haber presenciado esas atrocidades ni poder indicar dónde ni cómo ocurrieron. Entre los testigos que invalidan los guarismos del dominico se halla Bernal Díaz del Castillo, autor de *Historia verdadera de la conquista de Nueva España*. Describe prácticas locales previas a la llegada de los españoles: vejaciones de los mexicas a las hijas y mujeres de los indios de Guacachula, canibalismo,[113] exposición de unos 100.000 cráneos humanos, fáciles de contar por encontrarse ordenados de forma regular en una plaza de Tlaxcala, etc. Como suele ocurrir a quien le cuentan algo que ha vivido en primera persona, Díaz del Castillo recelaba de las exageraciones que se difundían sobre los hechos en los que él había participado como miembro de la armada de Francisco Hernández de Córdoba y como alférez de la de Juan de Grijalva (1517-1518). Como «testigo de vista» y sabedor de «que la verdad es cosa sagrada», lamentaba que se creyeran aquellas desorbitadas descripciones de autores como Las Casas o Francisco de Gómara, en las que daba igual transcribir ocho que 8.000:

> «Pues de aquellas grandes matanzas que dice que hacíamos, siendo nosotros obra de cuatrocientos soldados los que andábamos en la guerra, que harto teníamos de defendernos que no nos matasen o llevasen de vencida; que aunque estuvieran los indios atados, no hiciéramos tantas muertes y crueldades como dice que hicimos; que juro, ¡amén!, que cada día estábamos rogando a Dios y a nuestra Señora no nos desbaratasen».[114]

En cualquier caso llama la atención la seguridad del fraile, más cuando en el siglo XXI aún resulta difícil estimar cifras en manifestaciones callejeras que oscilan entre 20.000 y 200.000 personas, según informen los convocantes o las autoridades. Si son ciertos los números del obispo de Chiapas, revelan un minucioso trabajo contable y un sorprendente margen de error cero. Si no lo son, muestran la eficacia destructora reputacional del *se non è vero, è ben trovato*.

Un solo español mata indios con lanza: 10.000/hora, 167/minuto, 3/segundo

En otro relato increíble —en sentido literal— de los primeros días de la conquista, fray Bartolomé escribe, en *Historia de las Indias*, que un soldado español mató con su lanza a 10.000 indios en una hora; es decir, a 167 indios por minuto, casi tres por segundo.[115]

Más que exageraciones parece justo hablar de falsificaciones históricas. Transmitirlas resulta muy barato y venenoso. Combatirlas cuesta esfuerzo y lleva tiempo.

Queda acreditada la eficacia de Las Casas como escritor polémico, pero en absoluto como historiador.[116] Lo paradójico es que su insolvencia verificada es directamente proporcional a su influencia con falsedades históricas. El citado Joseph Höffner señala a «los enemigos de España, que abusaron de la propaganda de la [*Brevísima relación de la destrucción de la Indias*] para sus campañas difamatorias contra esta nación» y certifica que la obra «no resiste una crítica seria».[117]

Contrastar las cifras de Las Casas requiere conocer de verdad la población indígena previa al Descubrimiento. No hay consenso. Una horquilla amplia de magnitudes no baja de los doce millones ni supera los 150. El hispanista judío-venezolano de origen polaco Ángel Rosenblat, con datos pormenorizados, cifra la población en 13.385.000 personas,[118] en tanto que el historiador estadounidense Woodrow Borah la eleva a muchos millones más.[119] Estas discrepancias dicen mucho.[120] Hay que reiterar que la verdad no es la media de dos errores opuestos.

Dato determinante y de casi imposible precisión es el número de muertos causados por enfermedades y epidemias como la viruela. Se estima en no menos de dos millones los óbitos debidos a esta patología tan contagiosa, que acabó con dirigentes aztecas como Cuitláhuac (1520), hermano de Moctezuma II, y cerca de un 40 % de la población mexica.

La investigación del Dr. Francisco Guerra arroja luz. Este catedrático de Historia de la Medicina de la Universidad de Alcalá de Henares lamenta el olvido de las referencias a este tipo de muertes, tanto de americanos como de españoles, tras el Descubrimiento. Cree que la merma poblacional de América solo es comparable a la peste de 1348 que segó la vida de la mitad de los europeos, con una estimación de setenta millones de muertos. Aboga por promover análisis exhaustivos y concluye: «El encuentro de los conquistadores españoles con los indígenas americanos significó una colisión epidemiológica de efectos catastróficos y puede afirmarse que una década después de 1492 apenas quedaba en las Antillas una décima parte de la población aborigen».[121]

La misma tesis sostiene el historiador estadounidense Noble David Cook, con base en documentación sobre los indígenas llevados por Colón a España para mostrarlos a los Reyes Católicos y que murieron de viruela en Cádiz al salir la segunda expedición (1493). Por las condiciones sanitarias y la aglomeración a bordo, afirma, la infección pudo afectar a más viajeros y desencadenar una epidemia. Cook duda de que unos centenares de conquistadores, con sus aliados indios, pudieran matar a tantos millones en tan poco tiempo. Su bibliografía[122] aporta interesantes elementos de juicio sobre las causas de la rápida mengua humana. Asegura que en poblaciones sin contacto previo con las viruelas, como fue el caso de los indígenas americanos, casi el 100 % es susceptible de contraerlas. En Arequipa (Perú, 1589), se contagió cerca del 80 % de los indios y la tasa de mortalidad rondó el 30 %. Similar infección afectó a la comunidad indígena de Aymaya (Charcas, 1590, hoy Bolivia), donde 147 de los 194 fallecidos murieron por la viruela. Se calcula que la epidemia redujo el 20-25 % de la población.[123]

Muertos por epidemias, no por genocidio

Cuantos más datos se conocen, más crece el consenso para desechar la palabra «genocidio» del vocabulario descriptor de aquellas muertes. El historiador Jean Dumont rechaza tal calificativo por considerarlo injusto y aberrante.[124]

Al inicial desconcierto de los indígenas ante los españoles se unió, en efecto, su indefensión inmunológica. Viruela, sarampión, tifus, plaga bubónica, y probablemente fiebre amarilla y malaria, eran patologías inéditas allí. Se requiere mejor contexto para comprender el significado preciso de la frase recogida en el *Chilam Balam*, libro de cultura maya, de Chumayel (Yucatán, México): «Antes no hubo enfermedades».

Parece plausible atribuir buena parte de las muertes masivas a enfermedades importadas, sin intención pero inevitablemente. Así lo suscriben Peter Bakewell, catedrático de Historia en EE.UU.,[125] y otros autores como Guy-Jean Testas,[126] Frederic A. Kirkpatrick,[127] Mary W. Williams,[128] Edward G. Bourne,[129] John Edwin Fagg,[130] Magnus Mörner,[131] George Friederici,[132] Nathan Wachtel,[133] Alfred W. Crosby,[134] Charles Gibson,[135] Henry F. Dobyns,[136] Pierre Chaunu,[137] Marianne Mah-Lot,[138] William L. Langer,[139] Arthur Helps,[140] Phillipe André-Vincent[141] o Preston E. James.[142]

Más allá de los datos de Las Casas y su posterior desautorización científica, cualquier lector del siglo XXI advierte el grado de libertad de expresión que amparaba en España este tipo de publicaciones tan abiertamente críticas con el poder y su principal proyecto expansionista.

El historiador estadounidense Philip W. Powell, en *Árbol de odio*, analiza con detalle la denuncia de fray Bartolomé, quien reitera *ad nauseam* la historia de españoles, villanos y malvados contra el «noble salvaje», «presentando a aquellos como crueles, inhumanos y codiciosos de oro, y a estos, como pacíficos e inocentes. De este vergonzoso batiburrillo sale la increíble cifra de unos veinte millones de indios muertos durante la Conquista, estadística que, hasta nuestros días, cuenta con la creencia popular», concluye Powell.[143] El número más que triplica la estimación general sobre el genocidio nazi con los judíos en el siglo XX. Las Casas calcula en tres millones la población de La Española (hoy República Dominicana y Haití) antes de la conquista, reducida a apenas 200 personas cuando escribe.[144] Como se ha apuntado, historiadores suelen coincidir en que las cifras aportadas por fray Bartolomé carecen de valor científico.[145]

Obviamente, como de las mujeres indígenas nacían niños mestizos, descendía el número relativo de indios que, por definición, ya no eran de *pura sangre*. Además de considerar el altísimo número de fallecidos por las mencionadas epidemias, se precisa estar alerta contra la omisión por Las Casas de estas realidades, tener el cuenta el número de homicidios entre aborígenes, etc.

Denuncia sincera, efecto contraproducente

Powell señala cuatro factores para ponderar la significación de fray Bartolomé en la acción española en América:

1. Acertó a señalar los actos reprobables a lo largo de la conquista y explotación de los indios, pero incurrió en el error de centrar su atención solo en este aspecto, excluyendo otras acciones que pudieran ofrecer una imagen más justa de la totalidad de la empresa hispana.

2. Se debe admitir que fue sincero y que, sin duda, luchó por una causa digna.

3. Al estigmatizar a sus compatriotas como de singular crueldad y codicia, mostró pobreza de espíritu, así como desprecio por las perspectivas históricas y falta de comprensión humana, requisitos esenciales para un buen historiador.

4. Su obra propagandística se ha aceptado como crónica verídica y como resumen completo de la actuación de España en América, lo que ha causado un gran daño al general conocimiento de esos siglos de dominación en el Nuevo Mundo.

Para reparar el perjuicio causado por la *Brevísima* propone:

1. Incrementar el saber de los hechos a base de la amplia documentación existente y de los escritos de los expertos publicados sobre España en América.

2. Un preciso conocimiento de lo que Las Casas trataba de hacer y los métodos que empleó, así como la forma en que los enemigos de España explotaron su obra.

3. Un acercamiento a la historia y cultura española e hispanoamericana libre de prejuicios religiosos, raciales o cualesquiera otros, con los mismos criterios y normas de simpatía que aplicamos, por ejemplo, a nuestra propia historia [la de EE.UU.] y a sus orígenes europeos.[146]

Para completar el cuadro de la humanidad de la época, sirva esta crónica del siglo XIV acerca de lo que sucedía en el territorio germano anterior al Imperio español:

> «Ocurría entonces en Alemania, y sobre todo a orillas del Rin, que el más fuerte devoraba al más débil a su antojo: caballeros y nobles vivían a la buena de Dios, asesinando a quien podían, cortando pasos y carreteras, y acechando a todo aquel que por su oficio se veía obligado a atravesar la región.

> Un trovador da el siguiente consejo al joven hidalgo:
> 'Si quieres ganarte la vida,
> joven caballero, sigue mi enseñanza,
> monta en tu caballo, galopa hacia el camino,
> párate a la vera de la verde floresta,
> y cuando el mozo se dirija al bosque
> lánzate bruscamente sobre él,
> atenaza su garganta, alegra tu corazón,
> quítale cuanto tenga'
> y suelta sus caballos».[147]

Extrema defensa, sin matiz ni respeto al oponente, desacredita causas justas

Los cuatro componentes de comunicación esgrimidos por Powell se asemejan a los errores en los que caen algunos defensores de causas justas como la vida humana, el medioambiente o el feminismo. Su extrema defensa, sin matiz ni respeto al oponente, las desacredita, debilita su argumentación racional y su aceptación social.

En este sentido, el escritor argentino Juan José Hernández Arregui[148] considera que la *Brevísima* y sus malintencionadas traducciones no son tanto un libro como un libelo, escrito en que se denigra o infama a alguien o algo.

Habría venido bien a Las Casas escuchar al militante climático Michael Schellenberger, repudiado por los más ultras y para quien «el alarmismo es una religión antihumana»:

> «El apocalipsis juega un papel central en muchas religiones, y el medioambiente no es una excepción. Creer en un apocalipsis ambiental proporciona un propósito y un significado. El propósito de un ambientalista es salvar al planeta del cambio climático o de alguna otra catástrofe, y los activistas climáticos lo que hacen es seguir un camino con el objetivo de salvar al mundo mismo. Su búsqueda proporciona una forma de elevación espiritual al enfatizar la conexión con la naturaleza y al verse a sí mismos como héroes que crean el bien en el mundo. Con suerte, revisarán su religión para excluir el apocalipsis o encontrar una nueva. Los evangelios de la izquierda en esta religión se basan en afirmaciones aterradoras e infundadas hechas en los medios de comunicación, informes de políticas mal construidos del IPCC [Grupo Intergubernamental de Expertos sobre el Cambio Climático] y el alarmismo de un pequeño número de científicos. La derecha ya no es negacionista, en su mayoría. He testificado ante el Congreso [de EE.UU.] seis veces en poco más de un año y ni un solo republicano ha negado que el planeta se está calentando».[149]

La denuncia del agitador Las Casas también ha contado entre sus detractores con referentes criollos del siglo XVIII, como el peruano José Eusebio de Llano Zapata (1721-1780). Casado con Baltasara Titu Yupanqui Jiménez Esquivel, descendiente del inca Huaina Capac, combatió la demoledora versión lascasiana que apenas llevaba dos siglos de difusión. No menos ilustrativos resultan sus relatos de otras violencias:

> «¿Cuántas atrocidades imponderablemente mayores han hecho y hacen hasta hoy los indios con los españoles? Muy buen testigo soy y lo son todos los que viven hoy en el Perú, Chile y Buenos Ayres. No ha cinco años que en esa última ciudad se vieron muchos cuerpos de españoles hechos el más sangriento espectáculo, que en el Pago de la Magdalena egecutó [sic] la barbarie de los indios pampas. Quizá se dirá que los

españoles con sus malos procedimientos se acarrearon estos estragos. Dirán mal. Porque los españoles para malo ni para bueno se mezclan con estas gentes, sino en caso de contenerlas.

Bien sabida es la reciente historia en las montañas de Tarma y cerro de la Sal; donde perecieron en Quimirii las tropas españolas con aquel valeroso capitán don Fabricio Bartoli, que prefirió con los suyos una honrosa muerte a la afrentosa capitulación que maquinaba el inquio traydor y apóstata Juan Santos Atahualpa.

No es menos notoria la tragedia de Goarochiris, donde los nuestros fueron sangrientas víctimas del furor de los indios. Estas tres historias son de ayer, teniendo menos de diez años la de más antigua data. Vivimos todos los que las hemos oído y visto. Y si el señor Casas ha llenado el mundo de horror y espanto con su *Destrucción de los indios por los españoles*, mayor espanto y horror pondría a las gentes el que se instituyese escribir *Destrucción de los españoles por los indios*».[150]

En 2003, otro peruano, Premio Nobel de Literatura, abundó en la necesidad de respetar la verdad histórica. Mario Vargas Llosa expuso en su tribuna del diario *El País:* «No son los conquistadores de hace quinientos años los responsables de que en el Perú de nuestros días haya tanta miseria, tan espantosas desigualdades, tanta discriminación, ignorancia y explotación, sino peruanos vivitos y coleando de todas las razas y colores».[151]

De vuelta a la repercusión de la obra del fraile dominico, conviene seguir algunos hitos de su eco global. Más de trescientos años después de su primera edición impresa (1552), se publicó en Nueva York una versión de la *Brevísima*, ¿casualmente? coincidente con el año de la guerra entre España y EE.UU., que concluyó con la cesión de Cuba (1898). Ya el título va al grano de forma tan sensacionalista como improbable: *An Historical and True Account of the Cruel Massacre and Slaughter of 20,000,000 of People in the West Indies by the Spaniards: Horrible Atrocities of Spaniards in Cuba.*

El norteamericano Lewis Hanke lamentaba (1963) que la gran mayoría de angloparlantes tuviera profundamente arraigada la convicción de la crueldad de los españoles. Atribuyó esta percepción en buena medida a las acusaciones de Las Casas, divulgadas en sucesivas ediciones por medio de traducciones y «repugnantes grabados». La aparecida en Nueva York, dijo, buscaba incitar a los americanos contra los españoles en Cuba… y advirtió del que llamó «sutil giro propagandístico» novedoso hasta entonces. Una página del libro se dejó en blanco porque, según el editor, la ilustración original era demasiado horrible para incluirla. Tanto las imágenes finalmente publicadas como la página en blanco pueden cotejarse en la biblioteca digital de Harvard.[152]

A propósito de crueldad, viene al caso el balance de muertos causados por EE.UU. cuando ese país arrebató las islas Filipinas a España (1898) y masacró a más de un millón de indígenas. Así lo asegura el norteamericano James B. Goodno en *The Philippines: Land of Broken Promises*.[153]

Traducciones + ilustraciones = propaganda internacional

La edición neoyorquina es apenas una de las últimas escalas traductoras que padeció la bienintencionada obra del dominico español de 1552. Sorprende que pasaran más de dos décadas hasta que la *Brevísima* alcanzó su primera proyección internacional y que, cuando lo hizo, fuera masiva y multilingüe: se tradujo al francés (1578, 1579, 1582, 1594), inglés (1583), holandés (1596), alemán (1579, 1597) y latín (1598).

También llama la atención la creatividad en las traducciones, empezando por el propio título. La ya atrayente *Brevísima relación de la destrucción de las Indias* se convierte en *Tyrannies et cruautéz des Espagnols, perpetrées e's Indes Occidentales qu'on dit le Nouveau Monde, Brievement descrites, par l'Evesque Dom Frere Dominique, traduites par Jacques de Miggrode. Pour servir d'example et advertissement au XVII Provinces du Pais*

Bas. La obra, traducida por el protestante flamenco Jacques de Miggrode, ya no empieza por «brevísima», sino por «tiranías y crueldades». Le sigue el verbo «perpetrar» y concluye con la referencia de alerta para diecisiete provincias. Son los territorios bajo dominio español que hoy ocupan Países Bajos, Bélgica, Luxemburgo, norte de Francia y una parte occidental de Alemania.

El exceso en la traducción del título se compensa, al parecer, con la fidelidad al texto del interior de la obra, salvo una llamativa excepción: donde Las Casas utiliza la palabra «cristiano», Miggrode traduce «español».

Esta primera versión francesa de la *Brevísima* se editó en Amberes (Bélgica) en 1578 o 1579 y supuso un instrumento de propaganda clave para la sublevación urdida por Guillermo de Orange, estatúder o lugarteniente del rey español en territorio neerlandés (holandés).

Desde la segunda edición francesa de la obra (1579) se incorporan los grabados del belga Théodor de Bry. Este complemento gráfico marcó una diferencia cualitativa que multiplicó la difusión de la *Brevísima*, como la edición inglesa (1583), que también se incorporó al arsenal británico contra Felipe II. Son diecisiete imágenes que ilustran la obra: indios devorados por perros o descuartizados ante la indolencia de los españoles, niños asados, etc. Quizá la ilustración de mayor impacto es la de esos canes que, revestidos de collar y armadura, despedazan a seres humanos. No menos sensacionalista es la composición que muestra, a la izquierda, una exposición charcutera de extremidades humanas y, a la derecha, un niño a la parrilla.

Salta a la vista el absoluto desconocimiento que el grabador tenía de los indígenas americanos, a los que representa como calvos. Tal ignorancia no extraña habida cuenta de la supuesta incapacidad del propio Las Casas para distinguir las importantes diferencias entre los indios mismos: unos casi prehistóricos y otros muy avanzados culturalmente.[154] Da la impresión de que se les considera abstracciones sin rostro. En cambio, la representación de la cara y el vestuario de los españoles sí se aproxima bastante a la figuración de la época.

Todo parece indicar que se aprovechó la peor publicidad transatlántica de la realidad católica hispana para atemorizar con tan dantescas imágenes a la sociedad que algunos intentaban construir luterana neerlandesa. Difundir el relato de Las Casas contribuyó a minar la autoridad española, que se desgastaba en la Guerra de los Ochenta Años (1568-1648) entre España y Países Bajos, y que concluyó con la independencia firmada en la Paz de Westfalia.

Si traducir literalmente un texto puede llevar a pervertir su esencia, una ilimitada creatividad puede resultar aún más injusta. Todo totalitarismo invierte en cualquier acción de efecto comunicativo. Una malvada diligencia explica que la edición alemana de 1936, bajo el nacionalsocialismo, cambiara el título de la *Brevísima* por *Im zeichen des Kreuzes (Bajo el signo de la Cruz)*.[155] Por literalidad o por elasticidad, llegado el caso hay que desvelar el potencial engaño denunciado por el dicho italiano *traduttore, traditore*: traductor, traidor.

Efecto multiplicador de influir en los influyentes

Resulta prolijo enumerar la lista de influyentes pensadores franceses que bebieron de la fuente de Las Casas para desprestigiar a España. A modo telegráfico cabe citar a los siguientes:

- Voltaire estigmatiza a Felipe II como máximo responsable del supuesto exterminio del indio americano y añade que «nunca se ha dictado una orden tan cruel, que haya sido tan fielmente cumplida».[156] He aquí un paradigma, no de verdad exagerada, sino de mentira integral. Por cierto, el enciclopedista francés tenía libertad para expresarse en España, pero no en Francia, donde se prohibieron sus obras.

- Montesquieu escribe sobre los mexicanos que «podían haberles liberado de la esclavitud, mas hicieron esclavos de hombres libres. Podían haberles desengañado en lo referente a sacrificios humanos y en lugar de eso los destruyeron. No terminaría nunca si tuviera que contar todo lo bueno que dejaron de hacer y todas las maldades que cometieron».[157]

- Sartre aseguraba en 1972: «Cuando fui por primera vez a Cuba, recuerdo que una de las principales preocupaciones de los cubanos era la de resucitar su antigua cultura, que infortunadamente es española, para oponerla a la absorbente influencia de los Estados Unidos».[158] El poeta cubano Fernández Retamar califica de exabrupto el llamativo inciso de cuatro palabras: «que infortunadamente es española».

- Raynal amplificó las acusaciones hiperbólicas en su *Histoire philosophique et politique des établissements dans les deux Indes*. Ante su presunta infinidad de crímenes, pedía que España compareciera «ante el tribunal del universo». La censura francesa quemó públicamente esta obra que, sin embargo, circuló con libertad en Hispanoamérica y llegó hasta los padres fundadores de EE.UU.

- Fouillée, como psicólogo, abunda en el estereotipo hispano de «falta de bondad simpática y sociable. Esta dureza es uno de los signos característicos de la raza íbera y berebere, igual que de la semítica […]. Su insensibilidad, que experimentaron los indios conquistados, llegó con frecuencia a la crueldad fría y a la ferocidad».[159]

Somos pocos quienes en los últimos cinco siglos hemos leído el relato íntegro de Las Casas. La proporción aumenta geométricamente al contabilizar las personas que en el siglo XXI siguen viendo, con torticero contexto, las imágenes negrolegendarias del mencionado ilustrador belga.

Influir en los influyentes es un criterio estratégico de comunicación directiva y gestión reputacional. Una propuesta de planificación táctica se desglosa en las reflexiones ejecutivas que culminan estas páginas. Un caso práctico y exitoso de brújula enfocada a la influencia es *The Economist*. Consciente de la relevancia de priorizar el perfil cualitativo de su público, esta revista económica recuerda que «uno de cada tres lectores es millonario». También sugerente la respuesta de Abe Rosenthal, director de *The New*

York Times, cuando le preguntaron cómo financiaba las páginas de ciencia del periódico, que apenas tenía anuncios: «Hay secciones que se hacen para ganar dinero y otras para ganar lectores; con Ciencia no tenemos mucha publicidad, pero conseguimos muchos lectores jóvenes, y eso es lo más importante para el futuro del diario».[160]

Simplificar lo complejo con rigor y claridad

A la astucia de la propaganda hispanófoba respondió España, aunque con menos pericia comunicativa. Tan importante como resaltar que hubo reacción es advertir que fue equivocada. Antaño y hogaño se requiere habilidad para simplificar lo complejo con rigor y claridad, sintetizar mensajes con imágenes y palabras, y encapsular realidades decisivas en expresiones memorables.

España respondió, sí, pero mal. Ejemplo de buena intención y mala ejecución fue el libro *De Indiarum Iure,* compendio de Derecho Indiano con el que el jurista Juan Solórzano Pereira argumentó en clave de legalidad escrita contra el ataque de la creatividad gráfica. Enseñanza multisecular de comunicación es que la mentira no solo debe combatirse con la verdad de los hechos, sino con la clave emocional de las percepciones. El reto es alcanzar lo verdadero y bien contado, lo cierto hecho verosímil.

No hace falta detallar episodios de la biografía de Guillermo de Orange que fácilmente se podrían ilustrar sin excesiva imaginación. Fuera por honradez o por ingenuidad, la respuesta española no evitó el efecto perverso de una propaganda tan prolífica que, en su momento, consiguió eclipsar la guerra civil en los Países Bajos.

La *Brevísima* en inglés tuvo un doble efecto el mismo año de su aparición (1583): denigrar a España y orientar a Inglaterra en la aventura colonial que iniciaba en EE.UU. Una versión de 1656, obra de John Phillips, vio la luz con la intención de justificar la conquista militar británica de la Jamaica española durante la guerra hispano-británica (1655-1660). El título completo de *Las lágrimas de los indios* es casi una sinopsis de la obra: *The Tears of the Indians: Being a Historical and True Account of the Cruel Massacres and Slaughters of Above Twenty Million of Innocent People, Committed by The Spaniards in the Islands of Hispaniola, Cuba, Jamaica, &c.: As Also in the Continent of Mexico, Peru, & Other Places of the West-Indies, to the Total Destruction of Those Countries.*

William S. Maltby, profesor de la Universidad de Duke, se pregunta por qué no surgió entre los ingleses un desagrado similar por otras naciones. Apunta dos posibles causas. La primera, que ningún otro país, quizá con la excepción de EE.UU., ha hecho tanto en favor de sus críticos como España. La segunda, que «los ingleses rara vez tuvieron oportunidad de descubrir que sus ideas de España y de los españoles eran erróneas. Muchos jóvenes emprendieron un *Grand Tour,* mas tales viajes, por regla general, no incluyen una visita a España. Ningún gran imperio, sea cual fuere su política, puede dejar de incurrir en la ira de sus vecinos».[161]

Tras la estela de las traducciones de la *Brevísima,* autores como Richard Hakluyt publicaron libros como *Principal Navigations* (1589), que venían a ser compendios de traducciones previas de expediciones españolas. La superioridad hispana era un estímulo para aprender de sus avances y minar su efectividad marítima, que durante años sufrió el acoso de piratas y corsarios ingleses en el Atlántico.

Aunque la piratería merece un abordaje de mayor precisión, quizá baste aquí con ser conscientes de que hay matices en esa categoría genérica de embarcaciones ilegales o alegales: piratas, corsarios con autorizaciones o patentes (de corso), filibusteros, bucaneros, etc.

Merece reflexión el fenómeno de prestigio literario, ayer y hoy, de la delincuencia organizada. La flota española conocía bien las acciones criminales de personajes como Drake, Hawkins, Raleigh, Mansfield, Gramount, Morgan, etc. El propio Hawkins, encarcelado en Lima en el siglo XVII, tenía un ejemplar del libro de Las Casas que compartía con otros reclusos.[162] A la impunidad pirata, por inacción de la Corona inglesa se sumó su inmortalización novelada por autores como Steinbeck o Margerit. Sigue vigente el planteamiento subyacente de justificar o rebajar la condena moral de quien roba al supuesto ladrón.

El inglés Philip Gosse, referente por su *Historia de la piratería*, documenta que la reina Isabel I era tan severa con los piratas que operaban en aguas británicas como indulgente con quienes acosaban a los extranjeros. A medida que aumentaba la hostilidad nacional contra España, no solo hacía la vista gorda con las agresiones a los hispanos, sino que invirtió capital en las organizaciones piratas.[163] Una perversa tradición debía de existir en la cultura británica, ya que el Concilio de Oxford (1222) había prohibido que alguien pudiera tener ladrones para su servicio.

La recreación cinematográfica, por otra parte, desliza connotaciones nada inocentes. José Varela aporta un minucioso análisis lingüístico de cuarenta películas, incluido en las mil páginas de su *España: un relato de grandeza y odio*. Alerta de los efectos de que la mayoría de las películas de piratas se ambiente en el Caribe, cuando muchas escaramuzas se registraban en el triángulo Azores-Canarias-Gibraltar. Esta ubicación caribeña acrecienta un protagonismo español discordante con la realidad.[164]

Daño a largo plazo de un «exaltado irresponsable»

Se estima en una treintena las ediciones[165] de la *Brevísima* entre finales del siglo XVI y mitad del XVIII: unas catorce holandesas, seis inglesas, otras tantas francesas, tres italianas, dos alemanas, dos latinas y una española. Otras publicaciones similares de Las Casas alcanzaron más de sesenta en ese mismo intervalo. De ellas unas veinticuatro holandesas y cerca de dieciocho francesas. El historiador británico Geoffrey Parker extiende estos datos hasta el siglo XIX: de 139 ediciones, cuarenta y seis eran holandesas, treinta y siete francesas y trece inglesas.

Con tan amplia difusión y tan devastadores efectos, Philip Powell señala a Las Casas como la persona más responsable de los deformados puntos de vista sobre los españoles y su papel en América:

«Este obispo español, tan a menudo santificado en la literatura durante cuatro siglos y colocado hoy en un nicho de «santo» de la propaganda antiespañola, hizo más que cualquiera otro individuo para manchar el nombre de un pueblo y de una nación, la suya propia. Seguramente no fueron estas sus intenciones, ya que no podía adivinar cuánto su trabajo iba a favorecer los propósitos extranjeros, pero sus escritos permanecen cerca del corazón y centro de la denigración de España. Él es, entre otras cosas, un magnífico caso de estudio para valorar el daño que a largo plazo puede hacer un exaltado irresponsable cuando es explotado por los fabricantes de propaganda dirigida contra su propia casa».[166]

Conviene resaltar, además, un aspecto clave de percepción. Si bien la obra de Las Casas, con flagrantes falsedades históricas, se refiere a los primeros cincuenta años de Conquista, la impresión que perdura es que lo descrito sucedió en América durante los tres siglos de Imperio español. Lesley B. Simpson, profesor en la Universidad de Berkeley (California), refiere que, mucho después de que la mayoría de los abusos denunciados se hubieran corregido con leyes más humanas «y después [de] que la encomienda había sido reducida de un sutil disfraz de la esclavitud a algo equivalente a un régimen social, Las Casas estaba aún atacándolo como si nada hubiera cambiado».[167]

Los cambios para proteger a los indígenas se produjeron y se mantuvieron en la política de los reyes de España, como muestra la Real Cédula del 3 de julio de 1627 de Felipe IV:

«Quiero que me deis satisfacción a Mí y al mundo del modo de tratar a esos mis vasallos, y de no hacerlo (con que en respuesta de esta carta vea Yo exentutados exemplares castigos en los que hubieren excedido en esa parte) me daré por de servido. Y aseguraos que, aunque no lo remediéis, lo tengo de remediar, y mandaros hacer gran cargo de las más leves omisiones de esto, por ser contra Dios y contra Mí, y en total destruición de esos Reynos, cuyos naturales estimo, y quiero sean tratados como lo merecen vasallos que tanto sirven a la Monarquía y tanto la han engrandecido e ilustrado».

A pesar de lo dicho y lo hecho, el bulo revivió con particular virulencia durante la guerra contra EE.UU. y la consiguiente pérdida de Cuba (1898), según detalla Charles Gibson, historiador de la Universidad de Michigan, en *The Black Legend: Anti-Spanish Attitudes in the Old World and the New*.[168]

El chileno Carlos Dávila, que fue secretario general de la Organización de los Estados Americanos (OEA), comparaba la maquinaria propagandística antiespañola con una hipotética campaña equivalente contra EE.UU. en el siglo XX. Para imaginar esa versión en plena Guerra Fría con la entonces Unión Soviética, sugería en 1949 pensar que la historia de EE.UU. para los tres siglos siguientes se escribiera sobre la base única de lo que publicaban los diarios *Pravda*[169] o *Izvestia*[170] en Moscú, que *Tobacco Road (El camino del tabaco)*[171] y *The Grapes of Wrath (Las uvas de la ira)*[172] constituyeran los únicos documentos sobre cómo vivió el pueblo americano en el siglo XX y que la historia de las relaciones raciales en este país se concretara en una sola película de dibujos animados, que Disney no ha producido, en que se perpetuaran los relatos gráficos de los linchamientos. «No podría ser más grotesca esa deformación y, sin embargo, no se apartaría grandemente de la que produjo la Leyenda Negra acerca de la conquista y la colonia en Hispano-América», aseguraba Dávila. La prensa moscovita y las novelas de Caldwell y Steinbeck —añadía— equivaldrían a la *Brevísima* de Las Casas en 1552 y a la *Historia del Nuevo Mundo* de Girolamo Benzoni, y la película de Disney sería el equivalente a las diecisiete espeluznantes imágenes del grabador Théodor de Bry.[173]

SÍNTESIS REPUTACIONAL

1. Comunicación fáctica: hechos que expresan una voluntad que actores españoles de la época, a diferencia de otros protagonistas europeos, no quisieron o no supieron transformar en propaganda. Comunicar mal lo bueno es una injusticia social, como también lo es disfrazar bien lo malo.

2. Cuando trasciende públicamente lo que debería permanecer discreto (no secreto), esta imprudencia no tarda en hallar utilidad en la competencia. Bartolomé de Las Casas ofreció armas a los enemigos de España, ya que su obra recibió más aprecio interesado en la Europa protestante.

3. Si son ciertos los números de Las Casas, revelan un minucioso trabajo contable y un sorprendente margen de error cero. Si, como parece probado, no lo son, muestran la eficacia destructora reputacional del *se non è vero, è ben trovato*.

4. La verdad no es la media de dos errores opuestos.

5. Es compatible acertar a señalar los actos reprobables de los españoles a lo largo de la Conquista y errar al centrarse solo en ello. Incluir otras acciones habría ofrecido una imagen más justa de la totalidad de la empresa hispana.

6. No hay motivos para dudar de que Las Casas fue sincero y luchó por una causa digna.

7. Estigmatizar a compatriotas como de singular crueldad y codicia debilita la perspectiva histórica y muestra falta de comprensión humana, requisitos esenciales en historia.

8. La propaganda se ha aceptado como crónica verídica y resumen completo de la actuación de España en América. Usar la obra de Las Casas a estos efectos ha causado un gran daño.

9. La mentira no solo debe combatirse con la verdad de los hechos, sino con la clave emocional de las percepciones. El reto es alcanzar lo vero è *ben trovato*, lo verdadero y bien contado, lo cierto hecho verosímil.

3

Combatir la mentira
de la verdad omitida

Impacto de la ignorancia: colonialismo comparado

Aspecto esencial para abordar la reputación es verificar qué verdad hay en aquello de lo que, en especial, trascienden percepciones. Por conocimiento o por ignorancia, todos tenemos ciertas impresiones o sensaciones acerca de la acción colonizadora de otros. Haber recibido poca o ninguna información al respecto es una forma de predisponer la opinión. Si cuando se informa de infracciones de tráfico en el mundo solo se habla de mis cuatro multas, pasan dos cosas: me convierto en estereotipo de mal conductor y, de forma simultánea, otros más sancionados y peligrosos, pero de los que nadie tiene noticia, quedan impunes en el ámbito reputacional.

Toda persona tiene derecho a expresarse sobre cualquier tema, pero no toda opinión tiene idéntico valor. Ignorancia y libertad son incompatibles: si desconozco lo relevante, soy menos libre. Puede hablar sobre el racismo alguien que ignora lo ocurrido durante el *apartheid* en Sudáfrica, o describir el genocidio quien desconoce los millones de asesinados por el nazismo y el comunismo. Los ignorantes tienen derecho a expresarse y los que saben tienen derecho a considerar infundadas esas afirmaciones.

Aterrados, con razón, por las horribles cifras de la época hitleriana, muchos ignoran que las magnitudes en los años de Stalin son aún peores: cuarenta millones de personas asesinadas por el totalitarismo comunista, según la investigación de David Satter en *Reader's Digest*[174] (1990). En 2014, este veterano periodista especializado en la URSS fue expulsado de Rusia —causalmente, no casualmente— tras publicar sospechas fundadas sobre Vladimir Putin, exoficial del KGB (Servicio secreto soviético) y en el poder desde 1999. En 2017 estrenó *Age of delirium*,[175] documental basado en su libro homónimo, que abunda en lo publicado medio siglo antes en *The Ukrainian Quarterly*[176] (1949) —en vida de Stalin y a pesar de su represión homicida— sobre el historial genocida soviético:

1. 1921-1923. Exterminada, por asesinato en masa y deportación a las regiones polares, toda la tribu de Ingren (Ingermandland). Murieron cerca de 400.000 personas.

2. 1926-32. Liquidada la Iglesia ortodoxa de Ucrania. Asesinados obispos, sacerdotes y fieles.

3. 1928-30. Asesinados o deportados a Siberia casi todos los cosacos del Don y del Kuban. Idéntica suerte corrieron, «por razones estratégicas», los miembros de la colonia griega de la península de Kertsch.

4. 1931-33. Murieron de hambre, según un plan preconcebido, millones de agricultores ucranianos con sus familias.

5. 1941-42. Stalin hizo desaparecer a más de 14.000 oficiales polacos. Testimonio de la matanza son las fosas de Katyn.

6. Antes, durante y después de la II Guerra Mundial se persiguió a intelectuales y personalidades de medios culturales ucranianos. Los cadáveres se hallaron en Kolomija, Lwiv y Vinnitsa en gigantes fosas comunes con 10.000 cuerpos cada una.

7. En la guerra y tras ella murieron asesinados 800.000 alemanes de la colonia germánica del Volga, 800.000 tártaros del Krim, 600.000 checos del Cáucaso y los habitantes de la región de Karachew. Estas terribles matanzas se alternaban con deportaciones al Asia ártica.

8. Durante y después de la guerra se persiguió a la población católica del oeste ruso y de la Ucrania carpática.

Obispos, sacerdotes y fieles sufrieron atroces martirios o deportaciones a regiones inhóspitas.

9. Los años de guerra y posteriores se masacró o deportó al 50 % de la población de los tres estados bálticos: Estonia, Letonia y Lituania.

10. Tras la guerra desaparecieron, por asesinato o liquidación en campos de concentración, más de dos millones de prisioneros alemanes.

Sin parangón criminal con el genocidio soviético

Por si la pulsión asesina no fuera suficiente, Stalin ejecutó también a los ejecutores de fechorías como las descritas. En apenas dos años (1936-38) ordenó asesinar a la mitad del personal administrativo, a más del 50 % de los miembros del partido y a otros ocho millones de personas.[177]

Frente al minucioso control criminal nazi, no existen cifras fidedignas sobre los asesinados por el totalitarismo ruso. Sin embargo puede consultarse bibliografía que, basada en fuentes oficiales soviéticas, ofrece datos de muertos, con cifras detalladas por años.[178]

Gracias a Walter Krivitsky, agente secreto del tirano y con acceso a esa información, se sabe que el censo de la URSS de 1937, en el que los soviéticos calculaban alcanzar los 171 millones de personas, mostró que realmente eran 145. A esta pérdida de población de veintiséis millones hay que añadir entre doce y veintiún millones de muertos más en la citada guerra de Stalin con Ucrania, donde en un solo año el líder georgiano exterminó a unos ocho millones de personas.[179]

Al año siguiente de huir a EE.UU., Krivitski publicó *I Was Stalin's Agent* (1939), traducido en español como *Yo, jefe del Servicio secreto militar soviético*[180] (1947). En este libro relataba las purgas comunistas, las manipulaciones del régimen, la supuesta ayuda de Stalin a la República española durante la Guerra Civil (1936-39), etc. En 1941 aparecía muerto en un hotel de Washington, al parecer junto a varias notas de suicidio. Conocidos los antecedentes históricos y personales, parece razonable dudar de esta causa de su muerte. Igualmente revelador *New Lies for Old* (1984), de Anatoliy Golitsyn, otro desertor del KGB huido en 1961 rumbo a la CIA.

El relato perverso de una barbarie puede blanquear las atrocidades más abyectas. Ocurre en los totalitarismos y en las que cabría denominar democracias analfabetas, las compuestas por personas que no leen. Bien lo saben y practican las mentes pensantes de algunas organizaciones, incluidas bandas terroristas. Hasta un político valiente como Mijaíl Gorbachov, que con su *Perestroika* o reestructuración desmanteló la tiránica Unión Soviética, utilizó con maestría el eufemismo, cuando no la desinformación. Donde el Nobel de la Paz (1990) aseguraba pocos años antes que la colectivización de la agricultura «se hizo penosamente, no sin graves excesos y equivocaciones», algunos traducen «catorce millones de muertos, bien por hambre, bien por las matanzas».[181]

Tampoco hay que olvidar Asia: la China de Mao asesinó a unos quince millones de personas en los primeros años de su totalitarismo. En 1957, el líder comunista pronunció su discurso *Sobre el correcto tratamiento de las contradicciones en el seno del pueblo*,[182] más conocido con el equívoco título de *Que florezcan cien flores*. Como es habitual en la comunicación deshumanizada, la retórica más sublime no halló correspondencia en la realidad. Por un lado, las palabras: «Permitir que cien flores florezcan y que cien escuelas de pensamiento compitan es la política de promover el progreso en las artes y de las ciencias, y de una cultura socialista floreciente en nuestra tierra». Por otro, los hechos: el tratamiento para discrepantes fue la «rectificación del pensamiento» y su eliminación física.

En esa «cultura socialista», la libertad era un lujo que no se podía permitir, especialmente en el ámbito religioso. El Dalai Lama y los monjes budistas del Tíbet escucharon de boca de Mao palabras tan cálidas como gélidas fueron sus acciones: crucifixiones, vivisecciones, desmembramientos, extracción de entrañas, decapitaciones, entierros de personas vivas… En 1959-60 murieron asesinadas 87.000 personas, sin contar las fallecidas por suicidio, tortura o hambre.[183] El balance final maoísta supera los sesenta millones de muertos.

La historia (no leyenda) negra podría ampliarse con el *currículum mortis* del agitador comunista camboyano Pol Pot. Más de 800.000 personas murieron asesinadas tan solo en su primer año en el poder en la capital, Phnom Penh, según el diario soviético *Izvestia*. Por resumir los horrores mundiales del comunismo promovido por Lenin desde 1917, merece referir el balance de muertos publicado por *Le Figaro Magazine:*[184]

Unión Soviética (1917-1959)	66.700.000
Unión Soviética (1959-1978)	3.000.000
China	63.784.000
Katyn (Polonia, 1940)	10.000
Alemanes víctimas de la ocupación rusa	2.923.700
Camboya (1975-1978)	2.500.000
Berlín, Praga, Budapest...	500.000
Grecia, Malasia, Birmania, Corea, Filipinas, Cuba, África...	3.500.000
Total	143.917.700

Con estas pinceladas del siglo XX hay que forzar mucho los datos y la argumentación para hallar parangón criminal con la verdad histórica de España en Hispanoamérica. La española es la primera gran colonización intercontinental de la época moderna, a la que siguieron las de otros países europeos. En su máxima extensión territorial, superó los veinte millones de km^2: cuarenta veces la Península Ibérica, casi el triple que antes el Imperio romano y un tercio menos que después el británico.[185] Sin restar importancia a las barbaridades cometidas por los españoles, un rápido vistazo a los posteriores procesos permite hacerse una idea más completa de lo sucedido allende y aquende el Imperio hispano.

Imperios generadores e imperios depredadores

El filósofo Gustavo Bueno distingue entre imperios generadores e imperios depredadores. Los primeros son fecundos, a pesar de sus excesos; los segundos resultan estériles, aun con sus aciertos. Los generadores llevan allá donde se expanden lo mejor que tienen: derechos, educación, bienestar, cultura, diversidad, etc. Los depredadores, no solo excluyen a sus nuevos dominios de compartir lo mejor que tienen, sino que los oprimen y exprimen. Con diferente lenguaje y fundamento intelectual, Ramiro de Maeztu consideraba que las naciones se engrandecen por acumulación de acciones valiosas y se achican por ruindades colectivas y corrupciones individuales.

No faltan autores que etiquetan a España como potencia destructora. Entre los más conocidos destaca el angloestadounidense John W. Draper (1811-1882). Tras acusar al Imperio español de arrasar dos civilizaciones, la oriental y la occidental, sentencia que el declive hispano del siglo XIX es la merecida condena divina: «Si este justo castigo no hubiera caído sobre España, los hombres hubieran ciertamente dicho: no hay retribución, no hay Dios».[186]

En perspectiva opuesta, en su obra *La Roma española (1500-1700)*, el estadounidense Thomas J. Dandelet aporta datos y describe a España como «patrono generoso» en lo que califica de «imperialismo blando», encuadrable en un imperio generador.[187] En ese contexto cabría enmarcar la voluntad expresada por Hernán Cortés en su testamento de que si moría en España llevaran sus restos al México que descubrió. Y así fue. Falleció en Castilleja de la Cuesta (Sevilla) y descansa finalmente en la iglesia de Jesús Nazareno de la capital mexicana, junto al hospital homónimo, el más antiguo de América (1524) y dotado por él.[188] Su caso es de los primeros, si no el primero, de los conquistadores españoles que siente que su patria está en América.

Imperialismo y colonialismo se parecen, pero no son sinónimos. Con matices, el colonialismo constata que:

1. Un país domina a otro por la fuerza.
2. Emplea violencia represora con impunidad.
3. La llegada de colonos implica con frecuencia la expulsión de los locales y la expropiación de sus posesiones, y siempre, el saqueo de sus recursos naturales.

El imperialismo, por su parte, puede incluir alguno de los elementos citados, y además suele:

1. Integrar al nuevo territorio bajo su soberanía, de manera que los autóctonos pasan a ser súbditos o ciudadanos.
2. Someterse a la ley, sea general del imperio o específica local.
3. Evitar la emigración forzosa de los lugareños.

El argentino Marcelo Gullo añade un matiz a este concepto:

«Lo que desde el punto de vista práctico diferencia a la acción imperial de la imperialista es que, en el primer caso, después de efectuada la conquista –por lo general violenta–, el territorio y el pueblo conquistados no van a ser considerados siempre un botín. Sin embargo, en el segundo caso, después de efectuada la conquista –también violenta–, el territorio y el pueblo conquistados sí serán siempre considerados un botín. La acción imperial produce mestizaje de sangre y de cultura; la acción imperialista segregación o exterminio. La acción imperialista busca siempre la limpieza étnica del territorio que ocupa y, cuando esta le resulta imposible, construye una sociedad y un Estado basado en la más absoluta segregación racial».[189]

En sentido estricto, la América hispana no se componía de colonias, sino de provincias o virreinatos. Emplear aquel término es una forma de hablar para entendernos sin mucha precisión, como detalla el historiador argentino Ricardo Levene en su obra *Las Indias no eran colonias*.[190] Ni por su régimen legal ni por su práctica política aquellos territorios eran equiparables a los sometidos por otras potencias mundiales. La diferencia es tan sustancial como merecedora de matices que exceden el propósito de estas páginas.

Mientras la ley española peninsular y de ultramar velaba por el respeto a los humanos indígenas, las consignas del poder extranjero —siglos después— ninguneaban aquella dignidad defendida. Abundan ejemplos. Samuel Sewal abogaba, como magistrado de la Corte Suprema de Massachusetts, por tasar a los indios como ganado. En nombre de Dios, el reverendo Samuel Hopkins apoyaba aniquilar a los nativos y aplaudía cazarlos (literalmente) con ayuda de perros. Cotton Mather, clérigo puritano de Nueva Inglaterra, confiaba en que el demonio acabara con los indios por la amenaza que, según él, suponían para el Evangelio.[191]

De la descolonización al nacionalismo

Tan importante como el proceso colonizador fue el descolonizador, en el que pueden distinguirse dos oleadas. La primera se produjo en América, española en el sur e inglesa en el norte. La provocaron los colonos establecidos en esos territorios, no los autóctonos. Su independencia benefició a una minoría, con total dominio sobre los indígenas. Esta primera fase de descolonización propició nacionalismos y dejó latente la tensa división entre ambos sectores sociales. El escritor uruguayo Eduardo Galeano denuncia la bajeza de algunos supuestos adalides de la intelectualidad de los siglos XVII y XVIII:

> «La América de Voltaire, habitada por indios perezosos y estúpidos, tenía cerdos con el ombligo a la espalda y leones calvos y cobardes. Bacon, De Maistre, Montesquieu, Hume y Bodin se negaron a reconocer como semejantes a los 'hombres degradados' del Nuevo Mundo. Hegel habló de la impotencia física y espiritual de América y dijo que los indígenas habían perecido al soplo de Europa».[192]

Tras recordar que la acción colonial reportó mayores beneficios económicos a otras potencias europeas y posibilitó el capitalismo moderno, Galeano critica que los excesos de la época española prosiguieron tras la independencia, incluido su propio país:

«Las matanzas de los indígenas que comenzaron con Colón nunca cesaron. En Uruguay y en la Patagonia argentina, los indios fueron exterminados, el siglo pasado [XIX], por tropas que los buscaron y los acorralaron en los bosques o en el desierto, con el fin de que no estorbaran el avance organizado de los latifundios ganaderos».[193]

Entre numerosos ejemplos de crueldad en la Hispanoamérica independiente, el autor uruguayo relata lo que Domingo Faustino Sarmiento escribía (1861) a quien al año siguiente se convertiría en presidente argentino, Bartolomé Mitre: «No trate de economizar sangre de gauchos; es lo único que tienen de humano. Este es un abono que es preciso hacer útil al país». Ya en el poder, Mitre desarrolló una guerra de exterminio contra las provincias y sus últimos caudillos. Con Sarmiento como encargado de pilotar la guerra, las tropas marcharon al norte a matar gauchos, «animales bípedos de tan perversa condición». En La Rioja argentina, Ángel Vicente Peñaloza, «el Chacho Peñaloza», lideraba la rebelión contra Buenos Aires, por lo que Sarmiento practicó su máxima de no ahorrar sangre gaucha. Le cortaron la cabeza y la exhibieron clavada en el centro de la Plaza de Olta.[194] Sarmiento sucedió a Mitre como presidente de Argentina.

En México, los alzamientos de indígenas se produjeron, año tras año, desde la ley que los obligaba a prestar servicios personales a las autoridades civiles y eclesiásticas. Se estima que en la centuria que media entre la independencia (1821) y la caída del presidente Porfirio Díaz (1911) se destruyeron más comunidades que durante la conquista y sus tres siglos de dominación.[195] En la presidencia de Díaz se sublevaron los yaquis de Sonora. Se les declaró esclavos y se vendieron a 65 dólares cada uno a los hacendados del Yucatán. El gobernador de Chihuahua fijó precios para la venta de indios: 100 pesos por varón, 50 por mujer y 25 por niño. En 1926-27 una nueva insurrección de yaquis frente al general Obregón desencadenó una campaña de exterminio.[196]

El listado de la barbarie resultaría largo: persecución sanguinaria a los mapuches en Chile, orden de masacrar a los mbayás y a los guanás por parte de Gaspar Rodríguez de Francia (1766-1840) en Paraguay, intento de liquidar a los miskitos por los recién independizados en Nicaragua, etc.

La segunda oleada descolonizadora, sin embargo, se debió a la rebelión aborigen contra los ocupantes y, en pocas décadas del siglo XX, arruinó las posesiones europeas de ultramar. En este caso fueron los «blancos» quienes solicitaron protección a sus cuarteles generales contra las demandas independentistas locales. Tal contexto azuzó la causa de líderes carismáticos, como Gandhi en la India inglesa, y fomentó los correspondientes movimientos de liberación.

Para abundar en sutilezas, conviene repasar algunas obras. Una imprescindible es *Los orígenes del totalitarismo,* donde la alemana-estadounidense Hannah Arendt plantea conexiones entre el imperialismo y dos tragedias para la humanidad, nazismo y comunismo. Considera que ambas lacras deben más al pangermanismo y al paneslavismo,[197] respectivamente, que a cualquier otra ideología o movimiento político:

> «Allí donde el totalitarismo posee un control absoluto sustituye a la propaganda con el adoctrinamiento y utiliza la violencia, no tanto para asustar al pueblo (esto se hace sólo en las fases iniciales, cuando todavía existe una oposición política) como para realizar constantemente sus doctrinas ideológicas y sus mentiras prácticas. El totalitarismo no se contentará con declarar, frente a hechos que prueban lo contrario, que no existe el paro; abolirá los subsidios de paro como parte de su propaganda […]. O cuando, por tomar otro ejemplo, decidió Stalin reescribir la historia de la Revolución rusa, la propaganda de su nueva versión consistió en destruir, junto con los antiguos libros y documentos, a sus autores y lectores: la publicación en 1938 de una nueva historia oficial del Partido Comunista fue la señal de que había concluido la superpur-

ga que diezmó a toda una generación de intelectuales soviéticos. Similarmente, en los territorios ocupados del Este, los nazis emplearon al principio la propaganda antisemita para conseguir un firme control de la población. No necesitaron ni utilizaron el terror para apoyar esta propaganda. Cuando liquidaron a la mayor parte de la *intelligentsia* polaca no lo hicieron por la oposición de esta, sino porque, según su doctrina, los polacos carecían de intelecto, y cuando proyectaron apoderarse de los niños de ojos azules y pelo rubio no pretendían asustar a la población, sino preservar la 'sangre germánica'».[198]

Otra obra clave es *El libro negro del colonialismo,* de Marc Ferro. Por tratarse de una de las más detalladas investigaciones comparadas por países sobre sus respectivos métodos colonizadores, se utiliza como guía en este capítulo. El historiador francés coordina una investigación coral de autores que desmenuzan la realidad colonizadora de ingleses, franceses, alemanes, belgas, holandeses, portugueses, norteamericanos, españoles y árabes entre los siglos XVI y XXI. Sus mil páginas recogen testimonios como el del poeta antillano Aimé Césaire: «Lo que el muy cristiano burgués del siglo XX no perdona a Hitler no es el crimen como tal, no es la humillación del hombre como tal, es el crimen contra el hombre blanco [...] por haber aplicado a Europa procedimientos colonialistas, que hasta entonces solo se destinaban a los árabes, a los *coolíes* de la India y a los negros de África».[199]

Comparar significa analizar con atención una cosa o a una persona para establecer sus semejanzas o diferencias con otra. No es sencillo. Implica relacionar y contextualizar realidades encuadrables en una misma categoría. Comparar no supone relativizar, atenuar o banalizar. Toda aberración merece condena, cualquiera que sea su geografía o ideología. Con independencia de las cifras, ya que la dignidad humana no es cuantificable, las víctimas de una barbarie no suprimen a las de otra.

Francia: racismo, matanza y represión

La saludable tendencia humana por conocer la verdad cuenta con aliados como la dificultad de ocultarla durante mucho tiempo y la progresiva trasparencia global, pero debe lidiar también con amenazas como la desinformación planificada. Se atribuye a De Gaulle el reconocimiento de haber soslayado la verdad para crear un Gobierno de la Francia Libre frente a la invasión nazi: «La historia se hace con ambiciones, no con verdades».[200] Thierry Pfister considera mentir como inseparable de la política francesa y que solo un ingenuo podría aplicar un criterio de veracidad a la conducta de un político. Lo primero no es exclusivamente galo y lo segundo admite honrosas excepciones.

Como todos los países con un magno historial, también Francia tiene capítulos de historia (no leyenda) negra. Uno de los más recientes es Ruanda. En este caso no se trata de colonialismo, sino de omisión o inhibición ante las matanzas registradas en ese país considerado «protegido». En poco más de tres meses de 1994, unos 800.000 tutsis murieron asesinados por sus compatriotas hutus. Fue el trágico final a una rivalidad social sembrada décadas antes durante el colonialismo belga.

El presidente François Mitterrand (1981-1995) recibió críticas en su país. Primero por armar, entrenar y apoyar al Ejército, mayoritariamente hutu, del Gobierno ruandés, presidido por Juvénal Habyarimana. Y después por dejación de un *devoir d'ingérence* o deber de injerencia, considerado legítimo y deseable. Si en 1993 Francia hubiera adoptado en la ONU una postura intervencionista más comprometida, se argumentaba, quizá se habría vencido la renuencia a intervenir por parte de EE.UU. y el Reino Unido, y se habría enviado una fuerza internacional más numerosa. Solo cuando ya había constancia de cientos de miles de muertos, se decidió Francia a activar una operación militar que, bajo mandato de la ONU, tuvo un claro componente humanitario y otro de difuso «protector» de los verdugos.

Desde la perspectiva de la comunicación reputacional, interesa analizar la dialéctica del presidente francés Emmanuel Macron en 2021. Lo hizo en Kigali, la capital ruandesa, tras conocerse el informe de mil páginas *La France, le Rwanda et le génocide des Tutsi (1990-1994),*[201] dirigido por el historiador galo Vincent Duclert, sobre la gestión del caso durante el mandato de su antecesor. Aunque Macron no lo citó en su intervención, el informe sí menciona al expresidente Mitterrand, «que mantenía una relación fuerte y directa con el jefe del Estado ruandés. Relación que explica la gran implicación de todos los servicios del Elíseo. A la inquietud de ministros, parlamentarios, altos funcionarios e intelectuales respondió con la indiferencia, el rechazo o la mala fe».

En la argumentación pública de Macron pueden identificarse tres pasos: descripción o denominación, identificación de responsabilidades y gestión del perdón.[202] Para empezar, llama genocidio a aquella matanza y explica por qué:

> «Un genocidio tiene una genealogía, una historia, una diana: los asesinos tenían una única obsesión criminal, la erradicación de los tutsis, de todos los tutsis. Un genocidio se prepara para abolir la humanidad del otro, se instala a través de humillaciones cotidianas... luego desencadena el odio absoluto, la mecánica del exterminio».

A continuación, el presidente francés distingue entre «ser responsable» y «ser cómplice». A su juicio, Francia tiene responsabilidad, no complicidad: «Si se entiende por tal la voluntad de asociarse a la acción genocida, nada en los archivos consultados viene a demostrarla». Y prosigue:

> «Los asesinos no tenían el rostro de Francia. La sangre que corrió no deshonró a nuestras tropas ni las manos de nuestros soldados que vieron con sus ojos lo innombrable, curaron las heridas y ahogaron las lágrimas [...]. Pero Francia tiene un papel, una historia y una responsabilidad política en Ruanda. Y el deber de mirar la historia de cara y reconocer la parte de sufrimiento que infligió al pueblo ruandés haciendo prevale-

cer el silencio sobre el examen de la verdad. [...], Francia no escuchó las voces que la alertaron [y por lo tanto] tiene una responsabilidad abrumadora en el engranaje que condujo a lo peor. [...] Con humildad y respeto vengo a reconocer la amplitud de nuestras responsabilidades».

Por último, Macron alude al perdón: «Reconocer nuestra responsabilidad es un gesto sin contrapartida, una exigencia con nosotros mismos y una deuda hacia las víctimas [...]. Solo los que han atravesado esa noche pueden perdonar y hacernos el don de perdonarnos».

El corresponsal del diario *El País* destacaba que, tras reconocer su «responsabilidad abrumadora», Francia buscaba «normalizar la relación con Kigali, envenenada por el apoyo francés al régimen que perpetró las matanzas de tutsis y por los silencios posteriores».[203]

A tenor de la respuesta de su homólogo ruandés, el mensaje del líder galo pareció cumplir su objetivo. Paul Kagame calificó el discurso como un acto «de inmenso coraje» con «más valor que unas excusas».

Siglo de luces... fundidas

Más allá de la singularidad del caso ruandés y retrocediendo en el tiempo, la historiadora francesa Catherine Coquery-Vidrovitch advierte una realidad paradójica: el Siglo de las Luces (XVIII) fue también la centuria en la que la inferioridad del negro se llevó a su paroxismo. Constituyó el periodo de mayor expansión de la trata atlántica, ya que entonces se deportó a la mitad de los esclavos, es decir, a unos seis millones de un total de doce. La profesora emérita de la Universidad de París-VII incide en la trágica repercusión de ciertas ideas sobre los negros por parte de ilustrados relevantes, como Voltaire:

«Sus ojos redondos, la nariz aplastada, sus labios siempre gruesos, sus orejas diferentemente dibujadas, la lana de su cabeza, la medida misma de su inteligencia, ponen entre ellos y las demás especies de hombres diferencias prodigiosas. Y lo que demuestra que no deben esta diferencia al alma que tienen es que los negros y las negras transportados a los países más fríos siguen produciendo animales de su especie, y los mulatos no son sino una raza bastarda».[204]

Al parecer, las luces de ese siglo considerado luminoso se fundieron más de lo deseable. Resulta difícil comprender que el mismo ilustrado francés afirmara que «no es improbable que en los países calientes los monos hayan subyugado a muchachas».[205] Quizá si el afamado enciclopedista hubiera viajado como su compatriota Michel Adanson habría cuidado más sus juicios. Este botánico, de paso por Senegal en 1754, se maravilló de escuchar a los negros razonar con gran tino sobre los astros. Estimó que, con instrumentos adecuados, aquellos africanos se convertirían en magníficos astrónomos.

No menor desvarío que Voltaire mostró el escritor Jules Lemaître al describir en 1887 a los *ashanti* del África occidental, en la zona de Ghana:

«Una bonita boca, por ejemplo, es aquella de la que olvidamos que está hecha para comer, y que creemos formada tan solo para sonreír, para cantar o para ser besada. Ahora bien, la boca de los *ashanti* está claramente hecha para comer, y para comer groseramente, con gran actividad de los caninos clavándose en la carne sangrante. Esa boca es dos o tres veces más grande que la nuestra, y está sostenida por unas muy anchas mandíbulas; supera en mucho la línea de la nariz; está toda echada hacia delante; es amenazadora. Su nariz parece estar hecha tan solo para olfatear la presa y sus ojos para acecharla. La inclinación de la frente sin pensamiento hace de sus rostros un hocico. Si un animal tuviese esta jeta, podría ser muy bien un animal muy bello y que incluso no tendría un aspecto más malvado que un león o un leopardo. Sin embargo, esta cabeza carnicera, al estar apoyada en cuerpos parecidos a los nuestros, da miedo y hace daño, quizá porque, colocada así, nos recuerda brutalmente nuestros orígenes bestiales. Resumiendo, estos buenos *ashanti* son desagradables de ver, no porque tengan cabeza de animal, sino porque, al tener estas cabezas, aun así tienen aspecto de ser seres humanos.

Al menos, estos *ashanti* (hablo solo de los varones) tienen cuerpos muy bellos, aunque no tan bellos como los de los gimnastas de nuestros circos, sostenidos por unas piernas un poco delgadas. Las mujeres tienen unas cabezas más presentables que los hombres, y una dulzura de bestias sumisas en sus ojos y en la boca. Pero son pequeñas, macizas, el torso demasiado corto, las piernas como pilares, los pechos largos y colgantes como odres y, en su punta, rugosidades de piel de elefante que forman el pezón».[206]

Popularidad de autores racistas

Autores racistas gozaron de gran popularidad, como el historiador Fustel de Coulanges, que atribuía la grandeza de Francia a su pasado romano; el escritor Maurice Barrès, antijudío militante; o el sociólogo Albert Bayet, inventor en 1931 de la expresión «colonización democrática» para promover la tutela de supuestos países desarrollados sobre presuntas sociedades inmaduras.

Algunas voces se alzaron contra la normalización del racismo literario y de expresión cotidiana. En ese ecosistema social, las encíclicas *Maximum illud* (1919), de Benedicto XV, y *Rerum Ecclesiae* (1926), de Pío XI, supusieron sendos toques de atención. Ambos papas incidían en la necesidad de adaptar la predicación a las mentalidades locales de las colonias y de formar al personal autóctono. Junto a este objetivo de fondo, los pontífices añadían la pertinencia de cuidar el tono escrito y oral; en concreto, «no escribir nada para el uso de los occidentales que no osaríamos poner bajo los ojos de los indígenas».[207]

Léon Bloy se encuentra entre quienes entonan un *mea culpa* del colonialismo galo, del que conocía casos de primerísima mano:

«Por limitarnos solo a las colonias francesas, ¡qué clamor, si las víctimas pudiesen gritar! ¡Qué rugidos, llegados de Argelia y de Tunicia, favorecidos a veces con la carcasa del presidente de nuestra amable república! ¡Qué sollozos de Madagascar y de la Nueva Caledonia, de la Cochinchina y del Tonkín!

Por poco que se esté en la tradición apostólica de Cristóbal Colón, dónde está el medio de ofrecer otra cosa que no sea una andanada de metralla a los descuartizadores de indígenas, incapaces, en Francia, de sangrar al más pequeño cerdo, pero que, convertidos en magistrados o en sargentos mayores en los distritos alejados, ¡despedazan hombres tranquilamente, los cuartean, los asan vivos, los dan a comer a las hormigas rojas, infligiéndoles tormentos sin nombre, para castigarlos por haber dudado en entregar a sus mujeres o sus últimas monedas! Y esto es superbanal, conocido por todo el mundo, y los demonios que hacen eso son gentes muy honestas a las que se condecora con la Legión de Honor y que ni siquiera necesitan hipocresía [...].

La historia de nuestras colonias, sobre todo en el Extremo Oriente, no es más que dolor, ferocidad sin medida y bajeza. Yo he sabido de historias que harían sollozar a las piedras, pero basta el ejemplo de ese pobre buen hombre que había emprendido la defensa de algunas aldeas *moi* [«salvajes» vietnamitas], horriblemente oprimidas por los administradores. Pronto le ajustaron las cuentas. Al ver que no tenía apoyos, sin padrinos de ningún tipo, le tendieron las simples trampas en las que caen habitualmente los generosos. Se le condujo casi de la mano a violencias tachadas de rebelión, y desde hace veinte años agoniza en un penal, si es que todavía vive. Un día hablaré, con más fuerza y precisión, de este ingenuo ¡que creía en las leyes!».[208]

El ingenuo encarcelado al que se refiere Léon Bloy es su hermano Georges, condenado en 1886 a seis años de penal, más otros tantos de deportación a Nueva Caledonia, por intentar defender a los indígenas contra la administración francesa en Indochina.

Explotación mercantil del Congo

El paradigma belga —que se analiza más adelante— se adaptó en el Congo galo, propiedad de una República francesa guiada, entre otras, por la ideología de la «triple C» para África: civilizar por el cristianismo y el comercio. Muy pronto se diseñó el sistema de concesiones que desglosa el historiador congoleño Élikia M'Bokolo.

En 1893 la *Société du Haut-Ogooué* (Sociedad del Alto Ogowe) obtuvo una inmensa concesión (once millones de hectáreas de bosques y 700 kilómetros de río) con derechos de regalía (impuestos, policía y protección), retirados en 1896. Empezó su actividad en 1897 y prácticamente desde el principio violó las cláusulas sobre las «reservas indígenas» y la reforestación en las zonas explotadas.

Otras cuarenta y un compañías obtuvieron concesión y se repartieron el 70 % del territorio en 1899. La mayor de ellas, la *Société des Sultanats du Haut-Oubangui* (Sociedad de los Sultanatos del Alto Ubangui), recibió 140.000 km². La menor, la *Société de la Nkémé-Nkéni* (Sociedad del Nkeme-Nkeni), 12.000 km².

La concesión implicaba un monopolio de treinta años sobre el suelo, la plena propiedad de las tierras explotadas tras esos tres decenios y el pago al Estado de un canon del 13 % de los beneficios. A fin de burlar las disposiciones de libertad comercial del Acta de Berlín, las compañías debieron renunciar al monopolio, pero se constituyeron como sociedades de explotación con goce exclusivo del suelo. Aun así, algunas quedaron bajo el control de empresas belgas y holandesas que trasladaron el *modus operandi* al Congo francés. Los números alegraron los bolsillos europeos. Gracias a la matanza de elefantes, se obtuvieron noventa toneladas de marfil en 1896, 210 en 1905, 120 en 1910 y noventa y siete en 1920. En caucho, 1.950 toneladas tan solo en 1905.

La construcción de la vía férrea que enlaza el Congo con el Atlántico (1921-1934) se asemejó a un cementerio para la mano de obra africana. Lo ilustra una expresión común entonces, «un muerto por traviesa».

El estilo francés también aportó innovación sádica, como revela el escándalo Gaud-Toqué, administrador del fuerte Crampel. Entre otras barbaridades, para conmemorar el revolucionario 14 de julio de 1793 (primera constitución), hizo saltar por los aires con dinamita a un prisionero indígena. Tan salvaje episodio habría generado en otras latitudes no pocas versiones de recreación visual y literaria. Sin embargo, la producción gala crítica con el colonialismo es residual. Ninguna película o emisión de TV que denuncie los abusos en las colonias aparece entre las cien primeras producciones por índice de audiencia.[209]

Brutalidad crónica en Argelia

Argelia es referencia obligada en el colonialismo padecido en África. A comienzos del siglo XIX, Napoleón Bonaparte ya maquinaba una primera expedición porque, según él, los berberiscos deshonraban a Occidente con sus prácticas. Curiosa reflexión en quien acababa de restaurar la esclavitud en Santo Domingo. Quizá por eso, y por tantas otras acciones, su país conmemoró, pero no celebró, en 2021 el bicentenario de la muerte de su estadista militar. Como destacaban las crónicas, la esclavitud sobresale como una de las manchas en la incómoda herencia del emperador, glorificado en monumentos y avenidas en Francia.[210]

Nueve años tras su muerte, la invasión del país norteafricano (1830) se produjo con 37.000 hombres y un centenar de barcos. En la década siguiente la maquinaria de la barbarie funcionaba con las ideas y sus aplicaciones. Dicho: el coronel De Montagnac abogaba por «aniquilar a todos los que no se arrastren a nuestros pies como perros». Y hecho: el general Pélissier quemó y asfixió a un millar de árabes en la zona de Dahra.

El debate en París acerca de la legitimidad colonizadora acabó con victoria de la postura más intervencionista, incluida la visión comercial que plantearon algunos militares. El general Clauzel calculó que en diez años los productos coloniales aportarían 200 millones a la metrópoli. Otros elucubraron con modos de fijar asentamientos y conseguir mano de obra europea. En sus informes al jefe de Gobierno François Guizot, Louis Veuillot propuso construir viviendas, implantar «una población valiente, laboriosa y que se crea capaz de manejar tanto el fusil como el arado para defender una familia, una nacionalidad, una fe». No estimó fácil hallar mucha gente con ese perfil, «pero hay en Europa suficientes desgraciados y perseguidos que pueden proporcionárnosla». A continuación transcribió la lista de candidatos ideales: además de suizos, «algunas buenas familias polacas; no sería difícil disponer de vascos, de alsacianos, pueblos dispuestos a emigrar y profundamente católicos, lo que no hay que perder de vista, pues el sentimiento religioso es necesario e indispensable, y más aquí que en otras partes».[211]

De conquistar a expropiar

Los colonos en Argelia aumentaron progresiva y rápidamente: de 7.813 en 1833 a 109.400 en 1848. Parecido incremento se registró en la transición de conquista a expropiación. Esos años y los subsiguientes fueron testigos de hambrunas (1867), luchas tribales, una *yihad* o «guerra santa» (1871), desplazamientos territoriales, empobrecimiento indígena, indefinición sobre la propiedad y confusión entre los poderes ejecutivo y judicial: se recurrió a disposiciones legales de Luis XVI y Napoleón III. Especial repercusión tuvo la Ley Wargnier, que duplicó la colonización al establecer aldeas árabes encargadas de proporcionar mano de obra.

Marc Ferro señala que la insurrección de 1871 inauguró un tiempo de victoria colonial que provocó resignación entre sus víctimas: «Del mismo modo que la revolución de 1789 en Francia había destruido el orden y reducido la sociedad a un conjunto de ciudadanos, por medio de la aplicación de leyes semejantes, arruinando a los dirigentes sociales que existían antes de la Conquista, la colonización redujo a los indígenas a sí mismos».[212]

Repasando fotografías de los años treinta del siglo XX, el historiador francés constata con asombro no hallar rastro de la presencia de su país: ni en los modos de cultivar o alimentarse, ni en el de tejer, trabajar o vestirse. A diferencia de las imágenes folclóricas de películas ambientadas en la época, concluye que hay algo de verdad en el dicho de que «Francia no ha tenido más influencia en estas regiones que la que tiene una garrapata en la cola de un camello».

Al racismo real se sumó algún que otro error que agrava la injusta situación. Según un artículo satírico en *Le Figaro* (1868), cinco colonos habrían sido víctimas del canibalismo indígena. No fue así. Una errata de imprenta cambió una letra y, con ella, el sentido de toda una frase: *«On avait voulu les tuer, ils avaient été manqués»*, habían intentado matarlos, pero habían fallado *(manqué)*, no comido *(mangé)*.

Esto recuerda, una vez más, que cuando se informa de asuntos tan delicados, toda cautela y profesionalidad es poca. La rutina en la comunicación, oral o escrita, multiplica los efectos dañinos de errores evitables con algo más de pausa y atención.

Tergiversación semántica y Gestapo a la francesa

Lo anecdótico se convirtió en sintomático mediante el recurso a la tergiversación semántica para cambiar la percepción. Así se explica que el Ministerio de Colonias pasara a llamarse Ministerio de la Francia de Ultramar o de Cooperación, o que el Imperio se convirtiera en Unión Francesa. La sutileza perversa incluía verbos como «tutelar» a los indígenas, recordatorio cotidiano de discriminar; adjetivos como «sospechoso», término comodín para actuar contra alguien; o sustantivos como «reagrupamiento», equivalente a deportación. Se estima que en la guerra de Argelia murieron un millón de argelinos y unos 60.000 franceses. Concluida la contienda, los deportados superaban los dos millones, más del 25 % de la población.

Albert Camus fue de los primeros y pocos en denunciar la tragedia argelina desde los años treinta. Pese a su posterior silencio,[213] expresó con claridad algunas realidades:

> «Las represalias contra las poblaciones civiles y la práctica de torturas son unos crímenes ante los que todos debemos mostrarnos solidarios. Que estos hechos hayan podido producirse entre nosotros es una humillación a la que en adelante habrá que hacer frente. Mientras tanto, debemos al menos rechazar toda justificación, aunque fuese por su eficacia, de estos métodos. En efecto, desde el momento en que, incluso de forma indirecta, se justifican, ya no hay reglas ni valores, todas las causas valen, y la guerra sin objetivo ni ley consagra el

triunfo del nihilismo [...]. Pero, para ser útiles tanto como equitativos, debemos condenar con igual fuerza y sin precauciones lingüísticas el terrorismo aplicado por el FLN [Frente de Liberación Nacional], tanto contra los civiles franceses como, e incluso en una proporción mayor, contra los civiles árabes. Este terrorismo es un crimen que no se puede disculpar ni permitir que se desarrolle. Ningún movimiento revolucionario lo ha admitido jamás bajo la forma en que se practica, y los terroristas rusos de 1905, por ejemplo, hubiesen muerto (y dieron pruebas de ello) antes que rebajarse a eso. Después de todo, Gandhi ha demostrado que se podía luchar por el pueblo y vencer sin dejar ni un solo día de ser digno. Sea cual sea la causa que se defiende, siempre quedará deshonrada por la masacre ciega de una multitud inocente en la que el asesino sabe con antelación que alcanzará a la mujer y al niño».[214]

Con la masacre nazi aún reciente, ejercía en Argelia una especie de Gestapo a la francesa, copia de la Policía secreta hitleriana. Obligaba a los detenidos a sentarse sobre golletes de botellas rotas o padecer el suplicio del baño. A veces se sumaba la complicidad de jueces que, con indolencia e incluso risas, podían indicar a un abogado que su cliente sufría la citada tortura de la botella; y de médicos que certificaban como «normal» el estado de los torturados. El Gobierno de París no parecía conmoverse, lo que estimulaba la reacción de algunas personalidades, como Claude Bourdet. En 1951 lanzó una primera campanada con su artículo «¿Hay una Gestapo en Argelia?», publicado en *France Observateur*, precedente del actual *Le Nouvel Observateur*. Su denuncia fue un grito en el desierto.

Los efectos devastadores para la humanidad no tardaron en llegar. Algunos más se percataron y lo denunciaron, como el director de la Seguridad Nacional, Jean Mairey, que recordaba su lucha en la Resistencia francesa antinazi. Alertó de que en Argelia se repetían los peores métodos policiales que, por desgracia, la Gestapo había hecho famosos. Su advertencia no cuajó y Mairey dimitió.

Con este paradigma ejecutivo en mente es lógico que se denominara «Dispositivos Operativos de Protección» a los especialistas de la tortura; o que se llamara «suero de la verdad» al pentotal, derivado del ácido barbitúrico. La degeneración llevó a crear centros especializados en tortura institucionalizada, como el Campo de Ameziane, y a añadir el calificativo de «fugitivos» a algunos prisioneros para justificar que fueran abatidos.

La independencia de Argelia no llegó hasta 1962, pero en los años previos siguieron conociéndose las brutalidades infligidas a miles de personas. Buen reflejo de ello es la estremecedora película *La batalla de Argel,* estrenada en esa década.

En 1955, de nuevo Claude Bourdet explicitó algunos métodos de represión policial:

> «El suplicio de la bañera, el inflado con agua por el ano, la corriente eléctrica en las mucosas, los sobacos o la columna vertebral son los procedimientos preferidos, pues, 'bien aplicados', no dejan rastros visibles. También es constante el suplicio del hambre. Pero el empalamiento [víctima atravesada por un costado, por el recto, la vagina, por la boca, o cualquier parte del cuerpo] con una botella o con un palo, los puñetazos, las patadas, los golpes con nervio de buey tampoco se evitan».[215]

Minuciosa descripción de la tortura

En 1957 se publicó una minuciosa descripción de la tortura francesa en tierras argelinas,[216] en la que se incluía también la aplicación de descargas eléctricas con electrodos en las sienes, bajo la lengua, en los genitales o en cualquier otra parte sensible del cuerpo; la utilización de enjambres de abejas; uñas arrancadas, bañera con descarga eléctrica, palizas, etc. Tras cualquiera de estas experiencias, y antes de descansar, era frecuente obligar a los prisioneros a transportar enormes piedras durante una hora solo para agotarlos y agravar su desangramiento.

La crueldad adquiría carta de naturaleza en unos gendarmes que, «entre las siestas, las partidas de *bridge,* las lecturas erótico-policiales, las rondas de anís en el centro, las comidas pesadas y las discusiones fanfarronas, aplicaban la superabundante energía de sus grandes cuerpos adiposos sobre las lamentables constituciones de los *fellahs* subalimentados del cantón».

El racismo de los colonos de Argelia aparece descrito en 1955 en la revista *Les Temps Modernes,*[217] fundada por Simone de Beauvoir. Reproduce diálogos ilustrativos:

> «–¿Había otros testigos?
> –Sí, cinco: dos hombres y tres árabes.
> –Este médico ¿tiene muchos pacientes?
> –Sí, pero son árabes».

Marc Ferro sigue repasando el historial sangriento del colonialismo galo: matanza de Sétif en Argelia (1945); 200 muertos y miles de heridos en un bombardeo en Vietnam (1946); 40.000 asesinados tras un levantamiento popular en Madagascar (1947), etc. El historiador francés añade:

> «No podemos limitarnos a la cronología corta respecto a esos excesos. Antes de convertirse en insurgente, el vietnamita Pham Van Dong pasó doce años en las cárceles de Pulo Condor; el argelino Messali Hadj fue internado; el marroquí Abd el-Krim fue exiliado; y muchos otros detenidos, encarcelados, sufriendo muchas veces malos tratos. En tiempos anteriores la represión golpeó a las poblaciones desde el momento de la conquista. En abril de 1956 el ex diputado Ahmed Gouda habla del genocidio cometido por los franceses en una fecha en la que la guerra de Argelia apenas ha empezado todavía. Por su exceso, la fórmula da la medida del sufrimiento, de la exasperación, del deseo de venganza, resumiendo, del traumatismo que sufrieron los colonizados, como mínimo en Argelia y Vietnam; y Dong Sy Binh habla del odio que 'el 90 por ciento de los vietnamitas siente hacia los franceses'».[218]

Criterios para calibrar la dimensión ética de un proceso colonizador

Tres criterios suelen considerarse decisivos para calibrar la dimensión ética de un proceso colonizador: el grado de mestizaje, la práctica de lenguas locales y la opción de ingresar en el cuerpo general del Estado. En este sentido, el caso francés difiere completamente del español, que da fe de esas tres realidades que, desde 1514, perduran hoy, cinco siglos después.

La colonización gala, por el contrario, prohibió los matrimonios mixtos para ambas comunidades en Argelia, como lo hizo la estadounidense, donde el Tribunal Supremo aprobó el matrimonio interracial… en 1967.

No faltaron quienes, como algunos españoles, creyeron que todo lo patrio era lo peor inempeorable y todo lo extranjero lo mejor inmejorable. Botón de muestra es el argelino que escribía en *Le Miroir* (1834): «Yo veo a Grecia socorrida [...], al Gobierno inglés inmortalizar su gloria por la liberación de los negros [...] y, cuando vuelvo de posar mis ojos sobre los países de Argel, veo a sus desgraciados habitantes colocados bajo el yugo de lo arbitrario, del exterminio [...], y todos estos horrores se cometen en nombre de la 'Francia Libre'».[219]

Todo balance humano revela claroscuros y el colonialismo francés no fue una excepción. Contó con disidentes cualificados que, siguiendo el ejemplo del general Boüardiére, condenaron los métodos empleados, y contraviniendo órdenes, salvaron a muchas personas de la masacre.

Llegado el momento de la independencia de Argelia, autores como el francés Marcel Merle creyeron que el utilitarismo se antepuso a los principios: «No es la derrota de las armas francesas sobre el terreno lo que llevó al general De Gaulle a otorgar la independencia, sino las inquietantes perspectivas del Plan de Constantina (1959), que subrayaba el coste desorbitante de la integración de las poblaciones musulmanas en la sociedad francesa».[220]

Racismo y esclavitud en Guayana

Buen intento fue el proyecto inicial para la Guayana sudamericana. Después de modificaciones sustanciales, su tránsito acabó finalmente descrito como «del 'paraíso' al infierno del penal».[221] Tras varios enfoques fallidos, en 1836 se estableció, liderada por la religiosa católica Anne-Marie Javouhey, una primera aldea inspirada en el modelo de las reducciones de los jesuitas en Paraguay. Así, entre 1836 y 1837, llegaron a la colonia 477 africanos en siete expediciones. El planteamiento organizativo se basaba en la dignidad de todo ser humano, incluidos los negros, pues según la madre Javouhey, son «hijos del mismo Padre, son hombres como nosotros». Ese modelo de construcción social fue tan lento como seguro y anclado en el respeto de la condición humana. Tampoco faltó el componente confesional. La monja planeó un seminario en la aldea, donde previó proseguir su proyecto de formación de un clero negro, ya contratado en la metrópoli. El resultado fue la ordenación de los tres primeros sacerdotes negros franceses.

La dirección política en París debía de ir de sorpresa en sorpresa con sor Javouhey, sobre todo cuando recibía propuestas como esta de 1841: cortar de raíz la esclavitud y tomar a su cargo a los 3.300 hijos de esclavos de la colonia a través de la compra forzosa a sus amos. Educación y catequesis al alimón fortalecerían a una población cristiana con mandos procedentes del seminario que ella planeaba. Esta era su visión de personas alfabetizadas, cultas y con progresiva cualificación profesional, pues también contemplaba crear una escuela de agricultura. Es fácil imaginar que su particular audacia no encajara bien con los *Key Performance Indicators (KPI)*, o indicadores clave de métricas lucrativas y esquemas laicos del momento.

La evolución de la comunidad no gustó al ministro de Marina y Colonias, que en 1847 sustituyó a la monja por el comandante Eugéne Mélinon y desembocó en la creación de una colonia penitenciaria (1858). Abolida la esclavitud (1848), la relación con la población negra requería una sensibilidad que no se consiguió. Los negros no eran reacios a trabajar, pero cultivaban productos alimenticios de mayor interés directo para ellos. Los cultivos coloniales (azúcar, café o bija) les dejaban sin ganancias y además les acentuaba el doloroso recuerdo de su previa esclavitud. Lo tangible y lo intangible los motivaba a rechazar estos cultivos, actitud percibida negativamente por los esclavistas, que les consideraban «perezosos» o «vagos».

Capital del crimen

En ese contexto se enmarca el racismo de un médico-jefe de la Marina:

> «Estos hombres, en general, no deben reproducirse, deben desaparecer todos completamente. [...] Ya está bien de protestar en nombre de no sé qué sentimentalismo vago y mal razonado. Nosotros estamos autorizados por la ciencia a aplicar a estos seres los versos que Racine pone en boca de uno de sus personajes al hablar de los Atridas: 'Tú sabes que han nacido de la sangre incestuosa. Y tú te sorprenderías si fuesen virtuosos'».

Conocida como «capital del crimen», la colonia suponía una solución para liberar a la metrópoli de indeseables. El proceso de selección en el penal queda retratado en un comentario que ilustra el nuevo estilo directivo: «Cuando llega un convoy: ¡venga!, todos a la perrera, y que los más podridos pudran a los otros. Así se obtiene el resultado, señor ministro, no hace falta ni un año».[222] Una representación de aquella colonia penitenciaria se halla en la conocida novela autobiográfica *Papillon,* de Henri Charrière, que pasó por la Guayana en los años treinta. Existe una película homónima, protagonizada por Steve McQueen.

Racismo y esclavitud se retroalimentan de forma aún más malvada. El 10 de mayo de 2001 se aprobó una ley cuyo artículo 1 reza:

> «La República francesa reconoce que la trata negrera transatlántica y la trata en el océano Índico, por un lado, y la esclavitud por el otro, perpetrados a partir del siglo XV, en América y el Caribe, en el océano Índico y en Europa contra las poblaciones africanas, amerindias, malgaches e indias, constituyen un crimen contra la humanidad».

En 2006 Jacques Chirac decretó el 10 de mayo como día conmemorativo de la abolición de la esclavitud. En una habilidosa gestión reputacional, el presidente francés omitió el pasado galo más condenable y aprovechó para enorgullecerse de que Francia fuera «el primer país del mundo en reconocer, por ley, la esclavitud como crimen contra la humanidad».[223]

En la misma línea de mejorar la imagen, desde 2019 una estatua de la esclava Modeste Testas recuerda en Burdeos que fue uno de los principales puertos de Francia para la trata del país. Nantes inauguró (2012) un monumento a la abolición de la esclavitud, muy presente en la ciudad, por ejemplo en las fachadas de las casas nobles junto al Loira, en forma de esculturas con la cabeza de negros. Simbolizan de dónde procedía la riqueza de las familias propietarias de aquellos inmuebles.[224]

Algunos elogian la memoria de otros países con sus atrocidades, que reflejan de forma muy atenuada, en tanto que detallan las también condenables barbaries españolas y critican que España no publicite más su oscuro pasado. Unos quedan bien por promover valores que arrasaron en su momento, mientras otros quedan mal por no saber sacar partido a los valores humanos que sí promovieron antaño.

El ardid de 'pacificar' Indochina

Francia se estableció en el sur de la península de Indochina y fue anexionando las provincias sureñas de Vietnam (1860, 1862, 1867) y presentándose como protectora de Camboya ante Siam (hoy Tailandia). Los invasores fueron remontando hacia el norte, en dirección a su objetivo clave: China, país al que Napoleón III declaró la guerra en 1884.

«Conquistar», «pacificar» y «proteger» eran las palabras determinantes de la retórica colonial para describir la dominación sobre personas y territorios indochinos.[225] Otra cosa eran los hechos, que se conocen gracias al testimonio de soldados franceses:

«Al pasar por las aldeas teníamos derecho a matar a todo el mundo y a saquearlo todo cuando los habitantes venían a someterse. De este modo no nos han faltado pollos ni cerdos... Nos vamos por la tarde, hacia las diez o las once, vamos a las aldeas y sorprendemos a los habitantes en la cama. Matamos todo lo que hay, hombres, mujeres, niños, a culatazos o a bayonetazos; es una verdadera matanza».

Cuando el 3 de julio de 1885 los franceses asaltaron Hue, en el centro de Vietnam, los informes de la masacre computaron 1.500 vietnamitas muertos por once franceses, e innumerables incendios y saqueos.

Estudiar el colonialismo requiere conocer la referencia racial creada por el cientifismo del siglo XIX. Jules Ferry, impulsor de la III República y primer ministro, creía que el derecho de las razas superiores provenía de su deber de civilizar a las inferiores.

Abundan los comportamientos discriminatorios, ofensivos o directamente criminales, en las relaciones cotidianas entre colonizadores y nativos. Aunque nunca hubo un régimen formal de *apartheid* en Indochina, la vida diaria rebosaba incidentes marcados por la violencia, la humillación y la injusticia. Las denuncias de violaciones de los derechos humanos no impedían absolver o rebajar penas de franceses culpables de asesinato, como fue el caso, en 1937, con la absolución de los dos autores de la muerte de un vietnamita.

La legislación francesa facilitó movilizar capitales y reclutar *in situ* mano de obra para la nueva explotación económica que nacía. Se decretó la propiedad estatal del suelo y el subsuelo, al tiempo que se establecieron concesiones de tierras y minas para franceses e indochinos. El objetivo era excluir a los chinos de la actividad minera que ejercían casi en exclusiva antes de la ocupación francesa. La *Société des Charbonnages du Tonkin* (Sociedad de Carbones del Tonkín), por ejemplo, poseía la extracción y venta del carbón de la zona en régimen próximo al monopolio.

La política concesionaria de tierras permitió instalarse, tanto a individuos como a sociedades anónimas, en amplios terrenos de cultivo de arroz, hevea, café y té. En 1931 los franceses poseían más de un millón de hectáreas, lo que obligó a los primeros ocupantes indígenas a abandonar sus tierras.

Concluida la I Guerra Mundial se disparó la fiebre inversora de los medios financieros franceses en Indochina. En el decenio 1915-1925, hasta treinta y siete sociedades indochinas tenían su sede en Francia; en 1924, el valor de sus acciones bursátiles ascendía a 1.300 millones de francos, y el de las acciones no cotizadas a 207.527.500. Son los cálculos de un informe que estimaba el valor de las inversiones galas (incluidos los préstamos públicos) por encima de los 3.000 millones de francos.[226]

Soldados indochinos engrosaron las filas militares francesas en las dos guerras, crecientes regulaciones fiscales agravaron la explotación colonial y, en general, la resistencia social se fue acentuando. Lo percibió con claridad el general Henri Claudel, inspector general de las tropas coloniales, en misión de información en Extremo Oriente (1931): «A un movimiento social no se le puede poner diques; lo arrasa todo a su paso. El Ejército sabe combatir a un enemigo armado, al que ve, con el que puede medirse; no puede cambiar las mentalidades y aportar mejoras sociales. La *Sûreté* [Seguridad General] detendrá a los hombres, pero no encarcelará el pensamiento».

Ocultar información para conservar reputación

Los Gobiernos de la IV República francesa implicaron a la península indochina en una guerra que durante nueve años provocó miles de muertos. Suceso de particular violencia fue el bombardeo de Haiphong (1946) por parte de la Marina y la Aviación galas. No hay acuerdo sobre las cifras, pero se estima que murieron al menos 600 personas. El balance mortal de la guerra registra unos 10.000 soldados franceses y alrededor de 35.000 vietnamitas. Si se incluyen civiles, los muertos superan los 400.000.

En 1991 se recuperó una carta del 11 de marzo de 1955 del general Beaufort sobre las reclamaciones francesas para obtener del adversario la lista y la suerte de los prisioneros y desaparecidos de la expedición:

> «A título de reciprocidad [...] la necesidad para nosotros de publicar listas análogas [...] sería un riesgo, pues podría situarnos en una situación desagradable si no difícil, pues [haría salir a la luz] los más de 4.500 detenidos muertos en cautividad... Informaciones oficiosas me permiten pensar que el número de prisioneros de guerra indochinos muertos y ejecutados supera en total los 9.000».[227]

La vejación no se restringió a situaciones bélicas, se extendió a la cotidianeidad. En 1998 se conocieron fragmentos del informe titulado «¿Sadismo o barbarie?»,[228] redactado setenta años antes por un inspector de asuntos políticos en Indochina y publicados en el diario vietnamita *La Résurrection*. Refleja lo que padecieron cuatro personas que, al parecer, dejaron su puesto de trabajo sin autorización para ir a beber agua. Se trata de un hombre de diecinueve años, Nguyén Van Ty, y tres mujeres: Nguyén Thi Tuong, de veintiún; Nguyén Thi Lién, viuda de treinta y embarazada de seis meses; y Nguyén Thi Nhon, de treinta y seis, madre de tres hijos.

Un agente les ordenó tumbarse en el suelo y los golpeó en las nalgas con un bastón de hierro que sostenía por la parte más estrecha, con el fin de que los azotase el mango envuelto en alambre. Diez golpes para cada una de ellas y veinte para él por intentar sobornar, además, a un vigilante para que le permitiera ir a beber.

El historiador Pierre Brocheux percibe un juego de coartadas para atenuar una realidad vergonzosa:

> «La transformación de la guerra de Indochina en un frente caliente de la guerra fría permitió a los franceses zafarse de la acusación de llevar a cabo una guerra colonial, al menos para sus aliados principales, los estadounidenses. Todos ellos convirtieron la guerra en un frente de la lucha del 'mundo libre' contra el comunismo internacional, y para ello abrieron un 'cortafuego nacionalista'».[229]

Inglaterra: esclavitud, expolio y cinismo

Como en el caso de España, el poderío británico en el mundo alcanzó dimensiones imperiales en varios continentes. Cuando no jugó ese papel protagonista, se empeñó en mitigar la influencia del líder europeo del momento, como advertía Churchill:

> «Durante 400 años la política exterior de Inglaterra ha consistido en oponerse a la potencia más fuerte, más agresiva, más dominante del continente y, en particular, evitar que los Países Bajos cayesen en manos de ella [...]. Repárese en que la política de Inglaterra no tiene en cuenta qué nación es la que busca la dominación de Europa. La cuestión no reside en si se trata de España, la Monarquía francesa, el Imperio germánico o el régimen de Hitler. No tiene nada que ver con gobernantes o naciones; se ocupa únicamente de quién es el tirano potencialmente más fuerte o más dominador».[230]

Por otra parte se interiorizó el conocido como «darwinismo social», colindante con el racismo. La conciencia de superioridad se expresó en hechos y en dichos, con ejemplos normalizados entonces:

- Charles Dilke, futuro secretario general del Foreign Office, hacia 1870: «La idea que en todos mis viajes me ha servido de compañera y de guía ha sido la convicción de la grandeza de nuestra raza».[231]

- Cecil Rhodes, primer ministro de la colonia de El Cabo y fundador de Rodesia (hoy Zimbabue y Zambia), en 1891: «La raza anglófona es un instrumento elegido por Dios para realizar el perfeccionamiento de la humanidad».[232]

- Joseph Chamberlain, ministro de Colonias, en 1895: «Somos una raza superior, predestinada tanto por nuestras cualidades como por nuestras virtudes a extenderse por el mundo [...]. Creo en esta raza anglosajona, orgullosa, tenaz, resuelta, con confianza en sí misma, a la que ningún clima, ningún cambio, podría bastardear y que será infaliblemente la fuerza predominante de la historia futura y la civilización universal».[233]

- Lloyd George, primer ministro inglés (1916-1922), un año después de dejar el poder: «¡Me resulta muy difícil ser un tolerante juez de los defectos de mis sucesores! La imparcialidad es una virtud que se desgasta mucho. La mía está hecha jirones. Acabo de escribir un prefacio para un libro en el que pongo verde a todo el mundo con total imparcialidad».[234]

Barbarie metódica de ingleses contra irlandeses

La prepotencia inglesa que cruzó a América venía precedida por la utilizada contra sus vecinos irlandeses y escoceses.[235] Georg Friederici desgrana las múltiples formas en que se manifestó «la alta medida de depravación del pueblo inglés por la piratería, el negocio del saqueo ejercido en forma muy generalizada y profesional». Hasta en los llamados tiempos de paz prosiguieron las torturas y matanzas. Sobrecoge la descripción de la barbarie que detalla este historiador del Instituto Goethe:

> «La falta a su palabra y la traición fueron tan frecuentes en el Gobierno inglés entre sus funcionarios y oficiales que ningún irlandés confiaba ya en la promesa de un inglés. No se respetaron a las mujeres ni a los niños pequeños, a ciegos ni a ancianos, a enfermos ni a idiotas. Cuando el pueblo permanecía en casa al acercarse las tropas, no se salvaba de la horca o de la muerte *by natural law* [por derecho natural]; y cuando se evadía con anticipación, el caserío era consumido por las llamas y se mataba a quienes todavía pudiera prenderse, a ancianos y enfermos, a la madre con el niño en el pecho».[236]

El relato prosigue con la acción destructora de *sir* Nicholas Malby. Mientras demolía la residencia de los Geraldine y quemaba las iglesias católicas, aprovechó para profanar las sepulturas de los Desmond. Se estableció un método para tratar a los irlandeses: cazados como animales, se les ahorcaba y descuartizaba. Sus propiedades, armas, ropas y animales se confiscaban o repartían entre los soldados, que respondían más al estilo mercenario que al militar.

Un hito bárbaro aconteció el 9 de noviembre de 1580. Tras la capitulación de Smerwick, lord Arthur Grey mandó ajusticiar a toda la guarnición, sus prisioneros de guerra, salvo el comandante y una veintena larga de personas. En total, 600 muertos por el sistema habitual: horca y descuartizamiento. Cuando este procedimiento caducó, se pasó a matar de hambre, también de forma metódica: arrebatar el ganado, incendiar casas y cualquier sucedáneo de alojamiento, destruir frutos del campo y cualquier recurso alimenticio presente y futuro. Resultaban dantescas las imágenes de los irlandeses que comían pasto y se arrastraban antes de morir. Aún más terribles las escenas posteriores: canibalismo, lucha de lobos, perros y niños por los cadáveres, etc.[237]

La esfera de influencia inglesa comparte protagonismo con EE.UU. En 1885, el historiador estadounidense John Fiske publicó en la revista *Harper's* su artículo *Manifest destiny*, en el que intentaba justificar la superioridad anglosajona como producto de la selección natural.[238] Era un hecho que ingleses y norteamericanos habían conquistado un tercio del globo y habían propagado la democracia y el capitalismo. Fiske transformó el darwinismo social en racismo. Desde su visión, casi teológica, Dios había encargado a EE.UU. una misión en el mundo. Las naciones anglosajonas eran prueba de enriquecimiento y poder. Por ello EE.UU. debía asumir un nuevo papel internacional. Tal era su destino manifiesto como potencia mundial emergente. El eco del artículo llevó a Fiske a conferencias por una treintena de ciudades norteamericanas.[239]

Esta siembra intelectual caldeó el ambiente político y germinó pronto. La argumentación de Fiske y otros autores contribuye a explicar la pulsión bélica de personajes como Theodore Roosevelt, primero subsecretario de la Marina en la guerra contra España y después presidente de EE.UU.

Con el comienzo del siglo XX, el Caribe empezó a convertirse en un «lago americano». Enclave estratégico fue Panamá, donde el presidente norteamericano elogió a los franceses por construir el canal en lugar de los colombianos, a los que llamó «bandidos de Bogotá». Sin rubor ni pudor, proclamó en 1904:

> «La crónica perversidad [...] puede en América, como en cualquier otra parte, requerir finalmente la intervención de una

nación civilizada y, en el hemisferio occidental, la adhesión de los Estados Unidos a la Doctrina Monroe [América para los americanos] puede obligar a los Estados Unidos, por mucho que les repugne, en casos notorios de tales iniquidades o impotencias, a ejercer un poderío policíaco internacional».[240]

Se supone que la Academia de los Nobel había examinado a conciencia el currículum y la retórica de Roosevelt cuando le concedió el de la Paz (1906) por su papel para terminar una «sangrienta guerra» entre Japón y Rusia…[241]

La conciencia de sentirse guardianes del mundo creció, en EE.UU., pareja a su convencimiento del carácter decadente e idólatra del catolicismo, solo redimible por el empuje protestante. En 1916 cuarenta iglesias se aliaron en Panamá para combatir unidas contra el que consideraban lastre católico.

Esta percepción de superioridad religiosa y política se unió al incontestable liderazgo económico. Algunos cálculos estiman que la economía de EE.UU. representaba a mediados del siglo XX cerca del 50 % del Producto Nacional Bruto mundial, el doble que en la actualidad. Una muestra más de la autorreferencia superior anglosajona procedió del economista británico John Maynard Keynes, cuando afirmó que Inglaterra tenía el cerebro y Estados Unidos el poder.

La influencia inglesa sigue hoy, atenuada, a través de la Commonwealth (literalmente, riqueza común). Esta mancomunidad de naciones agrupa a medio centenar de países con una relación más simbólica que efectiva.

Exterminio de indios en América del Norte

Los primeros europeos en la América del Norte continental fueron probablemente escandinavos, a comienzos del siglo XI. Los hijos de Erik el Rojo, de Groenlandia, colonizaron entonces durante breve tiempo Terranova (hoy Canadá). En cualquier caso, los europeos no se establecieron allí hasta cinco siglos después, tras los viajes de Colón.

Igual que ocurre con las cifras de población en América del Sur, es amplia la diferencia de magnitudes que, según algunos autores, podrían llegar hasta los dieciocho millones de indígenas. Con esta prevención, el historiador francés Pap Ndiaye aboga por una horquilla de entre seis y ocho millones. No parecen existir demasiadas dudas de que «el establecimiento de los europeos en América del Norte provocó una catástrofe demográfica de una amplitud quizá única en la historia de la humanidad. Grupos enteros, sociedades y culturas refinadas desparecieron para siempre de la superficie de la Tierra».[242]

Historiadores norteamericanos corroboran esta descripción y abundan en detalles. A. Curtis Wilgus censura la furia anglosajona por el oro de California, mientras contrapone que «el español fue, por educación y disposición, un caballero en busca de aventuras».[243]

Charles F. Lummis reconoce la ambición humana universal y resta gravedad a la exhibida por los conquistadores hispanos:

> «Nos hemos acostumbrado a considerar a los españoles como los únicos que iban en busca de oro, dando a entender que la caza del oro es una especie de pecado y que ellos eran excesivamente propensos a cometerlo. Pero no es este un defecto propio exclusivamente de los españoles; esa afición es común a toda la humanidad. La única diferencia está en que los españoles hallaron oro, lo que es un pecado bastante grande para ciertos 'historiadores', incapaces de considerar lo que hubieran hecho los ingleses si hubiesen hallado oro en América desde un principio».[244]

Similar juicio expresa Wilbur R. Jacobs, que en *El expolio del indio norteamericano* resulta más explícito:

> «En California, por ejemplo, la forma y la perfección con que fueron exterminados la vida silvestre y los grupos aborígenes constituye un verdadero símbolo contra todos los americanos. Los españoles y los mexicanos de California fueron evidentemente capaces de convivir con la naturaleza sin destruirla, pero quienes llegaron a California en 1849 poseídos

de la fiebre del oro y quienes los siguieron se mostraron salvajemente destructores con los alces, los antílopes, las cabras de larga cuerna, los osos, los pequeños animales de piel, la perdiz blanca, el ánsar y las aves marinas. Se ganaron millares de dólares vendiendo carne de caza a los mineros. Solo en California entre 1850 y 1910 se experimentó un gran cambio de la fauna exclusivamente comparable con la extinción postglacial y prehistórica de algunas especies».[245]

Esclavitud, racismo y prohibición de alfabetizarse

A la esclavitud para someter a los indios se añadió el racismo para denigrar a los africanos deportados a lo que llegaría a convertirse en Estados Unidos. Al ser marginal o nula la utilidad económica de los indios para la gran mayoría de los colonos, aquellos resultaban más un estorbo que ayuda para la colonización. Autores ingleses apuntan que la legislación británica protegía más a las bestias del campo que a sus esclavos en las colonias. Abundan «ejemplos escandalosos de crueldad diabólica», en palabras del reformador evangélico Charles Wesley.[246] El 2 de agosto de 1736 escribió lo que presenció, protagonizado por un tal Mr. Hill, maestro de baile en Charlestown (hoy Charleston, Carolina del Sur): «Azotó a una esclava hasta que cayó como muerta. Cuando reanimada por un médico volvió a dar signos de vida, repitió los golpes con igual vigor y remató su maldad vertiendo sobre ella lacre caliente. El 'crimen' de la esclava fue haber llenado en exceso una taza de té».[247]

Daniel *Doc* Dowdy relató en el siglo XX —en primera persona, como hombre negro— la odisea que suponía infringir la ley que les prohibía alfabetizarse: "La primera vez que te pillaban tratando de leer o escribir te azotaban con una correa de cuero, la segunda con un látigo de siete colas y la tercera te cortaban la falange del dedo índice".[248]

El sur de EE.UU. fue escenario frecuente de propietarios de plantaciones que ahorcaban esclavos que intentaban enseñar a otros a deletrear. Los esclavistas comparten maldad con dictadores y tiranos, unidos por su creencia en la fuerza de la palabra escrita y en su empeño en someter a una multitud que, si permanece analfabeta, es más fácil de gobernar.[249]

Primer lugar de EE.UU. donde habitaron negros libres… gracias a los españoles

El enclave español de San Agustín, en Florida, se convirtió en 1687 en refugio para los once primeros esclavos negros que huían de la ferocidad británica al otro lado de la frontera, en Carolina y Georgia. El amparo legal en territorio hispano era muy superior, gracias a las Leyes de Indias (1680) y al ideario católico, más garantistas de la condición humana. Esa protección aumentó con la Real Cédula de Carlos II (1693), por la que todo esclavo que se fugara de colonias inglesas se transformaría en ciudadano español si se convertía al catolicismo. Todos ellos recibieron salario por su trabajo, contrajeron matrimonios mixtos, se incorporaron al Ejército… y promovieron la fuga de más esclavos.

Al aumentar el número de «cimarrones» (esclavos fugitivos) acogidos, el gobernador de Florida, Manuel de Montiano y Sopelana, ordenó (1738) construir el Fuerte de Gracia Real de Santa Teresa de Mosé para alojarlos. El proceso de acogida e integración generó cordialidad y adaptación. Tanta que el vasco Montiano nombró a un «cimarrón», bautizado como Francisco Menéndez, capitán del Fuerte Mosé.

Tras diversos ataques ingleses y reconquistas españolas, finalmente Florida quedó bajo dominio británico (1763). Después de la experiencia, los antiguos esclavos se desplazaron a Cuba. En 1994, EE.UU. declaró la zona que ocupó el fuerte Monumento Histórico Nacional, como primer lugar del país donde habitaron negros en libertad,[250] gracias a los españoles.

Desafortunadamente, estos hechos no siempre hallan el correspondiente reflejo en los libros de texto.[251] Al contrario, además de contenido discordante con la verdad, algunos añaden pautas docentes para asegurar una versión tergiversada de la realidad:

«Durante la explicación ayude a los alumnos a entender que los pueblos que vivían en las tierras gobernadas por Inglaterra tenían más libertad que los colonizadores españoles y disfrutaban de cierta forma de autogobierno aún antes de venir al Nuevo Mundo, cosa que los españoles jamás habían experimentado».

«Debido a que los colonos ingleses habían aprendido a autogobernarse, estuvieron capacitados para conseguir la independencia mucho antes que los colonos españoles que habían vivido bajo el severo dominio de la Corona... Los ingleses crearon una economía agrícola, mantenida por sus propios medios y hasta rica, mientras que los españoles gastaron sus energías en la búsqueda de oro y de otros tesoros».

«España dio a los países latinoamericanos pocas oportunidades de autogobierno. No fomentó la educación de la mayoría de su gente... como resultado de lo cual, Latinoamérica progresó mucho menos que los Estados Unidos».

En manifiesto contraste con lo que dicen esos libros, en el siglo XXI colean los efectos del racismo y la esclavitud. Crece el conocimiento de lo ocurrido siglos atrás y emerge un rechazo social a ese pasado. Resulta ilustrativo el ataque a la estatua de Edward Colston en Bristol y el debate ciudadano sobre el reconocimiento público a este esclavista británico.[252]

Un esclavo 'vale' 3/5 de un ser humano

La propia Constitución norteamericana (1787) contemplaba la existencia de estados esclavistas y estados libres. Durante años se siguió el criterio de que los nuevos estados que se fueran sumando a los trece iniciales de la Unión posibilitaran uno esclavista por cada uno libre. En cuanto a la composición de la Cámara de Representantes, los delegados de estados del norte cedieron ante la presión del sur esclavista: acordaron que el número de representantes de este último correspondía al número de habitantes libres más 3/5 de su población esclava. Es decir, se asumió que un esclavo «vale» 3/5 de un ser humano.

Los estados del norte aprobaron una cláusula que obligaba a los estados que habían abolido la esclavitud a devolver a los esclavos fugitivos del sur a esos territorios de los que habían huido. También accedieron a retrasar la prohibición de importar nuevos esclavos de África durante veinte años, hasta 1808, lo que condujo a importaciones masivas de africanos en ese tiempo.

Thomas Jefferson, tercer presidente estadounidense y propietario de esclavos, recomendaba a comienzos del siglo XIX exterminar a los indios o deportarlos lo más lejos posible. No parece muy consecuente con la frase que se le atribuye de que «cuando los Gobiernos temen a la gente, hay libertad. Cuando la gente teme al Gobierno, hay tiranía». Hecho importante durante su mandato fue la compra de Luisiana a la Francia de Napoleón (1803) por quince millones de dólares. Desde entonces se agravaron, tanto la cuestión de la esclavitud, como el equilibrio numérico entre estados esclavistas y estados abolicionistas.

La balanza se alteró definitivamente cuando, en 1819, Misuri solicitó incorporarse a la Unión como estado esclavista. El debate político se tensó al barajarse la posibilidad de que una mayoría en el Senado, cámara con dos senadores por cada estado, pudiera legalizar la esclavitud.

En 1850 se creó el nuevo Partido Republicano, con un objetivo declarado: abolir la esclavitud. Entre sus filas empezó a destacar un abogado nacido en Kentucky y residente en Springfield, hoy capital del estado de Illinois. Después de que la Corte Suprema afirmara (1857) que los esclavos eran «tan inferiores que no tenían derechos que el hombre blanco debiese respetar», la nueva figura política pronunció un discurso memorable en 1858, dos años antes de llegar a la Casa Blanca. Tras la cita bíblica de que «una casa dividida contra sí misma no puede mantenerse en pie», añadió que «este Gobierno no puede seguir siendo siempre mitad esclavo, mitad libre». La división latente afloró. En 1860 ganó las elecciones y Abraham Lincoln se convirtió en el 16º presidente de EE.UU. Los estados sureños se rebelaron y estalló la Guerra de Secesión (1861-1865).

En 1863, Lincoln pronunció su discurso de Gettysburg, famoso por su brevedad (tres minutos y 272 palabras) y su poso vinculante del pasado con el futuro del país. Con la victoria electoral de

1864 consiguió la reelección para un segundo mandato, en el que apenas ejerció un mes. Murió asesinado el 14 de abril de 1865.

Ese mismo año terminó la guerra civil y se aprobó una enmienda constitucional sobre la esclavitud, a la que siguió otra un quinquenio después:

> *13ª enmienda* (1865): «Sección 1. Ni en los Estados Unidos ni en ningún lugar sujeto a su jurisdicción habrá esclavitud ni trabajo forzado, excepto como castigo de un delito del que el responsable haya quedado debidamente convicto. Sección 2. El Congreso estará facultado para hacer cumplir este artículo por medio de leyes apropiadas».

> *15ª enmienda* (1870): «Sección 1. El derecho de los ciudadanos de los Estados Unidos a votar no será negado o disminuido por los Estados Unidos o por cualquier Estado debido a raza, color, o condición anterior de servidumbre. Sección 2. El Congreso tendrá el poder de hacer cumplir este artículo a través de la adecuada legislación».

Siguiendo la estela decimonónica de Jefferson, a comienzos del siglo XX Theodore Roosevelt, 26° presidente, afirmó: «No voy a decir que un buen indio es un indio muerto, pero en fin, esto es lo que ha sucedido con nueve de cada diez de ellos, y no voy a perder mi tiempo con el décimo».[253]

Deliberado contagio de la viruela

De forma análoga a lo sucedido con la colonización española 200 años antes, muchos indígenas murieron a causa de enfermedades que portaban los ingleses y para las que los indios no tenían defensa inmunitaria. De especial gravedad fue la viruela. La intencionalidad contagiadora fue, sin embargo, una diferencia sustancial en el caso inglés, como revela lo ocurrido en Fort Pitt (Pennsylvania) en 1763. El general británico Amherst ordenó «propagar la viruela entre esa chusma [los indios]», a lo que su subordinado, el coronel Henry Bouquet, respondió que ya lo había hecho por medio de mantas contaminadas.[254]

A las enfermedades y su intencionalidad infectante en algunos casos debe añadirse el recurso al alcohol, más desde finales del siglo XVII. Tramperos y comerciantes de pieles ofrecían ron a los indios cuando negociaban con ellos. Una vez ebrios, les robaban las pieles. Otras veces la bebida servía para engañarlos con tratos injustos, dormirlos o incluso matarlos. La libertad en la distribución de alcohol a poblaciones indias se empleó, entre otros medios, para debilitar a las sociedades locales.

Otra vía de exterminio era directamente la guerra. A las luchas fratricidas tribales se sumaban las conflagraciones de ingleses contra indios, desde el comienzo del siglo XVI hasta el sometimiento de los *sioux* en 1890. La persecución de los *cherokee* fue uno de los efectos de la citada Guerra de Secesión. Lucharon contra la decisión de Andrew Jackson, 7º presidente, de deportarlos hacia el oeste. Muchos murieron camino de Oklahoma.

La creciente profesionalización del Ejército estadounidense y la mejora de su equipación fueron más evidentes tras la guerra civil. Las nuevas unidades de caballería desempeñaron un papel clave para combatir a los habilidosos jinetes *sioux*, *arapahoe*, *cheyenne*, *comanche* y *apache*. Al parecer, las grandes batallas formales eran infrecuentes. No así la estrategia militar de destrucción sistemática de caballos, viviendas y reservas de alimentos, además de matanzas de civiles, como las masacres de Sand Creek (1864) o Wounded Knee (1890).

Sometimiento geográfico, social y cultural

En el norte, los *sioux,* una parte de los *cheyenne* y los *arapahoe* acabaron derrotados y encerrados en reservas paupérrimas. En el sur, no fue suficiente la bravura del *apache* Gerónimo, que se rindió en 1886 y murió cautivo en 1909. Su tribu también sucumbió.

En la costa oeste, a pesar de la resistencia de los *nez percé* (del francés, nariz agujereada) y de su jefe Joseph, el Ejército concentró a las naciones indias en reservas situadas en tierras inhóspitas. Y por toda la geografía la guerra no se limitó a combatir contra el enemigo blanco: los indios lucharon contra las enfermedades y contra el hambre, pues los bisontes casi habían desaparecido y los colonos ocupaban los mejores territorios.

Cuando en 1890 la Oficina del Censo anunció la desaparición de la frontera, el proceso colonizador había concluido: los estadounidenses controlaban de forma efectiva el espacio y los indios no suponían ya ninguna amenaza militar seria.

Al sometimiento geográfico y social se añadió el cultural. En las reservas indias se los asimiló a prisioneros de guerra, se sustituyó los consejos de tribu por administraciones hostiles o cómplices de los especuladores de tierras y se les hizo vivir en condiciones de extrema pobreza. En este contexto se les otorgó la ciudadanía estadounidense mediante la ley de 1924, enmascarando así lo real mediante lo formal.

El influjo inglés respecto de la justicia tardó en difuminarse en suelo americano. Tras la guerra civil estadounidense se apreció un notable despegue económico y equivalente déficit de escrúpulos en algunos hombres de negocios. Fueron los conocidos como *robber barons* o barones ladrones, personificados en hombres como John P. Morgan o los neoyorquinos John D. Rockefeller y Cornelius Vanderbilt. A este último se atribuye la conocida frase: «¿Y a mí qué más me da la ley? ¿Acaso no tengo el poder?». Al Capone dijo algo similar en el Chicago de los años 20 del siglo XX: «Todos dicen que soy un mafioso, pero yo me defino como hombre de negocios. Cuando vendo alcohol, es contrabando. Cuando mis clientes lo sirven en una bandeja en Lake Shore Drive, es hospitalidad».[255]

150.000 menores en internados de 'asimilación' forzosa

Dentro del influjo británico, merece mención específica el envío obligatorio de los hijos lejos de sus familias indias para integrarlos en la sociedad blanca canadiense. Este proceso de «asimilación» forzosa empezó en 1876 con la llamada Acta India que obligó por ley a que los niños de comunidades autóctonas dependieran de la tutela del Estado. Esta norma federal, aún vigente, regula gran parte de las actividades de los pueblos indígenas en Canadá.

Esta nación norteamericana sufrió una gran conmoción en 2021 con el hallazgo de los restos de 215 niños en Kamloops, un antiguo internado para indígenas en la provincia de Columbia Británica. Se calcula que entre 1883 y 1996 se obligó a unos 150.000 menores a vivir en 139 centros de este tipo, en los que reinaban los abusos y el racismo.[256] La *BBC* informó de que ese internado llegó a albergar a 500 niños en la década de 1950 y se cerró en 1978.[257] El primer ministro canadiense, Justin Trudeau, calificó este descubrimiento como «doloroso recuerdo de un vergonzoso capítulo de la historia» del país. Semanas después se hizo público el descubrimiento de 751 tumbas sin marcar en Marieval (Saskatchewan) y en días posteriores se informó de otras 182 tumbas similares en el antiguo centro de St. Eugene's Mission (Columbia Británica).[258]

James Papatie es uno de los supervivientes de aquellos centros, financiados por el Estado y a cargo de entidades católicas y protestantes. Tenía seis años cuando en 1970 ingresó en el de Saint-Marc-de-Figuery. En 2021 recordó aquel momento como un secuestro en el que niños se abrazaban a sus madres y abuelas, mientras la Policía golpeaba a los padres. Tras un viaje de varias horas en autobús, ya en el internado, les quitaron su ropa tradicional y la quemaron. Los ducharon, los lavaron con lejía y cepillos para el suelo, los raparon y los vistieron con uniforme. Después llegaron las burlas a su cultura, las agresiones sexuales, etc. El centro cerró en 1973 y realojaron a Papatie en una residencia de régimen más abierto y también como acogido con familias no indígenas.[259]

El respeto a la diversidad experimentó ligeras mejoras durante las presidencias de Franklin D. Roosevelt o John F. Kennedy, pero la militancia india experimentó un viraje en las décadas de 1960 y 1970. Aumentó el número de descendientes indios formados en universidades y próximos a movimientos radicales de contestación política. No se conformaban con jefes de tribu moderados y a veces corruptos. Aspiraban a la acción directa y a crear un *Red Power* (Poder Rojo) similar al *Black Power* (Poder Negro) de sus hermanos negros. En ese clima se produjo, en 1969, uno de los sucesos más espectaculares con la toma de la prisión de Alcatraz, cerca de San Francisco. Todo el mundo prestó atención a la organización del *American Indian Movement* (Movimiento Indio Estadounidense), sus reivindicaciones y la suerte de los indios del continente.

Situación a comienzos del siglo XXI: la tasa de pobreza en las reservas indias es cuatro veces superior a la media nacional, los indicadores sociales revelan que los indios constituyen el grupo más pobre, discriminado y marginal de EE.UU., a lo que cabe añadir que, siendo solo unos dos millones de personas, apenas ejercen influencia política. Pap Ndiaye apunta este corolario:

> «Más de un siglo después de la colonización de América del Norte los indios siguen padeciendo todavía sus consecuencias. Con los negros, sus compañeros de infortunio, han sido los grandes perdedores de la historia estadounidense. Sin embargo, al contrario que los negros, que fueron deportados de África para servir a la colonización y esclavizados por motivos económicos, los indios fueron considerados obstáculos para la colonización, parásitos a eliminar. Hasta fechas próximas a 1890 fueron masacrados en proporciones genocidas. Luego, en la primera mitad del siglo XX, se les aplicó una política de tipo colonial que tenía por objetivo vigilarlos y asimilarlos para hacer desaparecer las culturas indias, consideradas con desprecio o a veces con mala conciencia. Si hoy el reconocimiento de la pluriculturalidad de Estados Unidos, unido a la militancia política y cultural de los indios, han permitido cambios significativos, estos, con todo, no borran la suma inaudita de desgracias que ha sido la historia de la colonización estadounidense».[260]

El influjo anglosajón no se limitó al exterminio de los indios. Cuajó en el sistema legal norteamericano que mantiene vigente la pena de muerte en más de la mitad de sus cincuenta estados. La legislación también muestra deficiencias sobresalientes en la protección de débiles como los menores, condenables a la pena capital hasta 2005. Siguen aflorando historias humanas, como la de Joe Ligon, encarcelado desde los quince años hasta los ochenta y tres. Juzgado en 1953, este hombre negro salió de prisión sesenta y ocho años después, en 2021. Condenado a cadena perpetua por un asesinato que dice no haber cometido, entró analfabeto y entre rejas aprendió a leer y escribir, se curó de un cáncer… y salió de la cárcel, «muy feliz de haber llegado vivo a este momento».[261]

Deportaciones a Australia

«Colonizar: v. trans. e intrans. [...] A. trans. 1) Establecerse en un país, por lo general en un país subdesarrollado, lejos del propio, y desarrollar sus recursos agrícolas y otros: los ingleses y los holandeses colonizaron África del Sur. 2) Establecer personas en una colonia con vistas a deshacerse de ellas en la madre patria, con la esperanza de que serán más útiles en el nuevo país: 'se nos ordena enviar a nuestros criminales y a nuestros indeseables a colonizar tierras extranjeras'».[262]

Esta definición procede del Diccionario Universal de la Lengua Inglesa de la época. En ese marco merece escucharse la experiencia de los colonizados australianos, como la expresada por Irene Watson:

«Nosotros somos, sin lugar a dudas, un pueblo al que ellos [los colonos] combatieron y conquistaron, pero que nunca acabaron aceptando lo que esta guerra implicaba. Rechazaron, rechazan reconocernos como grupo de personas diferenciado, como pueblo —el pueblo aborigen— nacido en esta tierra. Cuando la supervivencia de un pueblo está amenazada, este contraataca. Este estado de guerra fue percibido claramente por las primeras autoridades coloniales, pero no interesaba al Ministerio del Interior británico reconocer a las tribus aborígenes como nación, ni concederles un estatuto como tal. El pueblo aborigen fue asesinado en masa, violado, mutilado y desposeído de sus tierras tribales. Hoy constituimos la fracción más pobre del país; la más pobre en el campo de la salud, la más pobre en lo que se refiere a la educación, tenemos la tasa de desempleo más elevada y contamos proporcionalmente con el mayor número de detenidos del mundo. No hay que sorprenderse, pues, si tenemos en cuenta nuestra historia, que tengamos hoy grandes dificultades para aceptar nuestro estatuto jurídico de súbditos británicos, cuando todos los factores políticos, sociales y económicos indican que nosotros no formamos parte del conjunto de la sociedad blanca».[263]

Esta profesora de Derecho en la *University of South Australia* es autora de otros textos con títulos tan expresivos como *Buried Alive*[264] (enterrados vivos) o *There is No Possibility of Rights without Law*[265] (no hay derechos sin Derecho).

Efecto de las ideas de pensadores en las prácticas de ejecutores

Cuando en 1770 el capitán James Cook tomó posesión del continente en nombre del rey Guillermo IV, se enfrentó a una situación parecida a la de los conquistadores españoles en América más de dos siglos atrás: extensos territorios poco poblados. Esa realidad ayudó a formular la legitimación colonizadora bajo el principio de *terra nullius* (tierra de nadie, en latín), es decir, lugar deshabitado.

De nuevo se constata el efecto de las ideas de pensadores en las prácticas de ejecutores. En este caso, el origen se remonta al filósofo inglés John Locke y su tesis del contrato social. Según él, cultivar la tierra fundamenta y permite construir el edificio social en cualquier grupo humano civilizado. Aquí radica la explotación sedentaria de la tierra, algo que no contemplaban los nativos. Para Locke, la naturaleza humana civilizada no es compatible con ser nómada.

La tragedia se empezó a fraguar con la llegada a Australia de los primeros colonos, que eran presidiarios. Un caso conocido es el de Susannah. Juzgada por un robo y condenada a muerte, consiguió conmutar su pena por catorce años de cárcel y su traslado a las colonias americanas. Durante su cautiverio en Norwich conoció a Henry Cable, con quien se casó y tuvo un hijo. Tras la independencia americana, Nueva Inglaterra no era opción de destino carcelario, así que las instituciones penitenciarias británicas reorganizaron sus prisiones ultramarinas. En la flota inicial de once barcos repletos de convictos rumbo a Australia se incluyó a Susannah, pero no a Henry. La mediación filantrópica de lady Cadogan consiguió reagrupar a la pareja junto al pequeño Henry a bordo del «Alexander» y recaudar veinte libras para la vida familiar al llegar a su destino (1788). En Nueva Gales del Sur, el dinero, según el capitán Duncan Sinclair, había desaparecido. Para la legislación inglesa los presos apenas tenían derechos, no podían poseer bienes ni llevar a juicio a nadie ni prestar declaración. Sinclair lo sabía, pero ignoraba la conclusión a la que iba a llegar el juez David Collins:

> «Henry Cable y su mujer, nuevos colonos de este lugar, tenían, antes de dejar Inglaterra, cierto paquete enviado a bordo del barco 'Alexander' capitaneado por Duncan Sinclair, formado por ropa y otros artículos adecuados para la situación actual, que fueron recogidos y comprados por varias personas caritativas para uso de los mencionados Henry Cable, su mujer y su hijo. Se han realizado varias solicitudes con el propósito expreso de obtener dicho paquete del capitán del 'Alexander', que ahora descansa en el puerto, sin efecto [excepto] una pequeña parte de dicho paquete que contiene unos cuantos libros, el resto, que es de un valor más considerable, todavía continúa a bordo de dicho barco, el 'Alexander', el capitán del cual parece muy negligente al no hacer que sean entregados a sus respectivos dueños, tal y como se ha mencionado anteriormente».[266]

Asesinato de aborígenes que se resisten al plan 'civilizador'

Los Cable, analfabetos, no podían firmar la orden judicial. Marcaron una cruz al final del escrito del que más tarde alguien tachó cinco palabras tan significativas como «nuevos colonos de este lugar». Presos o colonos, el juez Collins convocó a un jurado compuesto por soldados enviados a Australia para vigilar a deportados y llamó a declarar a Sinclair. El capitán adujo que los Cable eran delincuentes, pero el veredicto le condenó a pagar quince libras. La impunidad empezó a menguar en Australia gracias a que el juez Collins no aplicó la ley británica. Por otra parte, de haber imperado la legislación de la metrópoli, la condena podía haber sido mayor para Sinclair, ya que hasta 1830 en Inglaterra se castigaban con pena de muerte unas 300 formas de hurto.

Con los primeros colonos llegó el establecimiento casi oficial del asesinato de aborígenes que se resistieran al plan «civilizador». Los informes de las autoridades admiten que semejante estado de cosas duró, al menos, hasta 1928. En ese año, treinta y dos aborígenes murieron masacrados como respuesta a la agresión a un blanco que cazaba dingos, perros salvajes, en el Territorio del Norte. El tribunal estimó «justificada» la represalia. La represión reapareció en 2000 con un número extraordinariamente elevado de muertes de aborígenes mientras se los vigilaba.[267]

En línea con lo postulado por Locke, una primera forma de «asimilación» o sometimiento consistió en obligar a los indios a ser sedentarios y a cultivar la tierra. Donde el procedimiento fracasó, se practicó una política de separación que se estableció de manera fija en puestos y reservas, y se les dejó morir sin que se viera ni se supiera. En algunas regiones, este segundo método duró hasta 1970. Su culmen llegó cuando se pasó a la «selección biológica» con vistas a eliminar la «sangre de color». En el decenio de 1920, tras el empleo forzado de niños «mestizos», arrebatados a sus familias para ser criados en instituciones o familias blancas, se los instruía en todo lo referido a trabajo servil.

La tercera fase destructora de la sociedad aborigen empezó en la década de 1980, cuando la población autóctona, que volvía a expandirse, intentó que se reconociese el genocidio padecido por sus ancestros durante dos siglos y exigió la rehabilitación y devolución de las tierras.

Matanzas y violaciones generalizadas

Las estadísticas demográficas muestran la aniquilación de la sociedad aborigen en las dos primeras fases señaladas. Las cifras de población en 1788 varían según los investigadores, desde 300.000 hasta 750.000 personas. En 1901 se federaron las seis colonias existentes hasta el momento: Nueva Gales del Sur, Victoria, Tasmania, Australia Occidental, Queensland y Australia Meridional. En esa fecha la población aborigen se reducía a 94.564 personas.

Frente al propósito de la antigua metrópoli, la realidad demográfica se mostró terca. La población aborigen comenzó a crecer de nuevo: 171.150 personas en 1981 y 386.000 en 1996. El proyecto del colonialismo de hacer desaparecer a los aborígenes y su cultura parecía haber fracasado.

El itinerario de sufrimiento vital y muerte cruel de miles de personas desde 1788 incluye episodios que se repitieron con impunidad. En Queensland fue frecuente el envenenamiento de nativos con estricnina y el posterior uso de las cabezas de los cadáveres como balón de fútbol. En Australia Occidental se los arrastró con un caballo hasta morir. La violación de mujeres indígenas se enmarcó en la «normalidad» comportamental y la guerrilla se integró en una desigual cifra de muertos: 20.000 aborígenes y 2.000 blancos.

Eran habituales matanzas como la de Myall Creek, en Nueva Gales del Sur (1838). En medio de la confusión entre respetar la vida de los aborígenes y seguir el principio de *terra nullius,* los colonos presidiarios mataron a veintiocho negros, incluidos niños, mujeres y ancianos. Se inculpó a once presos por asesinato y los gastos de sus defensas corrieron a cargo de los terratenientes para quienes trabajaban. Finalmente se condenó a muerte a siete. Aún en 1972 había personas que recordaban que en su juventud podían matar a un aborigen con plena impunidad.[268]

La situación de las personas sometidas y el lenguaje de las autoridades coloniales inglesas recuerdan lo tristemente ocurrido con el *apartheid* en Sudáfrica. Llama la atención el empleo de palabras clave y perversas. Cuando entraban en el proceso de parecerse a los seres brutales que los despojaban de sus tierras, en ese preciso momento se decía que se hallaban en vías de «asimilación». Para garantizarla se aplicaban medidas administrativas y legales, que adolecían de un carácter coercitivo y discriminatorio.

Con este marco mental no resulta extraño que algún parlamentario inglés llegara a catalogar a los indígenas como «animales». En el periodo 1920-1970, al igual que en Canadá, abundó la práctica oficial de arrebatar niños para instruirlos con parámetros supuestamente civilizadores. Se estima que así se robaron unos 50.000

hasta 1980. Incluso la Constitución de 1901 excluía a los aborígenes como parte de la población australiana… hasta 1967.

La historia que se enseña no coincide con lo que pasó realmente

El historiador australiano Alastair Davidson señala que la experiencia colonialista propia y ajena de los ingleses no les impidió ser protervos:

> «Aunque los blancos de tendencia progresista pudieron constatar lo que la colonización había producido en el siglo anterior, llegaron a la conclusión de que la extinción de los aborígenes era inevitable a causa de la incompatibilidad entre su cultura y la británica. Por tanto se propusieron 'endulzar el lecho de muerte de la raza exangüe' y, de nuevo, facilitaron y se hicieron cómplices de la nueva fase de la destrucción de la sociedad aborigen, pues sus actitudes favorecieron una legislación y una administración deseosas de acelerar la extinción de una cultura a la que estas poblaciones estaban tan apegadas. Esta nueva etapa tomó el nombre de 'asimilación'. Ya se había practicado a ciegas antes de la constitución de la Federación Australiana y se convirtió en una de las características de los siguientes setenta años».[269]

Uno de esos «blancos de tendencia progresista», el primer ministro australiano Paul Keating, reconoció en 1992 «nuestra ignorancia y nuestros prejuicios». El liberal-conservador Malcolm Fraser, que lo precedió como jefe del Ejecutivo (1975-83), fue un poco más allá y más al fondo, al afirmar que «la historia que se nos ha enseñado sobre los primeros tiempos de la colonización, precisamente por habernos sido enseñada, no era especialmente exacta. La historia que nos han enseñado, que nos llevaron a creer, no coincide con lo que pasó realmente».[270]

Gestionar políticamente un proceso de reconciliación social requiere altas dosis de valentía y sensibilidad, como la planteada en la Declaración para la Reconciliación (2001): «Si una parte de la nación expresaba su profunda pesadumbre y lamentaba profundamente las injusticias del pasado, entonces la otra parte aceptaba sus excusas y perdonaba».

Buen reflejo de la complejidad de estos procesos sociales se produjo el 27 de mayo de 2000, día de la Reconciliación Nacional. El primer ministro, John Howard, no asistió a la celebración popular en la calle, donde los manifestantes representaban al 30 % de los australianos favorables a esa reconciliación y al nuevo contrato social. El 60 % apoyaba la postura de Howard. Por su parte, el líder aborigen Pat Dodson rememoró los sufrimientos de su familia a lo largo de la historia y declaró que reconciliarse no era solo un asunto de derechos económicos, sociales o políticos: «Si no podemos dar cuenta de las verdades de nuestro pasado, no hay esperanza para nuestro futuro como nación […]. No tendremos alma».[271]

Algunas de esas verdades afectan hoy a Papúa Nueva Guinea, independiente desde 1975, pero donde Australia mantiene un centro de detención de solicitantes de asilo. Denunciado por la ONU por «*cruel, inhuman or degrading treatment*», en 2021 se anunció el cierre de este campo de refugiados, condenado a pagar setenta millones de dólares en compensación a las personas detenidas ilegalmente, según *The Guardian*.[272]

La India y lo cínicamente correcto

Referencia obligada del colonialismo británico es la India, conquistada a partir de 1747, independizada en 1947 y dividida en lo que hoy son India, Pakistán, Bangladesh, Birmania, Ceilán (Sri Lanka) y las islas Maldivas. La motivación comercial fue el principal componente colonizador, concretado inicialmente en la Compañía Inglesa de las Indias Orientales (*East India Company*, EIC), rival de su homónima francesa. Hoy se siguen publicando libros y noticias sobre «la compañía comercial inglesa de treinta y cinco empleados que conquistó y expolió la India en medio siglo».[273] También se describen «los abusos y matanzas que dieron lugar a la leyenda negra de los ingleses».[274]

La gestión colonial en el país asiático reunió algunas características externas comunes con el caso español en Hispanoamérica más de dos siglos antes: grandísima distancia transoceánica y considerable retraso en las comunicaciones. Se calcula en unos dieciséis meses el tiempo requerido entonces para el intercambio informativo entre Londres y Calcuta. A ello cabe añadir la imprudencia crónica de quienes tomaban decisiones con poder ejecutivo equiparable a su ignorancia locativa.

En estas coordenadas hay que situar la *Regulating Act* (1773), primera ley para regular la EIC por control parlamentario de Westminster, a la que siguieron otras, como el *Indian Act* (1784). Ya en la época este control político de una empresa comercial resultaba anacrónico, pero se mantuvo durante años. En la práctica supuso una gestión convertida en maximizar rendimientos de la máquina fiscal india.[275]

Promoción anglófona y desprecio local

Con el tiempo se normalizaron prácticas de maltrato, como refleja esta circular del Gobierno General de Bengala a los recaudadores del distrito (13 de julio de 1810), en la que detalla delitos comprobados formalmente cometidos por los plantadores:

1. «Actos de violencia que, aunque no responden a la definición legal de asesinato, han ocasionado la muerte de indígenas.

2. Detención ilegal de indígenas, especialmente sometidos a encarcelamiento, con el fin de recuperar sumas supuestamente adeudadas o por otras causas.

3. Formación de grupos de empleados de las añilerías y de gentes de fuera para realizar agresiones y enfrentamientos violentos entre plantadores.

4. Castigos corporales ilegales infligidos a cultivadores y otros indígenas.

[...] Tomará usted las disposiciones necesarias para verificar sin demora si los plantadores de índigo establecidos en su distrito han establecido cárceles en sus manufacturas y, si este es el caso, exigirá usted su destrucción inmediata. Si el plantador manifiesta la más mínima mala voluntad para cumplirla, usted informará al Gobierno, que le hará saber su expulsión del distrito con orden de presentarse [en Calcuta]».[276]

Factor clave de transformación social fue el cambio del persa al inglés, en 1835, como lengua de la administración. Lo decisivo no fue tanto la promoción anglófona como el desprecio de lo local, como atestigua esta declaración del historiador británico Thomas Macaulay en ese mismo año: «Un solo estante de buena biblioteca europea vale por toda la literatura indígena de la India y de Arabia».

La progresiva implantación colonial generó el correspondiente rechazo autóctono, que estalló en la Gran Rebelión (1857), más que un motín y menos que una guerra nacional. Un comentario editorial de *The Times* del 31 de agosto expresó sin ambages su postura racista: «El hindú no tiene ni siquiera un átomo de la fuerza moral que necesitaría para estar a la altura. Su religión es puramente formal, sus creencias son un tejido de estupideces, y su conciencia, papel mojado».[277]

Al año siguiente una ley puso fin a la EIC y transfirió la autoridad sobre la India a la Corona británica. Comenzó entonces el reinado de lo «cínicamente correcto».[278] A propósito de este maquiavelismo y doble lenguaje, Jean-Paul Sartre señalaba que «el pillaje se denomina *shopping* y las violaciones se practicaban onerosamente en las tiendas especializadas. Sin embargo, la actitud de principio no ha variado: ahora se mata menos a menudo a los indígenas, pero se los desprecia en bloque, que es la forma civilizada de las matanzas».[279]

Cualquiera que fuera la interpretación de esas formas «civilizadas» de matar, la Gran Rebelión había dejado centenares de insurgentes ahorcados o atados a la boca de un cañón y «desintegrados». En la matanza de Amritsar, el general Dyer ordenó disparar contra el gentío reunido pacíficamente: 379 muertos y 1.200 heridos. Sobre este suceso Salman Rushdie, británico nacido en Bombay, comenta:

> «En 1919, en el Pandyáb, los británicos tenían pánico. Temían un segundo levantamiento indio (después de la Gran Rebe-

lión de 1857) [...]. Quizá el tribunal militar condenó a Dyer, pero no a los colonialistas. Había dado una lección a los 'metecos'; era un héroe. Y cuando volvió a Inglaterra recibió una acogida como si fuese un héroe. Se reunieron fondos entregados por el público y se convirtió en un hombre rico. Tagore, disgustado por la reacción de los británicos ante la matanza, renunció a su título de nobleza».[280]

El primer dinero de la droga

El gobernador lord Dalhousie (1812-1860) fue, quizá, el hombre de Estado que mejor encarnó la doblez de la dominación británica en la India: explotación y organización, cinismo y «buena» administración, saqueos y labor modernizadora. Ese talante generó en la órbita lingüística de fin de siglo expresiones tan ilustrativas como *drain of wealth* o drenaje de riqueza.

Aunque el uso y comercio de opio tienen orígenes ancestrales en la India, el periodo colonial inglés multiplicó su explotación de forma exponencial.[281] Es la primera vez que cabe hablar de 'dinero de la droga' en el sentido de que la financiación de una política imperial se obtiene deliberadamente de este estupefaciente y se apuesta por la toxicomanía del otro.[282] En esa línea se expresaba Mahatma Gandhi: «Antes de los ingleses no había en la India ningún Gobierno que impulsase el mal que es el uso del opio y que organizase la exportación con fines fiscales como han hecho los ingleses».

Tan consciente como de la contribución del opio al drenaje de riqueza, el Gobierno de Londres lo era de sus efectos para la salud personal y social. En 1880 el alto comisario de la Birmania británica envió un informe oficial de inequívoca comprensión para la Política, con mayúsculas:

«El uso habitual de estas drogas corroe las fuerzas físicas y morales, destruye los nervios, debilita el cuerpo, disminuye su fuerza y su resistencia, hace que las personas sean perezosas, negligentes y sucias, aniquila el amor propio, constituye una de las fuentes más horribles de la miseria, de la indigencia y de la criminalidad, puebla las prisiones de inquilinos flojos y apáticos, pronto víctimas de la disentería y del cólera, impide la deseable difusión de la agricultura y el progreso moral del impuesto sobre la tierra, detiene el aumento natural de la población y debilita la constitución de la generación siguiente».

A esta cita se puede contraponer el siguiente extracto de las conclusiones de una comisión en 1895. Es raro leer la calificación del opio como «remedio de la abuelita»:

«El consumo de opio no es en absoluto un vicio en la India [...]. Se recurre ampliamente a este producto con fines médicos y semimédicos, con buenos resultados en algunos casos y, en la mayoría de las circunstancias, sin repercusiones nocivas [...]. No es necesario no permitir en la India el cultivo del *papaver* y la fabricación y el uso del opio solo para fines medicinales. Una experiencia tradicional ha enseñado al pueblo indio a no recurrir a este producto si no es con circunspección, y el abuso que se hace de él es un rasgo de la vida del pueblo indio sobre el que no hay razón para detenerse. La mayoría de los opiófagos indios no están sometidos a su hábito. Estas gentes toman pequeñas dosis que necesitan en el momento y pueden renunciar a su ración una vez pasada la apetencia. El opio es el más común y el más apreciado de los 'remedios de la abuelita' de que dispone la gente. Lo toman para prevenir la fatiga o atenuarla, como medio profiláctico de la malaria o bien para reducir la cantidad de azúcar en la diabetes y, de manera general, se emplea en todas las edades como sedante. El uso del opio en pequeñas dosis es uno de los medios principales para tratar las enfermedades infantiles. Prohibir la venta de opio sin prescripción médica sería una medida ridícula y claramente inhumana hacia numerosos millones de seres humanos».

El estigma de ser 'criminal de nacimiento'

Superávit de cinismo y déficit de sutileza resaltan especialmente al recordar que tres años antes (1892) 5.000 médicos habían alertado en Inglaterra de que fumar o ingerir opio era perjudicial para el cuerpo y demoledor para la mente. Al igual que para la metrópoli, abogaban por considerarlo como veneno y tratarlo en consecuencia para el país asiático.

Una comisión de la Sociedad de Naciones, organismo precedente de la ONU, había fijado el consumo anual normal de opio con fines terapéuticos en menos de seis kilos por cada 10.000 habitantes (0,6 gramos/persona). En Calcuta, en la década de 1900, la media de consumo era de 144 kilos por cada 10.000 habitantes (14,4 gramos/persona). En 1923 un documento gubernamental insistió en «la importancia de mantener la venta de opio, fuente capital del rendimiento de los impuestos».

Los seguidores de Gandhi organizaron una campaña contra este producto y contra el alcohol. Con su mensaje puramente moral consiguieron, al parecer, reducir en un 50 % el consumo en la provincia del Assam. Ante ese impacto de cambio en el comportamiento, el Gobierno inglés encarceló a cuarenta y cuatro de los sesenta y tres oradores que recorrían el país con su apología de la salud.

Para hacerse una idea más completa de la situación, conviene saber que hacia 1913, unos 76.000 soldados ingleses «controlaban» un país de 315 millones de habitantes. La represión militar se expandía al amparo de la injusticia legal, con muestras tan señeras como la Ley de Tribus Criminales (1871). *Grosso modo*, esta regulación contemplaba que, por la organización social en castas, había tribus cuyos antepasados eran criminales natos (de nacimiento), y también lo serían sus descendientes hasta su exterminio. Los delitos se consideraban sistemáticos y hereditarios, cometidos por nacidos criminales. Un miembro titular del Ministerio de Justicia, J. V. Stephens, lo explicó con didáctica cristalina y lógica peculiar:

> «El rasgo distintivo de la India es el sistema de castas. En virtud de este sistema los comerciantes están divididos en castas, y una familia de carpinteros seguirá siendo una familia de carpinteros dentro de un siglo o de cinco siglos, si dura hasta esa fecha. Conservemos este hecho en nuestra memoria y captaremos de una sola vez lo que hay que entender por

criminal profesional. Se trata de una tribu cuyos antepasados son criminales desde los orígenes de los tiempos, cuyos miembros se dedican por las leyes de la casta a cometer delitos y cuya descendencia a su vez será delincuente hasta que sea exterminada, como se ha hecho con los *thugs* [especie de secta o mafia]. Cuando un hombre os declara que es delincuente, hay que entenderlo como que lo es desde el comienzo y que lo será hasta el final. Es imposible reformarlo, pues su oficio, su casta, diría casi su religión, es cometer delitos».[283]

300 millones de personas hundidas en las tinieblas de la ignorancia

Huelga decir que cualquier persona adscrita a una tribu criminal se hallaba inerme ante cualquier arbitrariedad judicial. Es lo que ocurrió hasta la abolición de la citada ley, ya en la India independiente, en 1952. Referencia legal importante para comprender el alcance represor es el Código Penal indio de 1860, por el que el delito de sedición se aplicaba «a todo aquel que excitase o tratase de excitar los sentimientos de desapego respecto al gobierno». Cuando la libertad personal supone un riesgo para el poder colonial, palabras como «desapego» deben aquilatarse en su concepto y especificarse en su aplicación. Ahí radica el origen de la nota explicativa de 1898 a las disposiciones de la ley principal, sección 124A: «La expresión 'desapego' incluye la deslealtad y todos los sentimientos de hostilidad». Viene a cuento el testimonio de un profesor de economía hindú:

«Al declarar en 1830 que el inglés sería la única lengua utilizada en los establecimientos escolares, ha arruinado nuestras escuelas [...]. Los niños de nuestra raza tienen la inteligencia viva y un apasionado deseo de instrucción. Sin embargo, ¿cuál es nuestro balance intelectual tras un siglo de ocupación inglesa? Hay un 90 por ciento de iletrados, casi 300.000.000 de seres hundidos en las tinieblas de la ignorancia. Al impedir que «nos realicemos», nuestros amos nos han dotado, además, de una mentalidad de esclavos que hoy en día, encima, nos reprochan. Durante más de un siglo han esclavizado nuestras almas, emasculado [extirpado] nuestras voluntades y paralizado el surgimiento de nuestro espíritu nacional».

Solo el 7 % sabía leer y escribir inglés, la lengua oficial

Los datos del analfabetismo en la India muestran que, de los 319 millones de habitantes en 1921, solo 22.600.000 (el 7 %) sabían leer y escribir inglés. Junto a esta patente carencia educativa, la sociedad india adoleció de una regulación laboral precaria que se intentó subsanar en 1875. Fruto de una comisión investigadora de las condiciones de trabajo en la industria textil, en 1881 se promulgó la primera ley al respecto: prohibió el trabajo infantil a menores de siete años y estableció en nueve horas la jornada para los menores de doce. Los hombres y las mujeres mayores de esa edad podían trabajar sin límite horario. Hasta una década más tarde (1891) no se rebajó la jornada laboral para las mujeres a once horas y, en 1910, la de los hombres a doce. En 1922, la ley redujo la semana de trabajo a sesenta horas.

Atención al dato comparativo con la legislación laboral de Felipe II para establecer —en el siglo XVI— que «todos los obreros trabajarían ocho horas cada día, cuatro a la mañana y cuatro a la tarde». Hasta el siglo XX no alcanzó el mundo más avanzado una regulación similar.

Difícilmente podían llegar la justicia y la dignidad a la colonia cuando, como denuncia *El Capital* de Marx, en la metrópoli reinaba la explotación laboral. «*Death for Simple Overwork*», muerte por el simple exceso de trabajo, fue un titular frecuente en la prensa londinense decimonónica. Tres entre numerosos casos flagrantes:

- Falleció Mary Anne Walkley, de veinte años, empleada en un taller de moda dirigido por otra mujer, Elisa, que establecía jornadas de 16,5 horas diarias.

- Tres obreros del ferrocarril, acusados de negligencia por el accidente en que murieron cientos de pasajeros, aducen que trabajan catorce, dieciocho y veinte horas; y con afluencia masiva de turistas, superan las cuarenta horas ininterrumpidas.

- Propietarios de grandes fábricas denunciados por hacer trabajar a muchachos de doce-quince años desde las 6 de la mañana del viernes hasta las 4 de la tarde del sábado, con el único descanso de comer y una hora de sueño a media noche.[284]

Bertrand Russell refrenda la denuncia e ironiza sobre el denunciante y el estándar de dignidad proletaria en la Inglaterra del XIX:

«En las fábricas de algodón de Lancashire (de las que obtenían sus medios de vida Marx y Engels), los niños trabajaban de doce a dieciséis horas diarias; a menudo comenzaban a trabajar a la edad de seis o siete años. Habían de ser golpeados para evitar que se quedasen dormidos mientras trabajaban; a pesar de ello, algunos no podían mantenerse despiertos y eran arrollados por la maquinaria, que los mutilaba o los mataba».[285]

La literalidad de una ley es compatible con su nula aplicación. Un ejemplo hasta época reciente fueron las fábricas de algodón de Bombay, que podían hacer trabajar a sus obreros hasta dieciséis horas diarias. Argumento de los gestores de la producción era que los trabajadores deseaban alargar su jornada para ganar más dinero.

Especial mención merece la situación de las mujeres, en general, y de las embarazadas en particular. En 1919 la Organización Internacional del Trabajo (OIT) reclamó al Gobierno de la India evaluar antes y después del parto y los correspondientes subsidios. La respuesta llegó en 1921: las obreras no podían abandonar su lugar de trabajo durante el embarazo y no había suficientes médicas como para organizar una asistencia general a la madre. En 1924, un miembro de la Asamblea Legislativa presentó un proyecto para prohibirles trabajar en fábricas, minas y en plantaciones de té antes y después del parto, y exigir que durante este tiempo se les asignase un subsidio. El Gobierno de la India rechazó la iniciativa legal. Alegó que no se había demostrado la necesidad de tales medidas y que la aceptación de tales propuestas implicaría consecuencias incalculables para las empleadas.

Para evitar el despido, embarazadas esperaban el parto en el taller

La necesidad de esa protección era notoria en lugares como Bengala. No se preveía ningún tipo de asistencia para las mujeres de parto y las que se veían impedidas para presentarse al trabajo tras dar a luz se consideraban despedidas, como si hubiesen abandonado su puesto por cualquier otra razón. Ese temor, que las obligaba a ceder al capataz cerca de un mes de su salario para ser readmitidas, llevaba a muchas a esperar el alumbramiento en el propio taller.

Como media, antes del primer año de edad morían 660 niños de de cada 1.000 obreras. Ellas trabajaban hasta el momento de dar a luz entre espesas nubes de polvo que desprendían las fibras de yute. Recuperadas, regresaban a ese ambiente. Muchas tenían al recién nacido junto a ellas, cerca de la maquinaria, y no era raro verlas con su hijo en un brazo mientras manejaban la máquina con el otro. Hasta 1937, año de promulgación de la ley de salarios, el criterio era la arbitrariedad.[286]

Este estilo de administrar, interiorizado por la dirección política del Imperio inglés, halló su correlato en la gestión de las hambrunas de 1876 y 1896. Baste señalar el impacto que supusieron para la población india: unos diez millones de muertos. En los preparativos del 60° aniversario de coronación (1837-1897) de la reina Victoria, estas cifras hacían reflexionar. El investigador estadounidense Mike Davis, en su libro *Late Victorian Holocausts*,[287] tituló así el capítulo 5: «*Skeletons at the Feast*» (literalmente, «esqueletos en el festín», aunque también traducible como «aguafiestas»).[288]

El contraste de perspectivas estaba servido. El reflejo del optimismo británico apareció en estas palabras tranquilizadoras que el gobernador general de la India, lord Elgin, dirigió a la reina en vísperas de su poco discreto festejo: «El progreso de los medios de comunicación, en particular el tren, permite ya combatir las carestías de una manera que estaba fuera del alcance de los funcionarios en los primeros tiempos». No obstante, la realidad quedaba claramente demostrada en la declaración frecuente de saqueadores detenidos en busca de alimento: «Deténgannos por robo y téngannos en prisión. Ahí por lo menos no nos moriremos de hambre».

En la distancia los problemas, si se ven, se perciben con menor gravedad. En Londres, en el mitin inaugural de la campaña para el «socorro a la hambruna india» (1897), el pionero líder socialista Henry Hyndman propuso que las *Home Charges* (partidas de gasto nacional para ese año) se suspendieran y se destinaran a luchar contra las hambrunas. La Policía le obligó a abandonar el estrado en cuanto lanzó semejante propuesta.

Conmueven relatos como el de Margaret Denning, misionera estadounidense, sobre un pequeño cultivador musulmán. Depauperado tras vender su tierra, su vivienda y sus utensilios de cocina, sin esperanza alguna de poder alimentar y escolarizar a su primogénito, se vio obligado, contra su propia religión, a «entregarlo» a los misioneros. El muchacho comprendió a su padre, que se despidió sin pedir nada para sí. Más tarde y tras gran demanda social, el Gobierno abrió en la zona una *poorhome* o casa de pobres. Sin embargo, los progenitores y el crío menor murieron, víctimas del régimen sórdido de malas condiciones sanitarias, comida insuficiente y excesivo trabajo duro.

Contorsionismo retórico y divergencia dichos-hechos

La opinión pública internacional fue progresivamente consciente de estas prácticas condenables en la misma medida que el Reino Unido lo fue de su deterioro reputacional. En ese marco se encuadra la misión de *sir* Edwin Arnold de garantizar a los estadounidenses que «los ingleses en la India gobernaban en interés de los indios en primer lugar, y por los beneficios, la reputación y el poder en segundo lugar». El contorsionismo retórico fue constante para velar o difuminar la realidad.

Un misionero menonita (anabaptista) escribió al editor del *Christian Herald,* en Nueva York, que la tasa de mortalidad en cierto distrito, que solía ser inferior al 50 por mil, había aumentado a causa de la falta de alimento hasta el 627 por mil. Además, la peste bubónica llegó a Bombay en 1896, probablemente en un barco procedente de Hong Kong. Marie Fourcade describe el panorama:

«Bombay ofrecía una ecología ideal para una pandemia: atmósfera fétida y tugurios *(slums)* superpoblados infestados por una población colosal de ratas. Durante años, los funcionarios de sanidad avisaron a los administradores británicos de que su rechazo a gastar la más mínima suma para mejorar el estado sanitario de los tugurios estaba preparando el caldo de cultivo de una 'epidemia apocalíptica'».[289]

Llegó el festejo del cumpleaños real, que supuso una derrota reputacional para la reina Victoria y su país. La *Missionary Review of the World* (Revista Misionera del Mundo), que solía elogiar la filantropía británica, denunció el doble lenguaje del Gobierno para atenuar la gravedad de la crisis y sabotear el esfuerzo misionero por organizar una ayuda internacional ágil. La revista *Cosmopolitan* publicó dos vistosas fotos de víctimas de la hambruna junto a un gran monumento en honor de la jefa del Estado. El comentario editorial decía que, según las estimaciones de Londres, más de 100 millones de dólares se habrían gastado directa o indirectamente en las ceremonias del jubileo regio. No estaba claro qué escandalizaba más, si la alta suma del boato o la tibia lucha contra el hambre que afectaba a 100 millones de personas.

'Hambruna brillantemente organizada': diecinueve millones de muertos

A lord Elgin le sucedió George Curzon como gobernador general. Conocido como el arquitecto de una *«brilliantly organized famine»* (hambruna brillantemente organizada), también destacó por su retórica falaz:

> «Todo Gobierno que comprometiese la situación financiera de la India por intereses de una filantropía pródiga se expondría a serias críticas; pero todo Gobierno que, por medio de limosnas distribuidas sin discernimiento, debilitase la fibra moral y destruyese la confianza de la población en sí misma, se haría culpable de un crimen público».

El caso de la India es un ejemplo claro de vinculación entre cuatro ámbitos clave: política, ciencia, dinero y comunicación. La revista científica *Nature* (1880) describió la magnitud de población bajo dominio directo británico –190 millones de un total de 240– y matizó que no se debía magnificar la responsabilidad gubernamental:

> *«The immensity of the problem with which the Commission had to deal may be learned from the fact that the total area of British India is about one and a half million square miles with a population of 240 millions. Of this, 900,000 square miles, with a population of 190 millions, is under direct British rule, the remainder belonging to the native States. The great bulk of this population belongs to the classes on whom the dire effects of famine are sure to fall, so that the responsibility of our Government in the matter cannot be magnified; they are bound to leave no means untried either to prevent the recurrence of famines or to meet them effectually if they do occur».* [290]

Esta apreciación de *Nature* se publicó entre la primera Gran Hambruna (1876) y la segunda (1896). Conviene recordar en este punto un criterio básico de la ciencia excelente: la provisionalidad de las conclusiones. En 1901, *The Lancet* aportó sus propios cálculos. Esta conocida publicación científica recogió que las estimaciones mínimas del excedente de mortalidad de la India en el decenio anterior, calculado a partir del censo de ese año, tras deducir los muertos causados por la peste, eran de diecinueve millones de fallecidos. [291]

Las recapitulaciones de estas catástrofes resultaron algo sorprendentes. El informe oficial más exhaustivo (1902) [292] concedió que una gran parte de la excesiva mortalidad podría haberse evitado mediante una asistencia gratuita repartida desde un comienzo. Sin embargo, también advirtió que el coste habría sido tal que ningún país habría podido soportarlo o ser obligado a hacerlo. Igualmente llamativa fue la principal moraleja del informe de la *Indian Famine Commission* (1901). Aunque apenas un 20 % de las víctimas estimadas de la hambruna había recibido asistencia británica, consideraba que la ayuda distribuida era excesiva. [293]

A lo largo de todo el siglo de la India colonial inglesa emergieron figuras como Gandhi, a quien el Partido del Congreso encargó liderar en 1920 su conocida resistencia pacífica. Encarcelado el pacificador abogado de Bombay, lo sustituyó su discípulo Nehru que, a diferencia de su maestro, pensaba en la liberación de la India más que en la soberanía de las personas. Liberado Gandhi, lanzó una nueva campaña de desobediencia civil (1932-1933), que conllevó su segunda detención y el incremento de movilizaciones por su causa.

La II Guerra Mundial brindó el dilema indio de optar entre recibir el apoyo de Hitler para independizarse de los ingleses o arrimar el hombro con sus colonizadores para combatir la destrucción del nacionalsocialismo. Los indios se decantaron por la segunda opción y aportaron una ayuda notable a la victoria aliada: 2,5 millones de soldados voluntarios combatieron junto al Reino Unido, ocho millones trabajaron en los servicios auxiliares del Ejército, cinco millones en los talleres de producción de guerra y más de un millón en los transportes.[294]

Esta colaboración merecía recompensa en forma de la ansiada liberación. A pesar de los intentos de Gandhi por mantener la unidad, la independencia alcanzada en 1947 produjo la división en dos países: la India hindú y el Pakistán musulmán. En 1971, de Pakistán se desgajó el actual Bangladesh.

A la oscura colonización inglesa de la India se añade, por último, una sombra más: la de la ignorancia. Según una encuesta del año 2000, un tercio de los ciudadanos desconocía que su país hubiera sido posesión británica.[295]

Bélgica: crueldad, hipocresía y avaricia

La gravedad del caso belga es inversamente proporcional al conocimiento que se tiene de él. Su crueldad lleva fecha tan reciente como los siglos XIX y XX. Cuando en 1960 se firmó la independencia del Congo, su recién estrenado primer ministro, Patrice Lamumba, recordó la travesía previa de su pueblo en una «lucha que fue de lágrimas, de fuego y de sangre».

Hay que retrotraerse a la Conferencia de Berlín (1885), que creó el Estado Independiente del Congo (EIC), después llamado Congo Belga y hoy República Democrática del Congo. El Parlamento belga autorizó entonces la proclamación de Leopoldo II como soberano del EIC a título personal.

Con el tiempo, el monarca perfeccionó su ambivalencia para defender con palabras un proceso civilizador respetuoso con la dignidad humana y, a la vez, practicar todo lo contrario. Contó con la sutil ayuda del cardenal Charles Martial Lavigerie, que en 1888 lanzó una suscripción para luchar contra el esclavismo árabe. Entre sus argumentos para tan noble causa deslizó este comentario, que predispone a lo que supuestamente rechaza:

> «La cuarta parte de la tierra, cerrada hasta ese momento, se ha abierto con sus riquezas sin nombre, sus minas, la fertilidad de su interior, su sol fecundante, sus aguas abundantes. Pero no me toca a mí hablar, lo repito, de comercio ni de industria. Yo no soy más que la voz que clama en el desierto: preparad las vías del Señor, es decir, las vías de la verdad y de la justicia».

Conviene recordar que el territorio congoleño es ochenta veces más extenso que el belga y que el propio Leopoldo II invirtió allí parte de su fortuna (11,5 millones de francos-oro de 1878 a 1908) y pidió préstamos a su propio país (25 millones en 1890 y 6,8 millones en 1895).

Investigación de referencia es la del historiador congoleño Élikia M'Bokolo, director de Estudios en la *École des Hautes Études en Sciences Sociales* (EHESS) de París y productor de la emisión de historia *Mémoire d'un continent (Radio France Internationale)*. Su trabajo detalla la trama para obtener el máximo beneficio en este proyecto ultramarino.[296]

En 1892 la parte más rica de la región quedó repartida entre tres socios: la *Société Anversoise du Commerce au Congo* (Sociedad de Amberes de Comercio del Congo), denominada *Anversoise*; la *Anglo-Belgian India Rubber and Exploration Company* (Compañía Anglo-Belga del Caucho y de Exploración), conocida por sus iniciales ABIR; y el propio Leopoldo II. Allí quedaba delimitado el «Congo útil», por su gran producción de marfil y caucho.

Aunque inicialmente aquellas dos compañías se constituyeron como sociedades de derecho belga, en 1898 se transformaron en «sociedades de derecho congoleño», registradas en el país africano. Así eludían posibles controles del Estado y del Parlamento de su propio país. En su nueva configuración, *Anversoise* tenía un capital de 1,7 millones de francos belgas repartidos en 3.400 acciones, de las que 1.000 eran del Estado Independiente del Congo (EIC) y 1.100 de Alex de Browne de Tiége, banquero de Amberes. Esta compañía recibió la concesión por cincuenta años de todos los bosques de la cuenca del Mongala, contra desembolso al Estado del 5 % del valor de los productos exportados y del pago de tasas sobre la recolección de caucho y cera.

En cuanto a ABIR, su capital de un millón de francos belgas, en 2.000 acciones, pertenecía a tres dueños: el citado Alex de Browne de Tiége (que poseía 1.000 acciones como mandatario del Estado y sesenta a su propio nombre), la *Anversoise* (150 acciones) y unas pocas personalidades próximas al rey o testaferros suyos. En idénticas condiciones que *Anversoise*, ABIR recibió la concesión para explotar las cuencas del Lopori y del Maringa.

La figura clave de este entramado, Alex de Browne de Tiége, era, junto a los Rothschild, uno de los principales acreedores de Leopoldo II. El rey le debía en 1894 más de dos millones de francos belgas. Si no los abonaba, el banquero debía recibir dieciséis millones de hectáreas en la zona ecuatorial. El monarca por su parte se esforzó en que pasara inadvertido su particular «dominio» alrededor del lago Mai Ndombe, hasta el punto de quemar documentos e informes comprometedores.

Tras un silencio tan prolongado como llamativo, en el siglo XXI ha aflorado un cierto rechazo en Bélgica a la figura de Leopoldo II, al que se acusa, entre otras cosas, de reducir la población congoleña de entre veinte y cuarenta millones en 1890 a 8,5 millones en 1911.[297] En 2020 su estatua ecuestre en Bruselas sufrió el vandalismo de quienes pintaron «asesino» de forma visible. El suceso fue uno de los muchos que acaecieron internacionalmente tras el enésimo muerto negro como consecuencia de la violencia racista de algunos policías estadounidenses y del movimiento *Black Lives Matter* (Las vidas negras importan).[298]

Merece una investigación más exhaustiva comparar la realidad, la denuncia y el impacto de la *Brevísima* (1552), de Bartolomé de Las Casas, con *La Question Congolaise*[299] (1906), de Arthur Vermeersrch, acerca del Congo belga. Tanto la obra del dominico como la del jesuita refieren barbaries: la primera, con datos falsos y fundamento limitado, conserva su influencia; la segunda, más grave y verificada, apenas se conoce.

Otro libro esclarecedor para este cambio de percepción sobre el monarca criminal es *El fantasma del rey Leopoldo*,[300] de Adam Hochschild. También ilumina *El corazón de las tinieblas*, de Joseph Conrad, gran novela sobre la locura del colonialismo belga, en la que se basó la película *Apocalypse Now* de Francis Ford Coppola.

Parecer humanitario y ser inhumano

La incipiente práctica represora llegó, en 1899, de la mano de Charles Lemaire, tras acabar su formación en la academia militar. Comprobó que su mandato de que las aldeas proporcionaran víveres a los blancos no conseguía la sumisión deseada: «Se niegan a venderme la menor cosa y ya no dispongo de víveres para alimentar a mis hombres. Por eso amenazo a los indígenas, porque si continúan rechazando las telas y las perlas que yo les presento, serán las armas las que hablarán. Yo apunto a un grupo de negros y abato a trescientos metros a un hombre».

Algo similar ocurrió con el caucho, como ilustra esta instrucción a un jefe de puesto: «Tengo el honor de hacer conocer a Ud. que debe Ud. tratar de entregar, a partir del 1 de enero de 1899, 4.000 kilos de caucho. Para ello tiene Ud. carta blanca. Inténtelo primero con suavidad, pero si los indígenas persisten en negarse a entregar las tasas reclamadas por el Estado, emplee la fuerza de las armas».

El transporte por porteadores en el Estado Independiente del Congo (EIC) se legalizó en 1891 y el trabajo forzado en 1892. Mantener el orden social con la presión de explotar las riquezas naturales llevó a reclutar entre los congoleños a agentes para reprimir a sus paisanos. Por esta vía, gestionada con los correspondientes incentivos, las Fuerzas de Seguridad pasaron de 1.487 hombres en 1889 a 13.011 en 1907. La crueldad alcanzó cotas tan aberrantes como soldados que obligaban a los niños varones ya crecidos a violar o asesinar a sus propias madres y hermanas.

Destacable fue también el efecto que, en los albores del siglo XX, tuvieron las fotos del publicista británico Edmund D. Morel y su *Congo Reform Association* (Asociación para la Reforma del Congo). Las imágenes muestran a africanos con las manos cortadas. Cuando la entrega de caucho se consideraba insuficiente, la norma obligaba a los soldados a matar a los «culpables», seccionarles la mano, habitualmente la derecha, y entregarla como prueba de haber castigado a los rebeldes según lo previsto. Testimonios de misioneros aluden a la gran cantidad de cadáveres mancos flotando en los ríos.

Entre las prácticas de la soldadesca se incluía el azote, no menos de cincuenta latigazos, dos veces al día, a las seis de la mañana y a las dos de la tarde. Las víctimas solían quedar expuestas al sol, desnudas, durante todo el día. Peor suerte corrían los fusilados tras la tortura. En las concesiones de ABIR y *Anversoise* los soldados refinaron este lamentable espectáculo de terrorismo diario: verter resina de copal en la cabeza de un preso para luego prenderle fuego y contemplar cómo moría lentamente, obligar a ejercicios físicos extenuantes con altísima probabilidad de morir, *retener* a jóvenes para el propio placer, etc.

Junto con la progresiva confiscación se extendía una creciente resistencia de los indígenas. En este contexto se encuadra *Exterminad a todos los salvajes*,[301] serie de TV estrenada en 2021. Ficción aparte, la violencia ejecutiva colonizadora, cuantificada por algunas fuentes en diez millones de muertos,[302] quedaba atenuada o totalmente opacada por la cosmética gestión reputacional de la cuestión árabe. Durante mucho tiempo en Bélgica y en otros países se percibió al Estado Independiente del Congo (EIC) como un proyecto humanitario antiesclavista. Enésimo ejemplo de divergencia entre ser y parecer.

Como se ha expuesto en otros casos, es la percepción y no la realidad la que determina la posterior acción. Así fue como el EIC se convirtió en modelo para colonias vecinas en cuanto a organización a gran escala de una economía concesionaria de saqueo, represión estructurada y cuantiosos beneficios.

Hasta mediado el siglo XX en Bélgica podían visitarse zoos humanos donde se exhibía a indígenas africanos, como en la Exposición Universal de Bruselas de 1958.[303] Esto ocurría en el espacio y el tiempo en que se estrenaba la Comunidad Europea del Carbón y el Acero (CECA), embrión de la actual Unión Europea.

Holanda: arbitrariedad, lucro y 'apartheid'

Este ejercicio de colonialismo comparado resultaría interminable si pretendiera abarcar todo lo encuadrable en tal categoría, pero quedaría cojo sin referencia a la acción de los holandeses o neerlandeses. Su expansión coincidió con el repliegue español.

Siendo los Países Bajos uno de los últimos estados europeos en abolir la esclavitud, en 2021 se siguió enfrentando a una negra historia (no leyenda) por la que se exige al Gobierno holandés que pida perdón.[304]

El origen se remonta a su creciente poderío naval desde el siglo XVII, cuando sus territorios ultramarinos alcanzaron su máximo exponente en las llamadas Indias Orientales Neerlandesas (hoy Indonesia), independientes desde 1949. Para evitar reiteraciones, basta señalar que la esencia mercantilista de la Compañía Neerlandesa de las Indias Orientales fue equiparable a sus homónimas inglesa y francesa.

Las historias trágicas se repiten. En apenas cinco meses de 1904, el teniente coronel Van Daalen se adentró en Sumatra y consumó una nueva matanza: casi 3.000 personas, un tercio de ellas, mujeres. Las pruebas perduran en imágenes tomadas por el fotógrafo holandés Henricus Marinus Neeb.[305]

En América, la antigua Guayana neerlandesa (hoy Surinam) consiguió independizarse en 1975. La independencia no fue total en el caso de las Antillas holandesas, que hasta 2010 fueron un estado autónomo y siguen perteneciendo al Reino de los Países Bajos. Curazao y la región de Sint Maarten, en la isla de San Martín, son países constituyentes dentro del mismo bloque. Las islas de Saba, Sint Eustatius y Bonaire se convierten por su parte en municipios dentro de los Países Bajos.

A diferencia de las numerosas escuelas y universidades promovidas por España en América desde los primeros años de su dominio en el continente, Holanda no impulsó su primer centro de educación superior en Batavia (hoy Yakarta) hasta tres siglos después de colonizar Indonesia.

La colonización alcanzó a otros territorios como Ceilán (Sri Lanka), Formosa (Taiwán), Malaca, etc. En el continente africano se halla un caso emblemático de solapamiento de dominación de países europeos: Sudáfrica, sometida sucesivamente a portugueses, holandeses, británicos y, de nuevo, neerlandeses. Descendientes de ingleses gobernaron allí hasta que el Partido Nacional *afrikaaner* de herederos holandeses llegó al poder en 1948. Ahí se enmarca el lamentable *apartheid*. Una aproximación sintética desde la perspectiva de la comunicación y centrada en la persona de Nelson Mandela se halla en *Brújula directiva*.[306]

Mandela: 27 años en prisión

El sufrimiento de millones de personas bajo el *apartheid* también muestra una paradoja: amputar la libertad a Mandela durante veintisiete años generó en él un crecimiento interior sólido y una proyección pública fecunda. Este hombre se rebeló contra el racismo normalizado. Si la historia es la historia de la libertad, el líder sudafricano encarnó un ejemplo inspirador de soberanía personal inmerso en la máxima adversidad. Su vida cuajó en soberanía nacional.

En su autobiografía, *El largo camino hacia la libertad,* desgrana enjundiosos episodios de maduración en medio de la adversidad. En la isla de Robben pasó dieciocho de sus veintisiete años de prisión. En su cautividad tuvo ocasión de recordar enseñanzas profundas, como las que en sus inicios laborales recibió de Lazar Sidelsky, decente abogado blanco. Preocupado por la formación de los africanos, consideraba imposible oprimir a una persona educada, capaz de pensar por sí misma.

En 1993 Nelson Mandela recibió el Premio Nobel de la Paz *ex aequo* con Frederik De Klerk, último mandatario sudafricano blanco. En 1994 ganó las elecciones y se convirtió en presidente de la República de Sudáfrica para el quinquenio posterior. Desde entonces, los líderes de ese país han sido negros. Mandela cinceló un mensaje de final de trayecto en su fecundo camino:

> «Aquel que arrebata la libertad a otro es prisionero del odio, está encerrado tras los barrotes de los prejuicios y la estrechez de miras. Nadie es realmente libre si arrebata a otro su libertad, del mismo modo en que nadie es libre si su libertad le es arrebatada. Tanto el opresor como el oprimido quedan privados de su humanidad».[307]

Portugal: inhumanidad, trata y deportación

Angola y Guinea fueron los principales proveedores de esclavos, que inicialmente llevaron a América los portugueses. Más tarde hicieron lo mismo españoles, holandeses, ingleses y franceses. La gran deportación se sitúa entre 1640 y finales del siglo XVIII. El número total estimado de personas objeto de este tráfico oscila entre diez y quince millones de personas.

El historiador francés Marc Ferro aporta el precedente del esclavismo árabe:

«Existía ya, al mismo tiempo, una trata negra y otra que nutría de esclavos al mundo árabe antes de la llegada de los portugueses, y que se prolongó hasta los últimos años del siglo XIX. Esta trata la realizaban gobernantes africanos, para quienes los esclavos constituían un producto de intercambio, pero también era resultado de incursiones y guerras en los límites del Sudán, del África Oriental y del océano Índico. Los mismos mecanismos alimentaron la trata atlántica entre los siglos XVI y XIX, pero esta última superó a la otra en número y en inhumanidad, en horror, algo que la historia no había conocido hasta entonces».[308]

Es difícil datar con precisión el origen del esclavismo organizado, triste evolución del doméstico. Con estas cautelas, el primer cargamento de esclavos planificado por portugueses parece remontarse a 1444.

Brasil, descubierto en 1500, quedó asignado a Portugal mediante el Tratado de Tordesillas (1494), que dividía el control del Atlántico norte para los hispanos y el sur para los lusos. Las cifras de esclavos llegados al país sudamericano, aunque difieren según los autores, superan los dos millones. Frédéric Mauro calcula 2.250.000 hasta 1810, mientras que Marc Ferro estima que, entre 1551 y 1870, fueron cuatro millones.

Siglo y medio después de su independencia, Brasil continuaba practicando matanzas de indígenas: se los ametrallaba desde helicópteros y avionetas, se les inoculaba el virus de la viruela, se arrojaba dinamita a sus aldeas, se les regalaba azúcar mezclada con estricnina y sal con arsénico, etc. Se acusó con pruebas (1968) al dictador Humberto de Alencar Castelo Branco de cuarenta y dos tipos de crímenes contra los indios.[309]

Las magnitudes de comercio (in)humano debieron de impresionar a Cristóbal Colón. A la vista del potencial que vislumbró tras el Descubrimiento, propuso fletar naves con tal «mercancía». A diferencia del criterio político de otros países europeos, desde el primer momento, los Reyes Católicos y los sucesivos monarcas españoles, no solo se opusieron, sino que promovieron acciones legales y comportamentales para defender la dignidad de esos seres humanos. Excepción a esta práctica pareció ser Carlos III.[310]

En Angola, el colonialismo portugués continuó su tradición bicentenaria de esclavismo. Erradicar esta práctica costó muchos años. Ayudaron a su final las informaciones que, de forma limitada, se iban conociendo, gracias a periodistas como Henry Nevinson:

> «El [río] Cuanza está justo delante y detrás de ellos se encuentran los grandes espacios del país del hambre que no podrían atravesar nunca vivos, en caso de que quisiesen huir para volver a sus casas. Asimismo, de los árboles del país del hambre están colgadas las trabas para las manos, para los pies, para tres o cuatro esclavos trabados juntos durante la noche. Los conductores de esclavos lo hacen así pensando que podrán emplearlos cuando vuelvan con el próximo cargamento de mercancías humanas».[311]

Alemania, Japón, Rusia...

Entre los países con experiencia colonizadora intercontinental posterior a la española se encuentra Alemania. Fue territorio hispano el que conoció sus primeros efectos colonizadores: Venezuela.

No resultó buena la experiencia del estilo de gobierno Wesler, una de las principales casas financieras de Europa en el siglo XVI. Carlos V había arrendado temporalmente parte del espacio venezolano a esta familia de banqueros. El emperador español se arrepintió años después, al comprobar que no se cumplía lo pactado con los germanos: fundación de ciudades y evangelización. Se añadieron las dudas de que la transmisión religiosa pudiera ser luterana y no católica.

La verdad es difícil de ocultar en su totalidad durante mucho tiempo, por lo que su transcurso favorece el que se vayan conociendo hechos ignotos. Respecto a la colonización alemana en África, en

2021 se tuvo noticia ampliada de las masacres perpetradas por el Ejército imperial contra las etnias herero y nama en Namibia a comienzos del siglo XX. El Gobierno de Berlín las asumió como genocidio.[312]

Adquirir el contexto necesario sobre el colonialismo de otros países para enjuiciar con más tino el Imperio español requeriría mayor extensión y profundización. Ampliar el análisis supondría abordar también la colonización desarrollada en otros países, como Japón con sus campos de exterminio, su investigación de guerra química y bacteriológica, sus experimentos de vivisección y su siniestro Escuadrón 731.

No menos atención convendría prestar a Rusia, donde los comunistas practicaron una violencia difícilmente superable. Bien lo saben pueblos como el checheno, deportado por Stalin al Asia Central en 1944. Un tercio de ellos perecieron *in itinere*. A su muerte física se añadió la moral, mediante la destrucción de archivos y monumentos, así como la supresión de la República de Chechenia. Más de una década después, a los supervivientes se les permitió retornar a su tierra. Estos casos de violencia parecen deberse más a una intención ideológica que colonial.

El mencionado *Libro negro del colonialismo*, de Marc Ferro, es una obra de gran interés. Tras su lectura, los hechos del colonialismo francés, inglés, belga, neerlandés, portugués, alemán… quedan patentes. También manifiesto es el resultado de su gestión reputacional que, en la mayoría de los casos, ha conseguido atenuar el impacto negativo. Lo deseable es emparejar realidad y percepción, verdad y reputación. Entonces es cuando se estará más cerca del sueño de Martin Luther King expresado en Washington (1963): «El perdón es necesario para una nueva partida, un nuevo comienzo».

SÍNTESIS REPUTACIONAL

1. Muchos creen que todo lo patrio es lo peor inempeorable; y todo lo extranjero, lo mejor inmejorable.

2. Toda persona tiene derecho a expresar su opinión sobre cualquier tema, pero no toda opinión tiene el mismo valor. Ignorancia y libertad son incompatibles: si no sé algo relevante, soy menos libre. Los ignorantes tienen derecho a expresarse; y los conocedores, a considerar infundadas esas afirmaciones.

3. Los imperios generadores llevan allá donde se expanden lo mejor que tienen: derechos, educación, bienestar, cultura, diversidad, etc. Los imperios depredadores no solo excluyen a sus nuevos dominios de compartir lo mejor, sino que los oprimen y exprimen. Los primeros son fecundos, a pesar de sus excesos; los segundos resultan estériles, aun con sus aciertos.

4. La saludable tendencia humana por conocer la verdad cuenta con aliados como la dificultad de ocultarla durante mucho tiempo y la expansiva trasparencia global; también debe lidiar con amenazas como la desinformación planificada.

5. Matar a muchas personas es condenable, pero no necesariamente un genocidio: exterminio o eliminación sistemática de un grupo humano por motivo de raza, etnia, religión, política o nacionalidad.

6. Hay que alertar ante el lenguaje retorcido que finge preservar lo que intenta destruir. Atención a lo anecdótico cuando es sintomático de tergiversación semántica. Ejemplos: «tutelar» (discriminar) a los indígenas, «reagrupamiento» (deportación), o «sospechoso», término comodín para actuar contra alguien.

7. El presidente francés Jacques Chirac decretó el día conmemorativo de la abolición de la esclavitud. Omitió el pasado galo más condenable y aprovechó para enorgullecerse de que Francia fuera «el primer país del mundo en reconocer, por ley, la esclavitud como crimen contra la humanidad».

8. El Fuerte Mosé, en la Florida hispana, fue el primer lugar de EE.UU. donde habitaron negros en libertad que, acogidos por los españoles, huían de la esclavitud británica. La zona que ocupó el fuerte se considera hoy Monumento Histórico Nacional.

9. La historia que se enseña no siempre coincide con lo que pasó realmente.

10. Ignorancia y libertad son incompatibles, como mostró el colonialismo británico en la India con un 90 % de iletrados, casi 300 millones de seres hundidos en las tinieblas de no saber. Tampoco encajan incompetencia y libertad, como reveló la «hambruna brillantemente organizada»: diecinueve millones de muertos.

11. A largo plazo la defensa moral puede ser más efectiva que la legal, como ilustra el juicio contra Mandela. Sus veintisiete años preso encarnan un ejemplo de soberanía personal que cuajó en soberanía nacional.

4

Verificar datos, ofrecer contexto y embridar emociones

Comprender sin justificar: Inquisición española y represión extranjera

Elemento sustancial de la Leyenda Negra es la Inquisición española. Una acotación previa para comprenderla, no justificarla, obliga a señalar que todavía hoy se la condena especialmente por haber perseguido a judíos, conversos y moriscos. Sin embargo, aquella represión no desentonaba de los criterios políticos y sociales vigentes en la Europa de la época. Es más, los pioneros de la expulsión de judíos fueron otros países: Inglaterra en 1290, Francia en 1306, Hungría en 1349, Austria en 1421… Muchos de los huidos vinieron a España, de donde finalmente también se los expulsó en 1492.

En ese momento, el resto de la Europa cristiana celebró la decisión. Instancias de gran autoridad lo festejaron. No solo el papa español Alejandro VI, sino la parisina Universidad de La Sorbona y referentes del Renacimiento como Pico della Mirandola, Giuccardini o Maquiavelo. El prestigio español se reforzó aún más con otra expulsión que aseguraba la confesionalidad cristiana de la península: la conquista de Granada y la consecuente emigración forzosa de musulmanes.

El control represor de la Inquisición no se entiende sin comprender una clave del contexto de la época, que mutó con la irrupción de la Reforma protestante de Lutero: en Europa la unidad religiosa se asociaba a la unidad política y cada país se organizaba a su manera para blindar tal simbiosis. Con el principio de *cuius regio, eius religio* (cada reino, su religión) España defendió su catolicismo, Alemania su luteranismo, Inglaterra su anglicanismo, etc. Lo mismo sucedió en la órbita musulmana. Bien ilustra Irene Vallejo que la tolerancia adolece de una conjugación irregular: yo me indigno, tú eres susceptible, él es dogmático.[313] La muy posterior supresión de aquel confesionalismo político propició en el siglo XIX la aparición de la minoría religiosa como institución permanente, según puntualiza Hannah Arendt.[314]

Galileo: ni torturado ni condenado a muerte

La Inquisición nace en 1184 con la bula del papa Lucio III para combatir la doctrina de los cátaros[315] en Languedoc (Francia). *Ad abolendan* detalla:

> «Cualquier arzobispo u obispo, por sí o por su archidiácono o por otras personas honestas e idóneas, una o dos veces al año inspeccione las parroquias en las que se sospeche que habitan herejes; y allí obligue a tres o más varones de buena fama, o si pareciese necesario a toda la vecindad, a que bajo juramento indiquen al obispo o al archidiácono si conocen allí herejes, o a algunos que celebren allí reuniones ocultas o se aparten de la vida, las costumbres o el trato común de los fieles».

Con este documento se oficializaba lo que algunos prelados venían practicando para velar por la ortodoxia de la fe, casi siempre de la mano del poder político. Es el caso de Roberto II, rey galo que en 1022 condenó a muerte a dieciséis canónigos acusados de maniqueísmo, doctrina que lleva a considerar algo bueno o malo, sin término medio. En circunstancias similares murieron quemados varios herejes, en 1028, en Monforte (Italia) tras la denuncia de Ariberto d'Intimiano, arzobispo de Milán.

Aunque también existió la Inquisición portuguesa (1536-1821), de especial relevancia fue la Inquisición romana (1542-1965), establecida por Paulo III contra los luteranos y denominada Congregación del Santo Oficio. Entre sus causas figura el procesamiento de Galileo Galilei, a quien se permitió seguir trabajando y se le requirió mayor rigor en los datos que publicaba. En contra de lo que muchos creen, ni fue torturado ni murió condenado por la Inquisición. Sí hubo proceso, demanda de retractación, retractación y condena a arresto domiciliario (1633). También hubo una comisión de investigación promovida por Juan Pablo II que concluyó con el reconocimiento del error de la Iglesia, la aportación del científico y la apuesta por buscar la verdad (1992). Investigaciones posteriores siguen arrojando luz sobre el caso Galileo.[316]

Por último, Pablo VI redenominó la entidad inquisidora en 1965, desde entonces llamada Congregación para la Doctrina de la Fe.

España: desproporción entre realidad (menor) y proyección (mayor)

Ya en el siglo XVI, el impacto luterano provocó un viraje en la Inquisición española, que empezó a ser objeto de ataque reputacional. El prestigio por perseguir a los judíos contrastó pronto con las críticas por combatir a los protestantes. Las primeras empezaron con los autos de fe de Sevilla y Valladolid (1559), que acabaron con una veintena de protestantes quemados. Fue el origen de una incipiente propaganda que, modulada, llega hasta hoy.

El hispanista inglés Henry Kamen matiza algunos relatos que subliman una convivencia supuestamente idílica de tres culturas y credos en los siglos anteriores: «En al-Ándalus no había un régimen tolerante, sino innumerables barreras a la igualdad y al contacto entre las distintas religiones».[317] Convivían, sí, pero de forma más precaria que armoniosa. La violencia ejercida desde el poder musulmán contra judíos y cristianos incluía a sus mismos correligionarios, tanto rebeldes bereberes como árabes que apoyaban a la dinastía abasí (Bagdad). Sus propios cronistas detallan la decapitación masiva de enemigos de Abderramán III, crucifixiones multitudinarias o el modo especialmente sangriento de degollar a un centenar de prisioneros cristianos ante el califa.

En este marco general todos los países persiguieron y mataron a miles de personas disidentes del credo oficial. Con base en esta realidad en la que España fue un exponente menor en cantidad y crueldad, la percepción negrolegendaria ha conseguido magnificar los datos atribuibles al catolicismo hispano y atenuar hasta lo imperceptible las cifras verificables del protestantismo en sus diferentes versiones, y en particular la anglicana.[318] Para esta cuestión, nada mejor que practicar el lema referente de Michael Bloomberg, magnate de la prensa económica y exalcalde de Nueva York: «En Dios confiamos; todos los demás, que traigan datos».

La falta de concordancia entre realidad (menor) y proyección (mayor) no obsta para confirmar la barbarie de procedimientos empleados entonces: potro, aplastamiento de pulgares, tormento del agua, pera vaginal/oral/anal, garrucha, cuna de Judas, doncella de hierro o sierra.[319]

Estos métodos tan reprobables compartían práctica con la justicia civil de entonces[320] y algunos de ellos lamentablemente también con los servicios de Inteligencia actuales de democracias incontestables. Así lo corrobora *The Boss: J. Edgar Hoover and the Great American Inquisition*, libro sobre el perverso exdirector del FBI, «gran Inquisición estadounidense», y sus tácticas de «Gestapo americana», como tildaba Eleanor Roosevelt al modo de obtener información por parte de la agencia. Otras acciones que violan la frontera de la decencia se describen en reiteradas informaciones acerca de la CIA publicadas en nuestros días por *The New York Times:*

- 2016: Detenidos por la CIA revelan torturas en transcripciones desclasificadas.[321]
- 2017: El entramado psicológico de los brutales interrogatorios de la CIA.[322]
- 2018: La nominada de Trump para dirigir la CIA participó en un programa de torturas.[323]
- 2019: Nuevos documentos desclasificados revelan detalles sobre las desapariciones en Argentina.[324]
- 2020: La CIA no censura la memoria del agente del FBI que protestó por la tortura de terroristas.[325]

- 2021: Fiscales de Guantánamo piden desechar información obtenida de la tortura.[326]

Allen W. Dulles, primer director civil de la CIA, declaró que la Agencia Central de Inteligencia de EE.UU. debía «luchar contra el fuego con fuego». Para él esto implicaba seguir el modelo del Servicio de Seguridad del Estado soviético, que trascendía la función de Policía secreta, espionaje y contraespionaje; y actuaba como instrumento para «la subversión, la manipulación y la violencia».[327]

La pulsión por controlar parece inmutable en su relevancia y variable en sus métodos. En el siglo XVI, la vigilancia prestaba servicio a la religión, mezclada con la política; y en el XXI protege a la política, adherida a nuevos cultos civiles.

Buena síntesis de tan complejo fenómeno se halla en *2000 años liderando equipos*. Javier Fernández Aguado enmarca la Inquisición en esa confluencia de religión y política, a las que añade el rechazo de herejías que minaban el orden social, intentos de infiltrarse hasta en órdenes religiosas y codicia por los bienes de los condenados, entre otros aspectos.

El Reino de Aragón implantó una primera Inquisición estatal en 1249. Mediante la bula *Ad extirpanda*, el papa Inocencio IV validó la tortura como método para conseguir declaraciones. El amparo de estas prácticas tenía el límite expreso de no matar al reo ni mutilarlo. La praxis abarcaba varios géneros, se especificaba minuciosamente y no todos los suplicios por la vía civil recibían la aprobación eclesiástica.

En cuanto a la fórmula de absolución, pide «*caveatur quod non ponatur quod est insons*», no asumir el veredicto de inocente, «*sed quod non fuit probatum legitime contra eum*», sino solo concluir que no había pruebas suficientes contra el acusado. *Grosso modo* regía el principio de presunción de culpabilidad. A esa conclusión es fácil llegar tras leer la *Practica inquisitionis heretice pravitatis*, del francés Bernardo Gui, hacia 1325; y especialmente el *Manual de inquisidores*. Este último, redactado en torno a 1376, traducido y estructurado por el abate José Marchena en

1821, incluye el *Directorio de inquisidores* elaborado por el dominico catalán Nicolau Eymeric, inquisidor general de Aragón, en el siglo XIV.

Particular detenimiento merece el apartado de esta guía sobre el interrogatorio por parte del descrito como «inquisidor inteligente». El autor desglosa tretas usadas por los herejes para engañar, como el equívoco, la restricción mental, contestar a lo que no se pregunta y obviar lo que se inquiere, fingir locura, etc. Seguidamente añade el correspondiente antídoto para combatirlas: repetir preguntas hasta que se responda, interrogar con talante amigable, hojear documentos supuestamente incriminatorios que contradicen su versión, amenazar con un largo viaje del inquisidor que prolongaría la estancia carcelaria del reo, multiplicar las preguntas para que acabe confesando o contradiciéndose, etc.[328]

También puntualiza que, bajo ninguna circunstancia, se puede eximir al condenado de vestir un sambenito (saco bendito), expresión inquisitorial vigente hoy. Se trataba de una prenda vistosa, de color amarillo, con la cruz de san Andrés en forma de aspa por delante y por detrás, colocada por encima de la ropa a modo de chaleco. A este señalamiento de indumentaria se añadía la obligación de colocarse durante varias horas al día en lugares de tránsito popular. Era una forma efectiva de atemorizar al disidente religioso, equivalente a antipatriota.[329]

Los Reyes Católicos blindan la unidad religiosa, apreciada en toda Europa

El contexto se completa con los pogromos o linchamientos contra judíos a finales del siglo XIV en Sevilla, Toledo, Córdoba, Barcelona y otras ciudades españolas. La acusación antisemita los responsabilizaba de la hambruna, por lo que, ante la persecución, muchos judíos se convirtieron al cristianismo, unos por convencimiento y no pocos por conveniencia. Los conversos pasaron a llamarse cristianos nuevos y, casi por definición, ser considerados de fidelidad sospechosa a la Iglesia. Ese fue el origen de la expresión «marranos» (errados), con la que los judíos designaban a los suyos convertidos al cristianismo.

Ante la proliferación de estos fieles de *segunda categoría* y la extensión de una desconfianza latente, se exacerbó el celo por la fe auténtica y la detección de actividad judaizante clandestina de falsos cristianos.[330] El primer religioso muerto en la hoguera parece ser fray Diego de Marchena, acusado de judaizante que ni siquiera estaba bautizado. Otro ejemplo es el de un canónigo que confesó que se burlaba de la eucaristía en la misma consagración, con lo que supone de afrenta a la considerada «fuente y culmen de toda la vida cristiana».[331]

Una causa relativamente leve pero especialmente sonada fue la de la conversa María de Cazalla. Se la conocía por menospreciar los sacramentos y las muestras públicas de religiosidad, así como por llamar «miseras» o «papamisas» a las personas practicantes. Decía que durante el acto sexual estaba más cerca de Dios que mientras rezaba y que el matrimonio era un estado de mayor excelencia que la virginidad. Bien ponderado, no parece un planteamiento radicalmente heterodoxo, habida cuenta de que el matrimonio es uno de los siete sacramentos de la Iglesia y de que el sexo forma parte esencial de esa práctica cristiana. Tras el juicio en el que se solicitó declararla hereje y apóstata, la condena se redujo a una pena de penitencia pública en domingo o festivo en su parroquia en Guadalajara. María de Cazalla debía permanecer de pie junto al altar con una vela encendida y escuchando misa mayor. También tenía que arrodillarse durante la consagración –cuando se alza la hostia o sagrada forma– y rezar siete padrenuestros y avemarías. Además se le prohibía relacionarse con sospechosos de infieles y debía pagar una multa de 100 ducados de oro.[332]

Escasa voluntad real de implantar la Inquisición en Castilla

Aunque el matrimonio de los Reyes Católicos había unido sus coronas, ambos reinos mantuvieron una cierta independencia durante años. Eso explica que la reina Isabel, ante la insistencia de entornos clericales, solicitara al papa un tribunal religioso para Castilla, cuando en Aragón llevaba años en funcionamiento. Sixto

IV emitió la bula *Exigit sincerae devotionis affectus* (1478) para instaurar la Inquisición en ese territorio de la geografía peninsular.

Prueba del relativo poco interés de los monarcas, sobre todo de ella, en este control religioso es que tardaron más de dos años en nombrar a los dos primeros inquisidores: Juan de San Martín y Miguel de Morillo. Parece que el escaso entusiasmo de la reina Isabel por implantar la Inquisición procedía de la influencia de su confesor, fray Fernando de Talavera, más partidario del convencimiento amable que del control rígido en cuestiones religiosas.

La contraposición entre la escasa urgencia de la monarca y la persistente premura del clero brinda dos telegráficos apuntes. Por una parte, la mandataria castellana dejaba pasar el tiempo, práctica prudente de gobierno para algunos temas en determinadas circunstancias. Por otra, en ámbitos eclesiásticos se oteaban beneficios, no precisamente espirituales, a costa de la burocracia de implantar y desarrollar una estructura como la inquisitorial.

Juan Antonio Llorente califica a la Inquisición aragonesa de «mina de oro» para los curiales romanos desde 1232 por la multitud de recursos que proporcionó. Este exsacerdote y exsecretario general del Santo Oficio huido a Francia publicó allí los cuatro volúmenes de su conocida *Historia crítica de la Inquisición española*.

El 6 de febrero de 1481 se celebró en Sevilla el primer auto de fe, acto público en el que los condenados por el tribunal inquisidor abjuraban de sus pecados y expresaban arrepentimiento. La cita popular con aire de espectáculo buscaba la reconciliación del acusado con la Iglesia, al tiempo que aleccionaba a todos los fieles congregados en la plaza pública o en el templo donde se celebraba, a quienes se invitaba a proclamar de forma solemne su adhesión a la fe católica. En este primigenio auto de fe se ajustició a seis personas quemadas vivas. En julio de ese mismo año, en Huelva sentenciaron a la hoguera a otras veintitrés. El 16 de mayo de 1483 murieron quemados cuarenta y siete conversos, incluidos varios clérigos.

Los dos primeros inquisidores se esmeraron tanto en su productividad que ocasionaron quejas que llegaron a Roma. El papa escribió a los Reyes Católicos con este motivo. Lamentaba que el dúo San Martín-Morillo, sin contar con el obispo ni aun con el asesor, había procedido por su cuenta, al margen de las disposiciones del Derecho, a encarcelar injustamente, dar a los presos tormentos crueles, declararlos sin verdad herejes formales y entregarlos a la justicia seglar para que los castigase con el último suplicio.[333] Años después, Inocencio VIII apartó del cargo a ambos.

No es preciso desarrollar el largo proceso de promociones y recusaciones por excesiva severidad de inquisidores, pero resulta ineludible un nombramiento clave. A petición de los Reyes Católicos, el 17 de octubre de 1483 Sixto IV designó a fray Tomás de Torquemada como inquisidor general de Aragón, con las mismas atribuciones que en Castilla. Un año después, el dominico publicó sus primeras instrucciones, con todo un ritual y el hincapié del carácter ejemplarizante de hacer públicos los procesos y las penas. Se conoce como Suprema a la Inquisición general de España, que se distingue así de las provinciales.

Piden a Carlos V castigar a los malos y que los inocentes no padezcan

El valor de la diversidad —que afortunadamente disfrutamos hoy en gran parte de Europa— no era tendencia entonces en el Viejo Continente. El control para que nadie se saliera del molde político-religioso imperante se asumía con cierta normalidad. Esta aceptación se alteraba si el rigorismo se extralimitaba. Llorente señala que «la experiencia tenía bien acreditado que los tribunales ordinarios eclesiásticos no se habían hecho odiosos, aunque procediesen al castigo de ciertos crímenes sujetos a su jurisdicción, y solo habían dado motivos de queja cuando algún juez violaba por arbitrariedad las formas del derecho común en la compilación de procesos».[334]

El amplio vocabulario inquisitorial incluye expresiones como «excomunión lata», la que el papa impone al inquisidor que hace lo prohibido u omite lo mandado, de manera que se incurre en ella sin necesidad de que después el juez lo excomulgue expresamente. La excomunión es la condena más grave que impone la Iglesia y que implica la expulsión. Para casos que considera excepcionalmente graves, el Derecho Canónico o legislación eclesiástica contempla la excomunión *latae sententiae*. Se trata de una pena impuesta automáticamente, sin que haya de hacerse explícita, en el momento de cometer un pecado de la máxima gravedad. Un ejemplo vigente de excomunión *latae sententiae* es el aborto voluntario.

Muestra de la citada percepción social de rechazo al abuso fueron las quejas que llegaron al nuevo rey, el emperador Carlos V, en las Cortes que mantuvo en Valladolid en 1518. De las setenta y cuatro peticiones recibidas,[335] la n° 39 reza así:

> «Que mandase proveer de manera que en el oficio de la Santa Inquisición se hiciese justicia. Y los malos fuesen castigados y los inocentes no padeciesen, guardando los sacros cánones y Derecho común que de esto hablan. Y que los jueces inquisidores fuesen generosos, de buena fama y conciencia, y de la edad que el Derecho manda. Y que los ordinarios [obispos] sean los jueces conforme a justicia».

Echar un vistazo a las diez primeras reclamaciones al rey ayuda a contextualizar la petición treinta y nueve de que «se hiciese justicia» en los tribunales inquisitoriales.[336]

Preocupaciones de la ciudadanía hispana en 1518

Como sucede hoy con las encuestas del Centro de Investigaciones Sociológicas (CIS), las reclamaciones al emperador ilustran también sobre las preocupaciones de la época. Un hipotético CIS de 1518 radiografiaría el clima social con una muestra amplia del sentir popular.[337] Las peticiones relacionadas con asuntos religiosos empiezan con la citada reclamación n° 39, a la que siguen algunas más.[338]

El Santo Oficio se fue consolidando y expandiendo, hasta llegar a los veintiún tribunales: quince en la Península y seis más en el resto del imperio. Con el asentamiento paulatino de su burocracia se multiplicaron los juicios y aumentaron los abusos al enjuiciar, el escrutinio social, los roces entre reyes y papas, las críticas políticas de aragoneses y otros habitantes de la geografía peninsular, etc.

No es fácil hallar la adecuada proporción que refleje tanto el apoyo a lo que entonces se consideraba correcto como el rechazo a lo que se estimaba inasumible. Llorente, conocedor de la situación de primera mano por haber sido secretario general, matiza las exageraciones extranjeras sobre la Inquisición española:

> «Pero a pesar de que el silencio general sepultó en olvido profundísimo los hechos, conatos y esfuerzos de la nación española en los cuarenta primeros años de la existencia de la Inquisición, ha sido tan vigorosa como acostumbra la fuerza de la verdad. El curso de tres siglos no ha bastado a borrar todas sus huellas; yo he procurado descubrirlas, y creo haber demostrado la equivocación con que los escritores extranjeros atribuían a los españoles la estupidez de poner sus delicias en los autos de fe de la Inquisición, y la necedad de reputar su tribunal por oportuno para el bien común».[339]

Santa Teresa, Fray Luis de León y Bartolomé de Carranza, sospechosos

Resulta paradójico y difícil de comprender en el siglo XXI que los tribunales de la Inquisición no solo condenaran a herejes, supuestos o reales, sino a sacerdotes y prelados, como Pedro de Aranda, obispo de Calahorra. Entre los casos más reprobables cabe citar el que padeció el teólogo Bartolomé de Carranza, arzobispo de Toledo. El inquisidor general Fernando de Valdés y Salas acusó a este dominico navarro de hablar en exceso de misericordia y de haber abogado por algún amigo luterano. Pasó encarcelado los diecisiete años que duró su proceso, que se prolongó durante cuatro papados.

No menos sorprendentes fueron las experiencias de fray Luis de León y Santa Teresa de Jesús. Tras cuatro años preso en los que pudo seguir escribiendo, el agustino regresó a la docencia en la Universidad de Salamanca con su memorable expresión «como decíamos ayer». La santa de Ávila, doctora de la Iglesia desde 1970, también fue acusada ante la Inquisición. Ambos conservaron la vida tras sus respectivos juicios, a diferencia, quizá, de lo que hubiera podido acontecer en otros países.

La misión inicial de la Inquisición de combatir a los judíos conversos se amplió con el tiempo: en lo estrictamente religioso, se extendió por la amenaza protestante y musulmana; en lo moral, por cuestiones como la superstición, brujería, blasfemia, bigamia, etc.

Brujería, fenómeno muy minoritario en España, no en el resto de Europa

La brujería merece un primer apunte estadístico. A tenor del conocimiento popular y de su reflejo en películas, parecería que el fenómeno fue mayoritariamente español. Falso. En 1914, Julián Juderías aportaba cifras y contexto de personas quemadas por brujería en Europa:[340]

- Inglaterra: 40.000
- Escocia: 17.000
- Lorena (Francia): un solo juez alardeó de haber condenado a 800
- Toulouse (Francia): 400 de una vez
- Alemania: Wurzburgo, 900; y Bamberg, 600
- Ginebra (Suiza): 500

El autor de *La leyenda negra* glosa este cómputo: «La multitud presenciaba impávida estas hecatombes, creyendo que así cesarían las heladas, mejoraría el ganado y sería más abundante la cosecha».[341]

A estos datos hay que añadir los aportados en 1998 por el Vaticano en el simposio internacional organizado al efecto en Roma. Encargo de Juan Pablo II, era la culminación de una investigación de varios años, por la «necesidad de conocer exactamente los hechos». Uno de los expertos a quienes el papa encomendó la tarea indagatoria fue el luterano Gustav Henningsen. Este historiador danés, que ya había publicado libros al respecto, ofreció las siguientes cifras:

- Alemania: 25.000
- Polonia – Lituania: 10.000
- Suiza: 4.000
- Dinamarca – Noruega: 1.350
- España: 59

- Italia: 36
- Portugal: 4

Cuando se hizo pública esta información, el papa polaco reconoció que la Inquisición pertenece a una fase triste de la historia de la Iglesia sobre la que invitaba a los cristianos a reflexionar con sinceridad. En 1994 había escrito que reconocer los fracasos pasados es un acto de lealtad y de valentía: «Otro capítulo doloroso sobre el que los hijos de la Iglesia deben volver con ánimo abierto al arrepentimiento está constituido por la aquiescencia manifestada, especialmente en algunos siglos, con 'métodos de intolerancia e incluso de violencia en el servicio a la verdad'».[342] Queriendo saber el alcance real de los errores y pecados cometidos, el líder católico preparaba la petición de perdón que haría pública en torno al año 2000.[343]

El coordinador científico del simposio sobre la Inquisición fue Agostino Borromeo. Este profesor de la Universidad de Roma La Sapienza y director del Instituto Italiano de Estudios Ibéricos explicó el encargo de Juan Pablo II:

> «Nos pidió que como historiadores delimitásemos las dimensiones y las características de ese tipo de juicios, así como el contexto histórico. No es lo mismo la Inquisición medieval que la de los siglos XVIII o XIX, cuando la gente era mucho más sensible a la injusticia. En la Edad Media, la Inquisición era muy popular porque se veía al hereje como un enemigo, un peligro. Y la pena de muerte era entonces muy normal [...]. Durante sus primeros mil años, la Iglesia se opuso a la pena de muerte. Después la aceptó durante casi otros mil. Juan Pablo II ha pedido perdón por el antisemitismo y por el recurso a la violencia. Como historiadores, no nos corresponde juzgar sino clarificar».[344]

'El Código Da Vinci', novela influyente con datos falsos

El rigor de verificar escapa sin embargo al chequeo frente a bulos influyentes en ficciones de éxito. En la citada novela de Dan Brown se lee que «durante trescientos años de caza de brujas, la

Iglesia quemó en la hoguera nada menos que a cinco millones de mujeres».[345] Multitud de lectores solo conocen ese dato de *El Código Da Vinci*, y probablemente ignoran que es falso. Se trata de un nuevo ejemplo de ficción que influye más que la verdad... y vende más que la verdad. Bien lo saben algunos autores, españoles incluidos.

No es infrecuente que turistas extranjeros pregunten en España por la Inquisición. Qué efectivo sería darles a conocer esa información y contextualizarla con la del resto de Europa. Muchos se llevarían sorpresas por algo que quizá ignoran de su propio país. Tan sencilla operación requiere mejorar la formación de algunos guías turísticos. Es posible contar la verdad con amabilidad.

La persecución de las supuestas brujas se inició en Estrasburgo, entonces Alemania, a mediados del siglo XV y permaneció vigente sin interrupción hasta finales del XVIII.[346] Reprimir la brujería en Inglaterra causó la muerte a más personas que la Inquisición en sus tres siglos de censura en España. Entre las víctimas británicas figuran el duque de Buckingham, lord Humperford y la duquesa de Glocester.

El belga Canuaert advierte de tal número de muertes de presuntas brujas en Flandes durante los siglos XVI y XVII como para despoblar comarcas enteras. El holandés Scheltema refiere el testimonio de un batelero de Ámsterdam que aseguraba en 1656 haber visto degollar en Naas (Irlanda) a veinticuatro personas condenadas por brujería. Decapitadas, habrían colocado las cabezas sobre las rodillas de los respectivos cadáveres, que se consumieron en el fuego. Estos casos forman parte de una larga serie de atrocidades en toda Europa que Julián Juderías desgrana con detalles y referencias bibliográficas.

En su *Historia de la Reforma en Alemania*, el clérigo germano Matthias von Kemnat glosa la fascinación de Lutero por las fábulas de brujas, diablos, monstruos y otros engendros fantásticos: «Tenía por vecina una bruja de la que se decía que había causado la muerte del predicador de la parroquia y a la cual la madre de Lutero trataba con grandísima amabilidad para no atraerse su odio y evitar que hiciese llorar a sus hijos hasta morir».[347] Algo parecido debió de suceder a Ulrico Zuinglio, líder de la reforma protestante suiza, al que un fantasma le resolvió al parecer un grave problema teológico.

Problema de comunicación si se habla en euskera y se escribe en latín

Sorprende la vasta producción literaria y cinematográfica sobre un fenómeno tan escaso en España, comparado con el resto de Europa. Paradigma fue Navarra, donde la comunicación adquirió particular incidencia desde el punto de vista lingüístico por la diferencia idiomática entre acusadores y testigos, que solo hablaban euskera, e inquisidores, que desconocían esta lengua. Hay constancia de situaciones extremas, como las ocurridas en Urdax o Bera, en las que se encargó traducir las declaraciones de acusados a los mismos clérigos denunciantes.[348]

Hasta un canónigo pamplonés parecía considerar la brujería como mal específico de la Navarra vascoparlante, donde se localizaban aquelarres: reuniones nocturnas de brujos y brujas, con la supuesta intervención del demonio, ordinariamente en figura de macho cabrío, para sus prácticas mágicas o supersticiosas.[349]

De los numerosos casos, unos son famosos, como el de Zugarramurdi, en el que murieron quemados vivos seis de los veintinueve acusados; y otros menos conocidos, como el proceso de María Juan de Anocíbar en 1575. Denunciada por un abad en un pequeño pueblo de la comarca de Pamplona, la sentencia de muerte se consumó mediante garrote vil y después se quemó el cadáver.

Otra acotación idiomática colateral se refiere a la política de unificación lingüística de España tras la publicación de la primera *Gramática castellana*, de Nebrija (1492), pocos años antes de la conquista de Navarra por la Corona de Aragón (1512). De forma muy mayoritaria, el viejo reino escribía en una lengua que no hablaba (latín) y hablaba en otra que no escribía (romance navarro, occitano y, sobre todo, euskera). Hoy resulta difícil comprender tal divergencia entre el idioma escrito por unos pocos, como los monjes de los monasterios, y el hablado por casi todos. A modo de comparación, es como si en el futuro se pudiera colegir que los informáticos de una empresa de Salamanca o Bilbao en 2022 hablan inglés en un bar por el hecho de que utilizan ese idioma al programar con sus ordenadores.

El Concilio de Trento (1545-1563) —decisivo por abordar la Reforma protestante y por plantear una unidad moral del género humano— potenció también la acción pastoral en la lengua de los fieles del lugar y decretó que los curas residieran en los pueblos donde predicaban. Algunos presbíteros con parroquia en la zona de Estella pidieron al obispo buscar sustituto porque no hablaban el idioma de su grey. La repercusión de esta carencia comunicativa fue crucial en una tierra tan católica y ritualista. Por una parte, porque las homilías o sermones cuaresmales solían encomendarse a clérigos de verbo elocuente. Por otra, porque sacramentos clave como el de la confesión[350] requieren *per se* la comunicación oral.

Desde el punto de vista lingüístico y político, salta a la vista el éxito que llega hasta hoy de expresiones como «caza de brujas» o «inquisitorial». Similar vigencia experimenta «torquemada», nombre ahora con función adjetiva.

Se habla más de brujería donde menos hubo

Merece la pena insistir en lo dicho hasta ahora: la abundante información y las detalladas descripciones del caso español con su correspondiente difusión contrastan con la percepción, extraordinariamente inferior, de la represión extranjera. Los datos muestran que la realidad trágica vivida en otros países carece de correlato en su conocimiento público.

El historiador francés Joseph Pérez estudia la brujería como fenómeno de histeria colectiva en Europa y concluye que en España es donde menos efecto tuvo. Lo ejemplifica con los datos de Navarra: en la parte norte, unida al reino de Francia, la investigación de los casos corrió a cargo de los magistrados del Parlamento de Burdeos, quienes durante cuatro meses quemaron vivas a un centenar de personas; en la Navarra incorporada al reino de Aragón se ocupó el tribunal inquisitorial de Logroño, que en el auto de fe de noviembre de 1610 mandó a la hoguera a seis supuestas brujas. Esto fundamenta la idea de que «mientras en el resto de Europa se desataba una descomunal caza de brujas, responsable de miles de víctimas, en España la Inquisición se mostró infinitamente más moderada».[351]

Hay que aclarar que el Santo Oficio procuraba distinguir dos tipos de prácticas, ante las que actuaba de modo muy diferente: no intervenía ante la magia o hechicería, tan extendidas como inocuas para la fe; y perseguía de forma implacable la brujería, considerada diabólica por implicar un pacto con el demonio. La riqueza semántica de la palabra «bruja» requiere matices específicos en entornos como el cultural vasco, en el que conviven dos acepciones distinguibles que con frecuencia se confunden: la diabólica y la folclórica.[352] La tendencia general en la España del XVI era restar importancia a muchos de los fenómenos que la gente corriente tenía por extraordinarios y que a menudo se podían explicar por causas naturales. Algo similar ocurría en sentido inverso con los milagros. Tan cierto como que hay sucesos inexplicables es que no todo lo extraño ha de tener un origen sobrenatural.

La bula *Summis desiderantes afectibus* del papa Inocencio VIII expresó su preocupación por el auge de la brujería en Alemania. Tanto que nombró a los inquisidores Juan Sprenger y Heinrich Kraemer para acabar con la que consideraba una plaga. Estos dos dominicos publicaron un manual de base titulado *Malleus maleficaron* o *Martillo de brujas*. Esta obra contribuyó a difundir un antifeminismo desbocado que marcaría la tónica de los tratados de demonología de la época moderna: los de Jean Bodin (1579), Henri Boguet (1602), Pierre de Lancre (1612) y otros, que supusieron un tipo de literatura abundante en otros países y escasa en España.

Analizar los datos permite concluir que en España se juzgó, aproximadamente, a tantas supuestas brujas como en el resto de Europa. La gran diferencia, para Joseph Pérez, «consiste en que los españoles –gracias a la meticulosidad de la Inquisición– rara vez quemaron una bruja; mientras tanto, los tribunales de la mayoría de los países europeos perseveraron en esa práctica cruel hasta finales del siglo XVII».[353]

El estadounidense Philip Powell ilustra al respecto sobre la importancia de acompasar la gestión con su comunicación:

«Si España no se desquitó ni defendió sus metas y conceptos con la palabra impresa fue porque estaba demasiado ocupada gobernando su propio imperio, o tal vez porque no se dio suficiente cuenta de la importancia del proceso que se levantaba contra ella, o quizá creyó que sus fines eran lo suficientemente buenos como para mantenerse por sus propios merecimientos. Tardó nuestro país mucho tiempo, en un mundo de rápida propaganda, en percibir la necesidad de la prensa y agencias de información pública, para explicar y defender con eficacia nuestros logros y tradiciones. Así resulta difícil culpar a España de un fallo similar, en una época en la que los recursos propagandísticos estaban todavía en plena infancia».[354]

3.000 muertos en tres siglos de Inquisición

Durante años se tuvieron por buenas las cifras del citado Llorente sobre la Inquisición española. A partir de datos, al parecer ciertos, de los casos de Sevilla, realizó extrapolaciones en el tiempo y en el espacio. En este tipo de fenómenos resulta aventurado asegurar que los números confirmados de un periodo bien escrutado se trasplantan, tal cual, a otros momentos de los que no hay información. Según sus cálculos así pergeñados, se quemó vivos a más de 30.000 condenados, en efigie (arde solo su imagen porque estaban huidos o ilocalizables) a unos 17.000 y se condenó a penas graves a más de 290.000. Como en el caso de Bartolomé de Las Casas, quien ofrece cifras antes y más altas lleva la ventaja para convertirse en referencia, por exageradas que luego se comprueben.

Diversos autores refutan estos guarismos y contextualizan las prácticas represoras con las de otros países.[355] Las evidencias documentales desmienten a Llorente y otros autores que en el siglo XIX divulgaron sus conclusiones.

Hoy se acepta la idea de que la Inquisición española, en sus tres siglos de existencia, quemó en la hoguera a unos 2.000 judaizantes, cerca de 300 moriscos (musulmanes convertidos al cristianismo), 150 protestantes o iluminados, 130 acusados de sodomía (homosexualidad) y medio centenar de brujas.[356] Estos dos millares largos de muertes distan mucho de los cientos de miles de brujas y católicos eliminados en los países protestantes.

Este balance mortal concuerda con el cómputo que reseña Javier Fernández Aguado. Al desaparecer los judaizantes a mediados del siglo XVI, las penas a muerte se redujeron notablemente: 1.340 (el 3 %) de las 44.674 causas juzgadas en el periodo 1540-1700. La estimación se aproxima también a la de Henry Kamen que, tras decenios de estudio, admite haber variado sus propias conclusiones. El hispanista inglés recuerda que, aun siendo el español el más conocido sistema inquisitorial, ni fue el único ni el más cruel:

> «En el transcurso del medio siglo que duró el apogeo de la persecución, el tribunal de Zaragoza ordenó 130 ejecuciones; el de Valencia, puede que 225, y el de Barcelona, unas 34. Teniendo en cuenta todos los tribunales de España hasta alrededor del año 1520, es poco probable que la Inquisición ejecutara por herejía a más de 2.000 personas […]. Muy pocas fueron ejecutadas en los tres siglos siguientes y, con toda probabilidad, podemos aceptar el cálculo aproximado, hecho a partir de los documentos disponibles, de que tal vez hayan muerto un máximo de 3.000 personas durante toda la historia del tribunal».[357]

La dignidad de toda vida humana chirría al computarse en estadísticas y comparar datos. Con esta premisa, a título ilustrativo y salvando todas las distancias, cabría repasar cifras como las de fallecidos en accidentes de circulación.[358] Por desgracia, la rutina informativa en este tema puede tener alguna coincidencia con el acostumbramiento de siglos pasados.

El historiador británico desmonta igualmente mentiras sobre la Inquisición española construidas con verdades exageradas. Paradigma de hipérbole falsaria son algunas famosas referencias a los autos de fe, inexcusable ceremonia previa a cualquier sentencia de muerte. Conocidas novelas los recrean con escaso fundamento histórico y no pocos relatos generalizan un entusiasmo popular que no fue tal. Otro ejemplo de mentira sería la supuesta asistencia frecuente de los monarcas a esos espectáculos y su presunto deleite en contemplar ejecuciones:

- Los Reyes Católicos no acudieron a ningún auto de fe.
- Carlos V solo asistió al que se celebró en su honor en Valencia (1528).
- Felipe II acudió a cinco[359] y en ninguno presenció ejecución alguna.
- Felipe III apareció en uno en Toledo (1600).
- Felipe IV pidió que se celebrara uno (1632).
- Carlos II presenció brevemente uno (1680).

Goya: arte pictórico sin fundamento real

La exageración llegó a la pintura de Goya en su cuadro *Auto de fe de la Inquisición*. El conocido lienzo muestra a los acusados fácilmente identificables, por vestir el sambenito y llevar una especie de capirote en la cabeza con llamas pintadas. Según Kamen, se trata de una representación violenta de odio anticlerical invocada, sin pruebas, como el modo en que los españoles percibían el Santo Oficio. Es «un *collage* satírico sobre un acontecimiento imaginario que presenta varios elementos que no tienen nada que ver entre sí, no representa ningún auto de fe que hubiera tenido lugar jamás. Goya quería atacar y lo hizo con su genio irrepetible, aunque al final sus pinturas fueran fantasías creativas, en vez de ser un testimonio histórico».[360]

Desde la perspectiva de gestión de percepciones, resulta clave el impacto de la confusión entre historia y leyenda, respeto a la verdad y libertad de expresión, realidad verificable y creatividad artística. Son errores equivalentes pensar que las palabras remiten necesariamente a hechos y que todas las imágenes tienen correlato en realidades.

Goya aporta un nuevo ejemplo con el cuadro *Por descubrir el movimiento de la Tierra*, en el que muestra a Galileo supuestamente siendo torturado por la Inquisición. Además de anecdótico, es sintomático que, aún más en el siglo XIX, se vinculara ser ilustrado con aceptar y difundir falsedades. Es probable que el genial pintor aragonés creyera de verdad que esa tortura se produjo dos siglos antes. Su obra muestra algo que, de hecho, no ocurrió.

El fenómeno de desfigurar la realidad mediante imágenes perfeccionó la perversa técnica con impresores holandeses y alemanes. No conocían la Inquisición española, pero sí eran conscientes del efecto reputacional de caricaturizarla en su propaganda contra la entonces potencia mundial y enemiga. Gran empeño puso también la obra del grabador francés Bernard Picart en el siglo XVIII: siete volúmenes, 3.000 páginas de texto y 250 imágenes.

Es digno de estudio cómo una realidad tan pequeña, astutamente aliñada, puede generar una repercusión tan letal y prolongada en el tiempo. Tampoco ayudó que —entre la transparencia y la ingenuidad— el tribunal inquisitorial de Madrid encargara un cuadro para mostrar la presencia del rey, Carlos II, en el ya citado único auto de fe al que asistió.

En cuanto a la represión ultramarina de España, aunque algunos autores[361] rebajan el número a cincuenta y nueve, Powell cifra en poco más de un centenar las personas ejecutadas en Hispanoamérica como resultado de los procesos de la Inquisición, durante unos 250 años de existencia formal:

> «A mi juicio, esto resulta bastante favorable (si me perdonan la palabra) en contraste con la tortura y ejecución de católicos en la Inglaterra de Isabel (1558-1603): 130 sacerdotes y sesenta seglares, cifra que se eleva a 250 si incluimos los que murieron en prisiones del Estado. El cálculo de muertes de los acusados de brujería en los estados alemanes, durante los siglos XVI y XVII, alcanza sobradamente a varios millares».[362]

No se trata, en definitiva, de justificar por lo cuantitativo ninguna barbarie contra el ser humano, sino equiparar la maldad de cualquier exceso, con independencia de la nacionalidad de sus autores.

De hecho, el garantismo legal de la represión española fue superior al de otros países. Por ejemplo, contemplaba el llamado «tiempo de gracia», en el que el reo podía autoinculparse para obtener ventajas, como la absolución, si no se hallaba malicia en su actuación. Otra muestra frente al cliché de oscurantismo es que las declaraciones se presentaban por escrito, ante notario y testigos. A diferencia de lo que ocurría en el resto de Europa, el acusado no perdía sus bienes.

Al producirse la denuncia, bajo la amenaza del muy penado falso testimonio debía aclararse si el denunciante buscaba el lucro, también castigado. La acusación, ante notario, debía ir acompañada por dos testigos a los que se les trataba con el mismo rigor. Si la acusación persistiera, para lo cual debía analizarse desde una perspectiva teológica, se encarcelaba al reo y se inventariaban sus bienes. Podría recuperarlos al final del proceso, periodo durante el cual estaban a cargo del llamado «secuestrador», también controlado por sus superiores. Con frecuencia el acusado podía designar administradores propios.[363]

Inglaterra: líder europeo en cantidad y crueldad represora

Entender la represión inglesa requiere contextualizar figuras como la de Enrique VIII (1491-1547). Casado con Catalina de Aragón, hija de los Reyes Católicos, renegó tanto de su matrimonio como de su fe. Ambas circunstancias son clave para comprender su reinado. Por una parte, su primer divorcio para casarse con Ana Bolena tuvo dos consecuencias: ruptura con la Iglesia de Roma y excusa para autoproclamarse máxima autoridad de la nueva Iglesia anglicana, adaptación británica del protestantismo de Lutero que se estrenaba en Europa. Por otro lado, el monarca Tudor reveló pronto su talante criminal, especialmente con las mujeres: en poco tiempo pasó de escribirles apasionadas cartas de amor[364] a decapitar a dos de sus seis esposas (Ana Bolena y Catalina Howard) y decretó igual destino a otras muchas, empezando por Isabel Barton, religiosa benedictina condenada por alta traición al negarse a aceptar el poder supremo, también espiritual, del rey. Semejante es el caso de Ana Askew, que murió quemada acusada de herejía por seguir a Zuinglio, líder de la reforma protestante suiza.

En idéntica desgracia mortal cayeron, solo el 4 de mayo de 1535, tres priores cartujos (Hontho, Webster y Law), el religioso Reynolds y el sacerdote Hale. Pocas semanas después subieron al cadalso otros tres miembros de la cartuja de Londres, ciudad en la que se cerraron siete monasterios y encarcelaron a 200 de sus integrantes. Dos meses después, Enrique VIII consumaba una de las ejecuciones de mayor proyección histórica al decapitar a su lord canciller *sir* Tomás Moro. Este prestigioso político, abogado, humanista y autor de *Utopía* fue uno de los 70.000 católicos asesinados durante ese reinado.

La redacción original de este tipo de condenas a muerte establecía que, desde la Torre londinense, se arrastraran por en medio de la ciudad camino directo de las horcas de Tyburn, para colgarlos en ellas y que cayeran a tierra con vida. Aún vivos se les arrancarían las entrañas del vientre para quemarlas. A continuación se les descabezaría y descuartizaría el cuerpo. La cabeza y los cuatro fragmentos se pondrían donde el rey quisiera señalar.[365] Tal procedimiento se siguió, el 22 de junio de 1535, con Juan Fisher, teólogo y obispo de Rochester.

Para su lord canciller, el rey simplificó el trance y lo redujo a mero tajo. En el clímax trágico personal, el 6 de julio de ese mismo año, Moro ejerció por última vez su conocido sentido del humor a los pies del patíbulo: «Le ruego, señor teniente, que me ayude a subir, porque para bajar ya sabré valérmelas por mí mismo». Sus últimas palabras fueron: «Muero siendo el buen servidor del rey, pero de Dios primero».

Ya decapitado, la macabra tradición establecía clavar la cabeza del ajusticiado en una pica, a la entrada del puente de la ciudad, y arrojarla al Támesis. Al parecer, su hija Margarita sobornó al encargado de ese acto final y se llevó la reliquia de su padre. Sus restos reposan en la Capilla Real de San Pedro ad Vincula, iglesia de la Torre.

La londinense apenas supone una mínima parte de la represión y el expolio de Enrique VIII. Al amparo de su Ley de Supremacía (1534), se suprimieron los 800 monasterios y 200 conventos del reino. Sublimación salvaje fue lo sufrido por Richard Whiting, responsable de la abadía de Glastonbury, la más antigua y reconocida de Inglaterra. Lo arrastraron por las calles, antes de colgarlo. Tras descuartizarlo, repartieron sus restos: un cuarto se llevó a Wells, donde se expuso para contemplación pública; otro fue a Bath; y el resto, a Ilchester y Bridgewater. Su cabeza se exhibió en la puerta de su propia abadía, que acabó saqueada y sus bienes vendidos: cálices, candelabros, órganos, etc.

Con este currículum de muerte y destrucción, no extrañan atisbos de conciencia, incluso en algunos de los ejecutores de la desamortización, como John Bale:

> «Haberlo destruido todo sin la menor consideración es y será para siempre la más horrible infamia que recaiga sobre Inglaterra. Un buen número de quienes adquirieron aquellas supersticiosas mansiones reservaron algunos de los libros de la biblioteca para abrillantarse las botas. Otros los vendieron a tenderos y a vendedores de jabón, y otros los enviaron al continente a encuadernadores, no en pequeñas cantidades, sino a veces incluso barcos enteros abarrotados, ante el asombro de las naciones extranjeras. ¿Qué puede acarrear a nuestro Reino más vergüenza y condena que la de que se sepa en el extranjero que despreciamos el conocimiento?».[366]

El 23 de marzo de 1540 culminaba la macroexpropiación con la abadía de Waltham. Se destruyeron imágenes, reliquias, santuarios… Tres siglos después la Universidad de Cambridge calificó de «catástrofe nacional» esta acción represora.[367]

Arrasar con semejante legado cultural, además de religioso, suscitó la oposición de buena parte del pueblo inglés en la llamada «peregrinación de gracia». Una de las marchas populares que los historiadores cifran en unas 30.000 personas se dirigió a Londres. Allí la mano del duque de Suffolk se ocupó de ahogar la protesta. Condenó a muerte a seis abades, treinta y ocho monjes, dieciséis sacerdotes y otras 200 personas.

El líder de la revuelta, el abogado Robert Aske, acabó colgado en los muros del castillo de York y su cadáver permaneció expuesto así durante meses a modo de escarmiento público. También murieron varios nobles con el título de *sir*: Thomas Percy, Henry Percy, John Bulmer, Stephan Hamilton, Nicholas Tempast, William Lumbey, Edward Neville y Robert Constable, entre otros.

Ley para abolir la diversidad de opiniones

Al frente anticatólico, como máxima autoridad también religiosa, Enrique VIII sumó la lucha contra la expansión luterana. Con el fin de asegurar su particular unidad religiosa anglo (de ahí anglicana), en 1539 hizo votar en el Parlamento la Ley de los Seis Artículos, conocida como ley para abolir la diversidad de opiniones. Con base en ella, el 30 de julio de 1540, por ejemplo, padecieron la pena de muerte tres sacerdotes católicos y otros tantos defensores luteranos. Desde entonces, Inglaterra es un estado confesional… también en el siglo XXI.

El británico Hamilton recoge una estadística detallada de penas judiciales: en 1598, solo en Exeter, capital del condado de Devon, las sentencias de muerte suman setenta y cuatro «*hanged*» (ahorcados).[368] *Sir* James Stephen, autor de tres volúmenes de *A History of the Criminal Law of England* (1883), aporta sus propios cálculos.[369] Si la media de ejecuciones por condado ronda las veinte anuales —apenas el 27 % de las verificadas en 1598 solo en Devon—, el total asciende a 800 al año en los cuarenta condados ingleses.

Extrapolar estas cantidades tan calculadas a la baja arrojaría una cifra superior a las 250.000 ejecuciones en Inglaterra en los tres siglos de la Inquisición, cantidad que en España habría rondado los ya citados dos millares. No se trata de defender lo realizado por la Inquisición española. Solo se pretende completar el cuadro con otros horrores mucho mayores e igualmente condenables.

A título de ilustrativa puntillosidad, es revelador este fragmento del interrogatorio a una mujer:

–¿Está segura de que era el mismo hombre?
–Oh, sí.
–¿Lo conocía previamente?
–Sí (su mirada hizo profundizar al inquisidor inglés en sus preguntas).
–¿Lo conocía bien?
–Sí, bien.
–¿Realmente bien?
–Sí.
–¿Vivían en la misma casa?
–Sí.
–¿Es usted su mujer?
–No.
–¿Vive con él como su mujer?
–Sí.[370]

De la intolerancia inglesa al 'Thanksgiving' y el Día Nacional de Luto

Consecuencia de la intolerancia inglesa es el origen de la popular celebración de Acción de Gracias, *Thanksgiving*, en EE.UU. (1621). Conmemora la iniciativa de algunos colonos británicos para agradecer las buenas cosechas tras el duro invierno que siguió a su arribada el año anterior a las costas de Plymouth (Massachusetts). Llegaron a bordo del «Mayflowers» con fugitivos que huían a Nueva Inglaterra por no comulgar con la estrenada Iglesia de la vieja Inglaterra. Eran una especie de separatistas religiosos del anglicanismo impuesto por Enrique VIII. Catalogados genéricamente como puritanos, entre los perseguidos por la Iglesia anglicana de origen calvinista se hallaban luteranos, baptistas, cuáqueros, metodistas, presbiterianos, congregacionistas, etc.

El agradecimiento se dirigía al parecer a los indígenas que inicialmente ayudaron con las cosechas a quienes se iban a convertir en sus colonizadores. Tanto cambió el panorama y la percepción de los nativos, que desde los años 70 del siglo XX los líderes indígenas se concentran en Plymouth el día de Acción de Gracias para celebrar lo que denominan Día Nacional de Luto. Denuncian en esa efeméride los abusos de los colonizadores con los nativos.[371]

La situación de quienes huían de Enrique VIII no mejoró al llegar a Nueva Inglaterra, lo que hoy son los estados de Massachusetts, New Hampshire, Connecticut, Rhode Island, Maine y Vermont. Según el historiador John Huddlestone Wynne,[372] enseguida los presbiterianos comenzaron a tratar a los distintos grupos o sectas con más severidad que la que habían padecido en Inglaterra.[373] La persecución empezó en el condado de Plymouth (no confundir con la ciudad homónima inglesa), con varios anabaptistas que se habían separado de los demás. Acabaron multados, azotados y encarcelados. Con el tiempo se fue desarrollando la precisión de lo punible:

> «El cuáquero que, después de haber sido expulsado de Nueva Inglaterra, regrese a ella será condenado, si es varón, a perder una oreja y a trabajos forzados en la casa de corrección hasta que pueda ser embarcado por su cuenta. Si nuevamente reincidiese, perderá la otra oreja y será detenido en la casa de corrección. Si fuere hembra, será azotada y detenida como antes se dice. Si de nuevo reincidiese el cuáquero, varón o hembra, se le perforará la lengua con un hierro candente y será detenido en la casa de corrección hasta que puedan ser embarcados a su costa».

También la brujería tuvo su versión trasatlántica, con un primer caso que conmocionó a la población de la localidad de Salem (Massachusetts). En busca de una culpable de la supuesta posesión demoniaca de dos chicas, la condena de los puritanos recayó en una criada india del acusador. Torturada, confesó e ingresó en prisión. Más tarde se conmutó su pena por la de esclavitud. El fenómeno brujeril se extendió, entre otras razones, porque servía de *explicación para ciertas enfermedades*.

Patologías aparte, las condenas por brujería afectaron también a hombres, como George Burroughs. Había sido ministro eclesiástico en Salem y se separó de su comunidad por diferencias religiosas. Sometido a juicio junto a otros acusados, murieron todos en la horca (1692). Poco después, prosigue Wynne, con similar procedimiento y parecidas pruebas, se condenaría a muerte a otras dieciséis personas.

> «Las acciones más inocentes o más vulgares se convirtieron en ceremonias mágicas y la furia del pueblo creció a medida que se difundían estas fantasías. La llama aumentó con rapidez y comunicó el incendio a toda la comarca. Ni la inocencia de la juventud, ni los achaques de la vejez, ni el honor del sexo, ni la santidad del ministerio, ni el respeto a la posición social de la persona eran bastantes para proteger a las víctimas. Niños de once años fueron encarcelados por brujos. A las mujeres se las registraba de la forma más impúdica para hallar en sus cuerpos las señales mágicas».

Con tal excitación ambiental, el despropósito llegó al paroxismo. Manchas en la piel propias de la edad avanzada se consideraban pellizcos del demonio, con quien algunas mujeres declaraban haber cohabitado, las torturas produjeron delaciones y acusaciones injustificadas, algunos se autoinculparon falsamente para evitar la pena capital, otros huyeron… Las ejecuciones eran diarias.

La escalada de sinsentido también generó atisbos de sensatez. Un juez, avergonzado de haber condenado a cuarenta personas, se negó a dictar nuevos encarcelamientos. Un jurado, afectado por la elocuente manifestación de inocencia de una mujer, osó declararla inocente y… los jueces obligaron al jurado a declararla culpable, por lo que finalmente acabó ejecutada.

La lista de magistrados y eclesiásticos empieza con el considerado más inflexible, el gobernador *sir* William Phips. Seguidores de su crueldad fueron el clérigo Increase Mather y su hijo Cotton, pilares de la Iglesia puritana de Nueva Inglaterra. Prueba de su desquiciamiento es que Phips felicitaba a los jueces cuando alcanzaban la cifra de veinte condenados y los animaba a superar esa cifra, aunque los magistrados ya no supieran a quién más acusar. Como faltaban víctimas, se llegó a señalar a los propios jueces, incluso a los parientes más próximos de Increase Mather.

Los delatores incluso se plantearon acusar a miembros de la familia del gobernador. Hasta ahí se podía llegar. Bordear ese límite motivó el cambio de sistema. Se desautorizó a denunciantes, se liberó a 150 presos, se sobreseyeron las causas de 250 acusados y se perdonó a tiempo a los sentenciados a muerte. Detenida la barbarie y reconocido el exceso, «se ordenó un ayuno general para pedir a Dios perdón de los errores de su pueblo, inducido por Satanás».

Las cifras durante el reinado de Carlos II de Inglaterra rondan los 13.000 cuáqueros encarcelados, a quienes se expropiaron sus bienes. Unos se exiliaron, más de 300 murieron de hambre o tortura en prisión y casi 200 acabaron vendidos como esclavos.

Casos sintomáticos fueron los de John Smith y Thomas Venner. El primero, uno de los fundadores del movimiento baptista inglés, huyó a Holanda. Venner, líder anabaptista que regresó a Inglaterra tras dos décadas emigrado en EE.UU., fracasó en su intento de derrocar a Oliver Cromwell y acabó «*hanged, drawn and quartered*», colgado, arrastrado y descuartizado.

Expulsión de los católicos británicos

El Parlamento inglés aprobó la expulsión de los últimos sacerdotes católicos. Transcurridos cuarenta días, a cualquier clérigo, por serlo, se le consideraba traidor condenable a pena de muerte. Estos datos proceden de la investigación de María Elvira Roca, quien desde la perspectiva histórica señala que los católicos fueron barridos de Inglaterra. En diez años (1559-1569) murieron por su fe 800 fieles y 160 sacerdotes.[374]

En su *Carta sobre la tolerancia* (1689), John Locke abogó por que el Estado no constriñera las conciencias y permitiese todas las creencias… salvo la católica, porque podía alterar el orden público. Esta incongruencia en la defensa de la libertad se parece mucho a las dictaduras contemporáneas y a algunas democracias de tolerancia selectiva. También encaja con una autoestima patológica como la expresada por el primer ministro Benjamin Disraeli: «Hay algo mejor que los derechos humanos y son los derechos de los ingleses».[375] De ahí que el historiador François-Joseph Ruggiu se pregunte si Inglaterra es modelo de tolerancia y, con respuesta negativa, recuerde que hasta 1828-29 no abolió las restricciones legales que afectaban a los inconformistas y a los seguidores de la Iglesia de Roma.[376]

La creciente intolerancia anglicana llevó a reacciones católicas también reprobables, como el intento fallido de matar al rey Jacobo I y volar el Parlamento de Westminster en 1605. Robert Catesby, Thomas Winter y John Wright fueron los promotores de este episodio, liderado por Guy Fawkes y conocido como la Conspiración de la Pólvora. Descubiertos en su complot, él y una docena de británicos católicos murieron después de una cruel tortura: colgados del cuello, les seccionaron los genitales y, aún vivos, les arrancaron los intestinos. Después, decapitados y troceados, sus cabezas clavadas en las picas quedaron expuestas durante diez días.[377]

El incidente fue también el detonante de un endurecimiento de la ya tiránica legislación para seguir matando por la religión. Entre las víctimas, los jesuitas Thomas Garnet o Edmund Arrowsmith; los benedictinos John Roberts, Edward Barlow o Batholomew Roe y muchos otros murieron en la horca y luego descuartizaron sus cadáveres.

En el siglo XXI se sigue celebrando, el 5 de noviembre, la *Guy Fawkes Night* o *Bonfire Night* con fuegos artificiales y la quema de muñecos que representan a Fawkes. Las máscaras alusivas a este personaje son hoy conocidas por aparecer en películas como *V de Vendetta* o ser símbolo de los piratas informáticos *Anonymous*.

El Gran Incendio de Londres de 1666 también se atribuyó a católicos, aunque no parece probada tal autoría. Cierta o no, la mera sospecha sirvió para seguir azuzando la desconfianza y adjudicando el patriotismo inglés a los anglicanos en exclusiva. En este ambiente se produjeron los denominados Disturbios de Gordon (1780), nombre del parlamentario y dirigente de la Asociación Protestante que rechazó una mínima libertad de culto para los católicos. Murieron cerca de 700 personas, muchas de ellas católicas, sospechosas de serlo o que las respetaban.

Juez George Jeffreys: cinismo y crueldad

Prototipo de máxima crueldad y cinismo fue George Jeffreys, retratado en *El País Semanal* como el juez sangriento.[378] Lord de Justicia, responsable de más de 320 ejecuciones directas y de la muerte, tras suplicios espeluznantes, de otros 300, solo por ser católicos y negarse a abjurar de sus creencias. Otros tantos padecieron deportación a las colonias americanas, donde se les vendió como esclavos. Se le puede considerar un precedente de los tribunales exprés y las ejecuciones masivas, también se le conoce como «el juez de la horca». Con treinta y tres años, en 1685 se convirtió en lord canciller de Jacobo (Jaime) II y ocupó ese puesto con estilo en las antípodas de su homólogo Tomás Moro el siglo anterior.

Así como Moro murió ahorcado por su fidelidad católica frente a Enrique VIII, Jeffreys vivió sin dilema ético su acción represora primero con Carlos II, anglicano, y después con Jacobo II, católico. Cuando el objetivo es mantenerse en el poder, las convicciones se desdibujan. Dictar sentencias arbitrarias es un medio más para alcanzar tal fin. También lo fue refinar la cruel pena capital. Los reos debían ser descolgados de la horca antes de morir y los verdugos debían trocear los cuerpos en cuatro partes a hachazos, preferiblemente con los ejecutados aún vivos. A diferencia de la expeditiva guillotina francesa, esta horca británica se alargaba en ceremonias interminables que, lejos de agradar al público, conseguían lo contrario.

Elocuente e irónico, Jeffreys se ensañaba especialmente con el género femenino. Su silogismo venía a ser: herejía igual a brujería, brujería igual a brujas, brujas igual a mujeres. Se multiplicaron los espectáculos en los que chicas inocentes sufrían el escarnio verbal de Jeffreys. Las ejecuciones de mujeres que decretó fueron muy superiores a las de hombres. No parece que fueran más malvadas, pero sí que contribuían al espectáculo popular. Acusadas de brujería, se las sometía a diversas pruebas: si las heridas que les causaban no sangraban o si el agua hirviendo sobre sus cuerpos dejaba de humear, eran culpables. La sentencia era inapelable. Jueces y verdugos solían recrearse en la ejecución de tales pruebas, al desnudarlas públicamente y al quemar y herir sus cuerpos sin piedad. Con frecuencia, al límite de la resistencia admitían estar al servicio del demonio y aceptar el castigo correspondiente. Como pocas sabían escribir, debían poner una cruz al pie de su declaración. Después, las ejecuciones en la hoguera se ralentizaban para exprimir al máximo el ambiente macabro. Solo si las acusadas o sus familias tenían dinero y pagaban, se aceleraba su agonía con diferentes técnicas: atravesar sus cuerpos con espadas o lanzas o lanzarlos sin dilación en la hoguera.

De la sanguinaria Isabel I al razonable Eduardo VII

Protestantes como el periodista William Cobbett concluyen que la «bárbara crueldad» de la reina Isabel de Inglaterra masacró a los católicos como enemigos mortales, víctimas de una «Inquisición infinitamente más severa» que la española: «*The Catholics [...] were still treated with every species of barbarous cruelty; subjected to an inquisition infinitely more severe than that of Spain ever had or ever has been; and, even on the bare suspicion of disaffection, imprisoned, racked, and not unfrequently put to death*».[379]

El hispanista norteamericano William Thomas Walsh también compara la represión inglesa con la hispana: «En España, en tanto que durara la Inquisición no habría guerras religiosas ni quemas de conventos ni matanzas de sacerdotes mientras que Francia, Inglaterra y los Países Bajos conocerían estas atrocidades».[380]

La prohibición de la presencia de la jerarquía católica estuvo vigente en Inglaterra hasta 1850, más de una década después de la abolición de la Inquisición española. Esta leve apertura de libertad religiosa suscitó debate y oposición en la prensa británica. Iniciada la tercera década del siglo XXI, aún sigue vigente el Acta de Establecimiento (1701) que excluye del derecho de sucesión a cualquier miembro de la familia real que se convierta al catolicismo o se case con un católico.

Eduardo VII (1841-1910) varió en 1901 la fórmula de juramento de los reyes de Inglaterra, que hasta entonces incluía frases ofensivas para los católicos. Esta actitud de apertura le granjeó impopularidad entre sus correligionarios anglicanos, pero se inscribió en su propósito de conciliar la fidelidad a su propio credo y el respeto al ajeno. Por eso ordenó que se permitiera a 100.000 católicos recorrer en procesión las calles de Londres con motivo del Congreso Eucarístico celebrado en 1908. La Alianza protestante pidió a la Corona prohibir la procesión. El monarca se limitó a ordenar a su Gobierno mantener el orden. Argumentó que, aunque los católicos ingleses fueran minoría en Inglaterra, eran tan ciudadanos como los protestantes, con iguales derechos al amparo de la ley.[381]

En lo que respecta a otros credos, hasta 1846 no se abolió la ley sobre el judaísmo que obligaba a la población semita a vestir de modo específicamente señalado. Aunque en 1830 se propuso al Parlamento admitir diputados judíos, pasaron años hasta su entrada en vigor. Caso singular fue el del barón Lionel de Rothschild, primer político judío miembro de la Cámara de los Comunes en 1847: elegido diputado cinco veces por la ciudad de Londres antes de poder votar y once años diputado sin haber podido prestar juramento acorde a su religión.

Parecida discriminación sufrió David Salomons, primer *sheriff* judío de Londres elegido diputado en 1851. Al jurar su cargo, omitió las palabras «*on the true faith of a Christian*», sobre la verdadera fe de cristiano, y se vio obligado a renunciar a su escaño en el Parlamento y a pagar 500 libras de multa.

La plena libertad religiosa dista de parecer una realidad incuestionable en el Reino Unido, como revela el cambio de Tony Blair. Quien fue primer ministro entre 1997 y 2007 se convirtió al catolicismo inmediatamente después de dejar Downing Street n° 10. Ilustran mucho los titulares y comentarios de la prensa al respecto, como el diario *The Guardian*: «*After 30 years as a closet Catholic, Blair finally puts faith before politics*».[382]

Francia: pionera de la represión religiosa en Europa

Francia vivió en su territorio las revueltas cátaras del siglo XIII, la injusta condena de los templarios en el XIV y el caso de Juana de Arco (1412-1431), quemada viva con diecinueve años seis décadas antes de implantarse la Inquisición en Castilla. Primero los ingleses intentaron que los inquisidores declarasen a la joven como idólatra, invocadora de demonios, cismática y apóstata. Presionada, se retractó de sus errores el 24 de mayo de 1431. Al renegar días después, pasó a hereje y relapsa… y acabó en la hoguera el 30 de mayo. Dos décadas más tarde, el rey Carlos VII convenció al inquisidor general, Jean Bréhal, para revisar el proceso. El 7 de junio de 1456, otro tribunal de la Inquisición anuló la sentencia, de imposible efecto retroactivo.

En el contexto de las guerras de religión católicos-protestantes, en el siglo XVI destaca la Matanza de San Bartolomé, la noche del 23 de agosto de 1572: se estima que murieron en París cerca de 15.000 hugonotes o protestantes franceses de doctrina calvinista. Esta cifra de un solo día quintuplica la de toda la Inquisición española en tres siglos.

El historiador francés Joseph Pérez refiere otros casos de persecución de protestantes. En 1724 se ordenó confiscar los bienes de quien asistiera a juntas de ese credo o se relacionara con sus pastores, rapar a las mujeres y encarcelarlas de por vida, condenar a los hombres a galera perpetua, etc. En 1762 se condenó a muerte y ejecutó en Toulouse al calvinista Jean Calas, acusado de haber asesinado a su hijo para evitar su conversión al catolicismo. Igual pena mortal sufrió un joven de dieciocho años por, supuestamente, mutilar un crucifijo.

Una leve apertura se produjo en 1787, cuando se concedió a los protestantes franceses permiso de declarar ante un magistrado acontecimientos familiares como nacimientos, bodas o defunciones. Seguían, eso sí, sin poder disfrutar de libertad de culto ni del derecho a ocupar cargos públicos.

Peor suerte que los españoles corrieron algunos franceses a cuenta de la Policía del Libro, vigente hasta la segunda mitad del siglo XVIII, con la denominada Dirección de la Librería.[383] A diferencia de lo ocurrido en España, la producción bibliográfica gala no parece abordar ciertos episodios nacionales negativos. Por ejemplo, no es fácil encontrar publicaciones ni noticias periodísticas sobre la pérdida del gran territorio de la Nueva Francia norteamericana en 1763.

Una manera de restar importancia a cualquier asunto es no hablar de él o hacerlo con perfil bajo. Otra es ocultarlo o enmascararlo con otros temas, reales o inventados. Una magnífica representación cinematográfica de este tipo de gestión política y reputacional aparece en *La cortina de humo*. Pillado *in fraganti* en una situación escandalosa días antes de su reelección, el equipo del presidente de EE.UU. se inventa un conflicto que desvíe la atención de la prensa. Un asesor contacta con un productor de Hollywood para crear la adecuada distracción —una guerra en este caso— que el presidente pueda concluir heroicamente ante las cámaras. Variaciones de esta conocida técnica se practican hoy con sutilezas que consiguen anestesiar a sociedades que se creen bien informadas, tanto en democracias como en dictaduras. No falta quien considera a la Leyenda Negra una cortina de humo para el Norte de hoy que fomenta la crítica al Sur de ayer.[384]

También en el ámbito político, la censura ejerció su control a finales del siglo XX para bloquear la información sobre el cáncer que padecía François Mitterrand. A pesar de exigir transparencia sobre su salud a los predecesores y prometer practicarla si llegaba al Elíseo, ocultó durante once años su enfermedad y, cuando informó de ella, mintió al hacer públicos los informes médicos semestrales hasta su fallecimiento (1996). Poco después de su muerte, el Dr. Claude Gubler intentó publicar *Le grand secret,* un libro sobre su época como galeno del presidente. La justicia gala lo prohibió por considerarlo un atentado contra el derecho a la intimidad y condenó al doctor a cuatro meses de prisión condicional. Semanas más tarde la obra apareció en inglés en Internet. Las autoridades cerraron el sitio web francés, de manera que los servidores estadounidenses se convirtieron en fuente para consultar un libro que, por ser prohibido, suscitó mayor interés. En 2004, el Tribunal Europeo de Derechos Humanos sentenció que la prohibición francesa infringía el artículo 10 de la Convención Europea de Derechos Humanos.[385]

De vuelta a la represión religiosa, en el apartado de dramaturgos destaca la figura de Jean-Baptiste Poquellin, más conocido como *Molière*. El considerado como padre de la comedia gala ejercía una profesión considerada inmoral por la Iglesia franca. Murió mientras representaba su última obra, *El enfermo imaginario,* y su mujer tuvo que sortear trabas legales para honrar a su marido con un discreto funeral y enterrarlo en un cementerio cristiano.

También significativa fue la experiencia de Nicolás Copérnico. Su teoría sobre el heliocentrismo fue tan bien acogida en Salamanca como rechazada en La Sorbona parisina. Hoy es indiscutible el giro orbital de la Tierra alrededor del Sol, pero entonces suponía toda una audacia científica con repercusiones religiosas. Tanto es así que la propuesta del clérigo polaco, publicada en *De revolutionibus orbium coelestium*, se incluiría años después entre los libros prohibidos por el papa.

El historiador y político Claudio Sánchez Albornoz combate estereotipos e ironiza que mientras en Francia autores prestigiados como Jean Froissart creían en hadas, ninfas y en la posibilidad de que caballeros pudieran mutar en osos y los espíritus en cerdos, en España personajes como López de Ayala tan solo creían en Dios y sus milagros. Mucho más grave —dice— fue el caso de Giles de Rais, que sacrificó al demonio 140 niños para obtener oro y poder.[386]

Cadalso refuta a Montesquieu

Singular atención reclama también Charles Louis de Secondat, más conocido como barón de Montesquieu. Además del ataque inicial en sus *Cartas persas*, en *El espíritu de las leyes* (1748) el escritor francés incluye un capítulo sobre la monarquía española: critica su acción imperial y, entre otras pullas, censura falsamente que «por conservar la posesión de América, hizo España lo que no hace el despotismo: destruir a los habitantes».[387]

En su *Defensa de la nación española contra la carta persiana LXXVIII de Montesquieu,* el militar y literato José Cadalso (1741-1782), que vivió en Inglaterra y Francia, y viajó por Italia y Alemania, refuta a quien jamás pisó territorio español. Así se expresa:

«Aunque la Inquisición, desde su establecimiento, haya quemado periódicamente todos los años a dos docenas o tres de inocentes, ¿llegará acaso este número al de los degollados en Francia la noche del 23 al 24 de agosto del año de 1572? [...]. No era la Inquisición ni los teólogos españoles los de la Sorbona que adhirieron al dictamen del doctor Juan Petit para asesinar al duque de Orleans, ni los treinta y seis doctores de la misma causa que condenaron a la Doncella de Orleans [Juana de Arco] a ser quemada viva por haber sido un ángel tutelar de su patria y de su rey [...]. No era, por cierto, inquisidor ni teólogo español el que mandó colgar por los pies el cadáver del almirante Coligny en la horca que estaba en Montfaucon, acudiendo el rey Carlos IX con toda su corte a ver tan horroroso espectáculo [...]. ¿Qué fanático inquisidor ha andado por la calle de una ciudad incendiada por el fanatismo, gritando: '¡Sangrad! ¡Sangrad! La sangría provechosa es por agosto como por mayo'? No fue sino Gaspard de Tavannes, francés y muy francés, criado a los pies de Francisco I [...]. ¿Fue la Inquisición de España o la Junta del Colegio de París la que, en el día 17 de enero de 1589, decretó que los vasallos estaban no solo libres del juramento de fidelidad, sino en libertad de armarse contra su soberano? ¿Fue español el monstruo Jacobo Clément, que pensó hacer una obra meritoria en el regicidio? ¿Imprimiose y publicose en Madrid o en París una relación de su suplicio llamado martirio, en que se decía expresamente que un ángel se le había aparecido, mostrándole una espada desenvainada y mandando matar al tirano?».

El cosmopolita escritor español subraya un matiz coincidente con el enfoque de estas páginas sobre Leyenda Negra y comunicación directiva. Defender la verdad sobre España no implica atacar a ningún otro país. Condenar los horrores del nacionalsocialismo no conlleva criminalizar a los alemanes. Rechazar los asesinatos masivos del comunismo no significa repudiar a rusos y chinos. Cadalso concluye que los responsables de estas y otras barbaries no son representantes de todo un país, «no obstante, búsquese en toda nuestra historia cosa que se parezca a esta escena de horrores que he sacado de la francesa, y nótese que en el mismo siglo en que esto sucedió en Francia, era la edad en que tuvo más despotismo en España el tribunal de la Inquisición».

Edicto de Nantes: buenas palabras sin hechos consecuentes

Un último ejemplo de la intolerancia francesa procede de la sesgada interpretación del Edicto de Nantes (1598), paradigma de buenas palabras divergentes de los hechos consecuentes. Si bien es cierto que este decreto de Enrique IV propugnaba la libertad de conciencia y cierta transigencia con los hugonotes, la práctica se tradujo en confinamientos en determinados territorios. Efecto de esta falsa apertura fueron ocho guerras de religión en el siglo XVI. Tras la muerte del monarca, sus sucesores Luis XIII y Luis XIV intentaron restituir la unidad de credo y finalmente abolieron la norma en 1685.

Entre tanto, otro edicto menos conocido, el de Alès (1629), había suprimido la concesión territorial tres décadas antes hecha a los luteranos, que padecieron coacciones físicas e ideológicas. La nueva legislación no expulsó a los hugonotes, pero les prohibió abandonar Francia. Aun así unos 200.000 huyeron, entre otros destinos a la América septentrional.

No hay que olvidar que la unidad religiosa era entonces un valor defendible de forma prioritaria. Julián Juderías se planteaba (1914) qué habría sucedido en una hipotética convivencia de Castilla católica, Aragón calvinista, Cataluña luterana y Navarra anabaptista:

> «Si nuestras modernas guerras civiles, debidas a dos criterios distintos dentro de una misma confesión religiosa, han dejado recuerdo tan sangriento, ¿qué hubiera ocurrido si con las ideas que tenían los hombres del siglo XVI y con su prontitud en apelar a las armas, el sentimiento religioso hubiera llegado a producir guerras y matanzas como las que presenciaron Alemania, Francia e Inglaterra?».[388]

Vale la pena citar la dramática descristianización de Francia durante su revolución. El 2 de septiembre de 1792, los más exaltados de París y de ciudades como Lyon, convencidos de una inminente contrarrevolución y agitados por radicales como Marat, emprendieron una masacre. Se centraron en presos políticos recluidos en las cárceles, como nobles o extranjeros sospechosos, y particularmente en miembros de la Iglesia, con más de mil asesinatos solo en la capital. Fue apenas el presagio de lo que estaba por llegar. A finales de septiembre de 1793, la Asamblea Legislativa dio paso a la Convención, que, ante la grave crisis de la revolución, amenazada especialmente en las fronteras, asumió plenos poderes e inició un salvajismo inédito: el llamado Terror, dirigido por un Comité de Salvación Pública, como un politburó de unos diez o doce miembros, en el que destacaban extremistas como Robespierre o Saint-Just. Este último era un joven exaltado al que se apodaría, por su rostro aniñado y de rasgos suaves, el *Arcángel del Terror*. «Castigar a los opresores de la humanidad es clemencia, perdonarlos es barbarie», proclamaba Robespierre.

En los meses posteriores, más de cuarenta mil tribunales revolucionarios remitieron a la guillotina a millares de personas. Qué fácil es poner en marcha ejecuciones y qué difícil detenerlas. Entre los entretenimientos que se les ocurrieron a algunas mentes revolucionarias se encontraba el atar a varios eclesiásticos y lanzarlos al Loira para que falleciesen en agónica muerte. A la hora de hacer frente a la reacción contrarrevolucionaria de La Vendée optaron por hervir centenares de cadáveres para extraer grasa y jabón con los que lustrar las botas de la milicia. El Comité de Salvación Público, dirigido por Robespierre, empezó a purgar a los miembros de la Convención, en uno de esos sangrientos procesos de pureza revolucionaria que apuntalan al grupo más fuerte, que no quiere perder el poder y cree que todos son enemigos: la tan útil como penosa paranoia revolucionaria. Así, Danton, para entonces convencido del horror desatado también por su culpa y convertido en casi un moderado, murió decapitado el 5 de abril de 1794 por los jacobinos. Robespierre y Saint-Just correrían la misma suerte poco tiempo después, en la reacción de Thermidor. No existe revolución que no devore a sus padres e hijos.

Los detonantes que condujeron a este horror vivido en Francia se asemejan a los usados por los extremistas más peligrosos, que a veces actualizan tan demencial argumentario utilizando las mismas palabras. Chequear el lenguaje político previene para evitar hechos sangrientos.

Con toda la experiencia acumulada, las conflagraciones en Europa, por desgracia, aún no habían experimentado su versión más trágica. Tras la I Guerra Mundial, el firmante francés del Tratado de Versalles y futuro presidente galo, Paul Deschanel, confesó al retratista español José Simont: «Acabamos de firmar la II Guerra Mundial».[389]

Alemania: Lutero dice querer evitar lo que, de hecho, promueve

Hito importante en el origen de la represión alemana es la publicación, el 31 de octubre de 1517, de las 95 tesis de Lutero. Las consecuencias, más allá del cisma en la Iglesia católica, llegaron al plano político y social. Fue crucial para ello la actuación del otrora pacífico agustino que, de forma simultánea, animaba a la rebelión del campesinado en busca de mejores condiciones de vida y pedía a la nobleza reprimir tales reivindicaciones. Esta contradicción se aprecia también en su *Exhortación a la paz*[390] (1525) que, jalonada de referencias bíblicas, constituye un claro ejemplo de la siembra de vientos para los que solo un imprudente no prevé recoger tempestades.

El historiador alemán y protestante Wilhelm Maurenbrecher reconoce esta relación causa-efecto:

> «No es historia pura y objetiva, sino más bien una reflexión apologética derivada de una falsa perspectiva, el empeñarse en negar, contra los hechos reales, que la predicación evangélica de Lutero atirantó fuertemente e hizo madurar, y finalmente reventar, la tremenda agitación social que desde el siglo XV se notaba en las ínfimas clases sociales. En mayor grado aún contribuyeron a este resultado algunos predicadores luteranos que pisaban las huellas de su maestro. La libertad cristiana predicada por el reformador fue entendida

por los campesinos de un modo más grosero y simplista de lo que estaba en la mente del autor. Y esta mala inteligencia de la nueva predicación aportó mayor pábulo a los móviles de los revolucionarios ya existentes».[391]

El tono de la *Exhortación* es recriminatorio tanto para príncipes como para campesinos. Ni unos ni otros, según Lutero, estaban actuando como cristianos. Más que exhortar para pacificar parecía crispar para combatir. El documento es un claro ejemplo de lo que practican en nuestros días algunos partidos extremistas y populistas. Viene a ser una especie de *violencia blanca*: palabras con las que se dice querer evitar justamente lo que, de hecho, se promueve. De ahí la importancia de identificar acusadores que culpan a otros de lo que ellos practican: ladrones que acusan de robar, mentirosos que denuncian engaños, corruptos que señalan indecencias ajenas, fanáticos que se quejan de intolerancia, etc.

Abundan en la *Exhortación a la paz* expresiones como «perpetua destrucción de toda Alemania», «inminencia de un gran descalabro y un profundo cambio en Alemania», «perdición, destrucción y devastación de Alemania mediante horrible matanza y derramamiento de sangre», «salte una chispa y encienda toda Alemania», «la ira de Dios está presente», «jamás empuñé una espada y expresé deseos de venganza», «cuando se produzca el conflicto armado», «los tiranos raras veces mueren de muerte seca, sino que por lo común fueron asesinados y perecieron bañados en sangre», «la consecuencia será un daño irreparable», «Alemania quedará devastada», «legar además a vuestros descendientes un país devastado y ensangrentado», «no veo manera de impedir el choque»… Concluye su apología pacifista con nuevas referencias bíblicas y un deseo: «Quisiera Dios que temieseis su ira y os encomendaseis, para que así la calamidad fuese demorada aún por algún tiempo».

Palabras con efecto: 100.000 agricultores muertos

Como ocurre con frecuencia en entornos beligerantes pilotados por curtidos en retórica, en el trayecto del dicho al hecho se pierden muchas vidas humanas: en torno a 100.000 agricultores murieron en lid tan desequilibrada.[392] El trágico balance habría aumentado si la matanza no se hubiera detenido por un motivo tan *humanitario* como la amenaza de quedarse sin mano de obra para cultivar los campos.[393]

El historiador chileno-alemán Ernst Samhaber compara la beligerancia hispanocatólica con la germanoluterana. Primero destaca el carácter a contracorriente de Isabel la Católica y Bartolomé de Las Casas en una época con escaso respeto por la vida humana cuando se trataba de cuestiones bélicas y religiosas. Después denuncia que los excesos españoles en América «tienen su espeluznante réplica en sucesos acaecidos en la Europa contemporánea. Y valga esto para todos los países, sin excepción. Ninguna nación puede aquí, con derecho, echar nada en cara a otra». Ejemplificando este punto, condena la proclama contra los campesinos sublevados con arengas como esta de Lutero:

> «En esta hora peregrina un príncipe puede ganar el cielo derramando sangre, mejor que otro rezando. Por eso, amados señores, descargad aquí, salvad allá, socorred acullá; tened piedad de la pobre gente… que clave, estrangule y golpee quien pueda. Norabuena si pereces en la demanda: muerte más bien aventurada no podrá avanzarte nunca. Por eso, quien pueda que acribille y lapide y estrangule, pública o secretamente, al rebelde. ¡Que lo haga como quien mata a un perro rabioso… que si no te adelantas tú lo hará a él con su tarascada y te arrastrará a ti y a todo un pueblo».

Samhaber glosa la cita del reformador protestante apostillando que «este era el espíritu de principios del siglo XVI y también el espíritu de la América española, por mucho celo que en contrarrestarlo pusieran la Corona y la Iglesia».[394] Esta última equiparación requiere, no obstante, un matiz fácilmente comprobable: el dardo verbal de Lutero no solo no halló parangón hispano, sino que tanto el rey de España como el papa de turno aportaron una retórica diametralmente opuesta a la violencia.

Aunque Lutero se empeñó en presentar como «las guerras españolas» los conflictos de religión que él propició en suelo alemán, se trataba más bien de lucha entre germanos: protestantes contra católicos. Paradigma de ello fue la batalla de Mühlberg (1547). Del contingente imperial hispano contra los sublevados, el grupo más numeroso fue el compuesto por 16.000 lansquenetes, soldados de la infantería alemana que apoyaron a los tercios españoles en esa época.

La conocida como Reforma protestante suponía separarse del papa de Roma, pues la respuesta de Lutero a la reiterada petición de la Inquisición para que se retractara fue reafirmarse más en su discrepancia. En el convento agustiniano de Amberes se apresó a un buen número de frailes, acusados de herejía. Algunos abjuraron, pero otros persistieron en su postura: Enrique Voes y Juan van den Esschen murieron quemados el 1 de julio de 1523 y se convirtieron en los protomártires. Como sucede con algunas causas políticas con altas dosis populistas, bajo una cosmética tristeza, Lutero celebró ese máximo heroísmo: «Sean dadas gracias a Cristo, que por fin empieza a mostrarnos algún fruto de nuestra predicación, o suya mejor, creando nuevos mártires».[395]

La Federación Luterana Mundial pide perdón

La incipiente andadura de la nueva Iglesia luterana también diseñó un peculiar autoritarismo represor para combatir sus propias disensiones: anabaptismo, calvinismo, zuinglismo, etc. En 2010, la Federación Luterana Mundial celebró una asamblea en Stuttgart en la que pidió perdón por los disparates cometidos.

Por su parte, los escindidos también practicaron su purga. En 1534, los anabaptistas expulsaron de la ciudad de Münster a protestantes y católicos para establecer su reino de Dios con comunismo y poligamia. Uno de sus líderes, Juan de Leiden, sumó dieciséis esposas.

En cuanto a los judíos, Alemania no escapó a la represión que se extendió por Europa en vísperas de la Revolución francesa (1789). En Frankfurt seguía en vigor el estatuto que regulaba sus vidas desde la Edad Media. El máximo de familias que podían vivir en la ciudad eran 500, que debían recluirse en una zona amurallada, el *Judengasse*, el gueto judío. El espacio total se reducía a 400 metros de largo, pero no más de cuatro de ancho. Tenían prohibido salir de noche, los domingos y durante cualquier fiesta cristiana. Como máximo anual, se permitía a dos familias judías incorporarse al gueto y a doce parejas más casarse, solo si ambos habían cumplido los veinticinco. Hasta 1811 no se produjo la emancipación completa que pudieron disfrutar familias judías, como los Rothschild, que años después dirigieron el mayor banco de la Europa decimonónica.[396]

Mientras tanto, la influencia religiosa siguió repercutiendo en la alta política alemana. La llamada *Kulturkampf,* o guerra cultural del canciller Otto von Bismarck (1815-1898), ejemplificó la intolerancia contra los católicos vía leyes discriminatorias y expulsión de clérigos. La mitad de los obispos fueron a la cárcel o al exilio, se clausuró un tercio de los monasterios y conventos, unos 1.800 párrocos acabaron presos o expulsados y miles de personas arrestadas por socorrer a sus pastores.[397]

Una faceta sobresaliente del líder de la Reforma protestante fue su antijudaísmo, precoz precedente de la tragedia alemana del siglo XX. Sus expresiones más duras, se supone que reflexionadas, aparecen en su libro *Sobre los judíos y sus mentiras* (1543): «Debemos primeramente prender fuego a sus sinagogas y escuelas, sepultar y cubrir con basura todo aquello a lo que no prendamos fuego para que ningún hombre vuelva a ver de ellos piedra o ceniza».

Del antijudaísmo luterano al nacionalsocialismo hitleriano

Lutero probablemente no imaginó que su libro se exhibiría en los grandes eventos políticos más de cuatro siglos después y que contribuiría al asesinato sistemático de unos seis millones de judíos.

La propaganda de Goebbels difundió un cartel con la cara del padre de la Reforma junto a una esvástica y las fechas 1483-1933. La triste Noche de Gorbachov, Mijaíl e los Cristales Rotos (1938), el centenar de judíos asesinados entonces y los miles de detenidos se quisieron enmarcar en un aniversario de Lutero. Sus palabras se tornaban hechos, precisamente, cuando resonaba la advertencia que formuló Heinrich Heine y que luego retomó Albert Einstein: «Donde queman libros se termina quemando personas».

Testimonios escuchados en los juicios de Núremberg tras la II Guerra Mundial confirman este precedente ideológico del Holocausto. Julius Streicher, militar y editor del semanario nazi *Der Stürmer*, alegó en su defensa la larga tradición antisemita de publicaciones germanas. Añadió que si Lutero viviera también estaría ante ese tribunal. Condenado a la pena capital, Streicher murió en la horca.

Con estos antecedentes, en 2018 Alemania celebró con gran solemnidad los 500 años del líder protestante y un acto central presidido por la entonces canciller Angela Merkel. Si resulta difícil comprender el odio sectario que contribuyó a la mayor barbarie de la historia reciente de Alemania, más inexplicable parece celebrar a tan claro inductor. Nada equiparable sucede en la España del siglo XXI.

En cualquier caso, es matizable considerar a la Prusia protestante como sinónimo de Alemania. Gran parte de aquellas regiones antes luteranas hoy son ateas, probablemente consecuencia de décadas de dictaduras comunistas en el siglo XX. Con motivo de la citada efeméride, se publicaron datos de la oficina federal de estadística sobre la práctica religiosa de los alemanes: veinticuatro millones de católicos y veintidós de protestantes, en una población que rondaba los ochenta y tres millones.[398]

Junto con la represión de los siglos XVI-XIX y el Holocausto del XX, la historia reciente de Alemania también ofrece figuras valiosas en el ámbito intelectual y religioso, como Joseph Ratzinger. Antes de convertirse, en 2005, en Benedicto XVI, fue durante más de veinte años prefecto (ministro) de la Congregación para la Doctrina de la Fe. Con todas las salvedades, esa institución, antes llamada del Santo Oficio, venía a ser la versión de la Inquisición en los siglos XX y XXI.

Al margen de cuestiones teológicas, analizar la figura de Ratzinger aporta sugerentes conclusiones desde la perspectiva reputacional, por ser un nítido ejemplo de divergencia entre percepción y realidad. Su fama de intransigente contrasta con lo que hizo, dijo y escribió.[399] Tan justo es apreciar su valiosa aportación como su confesada carencia de habilidades de comunicación directiva y su desconocimiento del efecto superior de las percepciones sobre los hechos.

En 2013, Benedicto XVI dimitió. Contextualizar tan inusual decisión precisa recordar que, de los 264 pontífices anteriores, su antecedente más próximo es Celestino V (1294). No fue el único, ya que lo precedieron Víctor III (1087) y otros de difícil verificación.[400] El legado de Joseph Ratzinger incluye reflexiones de calado más allá de lo religioso, como su discurso en el *Reichstag* o Parlamento alemán en 2011: «La cultura de Europa nació del encuentro entre Jerusalén, Atenas y Roma; del encuentro entre la fe en el Dios de Israel, la razón filosófica de los griegos y el pensamiento jurídico romano».[401]

Suiza: la intolerancia calvinista quemó vivo a Miguel Servet

Juan Calvino protagonizó una especie de reforma de la Reforma protestante cuando llegó a Ginebra. María Elvira Roca detalla cómo en esa ciudad suiza este disidente de la doctrina de Lutero desarrolló una meticulosa normativa y una férrea supervisión de su práctica. En cuatro años mandó a la hoguera a cincuenta y cuatro personas, entre ellas, a Miguel Servet (1511-1533), que con veintidós años murió quemado vivo junto a sus libros.

Esta condena capital fue una de las 500 que se atribuyen directamente a Calvino en diez años en una ciudad que entonces rondaba los 10.000 habitantes: proporción homicida muy superior —si hay que comparar— a la de la Inquisición española. La muerte en la hoguera del español suscitó la significativa reprobación de un también francés residente en Suiza, Sebastián Castellion: «Matar a un hombre no es defender una doctrina, es matar a un hombre».

Con este historial, sorprende que Ginebra erigiera a comienzos del siglo XX un conjunto escultórico de un centenar de metros de longitud y una decena de altura en conmemoración de los 400 años de Calvino. La escultura muestra a Guillaume Farel, Juan Calvino, Teodoro de Beza y John Knox. Nada equiparable se ha hecho en España con figuras como Torquemada.

Pocos años antes, la misma ciudad ginebrina había erigido otro monumento, más modesto, en memoria de Servet. En el anverso del monolito se lee: «Hijos respetuosos y reconocedores de Calvino, nuestro gran reformador, pero condenando un error, que fue el de su siglo, y firmemente apegados a la libertad de conciencia según los verdaderos principios de la Reforma y del Evangelio, hemos erigido este monumento expiatorio el XXVII de octubre de 1903». El reverso, de difícil acceso para su lectura, dice: «El 27 de octubre de 1553 murió en la hoguera en Champel Michel Servet, de Villanueva de Aragón, nacido el 29 de septiembre de 1511».

Tras este somero repaso a la tiranía en diversos países con patentes muestras de intolerancia común, ninguna se menciona hoy como exponente de aquella época… salvo la española. Los ejemplos abundan. Entre los clásicos figura *Los hermanos Karamázov, de* Dostoievski. Su capítulo estrella, el quinto, se titula «El Gran Inquisidor». Hablando Iván a su hermano Aliosha del relato que está pergeñando, precisa que «la acción pasa en España, en Sevilla, en los tiempos más pavorosos de la Inquisición, cuando a la mayor gloria de Dios las hogueras ardían diariamente en el país y en magníficos autos de fe quemaban a los malos heréticos».[402]

La paradoja de ser intransigente en nombre de la libertad de pensamiento

Cabe añadir una rápida mención a otro país protestante, Dinamarca. En 1536, su rey Christian III decretó la conversión obligatoria de toda su población. Desde 1624 se condenaba a muerte a todo sacerdote católico descubierto en suelo danés y a partir de 1625 se confiscaban todos los bienes de quienes se convirtieran al catolicismo y se les prohibía hacer testamento. Por tanto, todas sus posesiones se transferían a la Corona. Esta fue la legislación danesa hasta 1849. La ley en vigor hasta 1860 contemplaba que cualquier noruego, sueco o danés que abjurara de la religión oficial sería condenado al exilio y a la confiscación de sus bienes.[403]

La intolerancia religiosa era común en toda Europa, con diversos grados de crueldad según los países. Compartiendo unas mismas raíces cristianas, fue precisamente la fe, pervertida y contaminada con la política, el motivo de su división. Quizá en eso pensó Robert Schuman, uno de los inspiradores de la actual Unión Europea tras la II Guerra Mundial. Francés de origen germano-luxemburgués, creía que la reunificación de Europa precisaba realizaciones concretas que condujesen a una solidaridad real y recuperasen las esencias más genuinas:

> «La democracia debe su existencia al cristianismo. Nació en el día en el que el hombre fue llamado a realizar en su vida temporal la dignidad de la persona humana, dentro de la libertad individual, dentro del respeto de los derechos de cada persona y mediante la puesta en práctica del amor fraterno a los demás. Nunca se habían formulado semejantes ideas antes de Cristo».

En parecidos términos se expresaron otros padres de Europa, como el francés Jean Monnet, empresario y político; el italiano Alcide De Gasperi, fundador de la Democracia Cristiana; y Konrad Adenauer, primer canciller de la Alemania de posguerra y precursor de los cristiano-demócratas (CDU) y social-cristianos (CSU) germanos. A la vista de la evolución política y religiosa de Europa desde el siglo XVI, es reseñable que estos cuatro padres de la Europa del XX eran católicos… y ninguno español. Su proyecto, iniciado en 1950 con seis países, fue creciendo con nuevos socios, que llegaron a doce con la incorporación de España en 1986. Hoy son veintisiete los miembros de la Unión Europea.

El broche final de Julián Juderías (1914) sigue vigente:

«Fuimos, sí, un país intolerante y fanático en una época en que todos los pueblos de Europa eran intolerantes y fanáticos; quemamos herejes cuando los quemaban en Francia, cuando en Alemania se perseguían unos a otros en nombre de la libertad de conciencia, cuando Lutero azuzaba a los nobles contra los campesinos sublevados, cuando Calvino denunciaba a Servet a la Inquisición católica de Vienne [Francia] y luego lo quemaba por hereje; quemamos a las brujas cuando todos sin excepción creían en los sortilegios y maleficios, desde Lutero hasta Felipe II; prohibimos la lectura de ciertos libros cuando la Sorbona y el Parlamento de París nos daban el ejemplo quemando solemnemente por mano del verdugo las obras de Lutero y los libros de [Juan de] Mariana; impusimos nuestro criterio a sangre y fuego cuando no se conocían otros procedimientos para la dominación, y colonizamos nuestras posesiones con más miramientos que los extranjeros las suyas. A la tétrica figura legendaria de Felipe II, el 'demonio del Mediodía', opongamos las figuras verdaderamente repulsivas de Enrique VIII, verdugo de sus mujeres; de Isabel, que mandó ejecutar a María Estuardo y persiguió ferozmente a sus adversarios; de Enrique IV, que abandonó sus creencias para ser rey de Francia; de Enrique III, que mandó asesinar a Guisa y compartió el poder con sus miñones; de Francisco I, que perseguía unas veces a los protestantes y otras se aliaba con Solimán para combatir a los cristianos, o de los príncipes alemanes de los siglos XVI y XVII, tiranuelos y sanguinarios de sus súbditos. Porque habremos podido ser intransigentes y fanáticos, pero no impusimos nuestro criterio en nombre de una libertad de pensamiento».[404]

SÍNTESIS REPUTACIONAL

1. Es grave confundir historia y leyenda, respeto a la verdad y libertad de expresión, realidad verificable y creatividad artística. Son errores equivalentes pensar que las palabras remiten necesariamente a hechos y que todas las imágenes tienen correlato en realidades.

2. Defender la verdad sobre España no implica atacar a ningún otro país. Condenar los horrores del nacionalsocialismo no conlleva criminalizar a los alemanes. Rechazar los asesinatos masivos del comunismo no significa repudiar a rusos y chinos.

3. Atención a la *violencia blanca*: palabras con las que se dice querer evitar lo que, de hecho, se promueve. Conviene identificar a acusadores que culpan a otros de lo que ellos mismos practican: ladrones que acusan de robar, mentirosos que denuncian engaños, corruptos que señalan indecencias ajenas o fanáticos que se quejan de intolerancia.

4. Tener fama de intransigente no implica necesariamente serlo. La prueba requiere analizar, no lo que se dice acerca del supuesto fanático, sino lo que realmente hizo, dijo y escribió. Idéntico chequeo requieren algunos encumbrados por su supuesta bonhomía.

5. La intolerancia religiosa era común en toda Europa, con diversos grados de crueldad según los países. Repasar con datos su tiranía constata que no hay correspondencia entre la realidad y la percepción de un país como Inglaterra, cuya reputación no coincide con la del país más represor. Con España sucede a la inversa: su imagen no hace justicia a la realidad de ser uno de los países comparativamente menos severos.

5

Conocer claves del comportamiento humano

Personalidad de Felipe II y su secretario Antonio Pérez

El historiador Gonzalo Redondo centraba sus clases universitarias no tanto en lo cronológico como en lo antropológico. Sus alumnos no entendíamos entonces la trascendencia de su magisterio cuando afirmaba que la historia es la historia de la libertad.[405]

Con todos los matices que este enfoque requiere, resulta sugerente prestar atención a algunas claves del comportamiento humano. El carácter poliédrico de lo psicológico, afectivo, físico, espiritual... de las personas ayuda a entender algunos porqués de su actuación y también deja espacios de incomprensión y misterio. Quizá en este contexto se halla la reflexión de Gregorio Marañón, cuando dice que la pasión es también historia, pero siempre que se la considere como suceso histórico, no como método histórico. Enrique VIII y Martín Lutero ejemplifican el impacto de comportamientos y decisiones personales en el devenir histórico de Inglaterra y Alemania, respectivamente.

Dos personajes destacan entre los muchos que merecen análisis al estudiar la historia de España: el rey Felipe II (1527-1598) y su secretario de Estado más conocido, Antonio Pérez (1540-1611). Ambos protagonizan enjundiosos capítulos de la Leyenda Negra, tanto por lo que hicieron y dijeron como por lo que se les atribuye. Su modo de ser y su estilo de comunicar determinaron su impacto reputacional.

La aproximación antropológica no explica todo el comportamiento humano, pero prescindir de ella garantiza su incomprensión. Leer entre líneas el relato sucinto de este capítulo descubre pulsiones humanas subyacentes. Unas, positivas: amor, verdad, coraje, magnanimidad, prudencia, solidaridad, servicio, lealtad, patriotismo… Otras, negativas: odio, mentira, envidia, vanidad, codicia, temeridad, resentimiento, venganza, traición… Algunas positivas, al desproporcionarse se tornan perniciosas: autoestima, sexo, poder, retórica, dinero, trasparencia, política, astucia, satisfacción… Estas tendencias, que se podrían ampliar y deberían matizar, dan idea de la riqueza de la persona.

Semihuérfano, viudo reincidente y padre que sobrevive a sus hijos

Felipe II fue un egregio sucesor de la dinastía Trastámara: bisnieto de los Reyes Católicos, nieto de Juana y Felipe, hijo y heredero del imperio legado por su padre, Carlos V, que dimitió como emperador. Fueron años de máximo esplendor de una España que dominaba toda la península (durante varios años también Portugal), buena parte de Europa (fue rey consorte de Inglaterra), Hispanoamérica (sur y amplio territorio del norte), Filipinas (que deben su nombre al rey), zonas de África, etc.

Nuestro protagonista era políglota —castellano, francés, latín y portugués— y líder del primer imperio donde no se ponía el sol. En lo personal tuvo su particular vivencia desde la infancia, con un padre ausente por sus viajes europeos y una madre, Isabel de Portugal, que murió cuando él tenía doce años. A los trece empezó a comprar libros, que leía, y llegó a contar con una de las mejores bibliotecas del momento: 30.000 libros científicos, más de 4.000 manuscritos árabes y hebreos, etc. En plena adolescencia estrenó su serie de matrimonios, que inició con dieciséis años y le hicieron viudo reincidente. Murieron sus cuatro esposas: María

Manuela (Portugal), al nacer el príncipe Carlos; María Tudor (Inglaterra), hija de Enrique VIII; Isabel de Valois, a la que se la comprometió con el príncipe Carlos, pero que se casó finalmente con el rey; y Ana de Austria, sobrina del propio monarca, con quien se unió en matrimonio a pesar de los reparos de Pío V. Tampoco la vida fue propicia para la docena larga de hijos que le dieron sus cuatro parejas, ya que todos murieron antes que su progenitor, salvo el sucesor, Felipe III.[406]

Como todo ser humano, Felipe II tuvo claroscuros en su personalidad, con decisiones de gran repercusión en política doméstica y reputación internacional. A diferencia de su padre y de otros reyes, ni escribió sus memorias ni consta que encargara una biografía. Quedó expuesto a lo que escribieran otros, sobre todo enemigos. Desde 1585 prefirió que lo tratasen como «Señor» y no con la habitual fórmula de «Sacra Católica Real Majestad». Sorprende que quien desarrolló una gestión tan mejorable de su injusta reputación brindara tan buenos consejos a su yerno Carlos Manuel, duque de Saboya. Ávido de protagonismo guerrero y dispuesto a encabezar en persona un ataque contra Ginebra, Felipe II lo reprendió:

> «El duque no se halle presente ni aun cerca. Y aunque me mueve algo a ello lo que le deseo la vida y lo que a vos os conviene que la tenga, creed que me mueve mucho más lo que toca a su reputación, porque si se sale con el negocio, se le dará tan grande hallarse él ausente como presente, y aún quizá mayor estando ausente; y si no se saliese con lo que pretende, como podía ser, pues estas cosas están en las manos de Dios y no de los hombres, sería mucha más desreputación suya, sin comparación, hallarse presente, antes en este caso sería mucha, y estando ausente no sería ninguna».[407]

Calificado por algunos como «rey prudente», no son pocas las ocasiones en que su procrastinar, lejos de resolver o disolver los problemas, los agravó. Quizá le sobró el reposo reflexivo que faltó a su coetáneo Enrique VIII y del que, lamentablemente, también carecen tantos gobernantes en nuestro tiempo.

Falsa prudencia, germen de irresolución

Lo que unas veces pudo ser ejemplo de prudencia, otras lo fue de irresolución, como le recriminaba Pío V: «Porque Vuestra Majestad consume tanto tiempo en consultar sus empresas, que cuando llega la hora de ejecutarlas se ha pasado el tiempo y se ha consumido el dinero». Su mismo secretario de Estado, Antonio Pérez, relataba que, aunque agradecía habitualmente su consejo, «nunca acaba de resolverse. Con esas dilaciones veíase el rey cada día más apretado de los que demandaban justicia y de los valedores de ellos».[408]

También su hermanastro Juan de Austria lo arengaba desde Flandes (hoy Países Bajos, Bélgica y parte de Francia): «¡No lo deje Vuestra Majestad a beneficio del tiempo, pues el haberlo hecho nos ha traído el mal estado en que nos hallamos!».

Tenía razón porque la Leyenda Negra no se entiende sin las guerras civiles en aquella zona y, en particular, sin la maquinaria propagandística con epicentro en Dillenburg (hoy Alemania). Allí se generaban cartas, publicaciones y traducciones para las cortes europeas, encargadas por Guillermo de Orange, miembro del Consejo de Estado de la Corona española en los Países Bajos, y diseñadas por Felipe de Marnix, también conocido como señor de San Aldegonde.

Marnix vino a ser un precedente holandés, cinco siglos antes, del Goebbels alemán. Escribió el *Wilhelmus van Nassauwe*, usado como canto guerrero contra los españoles y vigente hoy como himno nacional de Holanda. La traducción aproximada de algunos fragmentos dice así:

«Guillermo soy de nombre, / De Nassau, Señor, / A su Patria no hay hombre / Más fiel, con más fervor. / Sin tacha, nada empaña / De Orange mi blasón, / Al rey señor de España / Rendí yo siempre honor (...) / (...) Ni dolor ni lacería / Igualan dura ley / De saber en miseria / El buen país del rey. / Mi alma se atormenta / Oh noble pueblo y fiel / Viendo cómo te afrenta / El español cruel (...)».[409]

Entonces como hoy, las palabras lo aguantan todo, aunque carezcan de respaldo en la realidad. Con su prolijo argumentario de ideólogo, Marnix llegó a afirmar en la Dieta de Worms (1578): «Mucho cuidado, pues, ya que nos consta que los españoles han pensado desde hace algún tiempo en aliarse con los turcos con la promesa de ser sus tributarios y así disponer de mayores fuerzas para aplastar los Países Bajos… Esto os dará fácilmente a conocer lo que podéis esperar de ellos».[410]

El propio Lutero acuñó la expresión *Türkischen Spanier* (español turco) y proclamó: «Es más tolerable vivir sometido a los turcos que bajo el yugo de los españoles, ya que aquellos fundamentan su dominio en el Derecho, mientras que estos se conducen directamente como bestias».[411] También vino a decir a los alemanes que la *Iglesia nos roba* por medio de los españoles. Solo un público desinformado podía creer que la católica España que había reconquistado Granada a los musulmanes (1492) y los había derrotado en Lepanto (1571) se aliase ahora con ellos.

Marnix fue un precursor ministro de propaganda que analizó a su víctima, diseñó la estrategia y afinó su ejecución. Las líneas maestras de la agresión reputacional pueden resumirse en las siguientes:

1. Evitar ataques directos al rey, pero acusar de gobierno opresivo a sus ministros más renombrados: Granvella, Alba, Juan de Austria, etc.

2. Máximas exageraciones sobre la Inquisición, de la que se llega a decir que Felipe II es su esclavo y a la que se acusó de planear la destrucción de Holanda.

3. Gran difusión de las hiperbólicas cifras de Las Casas sobre los indios en América y de las ejecuciones imputadas al duque de Alba.

4. Insistencia en presentar a los españoles como ávidos de conquistar toda Europa.

5. Comparar injustamente a Felipe II con su padre, Carlos V, que fue quien inició la política de combatir a los herejes que la propaganda holandesa critica.

6. Campaña inmisericorde sobre la muerte del príncipe don Carlos que se atribuye, sin pruebas, al propio rey.

7. Perverso empleo de casos de algunas ejecuciones para transmitir la idea de la traición como práctica típicamente española.

8. Manipulación de la matanza de San Bartolomé para simbolizar, sin fundamento, la crueldad española en un episodio ajeno a la responsabilidad hispana.

9. Difusión –contra toda evidencia– de que los gobernadores españoles en tierras holandesas, sobre todo el duque de Alba, actuaban como títeres del papa.[412]

Una décima característica de la propaganda holandesa –compartida por escritores italianos, ingleses y alemanes– consistió en presentar a los españoles como más crueles que los turcos, hasta entonces enemigo común de todos los países de la Europa cristiana. Focalizado en Felipe II, el arsenal dialéctico incluyó hasta una parodia del padrenuestro:

> «Vengaos, vengaos, oh Dios, de esta maldita canalla que en todo lugar, a pesar Vuestro, tiene en desorden al mundo, faltando a Vuestra Santa palabra. ¡Castigadlos por su falta de fe! ¡Maldecidlos tanto en la Tierra como en el Cielo!... Libradnos, Dios Todopoderoso, de estos perros de presa, de esta maldita raza ¡que es más perversa que todos los turcos juntos! Considerad si nos quejamos justamente, pues ellos nos quitan ¡malditos sean! nuestro pan».[413]

Como buen propagandista político, Marnix centró sus dardos en una figura: el duque de Alba. Sublimó el carácter guerrero del delegado de Felipe II en la zona y, con base en la enérgica acción militar para mantener el control allí, lo caricaturizó al máximo. La eficacia de aquel estereotipo perdura hoy en los Países Bajos, donde se utiliza como amenaza verbal para los niños cuando no se portan bien. Viene a ser como el coco o el hombre del saco. Se le representa como temible sanguinario en cuadros o novelas. En el campo musical es *Il Duca d'Alba,* ópera de Donizzeti, la que inmortaliza en este personaje la peor imagen de España.[414]

La documentación disponible sobre el duque de Alba muestra una realidad diferente de la reflejada generalmente en la ficción. Conocerla requiere mayor esfuerzo que disfrutar con un cuadro o una ópera, que configuran la imagen reputacional. La verdad histórica se esconde en 2.714 cartas conservadas en ficheros familiares y otros tantos documentos consultables en archivos públicos: Simancas, Museo Británico, Biblioteca Nacional de París, Vaticano, etc.

Como investigador minucioso del duque, el historiador estadounidense William S. Maltby perfila su figura como uno de los mayores generales de su época: culto, agudo estratega, decidido a tratar con consideración a sus hombres, inflexible con la disciplina y castigador severo de los excesos injustificados. Con virtudes y con defectos, claro: «Soldado por elección, cortesano, diplomático y manipulador político por necesidad, [...] mezcla de rígido fanatismo, agudeza política y contundente sentido común».[415] El autor confiesa el estímulo para investigar que supuso para él haber sido víctima del prejuicio de la Leyenda Negra:

> «Como muchos otros americanos, absorbí el antihispanismo de películas y de la literatura folclórica mucho antes de que el prejuicio fuera contrastado con un punto de vista distinto en las obras de historiadores competentes. ¡Qué sorpresa más grande para mí cuando llegué a conocer las obras de los hispanistas. Mi curiosidad no tuvo límites!».[416]

De Marnix a Goebbels, urdidores de la mentira

Un ejercicio del máximo interés es analizar los paralelismos sustanciales de la perspectiva psicológica, histórica, propagandística y política de Marnix y Goebbels. Con edad parecida a la del señor de San Aldegonde, Joseph Goebbels se convirtió a los treinta y cinco años en ministro de propaganda nazi. Contribuyó al ascenso y sostenimiento del régimen hitleriano en torno a estos principios:

1. Simplificación y enemigo único. Adoptar una única idea, un único símbolo. Individualizar al adversario en un único enemigo.

2. Método de contagio. Reunir diversos adversarios en una sola categoría o individuo. Los adversarios han de constituirse en suma individualizada.

3. Transposición. Cargar sobre el adversario los propios errores o defectos y responder al ataque atacando. «Si no puedes negar las malas noticias, inventa otras que las distraigan».

4. Exageración y desfiguración. Convertir cualquier anécdota, por pequeña que sea, en amenaza grave.

5. Vulgarización. Toda propaganda debe ser popular, cuyo nivel se adapte al menos inteligente de los individuos destinatarios. Cuanto mayor sea la masa que hay que convencer, menor ha de ser el esfuerzo mental que se debe realizar. La capacidad receptiva de las masas es limitada, su comprensión escasa y tienen gran facilidad para olvidar.

6. Orquestación. La propaganda debe limitarse a un número pequeño de ideas, repetirlas incansablemente, presentarlas una y otra vez desde diferentes perspectivas, pero siempre convergiendo sobre el mismo concepto, sin fisuras ni dudas. De ahí la conocida frase de que, si una mentira se repite suficientemente, acaba por convertirse en *verdad*.

7. Renovación. Emitir constantemente informaciones y argumentos nuevos a un ritmo tal que, cuando el adversario responda, el público esté ya interesado en otro asunto. Las respuestas del adversario nunca deben poder contrarrestar el nivel creciente de acusaciones.

8. Verosimilitud. Construir argumentos a partir de fuentes diversas, mediante los llamados globos sonda o informaciones fragmentarias.

9. Silenciación. Acallar las cuestiones sobre las que no se tienen argumentos y disimular las noticias que favorecen al adversario, también contraprogramando con ayuda de medios de comunicación afines.

10. Transfusión. En general, la propaganda opera siempre a partir de un sustrato preexistente, ya sea una mitología nacional o un complejo de odios y prejuicios tradicionales. Se trata de difundir argumentos que puedan arraigar en actitudes primitivas.

11. Unanimidad. Llegar a convencer a mucha gente de que piensa «como todo el mundo», gracias a crear una falsa impresión de unanimidad.[417]

Como en el siglo XVI, en la dinámica de propaganda nazi la mentira se sistematiza. Buena muestra es la conversación en la que Hermann Goering, ministro del Aire y fundador de la Gestapo, facilitó al embajador polaco Józef Lipski información relevante sobre la fuerza aérea alemana (Luftwaffe). Su ayudante, Bern von Brauchitsch, preguntó a su jefe por qué había compartido datos fidedignos. Goering respondió: «Toda esa información la puede verificar. Así creerá también las mentiras cuando me convenga».[418]

Manipulación con el 'Photoshop' del siglo XVI

En el ámbito pictórico es digna de atención la secuencia manipulada del cuadro *Masacre de los inocentes*, de Pieter Bruegel.[419] Desde el punto de vista léxico, «matanza» es una palabra de especial carga semántica y cuyo uso se extendió en aquel tiempo. Pudo aparecer por primera vez en un panfleto de 1556: *Histoire mémorable de la persecution et saccagement du peuple de Mérindol et Cabrières*. Se refiere a la persecución ejercida en 1545 en la Provenza contra antiguos valdenses adheridos a la reforma calvinista.[420]

En cuanto al tema del cuadro, el pintor holandés se inspira en el conocido relato evangélico de la muerte de niños menores de dos años decretada por Herodes.[421] Trasladó la escena al siglo XVI, con los cambios pertinentes: los soldados herodianos mutan en españoles y alemanes que atacan a la indefensa población flamenca. Los detalles más significativos del lienzo no se aprecian a primera vista; y los más reveladores, a ninguna vista, porque años después de pintarse el cuadro sus dueños estimaron que el tema representado no era de buen gusto. Encargaron modificaciones para transformarlo en un saqueo, acción corriente en cualquier acción militar de la época.

Gracias a los conservadores de la *Royal Collection* británica se ha mantenido la obra original.[422] Comparar ambas permite contemplar alternativamente la tragedia de la primera versión o la *comedia humorística* de la segunda. Es un humor *sui géneris*, conseguido gracias al «Photoshop» (editor de imágenes) de la época. Con los cambios en busca de decoro, los niños y bebés atacados por los soldados son ahora terneros, jarras, utensilios domésticos y animales de granja. El resultado final es grotesco: una madre sentada en la nieve llora desconsolada sobre el paquete que tiene en las rodillas, otra mujer se resiste a soltar su jarra de barro ante el soldado que forcejea con ella puñal en mano, una familia ruega a la caballería que no ajusticie a su ternero, un matrimonio trata de negociar con un soldado para que se lleve a su hija en vez de a un ganso, etc. Según la versión, se ven bebés muertos tirados en la nieve o jamones y quesos; truculentos apuñalamientos a niños o a cántaros, terneros y jabalíes; soldados españoles picando con lanzas pilas de niños, o haciéndolo al ganado, etc.

Aún más significativa es la verificación de fechas del cuadro pintado (1567) y de los hechos que supuestamente refleja, la Guerra de los Ochenta Años, que empezó un año después (1568). Cualquiera que fuese la intención de Bruegel, lo cierto es que el resultado alimenta visualmente la Leyenda Negra.

Acusación falsa, inverosímil y... creída

Una acusación tan inverosímil como la de la alianza hispano-turca, sin embargo, ayudó a que germinara la incipiente siembra protestante de Lutero pocos años antes. Sin fundamento, pero con insistencia, empezó el eficaz goteo informativo de vincular tolerancia y protestantismo, intransigencia y catolicismo. Con malévola gestión lingüística, los secesionistas empezaron a llamar «guerras españolas» a las que ellos provocaron para enfrentar a los que denominaron hispano-católicos contra germano-protestantes. Dicho de otro modo, desterraron de su vocabulario el sintagma que mejor reflejaba la sangrienta realidad: guerra civil.

Frente a la manipulación para hacer creer que esa confrontación era genuinamente de españoles contra alemanes, cabe chequear los datos de su derrota en la citada batalla de Mühlberbg (1547). Retorciendo el lenguaje con matices envenenantes, Marnix criticaba las muertes causadas por soldados *españoles* cuando, hablando con más precisión, se trataba de «tropas del rey de España». El contingente imperial sumó efectivos de distinta procedencia: Tercio de Hungría (2.800), Tercio de Lombardía (3.000), Tercio de Nápoles (2.000)... Sin embargo, el componente más numeroso no fueron los tercios, menos de 8.000 soldados, sino los 16.000 lansquenetes alemanes. El cómputo se completó con otros 10.000 italianos, 5.000 belgas y flamencos, etc.

El territorio español en los Países Bajos fue un prolongado quebradero de cabeza, de desgaste constante para la Corona, que destinó allí a insignes gobernantes, como el mencionado Fernando Álvarez de Toledo (III duque de Alba), Alejandro Farnesio, Luis de Requesens o Juan de Austria. En otro ejemplo de retórica huera, los sublevados se autodenominaron «soldados del Imperio». A fuerza de repetir se acaba por asumir casi cualquier mensaje. Una vez interiorizado es más fácil exteriorizarlo y hacerlo realidad.

El siguiente paso consistió en utilizar canciones para acusar al enemigo, precisamente de aquello que practicaba el acusador: «Hemos llegado a conocer la falsedad de los españoles desde no pocos años atrás. La maldad *welsch* [como sinónimo de inmoral] no es cosa nueva. Violan mujeres y niños, nos roban propiedades y bienes. Son cortesanos del diablo y nos hacen mucho mal».[423] Las invectivas denigraban a los hispanos como «*Sodomiter und Fräundeschander*», sodomitas y violadores; y llamaban a la resistencia «*wider des babsts abbgötterey und der Spanier Mörderey*», contra la idolatría del papa y la masacre perpetrada por los peninsulares.

En aquel tiempo surgieron refranes y dichos insultantes sobre España que se incorporaron a la lengua alemana. Un ejemplo común es la expresión «*das kommt mir spanish vor*»: eso me parece o me suena español, en el sentido de que algo es sospechoso o poco fiable. También puede interpretarse, sin intención denigratoria, como cuando en castellano se dice que algo «me suena a chino» o en inglés «it is greek to me», en el sentido de que no se entiende.[424]

La investigación del historiador germano Heinz Schilling contextualiza de forma pormenorizada la imagen de España en la Alemania de los siglos XVI y XVII, donde escisiones religiosas como el calvinismo agudizaron su agresividad difamatoria. Como ejemplo aporta el testimonio de Pieter van Brederode en La Haya. En 1604 este diplomático consideró que sus tratos con los príncipes protestantes de Wetterau le habían servido para «conseguir una mayor unidad de los cristianos en contra del Anticristo, así como para protegerlos de ulteriores traiciones y otros actos de dicho Anticristo y sus acólitos».[425] Hoy sorprende el que identificar precisamente a Felipe II con el Anticristo pudiera ser creíble entonces, pero lo fue y mucho. También resultaron exitosas otras expresiones a él dedicadas, como «*demonium meridianum*», *demonio del mediodía o del sur*, apelativo creado por Guillermo de Orange y luego popularizado por Voltaire.

Eficaz propaganda populista desde los Países Bajos

Ética al margen, hay que reconocer la eficacia de otorgar la máxima relevancia y financiación a la comunicación. A pesar de esta gran lección del XVI, algunos líderes políticos y empresariales del siglo XXI aún no la asumen. Como contrapartida, una ciudadanía bien informada, para ser libre ha de recibir con espíritu crítico los mensajes del poder y contrastarlos con la realidad. Es el mejor antídoto contra sectarismos, populismos y otros engaños colectivos.

Detonante decisivo en la reputación de Felipe II fue la beligerancia opositora del mencionado Guillermo de Orange. Calvinista desde 1573, incluyó en su célebre *Apología contra el rey* las acusaciones más graves y de mayor recorrido histórico hasta hoy: el citado «demonio del mediodía», «criatura diabólica, incestuosa y parricida», «enemigo de la humanidad», verdugo de su esposa Isabel de Valois y asesino de su hijo, etc. El relato de estas presuntas fechorías inspiraría a César Vichard, abate de Saint-Real, para su influyente *Don Carlos, nouvelle historique*. Publicada en francés (1672), inglés (1674) e italiano (1680), su edición alemana (1767 y 1784) constituiría el precedente inmediato del drama de Friedrich Schiller.

Junto al ataque personal a Felipe II, la *Apología* centró su altavoz antihispano en acusaciones de matanza de indios en América y de fanatismo-intolerancia-oscurantismo. Batalla comunicativa ampliamente ganada por Orange como líder de la rebelión de los Países Bajos fue el bulo de que Felipe II había matado a su propio hijo, el príncipe Carlos. El silencio del rey contribuyó a su mala imagen por dos motivos: aumenta la credibilidad si solo hay una versión; y, salvo excepciones, se considera que quien calla otorga.

Pruebas de esta victoria propagandística son obras literarias como *Don Carlos, infante de España* (1787), del citado Schiller, y su posterior versión operística de Giuseppe Verdi (1867).

El argumento de estas obras sin duda tiene interés humano y relevancia política. A una verdad contrastada se añade una falsedad o versión no confirmada. La verdad es la frustración y depresión de un hijo príncipe que ve cómo su hipotética misión en los Países Bajos se encomienda finalmente al duque de Alba; y no menos descorazonador, que su prometida, Isabel de Valois, se casa finalmente con su padre rey, que a su vez lo recluye. No es para menos. La falsedad es deducir que un hombre que mandó matar a tantas personas, como cualquier rey entonces, también ordenó asesinar a su hijo. La ficción resultante alcanza el máximo impacto reputacional. Vista en perspectiva, algunos consideran prudente esta decisión de Felipe II de encerrar a su hijo por su propio bien y por la salud pública.[426]

Ningún dato avala la tesis del asesinato del heredero, mientras que muchos hacen verosímil que muriera por su desequilibrio al comer, beber y otros excesos. El historiador británico Geoffrey Parker es uno de los investigadores más veteranos de la figura del monarca español. Estima que si Juana la Loca vivió medio siglo encerrada en Tordesillas, la misma suerte pudo correr Carlos confinado en Arévalo. Concluye que «la muerte del príncipe fue conveniente para Felipe, pero no necesaria. No hay razón para suponer que el rey tuviera parte alguna en ella».[427]

El humor español, munición para ataques foráneos

Según Parker, en otros casos hubo razones apremiantes, equiparables a las de otros estadistas coetáneos en circunstancias similares. Relata el asesinato judicial de Floris de Montmoreny, barón Montigny, juzgado y condenado por traición. En el XVI la pena por ese delito era la muerte. Lo sorprendente es que, a pesar de su legalidad, la sentencia se ejecutó en secreto, por garrote y de madrugada (1570). Se vistió luego el cadáver con el hábito franciscano para ocultar las heridas del cuello, se enterró y... se alegó que murió por causas naturales. Nueva lección reputacional: si los enemigos pueden fabricar relatos falsos para denigrar, con más motivos serán eficaces las historias verdaderas. Pronto se difundió la versión más negativa que, además, era cierta. Sin verificación entonces, Guillermo de Orange publicó esta acusación en su *Apología* (1581). Acertó, aunque la comprobación no llegó hasta 1848, cuando se publicaron documentos al respecto hallados en un cofre cerrado con llave en el Archivo de Simancas.

Igual que ocurrió con el uso internacional de la autocrítica de Las Casas, los ataques extranjeros a Felipe II se alimentaron de la propia mofa nacional. El pionero fue Diego Jiménez del Enciso, con *El príncipe Don Carlos o Los celos en el caballo* (1622), si bien se inspiró en *Historia de Felipe II* (1619), de Luis Cabrera de Córdoba. Aprendizaje nítido de estos episodios es la ingenuidad de no gestionar las percepciones. Lo que en España se practicaba como inocente ejercicio de trasparencia, humor y libertad para abordar capítulos sombríos de su historia, era munición valiosísima para ataques foráneos.

Otro síntoma de carencia directiva de Felipe II fue no priorizar tareas y asignar igual tiempo y atención a los asuntos trascendentales que a los nimios. Por ejemplo, se trasladó al palacio de Valsaín para el seguimiento detallado de su construcción, más allá de la mera visita de cortesía para ver la marcha de las obras. Su enfado fue notable al sospechar que Juan Bautista de Toledo había modificado instrucciones precisas. Tras la dura recriminación del monarca, el arquitecto susurró: «Los edificios son como plantas. Solamente crecen si son regados y el agua que necesitan es el dinero». Una respuesta tan cristalina activó *ipso facto* el riego económico reclamado. Sin embargo no tuvo los mismos reflejos de Luis XIV años después, que invirtió más de tres millones de francos en pagar a escritores extranjeros para pregonar sus méritos. El propio Felipe II, falto de astucia en gestión reputacional, reconoció su carencia formativa en fundamentos financieros: «Esto de cambio y [sic] intereses nunca me ha podido entrar en la cabeza, que nunca lo acabo de entender». Similar confesión hizo a su secretario cuando le entregó una memoria de Hacienda: «Cierto que no entiendo palabra dello, y así no sé qué me haga. No sé si sería bueno comunicarlo a alguno, pero tampoco sé a quién. Y el tiempo corre».[428]

En cierta ocasión, tras una orden sobre algo importante, advirtió que la condesa de Montalbán no admitiera como ayuda de salsero a un tal Juan Gutiérrez. En otra tan grave como cuando su principal colaborador huyó a Aragón, escribió en el margen de un texto que se consultase acerca de la indemnización debida a un cochero al que habían matado las mulas en Zaragoza.

Parker compara rasgos de personalidad coincidentes entre Felipe II y Churchill. Del político británico cuenta su desproporcionada atención al tamaño de la ración de mermelada o a la ortografía de los nombres extranjeros. Del rey español comenta su exageración al llegar hasta el extremo de seleccionar personalmente a porteros y cocineros de entre listas de veinte candidatos.

Estilo directivo de leer y escribir más que de escuchar y hablar

Resulta aplicable a Felipe II lo que aconsejaba a Luis XIV su veterano ministro y supervisor de finanzas Jean-Baptiste Colbert, en el sentido de que la administración financiera no forma parte de la función específica de los reyes: «*L'administration des finances, qui consiste en un lourd détail, n'est point la fonction naturelle et ordinaire des rois*».[429] Delegar tendría sentido porque no es función natural y ordinaria de monarcas descender a los detalles de la gestión. Para eso están precisamente los gestores.

Su estilo de gobierno era más de leer y escribir (30.000 cartas) que de escuchar y hablar. Se cuenta que un día llegó a firmar 400 documentos, que muy probablemente había leído. Este modo de dirigir, sin delegar, lo liberaba de lo que tanto temía: tomar decisiones de forma inmediata. A esta tendencia dilatoria se añadía la velocidad propia de aquellas comunicaciones. Algo que hoy puede transmitirse de forma instantánea con un clic, en el siglo XVI tenía unas coordenadas espacio-temporales muy distintas. La noticia de la batalla de Lepanto (1571), que el rey español conoció antes que el embajador veneciano, recorrió 3.500 km. en menos de veinticuatro días, equiparable a una media de 150 km./día a caballo.[430]

Modelo de medidas preventivas anticorrupción del monarca fueron sus instrucciones sobre la probidad de sus ministros: no tomar «de persona alguna dineros, oro ni plata ni joyas ni caballos, ni otra cosa, ni presea [alhaja] alguna [...], tendréis secreto de todo lo que se trate en el Consejo [...], tendréis mucho recato en vuestras escrituras, señaladamente en la cifra, mirando que en ninguna manera pase por otras manos que por las vuestras».

Las crónicas de la época certifican la tendencia al soborno. El jesuita Pedro de Ribadeneyra escribió que «la peor y la más abominable secta que Satanás ha inventado es una de las que llaman políticos». Sin perspectiva histórica, muchos creen que la concepción adulterada del servicio público es algo casi exclusivo de nuestro suelo y nuestro tiempo.

Gonzalo Pérez pareció superar estos requisitos de profesionalidad y ética como secretario de Estado o mano derecha, primero del emperador Carlos y después del rey Felipe. Próximo a su jubilación, tan cualificado colaborador, con cuarenta años de experiencia gubernamental, se planteó que le sucediera en el cargo su hijo Antonio. Con este puesto en el horizonte, a los doce años inició su itinerante formación universitaria: Alcalá, Lovaina, Venecia, Padua y Salamanca.

Una de las más completas biografías de Antonio Pérez (en adelante, AP) es la de Gregorio Marañón. Muerto el secretario Pérez sénior, Felipe II tuvo reticencias para confiar en el Pérez júnior, pues quería gran virtud y recogimiento en los ministros y oficiales participantes en sus secretos. El ideal que buscaba no encajaba con el perfil de «mozo derramado», por su derroche de juventud en juego y amoríos.

Nueva muestra del peculiar modo regio de gestionar los tiempos: el nombramiento real se firmó el 17 de julio de 1567, pero AP no tomó posesión como secretario hasta el 17 de noviembre de 1568. Tenía veintiocho años. Esta especie de *designación en diferido* pudo deberse a que el rey confiaba en que el matrimonio le hiciera madurar. Maduro o no, se casó con Juana de Coello, con quien ya había tenido un hijo. La familia empezó a crecer. Tuvieron siete vástagos que conste que vivieron: Gregoria, Gonzalo, María, Antonio Rafael, Fernando, Leonor y María Luisa.

Consejero astuto, resolutivo y adulador

Sus diez primeros años como secretario son clave. En ese decenio captó la voluntad de Felipe II y se le subió a la cabeza la sensación de influencia y poder. Al menos en apariencia, el monarca percibió un carácter similar al suyo: refinado, astuto y pacífico. Pausado y propenso a las objeciones de conciencia, el rey debió de sentir gran alivio ante un asesor tan clarividente y asertivo frente a asuntos delicados y complejos. AP era capaz de leer muchos documentos, hacerse una idea, resumir el contenido y formular una propuesta para que el rey la firmara, muchas veces casi sin objeción. En otras ocasiones gestionaba el humor del monarca con comentarios que sabía que le agradaban… justo antes de proponerle una decisión delicada. En este punto el Dr. Marañón precisa:

«La autoridad absoluta crea en torno del que la ejerce una muralla inexpugnable para el observador. Del gran jefe no se ven más que los gestos, y estos, en el que tiene en sus manos la totalidad del poder, significan muy poco desde el punto de vista psicológico. El valor psicológico de un acto humano depende principalmente del conflicto entre la voluntad de realizarlo y las inhibiciones que lo dificultan. En el dictador no hay apenas inhibiciones; hace lo que le viene en gana; y se atenúa en él mucho ese elemento, supremo para el juicio de actos humanos, que es el esfuerzo y el riesgo de hacer lo que se quiere contra la adversidad. He aquí por qué a los jefes supremos solo se les conoce profundamente si un día son destronados de su poder y tienen que vivir como los demás hombres».[431]

Extrema confianza y altas dosis de toxicidad latente con su secretario convirtieron a Felipe II en vigilante celoso del comportamiento de sus colaboradores más cercanos, salvo del de AP. Sometió al contador mayor, Francisco Garnica, a un proceso de visita (auditoría o inspección) porque se enteró de que el genovés Ifebo Richi le había regalado un diamante. A otro de sus contadores, Salas, lo castigó con idéntico rigor al saber que construía una casa.

Mientras, el hombre de confianza del rey aprovechó esta ceguera de su jefe para extender su red clientelar de contactos políticos, militares, religiosos y judiciales, que tan útiles le resultarían al caer en desgracia. Solo en el ámbito eclesiástico, tan determinante entonces, contó con el favor decisivo de la Iglesia española a través del arzobispo de Toledo, el cardenal Gaspar de Quiroga, y del mismo Vaticano. Quizá por eso dedicó su obra principal, *Relaciones*, «a Nuestro Santísimo Padre y al Sacro Colegio». En 1607, cuando la Inquisición, espoleada por el rey, lo acusó falsamente de herejía, Paulo V promulgó un breve por el que lo absolvió *ad cautelam* del posible pecado.

El cuadro general requiere una pincelada sobre las dos facciones que se disputaban la influencia de la corte: la liberal del príncipe de Éboli y la conservadora del duque de Alba. AP apostó por la primera y sintonizó bien con aquel cortesano de talante conciliador. Al morir el príncipe fue el propio secretario quien lideró esa corriente. El panorama se completa con la figura de Juan de Austria, hermanastro del rey, gobernador de los Países Bajos y militar —no político— de carrera. Su secretario, Juan Escobedo, congenió inicialmente con su homólogo en Madrid. Tanto que se extralimitó en confidencias con AP sobre las aspiraciones de Juan de Austria de invadir Inglaterra y ostentar la corona de Escocia.

En 1577 Escobedo viajó a España, donde permaneció varios meses, para explicar a Felipe estas intenciones de Juan sobre Inglaterra, además de informarle de la situación en los Países Bajos. En este punto estalló el episodio crucial: su asesinato (1578), tras varios intentos de envenenamiento. En síntesis y sin los matices que el caso requiere, todo apunta a que AP organizó, con la aquiescencia del rey, el homicidio.

Los recelos de Pérez hacia Escobedo debieron de iniciarse años atrás, cuando el secretario de Juan de Austria suscitó dudas sobre su coalición política y además negoció con el papa Gregorio XIII la supuesta invasión y conversión de las Islas Británicas. El hombre de confianza de Felipe II coincidía con lo que el duque de Alba había aconsejado años antes: «Paz con Inglaterra y guerra con toda la Tierra».

Asesinato, enredo y pasión

En el asunto se entremezclaron varios motivos: AP alertó a Felipe II de que Escobedo incitaba a Juan de Austria a invadir Inglaterra, casarse con María Estuardo y aspirar también al trono español, por lo que parece que propuso matarlo. A su vez, Escobedo en su viaje a Madrid pudo descubrir y querer informar al rey del idilio entre AP y Ana Mendoza y de la Cerda, princesa de Éboli y mujer efervescente de negocio y poder. A esta trama básica se añadieron luego elementos colaterales que inyectaron al caso morbo adicional. Aunque no confirmada, se extendió la hipótesis de que ella podría haber sido también amante del rey, o al menos él lo habría intentado. No parece que fuera cierto porque en la *Apología* de Guillermo de Orange contra Felipe II, donde incluye hasta el más mínimo detalle, real o ficticio, contra el monarca, no menciona el presunto amorío, que tan efectivo habría resultado para desacreditarlo.

Como en tantos capítulos de la Leyenda Negra, ciertos o míticos, este triángulo amoroso halló pronto reflejo en la creatividad literaria. Lope de Vega reprodujo entre líneas el caso en *Estrella de Sevilla*. En el reparto Estrella alude a la princesa de Éboli, don Busto de Tavera simula a Antonio Pérez y don Sancho el Bravo encarna a Felipe II.

Lo más grave del caso Escobedo fue que generó desconfianza del rey en su más íntimo colaborador, que empezó a su vez a recopilar material comprometedor. AP desplegó, con mayor astucia si cabe, todas sus artes de jugar a varias bandas, decir a cada parte lo que prefería oír, escribir claro cuando quería y turbio si no podía. Hasta entonces había actuado como *espía* doble: para Felipe II sobre Juan de Austria y viceversa. En su refinado arte prestidigitador, manipulaba las cartas que cruzaban Felipe y Juan, con supuesto permiso de ambos.

El crimen de Escobedo se entiende mejor al saber de los celos de Felipe II hacia su hermanastro, a quien nunca concedió el título de Alteza Real, a pesar de que hasta el papa trataba así a Juan de Austria. «Este sí que es hijo del emperador», se decía al comparar su carácter combativo que recordaba a su padre, Carlos V, con el supuestamente pusilánime del rey de España. El recelo había aumentado tras la victoria de Juan en Lepanto al comienzo de esa década.

Preso con información y contactos, reo poderoso y temible

Al año siguiente del suceso, en 1579, detuvieron al secretario y a la princesa de Éboli. Este amplio lapso entre crimen y detención parece ser genuina aplicación del consejo recibido por Felipe II de su padre: «Y si sentís algún enojo o afición en vos, nunca con ese mandéis executar justicia, principalmente que fuese criminal». Un quinquenio después comenzó el proceso contra AP instruido en Madrid (1584): cuarenta y un cargos, la mayoría por apropiación indebida o como consecuencia ventajosa de su cargo. El documento incluye decenas de entregas en metálico y una serie de regalos, como un rubí de 2.500 ducados, dos diamantes de 3.000 ducados, un brasero de plata de 2.000 reales, 530 fanegas de trigo, veinticuatro retratos de papas y otros cincuenta y seis de personas reales de gran valor. El detalle del desglose ofrece precisas descripciones, como «ocho reposteros ricos, bordados de tela de oro y plata sobre terciopelo carmesí con cierta divisa de un laberinto, que valían 3.000 ducados».

El cargo 39 señala el contraste entre la poca hacienda del secretario al comienzo de su cargo y su actual riqueza, que superaba los 50.000 ducados gestionados por testaferros. La imputación 40 es la más grave:

> «Debiendo guardar secreto de las cosas tocantes a su oficio, según lo tiene prometido y jurado, no lo ha hecho así, antes ha revelado y descubierto el dicho secreto, por diversas vías, a algunas personas, dándoles aviso, escribiendo cartas y diciendo en ellas algunas cosas y particularidades que no debiera, en deservicio de Su Majestad».[432]

No parece que el secretario actuara de forma muy distinta a la de otros ministros, que también se lucraban con su influencia. Quizá los yerros de AP fueron de mayor volumen que los de otros, pero no de peor calidad.

La sentencia inicial por el proceso de visita (1585) condenó a AP a la suspensión de su empleo de secretario de Estado durante una década. Además, dos años de reclusión en una fortaleza y destierro de la corte y treinta leguas alrededor. En los primeros nueve días debía pagar 12.280.793 maravedís. Se le exigía también devolver: los nueve reposteros de terciopelo recibidos de la princesa de Éboli, si no prefería pagar por cada uno de ellos 300 ducados; dos diamantes, regalo también de la princesa o abonar 200 ducados en su lugar; cuatro piezas de plata o 44.370 maravedís; una sortija con un granate o 198.750 maravedís, etc. A la Cámara y el Fisco de Su Majestad debía entregar 7.371.098 maravedís.

Los largos años de prisión laxa en Madrid y de sucesivos procesos judiciales que se dilataron en el tiempo fueron compatibles con cierta autonomía en su trabajo y especialmente una fecunda labor de concitar voluntades en favor de su causa. AP relata en sus memorias que «visitábale libremente casi toda la corte, grandes señores y ministros». Mateo Vázquez, también secretario de Felipe II, alertó al rey de esta situación que consideró insostenible.

Precio de la amistad por interés

Antonio Pérez exprimió al máximo su libertad limitada y publicó cartas, como la dirigida a Enrique IV de Francia para felicitarlo por su victoria en Amiens sobre los españoles: «Y si al resplandor, Señor, de vuestra real presencia se han deshecho, como las nieblas ante el sol, las fuerzas de un ejército contrario [el español] ¿qué obrarán los rayos?». Una genuina habilidad de prófugos de la justicia consiste en ganar amigos entre los enemigos de su acusador. Esta práctica remite al milenario pasaje evangélico del administrador infiel,[433] que cultiva amistades desde el poder para cuando no lo tenga.

Esta forma de actuar guarda semejanzas con la astucia deshonesta del citado Edgar Hoover. Quien durante medio siglo fue director del FBI chantajeó a ocho presidentes de EE.UU. y a numerosos jueces, abogados, políticos, empresarios, actores, científicos, diplomáticos, etc. Consciente de la importancia del relato y maestro de la mentira, creó la División 8, encargada de la propaganda de los éxitos del FBI en la prensa.[434]

Como sucedería más tarde con el impacto de los «papeles del Pentágono»[435] (1971) o con el caso de Mark Felt, exdirectivo del FBI filtrador del *Watergate* (1972), asunto crucial en ese momento fue también la ardua lucha por documentos comprometedores. La pugna fue tal que se prolongó hasta la muerte de AP y parece haber sido la razón del largo combate entre el rey y su más directo colaborador. Se calcula que el secretario escondió más de treinta cofres de documentos sensibles desde la época de su padre en la corte. Helen Gandy, secretaria de Hoover, parece que custodió más de 150 cajas y unas 17.000 páginas.

Se da por hecho que el pánico del monarca no se fundaba tanto en lo que pudiera desvelar acerca del crimen de Escobedo, asunto menor para cualquier soberano de entonces. Lo relevante eran otros asuntos de Estado, en particular el secreto de otras muertes que convendría ocultar. Según sus propias palabras, Felipe II era consciente de que «los archivos y documentos son la memoria del pasado».

Entre arrestos domiciliarios, intentos de fuga, nuevos apresamientos, simulación de enfermedades y otras triquiñuelas, AP fue posponiendo su declaración. Tras las torturas sufridas en los primeros meses de 1590, el 19 de abril, mientras su mujer ofrecía una suculenta cena a los carceleros y a su marido, el preso fingió sentirse mal y retirarse a su habitación. A continuación desclavó una puerta secundaria y se fugó de Madrid rumbo a Aragón con cómplices que lo esperaban. Su respiro de liberación al llegar a Calatayud, frontera aragonesa con Castilla, da idea de la unidad política aún precaria de ambos reinos bajo la misma Corona.

La difusión de la noticia causó conmoción en el equipo de Felipe II, cierto regocijo en la sociedad castellana, mayor alegría en la aragonesa y entusiasmo en el resto de Europa. Grande fue el alboroto tanto en los territorios españoles que buscaban independencia como en los extranjeros, que aprovecharon el revés político y explotaron el efecto reputacional.

Las presiones del monarca para capturar al fugado y evitar cualquier difusión de documentos sensibles para la Corona sobrepasaron muchos límites. En julio de ese mismo año, 1590, se dictó sentencia del juicio pendiente en Madrid, pena de muerte (horca). Previo a ese final, se pedía «que primero sea arrastrado por las calles públicas en la forma acostumbrada, y después de muerto, le sea cortada la cabeza con un cuchillo de hierro y acero, y sea puesta en un lugar público».

Plan de comunicación paralelo al proceso judicial

Por cargos parecidos a los que merecieron esta condena se le imputó en el nuevo proceso, conocido como de Enquesta (Zaragoza, 1590). En la capital aragonesa pasó por la «cárcel de la libertad», nombre popular con el que se conocía a la llamada de los Manifestados.

En su particular plan de comunicación, AP quería que el público conociera su propia defensa. Con ese fin escribió su *Memorial del hecho de su causa*, conocido como *Librillo*. Al no conseguir publicarlo en Zaragoza, trajo a la cárcel amanuenses que elaboraron más de treinta copias que envió «a muchos jueces, caballeros, y personas del presente reino… y a muchas partes de Castilla e Italia y otras partes, publicando por aquel camino los secretos que él sabía como secretario de dicho Consejo». Tejió amistad con el Dr. Murillo, médico de la cárcel, y con alguien tan fundamental en la logística como Francisco de Arantegui, su carcelero.

Se fugó de nuevo y, al no hallar modo de *extraditar* al huido, Felipe II forzó un juicio a través de la Inquisición, entidad no sujeta a los fueros aragoneses y que pergeñó un delito de herejía tan falso como efectivo. Acusar de hereje a AP fue una muestra de desesperación real, ya que se trataba de un pecado muy poco creíble en ese acusado, tanto por sus obras como por sus palabras. La Inquisición actuó de mala fe, valga la paradoja. Urdidor de tan reprobable incriminación fue fray Diego de Chaves, confesor de Felipe II. Años antes este clérigo había acusado de herejía, con similar falta de fundamento, al cardenal Bartolomé de Carranza, dominico como él.

Recurrir a esta vía para acorralar a AP, lejos de conseguir su propósito brindó munición para desacreditar a la monarquía y a su sumisa Inquisición. Marañón reproduce íntegra la sentencia de este tribunal. Dice el biógrafo que «es preciso leerla con toda su retórica leguleyesca, de la peor especie, para darse cuenta de la magnitud de esta impostura cometida en nombre de Dios, que tan cara costó al crédito de la Inquisición y al de su egregio instigador».

El Santo Oficio fabricó dos acusaciones adicionales especialmente graves entonces: ascendencia judía y sodomía (homosexualidad). La condena se ejecutó, en ausencia del acusado, en un auto de fe en 1592. La imputación de herejía resultaba tan insostenible, por obras y palabras del acusado, que parece razonable esta crítica de Marañón a una obstinación tan malévola:

«Lo que pasa es que el español intransigente, no solo quiere excluir al enemigo de la vida material, sino también de la eterna; y le pone de mal humor que un impío vuelva a la gracia;

como si esta fuera premio de cucaña que solo lo disfruta el primero que llega. Lo que se hace cuando se va a morir es lo más respetable de la vida; porque nunca está más clara la conciencia de la responsabilidad que en el minuto en el que el curso efímero de nuestra existencia, toda artificio, va a derramarse en el seno de la eternidad; y es soberbia satánica el querer los hombres juzgar el sentido de ese instante que, en su brevedad, puede servir de cauce augusto a la misericordia de Dios».[436]

Poder movilizador de la 'emocracia'

Cuando las emociones gobiernan con mayoría absoluta, la razón pierde influencia y el sistema se aproxima a lo que hoy se clasifica como «emocracia».[437] Ese caldo de cultivo alumbra fenómenos o, mejor dicho, inventa palabras para renombrar viejas realidades. Es el caso de sustituir mentira o engaño por posverdad, definida como distorsión deliberada de una realidad, que manipula creencias y emociones con el fin de influir en la opinión pública y en actitudes sociales. Por mucho que se vista de verdad, aunque sea pos, mentira se queda. Algo similar ocurre con *fake news:* incluye un sustantivo tan valioso como noticias *(news),* para disfrazar su esencia de desinformación. Se trata de apropiaciones semánticas injustas y peligrosas.

La versión del refugiado en Aragón adolece de un narcisismo reincidente desde el mismo momento en que la Inquisición lo sometió a juicio, con el consiguiente motín del 24 de mayo de 1591. Con la historia de Antonio Pérez, el indudable apoyo social, magnificado en su relato, no se restringe a lo puramente emocional. Algunos actuaron conforme a criterios profesionales y legales, como el recién nombrado alcaide de la cárcel de los Manifestados. Se le sobornó para que propiciase que alguien entrara de noche en la prisión y asesinara al reo. El funcionario aragonés se negó. Adujo que en la cárcel no mandaba el rey, sino la ley (fueros) del reino, a la que no faltaría «por todos los tesoros del mundo». Felipe II desestimó finalmente esta opción criminal.

Con sucesivas referencias a pasajes bíblicos, AP considera válida la sentencia latina *vox populi, vox Dei,* la voz del pueblo, la voz de Dios. En alusión al relato evangélico que cuenta el perdón de Jesús a una mujer sorprendida en adulterio,[438] dice:

> «Viendo los ministros de dentro de la cárcel que no bastaba el asomarse Antonio Pérez una y más veces para el sosiego de la gente, sino que pasaban a pedir su persona y a romper las puertas de la cárcel, comenzaron a desaparecer uno a uno por tejados y paredes rotas y a dejarle solo —como los que acusaban a la adúltera—, lo mismo los de la corte de Justicia y Reino y ciudad, como los de la Inquisición».

Independencia de poderes al margen, ayer como hoy, las causas judiciales mejor gestionadas por los acusados incluyen la percepción pública en su prioridad estratégica. Con los ánimos al rojo vivo, hay un error que suelen cometer los gobernantes menos duchos en gestión de crisis sociales: no medir la contundencia de la fuerza represora, que fácilmente puede causar víctimas mortales. Así fue aquel día en Zaragoza, donde un joven que gritaba «libertad» murió por un disparo de los soldados. Con estas variables en mente, AP relata su primera salida de Zaragoza, el 24 de septiembre, «acompañándolo una nube de pueblo, de aquella gran multitud medio cuarto de legua con gritos y bendiciones, y ruegos al cielo por su buen viaje y salvación».

Efectos de la demagogia

A los entresijos legales propios de un caso tan peculiar y la insurrección zaragozana en torno a AP, se añadió una revolución antimonárquica que no cuajó, como explica Marañón:

> «Sucedió entonces en el bando de los fueristas el fenómeno habitual de los revolucionarios que presienten su derrota; el querer comprometer en su causa agentes de autoridad reconocida, violentándolos por el terror para lograrlo y a la vez mortificándolos con sospechas de presunta traición a la causa

popular. El fenómeno tiene complejos mecanismos ocultos. Es frecuente que estas personas de autoridad hayan mostrado su simpatía inicial a la causa revolucionaria, ya por desinteresada adhesión a los ideales generosos que se invocan en el movimiento —la libertad, la tradición, la igualdad social, etc.— ya por lealtad a cargos o compromisos públicos. Después vacilan, al ver desbordarse la marea demagógica; y entonces es cuando el revolucionario de oficio —el que hace la revolución por hacerla y la haría lo mismo por el ideal contrario— que surge en este momento y se impone a los demás; entonces es cuando, necesitando la autoridad que él no tiene, acude a la de los idealistas de la primera hora, que vacilan; y los obligan y coaccionan para que proclamen una adhesión que ya no sienten».[439]

La gestión propagandística de AP fue pionera en Europa. Resultó eficaz en los primeros momentos y contraproducente a largo plazo. El diseño de acción reputacional abarca múltiples mecanismos, entre los que destacan los resortes emocionales y los agentes influyentes. Entidad fundamental en el siglo XVI fue la Iglesia: muchos sacerdotes y frailes se emplearon a fondo en la defensa de AP desde los púlpitos, eficaces redes sociales de la época. También se recurrió a pasquines contra los afectos a la corte y, lo que fue insólito en España, contra la Inquisición.

Uno de aquellos panfletos proclamaba que, «cuando las leyes se tuercen y aquellos a quienes nuestra Patria tiene por padres y jueces son más los padrastros y prevaricadores de ellas, es tiempo de resoluciones temerarias». Seguidamente, pedía armas. Otro pasquín explicaba a los aragoneses que el Santo Oficio solo podía sacar a un preso de la cárcel de los Manifestados después (no antes) de declararle hereje, tras un proceso con acusaciones y defensa del reo. Y remataba recordando que la manifestación era un privilegio previo a la Inquisición.

La propaganda contraofensiva oficial resultó desatinada. Creyeron buena idea publicitar el *motu proprio* de Pío V que condenaba a quien se negara a someterse a la Inquisición. Leído este documento en la misa del día de San Pedro en todas las parroquias y conventos de la ciudad, aumentó la agitación entre los zaragozanos: unos asustados al sentirse incluidos en graves censuras eclesiásticas, y otros indignados al ver reanudada la campaña para llevar a AP a la cárcel. El poder imperial aprendió ese día una lección sobre percepciones: la Inquisición, de instauración pionera en Aragón, no era tan apreciada como algunos dirigentes creían y proclamaban.

Los disturbios y la hostilidad llegaron al punto de que Felipe II, al tiempo que siguió dedicando palabras suaves a las autoridades mañas, ordenó preparativos militares para la invasión. Entre medias se cursaron varias consultas sobre la legalidad de la intervención de tropas castellanas en suelo aragonés.

Finalmente, las tropas de Felipe II entraron en Aragón y, sin apenas resistencia ni batalla, llegaron a Zaragoza el 12 de noviembre de aquel 1591, dos días después de la huida definitiva de AP. Con tantos sediciosos susceptibles de condena, el rey publicó un perdón (1592) del que se excluyó a un buen número de implicados, entre ellos al secretario huido. Además se puso precio a su cabeza: 6.000 ducados por su captura o muerte.

La vanidad y sus consecuencias

Ese mismo 1591 AP cruzó la frontera gala y se presentó a Catalina de Borbón en Pau. Era hermana del rey Enrique IV, al que había felicitado años atrás y que lo recibió en París en 1593. Tras esta entrevista, el rey francés lo envió a Inglaterra, donde estrechó lazos con el conde de Essex y los hermanos Anthony y Francis Bacon, pero no acabó de merecer la total confianza de la reina Isabel I. El exsecretario de Felipe II llevó un mensaje de unión anglofrancesa contra España y planes de ataques sistemáticos a las costas peninsulares. Hay que tener en cuenta que cualquier información al respecto podía ser de gran interés en sus vertientes militar y reputacional, más aún con el todavía reciente episodio naval de la Armada de 1588, que se analiza más adelante.

Su bienio inglés (1593-1595) podría haberse prolongado, porque se hallaba cómodo allí. Daba largas al rey francés, que le pedía volver. AP fue retrasando su retorno con excusas de salud. Finalmente su vanidad sucumbió, estimulada por una carta de Enrique IV con las precisas palabras que necesitaba escuchar de un rey que expresa un profundo deseo de hablar con él de asuntos trascendentes: «*Je désire infinement de vous voir et parler pour affaires qui touchent et importent a mon service*». Este mensaje para trabajar a su servicio en asuntos importantes suponía dos valores significativos para el exiliado, afecto y remuneración. El primero se reiteró de palabra, mientras que la segunda se pospuso *sine die*. Tan merecedor de ella se sentía que, pasado un tiempo, AP cuantificó su petición: un obispado o abadía, transmisible a sus hijos, con 12.000 escudos de renta; hasta conseguirlo, 4.000 escudos anuales más 2.000 de ayuda de costa y otros tantos para empezar; algunos suizos de la guardia real como personal de protección, etc. Enrique IV era de lágrima fácil y bolsa en mano, si bien la cartera estaba siempre vacía y el lloro solo brotaba cuando le convenía.[440]

Jugar a varias bandas y rentabilizar traiciones siempre conlleva riesgos. Enrique IV sospechaba que AP pudiera pasar información de Francia a los ingleses, Isabel I recelaba que contara detalles de Inglaterra a los franceses y, por supuesto, Felipe II temía que desvelara secretos de España a unos y otros.

Pasados los años, ni Francia ni Inglaterra cuidaron de él. Tampoco España aceptó acogerlo. «La verdad es que sus adversidades no han servido para hacerle más juicioso y discreto de lo que fue en el poder», concluyó Nicolás de Neufville, señor de Villeroy. Quien fue secretario de Estado del monarca galo destacó también la imprudencia y vanidad de su otrora homólogo español. Mendicante y en soledad, Antonio Pérez murió en París el 11 de noviembre de 1611 a los setenta y un años. Cuatro más tarde, en 1615, la Suprema revocó la sentencia condenatoria de los inquisidores aragoneses y dictaminó a favor de la rehabilitación póstuma. El tribunal de la Inquisición de Zaragoza acató la rectificación y aprobó la sentencia absolutoria.

Traficar con información

Si interesante es saber qué hizo AP, excepcional valor tiene conocer el impacto reputacional de lo que dijo y escribió. Además de sus cartas, merecen destacarse dos libros suyos de contenido político. El largo título del primero es *Las máximas políticas de Antonio Pérez, ministro que fue del señor Felipe II, rey de España; las escribió por orden de Enrique IV, rey de Francia, que lo acogió fugitivo de España, de miedo de la indignación de su amo, rey y señor* (1600). No hay total certeza de la autoría del segundo: *Norte de Príncipes, virreyes, presidentes, consejeros y gobernadores; para uso del duque de Lerma* (1788).

Sin duda, la obra de referencia son sus memorias, publicadas como *Relaciones*. En cuanto autobiográfica, hay que leerla como tal y recordar que dichos y hechos no siempre coinciden. El autor incorporó a la edición su carta dirigida «al rey cristianísimo Enrique IV, mi Señor», con fecha de 24 de septiembre de 1598. Entre constantes e hiperbólicas alabanzas al monarca francés, concluye esa misiva recordando que los grandes maestros suelen aprender más de los errores ajenos que de los aciertos propios.

AP alude dos veces a la adulación, que critica tanto como practica en ese mismo texto. Esta contradicción recuerda a otra de una carta que escribió en respuesta epistolar a su primogénita, Gregoria: «Hola, hija, no penséis que habláis con Cicerón o con alguno de aquellos griegos elocuentes. Humillad el estilo». Buen consejo, aunque procediera de quien escribía con estilo pretencioso.

Una dedicatoria ya citada precede al contenido específico de las *Relaciones*: «A nuestro Santísimo Padre y al Sacro Colegio», es decir, al papa Clemente VIII y a la Curia vaticana. Tras presentarse como «muy humilde siervo», reconoce que «cuanto más envejece crece la ira» y «por no morir mudo», se dispone a «presentar sin disfraz estos papeles», consciente de que «Vuestra Santidad y ese Sacro Senado deben de tener mucha noticia del discurso de mis prisiones y persecuciones» en las que, asegura, leía a san

Pablo. Refiere que su escrito ve la luz tras contar con la revisión de «doctos teólogos». Entre sus quejas recurrentes incluye también algunas de certeza comprobada, como el encarcelamiento de su esposa, Juana Coello, y sus hijos, que permanecieron presos el resto del reinado de Felipe II.

Los papeles de Pérez

En su autobiografía, escrita en tercera persona, sobresalen dos palabras que destacan entre las que más se repiten: «Antonio Pérez». Hay casos de páginas en los que nombre y apellido aparecen hasta cinco veces en una veintena de líneas. Tras compararse sutilmente con el paciente Job bíblico y prometer sustancia informativa «para envidia de curiosos historiadores», comienza alertando de que «no parezca amenaza esto, que no lo es». Por lo benemérita de su acción, pide que «el respeto de mi sufrimiento no los prive de la noticia de tales casos y experiencias» y, por supuesto, «no se atribuya a vanidad lo que voy a decir, aunque tiene algún olor de ello, sino a la información de lo que trato».

Como un multicentenario precedente de WikiLeaks, el filtrador promete «papeles nunca vistos, dignos de ser vistos». En lo sustancial de esos documentos «se hallará parte del origen de tanta variedad de monstruos como ha producido la malicia e imprudencia humana».

Aborda el asesinato de Escobedo, «muerte que resolvió el rey católico como ejecución necesaria y forzosa para atajar la turbación de sus reinos y otros, quizá del mundo, que se podía temer de aquellos tratos o inteligencias de don Juan de Austria». En otro fragmento reitera el señalamiento directo a Felipe II, «por regla de eso que llaman Estado»:

> «Es de saber que el rey católico, por causas mayores y forzosas, y muy cumplideras a su servicio y corona, resolvió que el secretario Juan Escobedo muriese, sin preceder prisión ni juicio ordinario, por notorios y evidentes inconvenientes,

y grandes riesgos y turbación de sus reinos si usara de cualquier medio ordinario en aquella coyuntura, y de mayores si se difiriera la ejecución».

Continúa su alegato con la reproducción de una larga serie de supuestos mensajes cruzados con la princesa de Éboli, el rey y un buen número de interlocutores. Su lectura deja la impresión de ser un conjunto de chismes, enredos, dimes y diretes, resentimientos y difamaciones, envidias y venganzas, malentendidos y *malexplicados...* En cualquier caso, el relator estima necesario descender a cuantos detalles reproduce: «Y no solo no pediré perdón de haberme detenido tanto en esta arte, sino premio. Porque para aprender es la noticia de tales cosas, por el provecho que de ellas pueden sacar los hombres para perder parte del amor y de la confianza que tuviesen en príncipes».

Glosando a Séneca, declara que «no han obrado con nadie tantas persecuciones como las de un gran príncipe contra una hormiga y tanta ocupación de un elefante con un ratón». No asume posibles imperfecciones, pero sí una letanía de agravios propios y ajenos:

> «Y así me vengo a mi relación de muertes, de prisiones, de miserias, de sobresaltos, de denuestos, de ultrajes, de violencias, de destrozos, de ruinas, de maceramientos, de martirios, de sobornos, de testimonios, de conjuraciones, de cautiverios de viudas, de casadas, de doncellas, de niños, de mamantes, de piantes justicia, de inocentes nacidos y aún por nacer: cosecha y muy abundante del siglo presente».

'Storytelling' del siglo XVI

Pasado el ecuador de sus *Relaciones,* trufa sus recuerdos con sucesos dignos del mejor *storytelling* del momento. Su narrativa de historias humanas incluye el caso de la frutera que diariamente le obsequiaba con una pieza; y un día, con el extra de diez reales.

Más minuciosa es la descripción de lo acaecido al llegar a Pau (Francia), aliñada con una adaptación de los personajes bíblicos Sansón y Dalila.[441] Según cuenta, se sobornó a una mujer, conocida por su belleza y maestría como amazona, con 10.000 escudos y seis caballos españoles. Debía trabar amistad con AP «y cebado de su hermosura le convidase y tirase a su casa, y de allí se le entregase una noche o se le dejase arrebatar andando a caza».

Salpica su narración de detalles morbosos, que justifica por la relevancia que otorga a cada historia, como el episodio que le contó por carta Juan de Vargas, embajador en Francia. Al parecer, iban y venían a París enviados de Juan de Austria que, tras los encuentros públicos, «tornaba alguno de ellos y se metía y estaba secreto en el retrete de Mr. [Francisco] de Guisa».

Aunque es bien conocida la querencia de AP a quedar bien con todos, no resulta fácil comprender por qué llegó a componer un epitafio, en latín, dejando en blanco la fecha de la muerte y la edad de doña Juana, su esposa. Envió el emotivo texto a todos sus amigos acompañado de una carta en la que lloraba la muerte de mujer tan valerosa. Siguió enviando las misivas como pieza literaria, incluso años después de rectificarse el falso fallecimiento. Marañón comenta que las cartas de AP a los suyos son paralelas en pasión y tan respetables como las del monarca a sus hijas, a las que escribió todos los lunes durante el bienio real en Portugal (1581-1583): «Solo se diferencian en que las de Felipe II parecen escritas por un niño bueno, pero no muy inteligente, y las de Antonio Pérez, por un hombre pecador, pero inteligentísimo».

Traducciones que magnifican el efecto denigrante

Abundan las similitudes con la *Brevísima* de Bartolomé de Las Casas en cuanto al interés de otros países por traducir y difundir un testimonio tan suculento para la Leyenda Negra. Las primeras versiones de las *Relaciones* se publicaron de forma anónima,[442] como el título original publicado en Pau: *Un pedazo de historia de lo sucedido en Zaragoza de Aragón a 24 de septiembre del año 1591. Item un sumario del discurso de las aventuras de Antonio Pérez desde el principio de su primera prisión hasta su salida de los Reynos del Rey Católico. Año de 1591.*

Se publicó una segunda versión en Londres (1593): *Pedaços de historia, o Relaçiones, assy llamadas por sus Autores los Peregrinos. Retrato al vivo, del natural, de la fortvuna. La primera Relaçion contiene el discurso de las Prisiones y aventuras de Antonio Pérez… desde su primera prision, hasta su salida de los Reynos de España. Otra relaçion de lo sucedido en Çazagoça de Aragón a 24, de Septiembre del año 1591, por la libertad de Antonio Pérez, y de sus Fueros y Iusticia. Contienen demas estas Relaciones, la Razón y verdad del Hecho, y del Derecho del Rey, y Reino de Aragón, y de aquella miserable confusión del poder y de la justicia. De mas de esto, el Memorial que Antonio Pérez hizo del hecho de su causa para presentar en el juicio de Tribunal de Justicia (que llaman de Aragon), donde respondió llamando a él de su rey como parte.*

La gestión reputacional incluye como acción prioritaria el hacer llegar lo publicado a personas clave por su influencia. AP sabía quiénes eran en la corte inglesa: Roberto Devereux, II conde de Essex; William Cecil, secretario de Estado y barón de Burghley; Milady Rich, hermana de Essex; lord Henry Wriothesley, III conde Southampton; lord William Harris; *sir* Roberto Sydney, *sir* Henry Unton, etc. La versión británica se tradujo pronto al flamenco y se imprimieron dos ediciones en tres meses (1595). La preocupación regia debió de ser notable, por el efecto directo para la población de los Países Bajos, proclive a sublevarse.

Igual que con la *Brevísima* de Las Casas, sorprende el modo en que las traducciones magnifican el efecto denigrante del relato. Bien lo ilustra el título en holandés (1595): *Compendio de las crónicas de Antonio Pérez, el secretario recientemente desterrado del actual rey de España Felipe II, en el cual son reveladas las maniobras españolas de manera especial y sin reservas, como un espejo para todos los hombres, con las razones y primitivo origen de los disturbios acaecidos en Zaragoza, capital de Aragón, para comprenderlos claramente.*

Tras la muerte de Felipe II, las nuevas ediciones de AP ya llevan su nombre como autor. Es el caso de la nueva versión publicada en París (1598): *Relaciones de Antonio Pérez Secretario de Estado que fue, del Rey de Espanna Don Felipe II, deste nombre, Impresso en París. Con privilegio del rey Christianissimo, M.D.XCVIII.*

Fallecido Antonio Pérez (1611), vio la luz en París una nueva edición que incorpora los *Aforismos del libro de las Relaciones*. La obra se publicó también en las ciudades italianas de Capri (1622), Bolonia (1625) y Milán (1625). En Ginebra (hoy Suiza) y Colonia (Alemania) aparecieron, con el título *Las obras y relaciones de Antonio Pérez*, ediciones en 1631, 1644, 1654, 1674 y 1675. La primera traducción inglesa es de 1715, con el sugerente título de *The Fatal Effects of Arbitrary Power, and the Dangerous Condition of Court-Favourites.*

SÍNTESIS REPUTACIONAL

1. Aunque los enemigos pueden fabricar relatos falsos para denigrar, conseguirán su objetivo más fácilmente con historias verdaderas.

2. Supone una gran ingenuidad no gestionar las percepciones. Lo que en España se practicaba como inocente ejercicio de trasparencia, humor y libertad para abordar capítulos sombríos de su historia, era munición valiosísima para ataques extranjeros.

3. El silencio ante una acusación suele contribuir a la mala imagen: aumenta la credibilidad si solo hay una versión y, salvo excepciones, se considera que quien calla otorga.

4. Cuando las emociones gobiernan con mayoría absoluta, la razón pierde influencia y el sistema se aproxima a lo que hoy se clasifica como «emocracia».

5. Las causas judiciales mejor gestionadas por los acusados incluyen la percepción pública en su prioridad estratégica. Con los ánimos al rojo vivo, hay un error que suelen cometer los gobernantes menos duchos en gestión de crisis sociales: no medir la contundencia de la fuerza represora, que fácilmente puede causar víctimas mortales.

6. Como suele ocurrir con la hábil gestión propagandística, la de Antonio Pérez fue tan eficaz en los primeros momentos como contraproducente a largo plazo. El diseño de la gestión reputacional incluye activar resortes emocionales y agentes influyentes.

7. Jugar a varias bandas y rentabilizar traiciones siempre conlleva riesgos, como experimentó Antonio Pérez: Enrique IV sospechaba que pudiera pasar información de Francia a los ingleses, Isabel I recelaba que contara detalles de Inglaterra a los franceses y, por supuesto, Felipe II temía que desvelara secretos de España a unos y otros.

8. La gestión reputacional incluye como acción prioritaria el hacer llegar lo publicado a personas clave por su influencia.

6

Saber comunicar reputación

Vanguardia oculta, lastre manifiesto: España, entre los grandes países

En la órbita de la crítica inquisitorial se halla otro elemento señero de la Leyenda Negra: un supuesto atraso integral en cultura, sociedad, política, ciencia, arte, literatura, etc. Menosprecio, ataque, burla y denigración se han difundido con diversas expresiones. La misma colonización inglesa que calificaba a sus héroes como «*homebuilders*» designaba a los hispanos como «*goldseekers*». Ni los primeros se dedicaron en exclusiva a construir hogares ni los segundos solo a buscar oro. En el ámbito francófono, Guillaume-Thomas Raynal se mofaba de una España «*stupide dans une profonde ignorance*». Ni los intelectuales españoles fueron tan ignorantes ni los ilustrados franceses tan sabios.

En este sentido, nuevas investigaciones refutan la falsa imagen de los Austrias como una dinastía ignorante y escasa de educación. Su formación más temprana incluía las materias del *trivium* (gramática, lógica y retórica) y del *quadrivium* (aritmética, geometría, música y astronomía).[443]

Empezando por los propios afectados, no es justo asumir clichés falsos, por mucho que se revistan a veces de tono jocoso. Una opción es refutarlos también con el humor, como refiere Hannah Arendt sobre el antisemitismo:

> «–Los judíos han provocado la guerra.
> –Sí, los judíos y los ciclistas.
> –¿Por qué los ciclistas?
> –¿Por qué los judíos?».

Esta vía humorística resultó ineficaz, ya que el chiste procede del periodo anterior a la II Guerra Mundial.

Suele ser tan falsa como frecuente la expresión «esto solo pasa en España», referida a algo negativo. Sugerencia: no volver a utilizarla. Mejor silenciarla que conceder que lo maligno se debe tanto a los españoles como a los ciclistas.

Henry Kamen subraya la inconsistencia de esa injusta reputación. «Una España en la cual durante doscientos años no se pensaba, no se escribía y no se leía, solo porque se vivía con miedo a la Inquisición, resulta tan grotesca que lo asombroso es que alguien la haya aceptado en serio».[444] Y aporta datos. Ningún otro país europeo experimentó en esos siglos el flujo constante de libros que entraban y salían de la península. Hasta 1501 se habían publicado en el territorio unos 800 títulos en treinta centros y en el periodo 1501-1520 cerca de 900 más.

Más libertad literaria en España que en el resto de Europa

¿Censura? Llegaban a España las obras publicadas en el extranjero y a finales del siglo XVI, con Felipe II, más de sesenta escritores hispanos publicaron sus obras en el exterior. El hispanista inglés describe la situación:

«Los españoles podían publicar con impunidad en los reinos de Aragón, Italia, Francia o los Países Bajos, así que podían jactarse de gozar de más libertad literaria que sus vecinos. La entrada de libros en España continuó sin interrupción. Entre 1557 y 1564, el comerciante Andrés Ruiz introdujo en Castilla más de novecientas pacas de libros procedentes de Lyon y más de un centenar procedentes de París. A principios del siglo XVII, prácticamente había libre circulación de libros procedentes de las imprentas francesas a España, en su mayoría a través de los Pirineos. Numerosas librerías de Barcelona contaban casi exclusivamente con libros importados, incluidos autores españoles que habían publicado en el exterior. A pesar de la gran cantidad de trabas burocráticas y de la vigilancia constante para evitar la entrada de libros heréticos, no se ponían obstáculos importantes a la importación y todo esto ocurría en tiempos de la Inquisición».[445]

Otra apreciación injusta se refiere a la considerable diferencia de desarrollo entre el norte y el sur de América tras sendos periodos coloniales. Se multiplican las evidencias de que Norteamérica se enriqueció y Sudamérica se empobreció después de independizarse, no antes. Una explicación se halla en *Por qué fracasan los países*, de Daron Acemoglu y James A. Robinson. Resulta clarificador el subtítulo de la obra: *Los orígenes del poder, la prosperidad y la pobreza*. Estos profesores del MIT y de Harvard ilustran el proceso con el caso de Los Nogales, ciudad dividida por la jurisdicción fronteriza de México y EE.UU.[446]

En 1812 la América hispana era más próspera que la anglosajona. El Virreinato de Nueva España (México) superaba en riqueza, cultura y desarrollo a su vecino norteamericano y a Europa. Lideraba la economía internacional, con rutas que unían China y Japón con Cádiz y Sevilla. La urbe conocida como Distrito Federal fue una ciudad más avanzada que Washington o Filadelfia, capital original estadounidense.

Quizá por su historia más breve, EE.UU. se ha expuesto menos a una leyenda negra, o ha reaccionado mejor frente a ella. Tan cierto como que hay autores que se abonan a la teoría del atraso crónico español es que la vejación reputacional que España padeció en la prensa sensacionalista —entre otros sucesos, con el hundimiento del «Maine» (1898)— provocó también curiosidad por conocer la verdad. En *Los exploradores españoles del siglo XVI*, Charles F. Lummis afirma que «la razón de que no hayamos hecho justicia a los exploradores españoles es sencillamente que hemos sido mal informados. Su historia no tiene paralelo y, sin embargo, nuestros libros de texto no han reconocido la verdad, si bien ahora ya no se atreven a discutirla».[447]

Parlamentarismo hispano pionero (siglo XI)

La obra de Julián Juderías dedica un buen número de páginas a los nombres de españoles referentes de una amplia gama de disciplinas.

En política destacan incipientes actividades parlamentarias en Cataluña, donde comienzan las Cortes (1064) con las celebradas en Barcelona; en Aragón, con las de Jaca (1071); en Navarra, con las de Huarte Araquil (1090); y en Valencia (1239). Singular mención merecen las Cortes de León de 1188, reconocidas por la UNESCO como «el testimonio documental más antiguo del sistema parlamentario europeo».

En diferentes momentos, tratadistas extranjeros han elogiado el establecimiento de figuras pioneras como el Justicia de Aragón, institución hoy vigente y que se remonta a 1115. En esa fecha aparece por primera vez la denominación de Justicia del rey, referido a Pedro Giménez, en un privilegio concedido por Alfonso I «El Batallador» a los pobladores de Zaragoza.[448] Sus funciones actuales son proteger los derechos individuales y colectivos de la ciudadanía, tutelar el ordenamiento jurídico aragonés y defender el Estatuto de Autonomía.

Todas estas instituciones se diferenciaban de las de Castilla en algo clave: compartían con el rey la potestad legislativa, al estilo de las Asambleas modernas. Matiz contextual necesario es que el régimen parlamentario, entendido como la intervención directa de la nación en los asuntos del Estado, el derecho de que los impuestos solo pudieran cobrarlos los reyes tras la votación de los representantes de los contribuyentes y, sobre todo, la participación en la redacción de las leyes existió en España mucho antes que en otros países. El Parlamento inglés no se constituyó hasta el siglo XIII y el *model Parliament* del rey Eduardo no se convocó hasta 1295, cuando ya llevaban casi un siglo en funcionamiento las Cortes hispanas, mientras que en Francia, según Guizot, los Estados generales nada representaron en la gobernación del país y su primera asamblea legislativa fue la de 1789.[449]

En esos siglos abunda la actividad de las letras de la mano de reyes como Sancho IV, Alfonso X, Jaime I y otros. Al siglo X se remonta la Escuela Real de San Juan de la Peña, y al XIII la desaparecida Universidad de Palencia (1212), primer centro universitario en España, al que pronto siguieron otros. Algunos ignoran que las universidades fueron iniciativa de la Iglesia en la fértil Edad Media, otra época con injusta reputación. Los diez campus más veteranos hoy vigentes, y su año de fundación, son:

Universidad de Salamanca	1218
Universidad de Valladolid	1241
Universidad de Barcelona	1450
Universidad de Santiago de Compostela	1495
Universidad de Valencia	1499
Universidad de Alcalá	1499
Universidad de Sevilla	1505
Universidad de Granada	1531
Universidad de Zaragoza	1542
Universidad de Oviedo	1608

Universidades promovidas en Hispanoamérica

Toda esta riqueza educativa no se redujo a la Península Ibérica. España compartió con América este legado y también allí sembró semillas culturales adaptadas a la idiosincrasia autóctona.

Resulta significativa la acotación del historiador alemán Alexander von Randa sobre la llegada de la imprenta a Hispanoamérica (1535), nada menos que un siglo antes que a EE.UU. (1638):

«Si nuestros padres se hubiesen tomado la molestia de consultar la *Enciclopedia Brockhaus*, bajo el epígrafe «imprenta» podrían leer muchas cosas dignas de ser conocidas sobre la imprenta europea. Respecto a la imprenta en América se leería: 'En el siglo XVII, la invención de Gutenberg llegó también a Norteamérica, donde en Cambridge, en Massachusetts, fue fundado en 1638 el primer taller tipográfico e impreso al año siguiente el primer libro norteamericano'. Un párrafo objetivamente exacto. Pero esta obra de consulta no considera digno de mención que ya más de cien años antes había abandonado las prensas y bobinas de papel el primer libro de América. Porque el primer libro de América no fue impreso en los Estados Unidos sino en Méjico (1535), y el hombre que puso a disposición de Méjico prensas y bobinas de papel era nada menos que Carlos, quinto de su nombre, emperador de profesión. Desde el punto geográfico e histórico en que se coloca el *Brockhaus* resultaba sencillamente incómodo el familiarizarse con la idea anormal de que un centenar de años antes habían sido impresos más de cien libros en la ciudad de Méjico y cien veces más en el territorio mejicano y unos diez mil ya en el siglo XVI. Y el hecho de que además de la mejicana hubiese también una imprenta peruana (1584) y de que solo en Lima en el siglo XVI viesen la luz más de cuatrocientos libros, hubiese resonado como una noticia procedente de la luna, porque para estos autores aquello que no debe ser, sencillamente no existe».[450]

Como bien advierte el autor germano, la referida enciclopedia omite la primera fecha (1535), lo que tergiversa el supuesto hito histórico de la segunda (1638). Tan relevante como actuar por alusiones es hacerlo por omisiones.

Por otra parte, a modo de botón de muestra de promoción cultural local, en México se editaron libros hasta en doce dialectos indios.

Con disquisiciones jurisdiccionales para el caso de la primera en ponerse en marcha, y versiones de difícil unanimidad en algunas cronologías, una relación aproximada por antigüedad en su creación de las universidades de Hispanoamérica puede ser la siguiente:

Universidad de Santo Tomás de Aquino	La Española (Rep. Dominicana)	1538
Universidad de San Marcos	Perú	1551
Universidad de México	México	1551
Universidad de San Fulgencio	Ecuador	1586
Universidad Nacional de Córdoba	Argentina	1613
Universidad Javeriana	Colombia	1623
Universidad de San Francisco Xavier	Bolivia	1624
Universidad de San Carlos	Guatemala	1676
Universidad de San Antonio Abad	Perú	1692

María Elvira Roca incluye referencias que concluyen que ni portugueses ni holandeses promovieron universidades en sus colonias. Añade que «hay que sumar la totalidad de las universidades creadas por Bélgica, Inglaterra, Alemania, Francia e Italia en la expansión colonial de los siglos XIX y XX para acercarse a la cifra de universidades hispanoamericanas durante la época imperial».[451]

Los cuatro volúmenes de *Historia de la universidad en Europa*,[452] de la historiadora belga Hilde Ridder-Symoens y el sociólogo suizo Walter Rüegg, analizan la evolución, naturaleza e implantación de campus por países. Con el matiz de que algunos estados no existían como tales, su investigación enumera las universidades fundadas en el mundo antes de 1600:

España	40	(siete en América)
Italia	30	
Francia	28	
Alemania	19	
Portugal	3	
Suiza	3	
Inglaterra	3	
Austria	2	
Países Bajos	2	
Suecia	1	
Dinamarca	1	

A diferencia de otros países, España no impuso el español en sus nuevos territorios. Exponente de la política cultural de Felipe II fue su Real Cédula de 1580, por la que ordenó establecer cátedras de lenguas indígenas, al contrario de lo realizado en las colonias inglesas de la América nórdica. Un ejemplo fue la Real Universidad de San Carlos de Guatemala, con sendas cátedras de pipil y cakchiquel en el siglo XVII.[453] Cabe recordar que las universidades estaban abiertas a los autóctonos. Si no iban no era por cuestiones étnicas, sino por razones de clase, como por lo demás ocurría en España. La diferencia también es notable en la Francia de ultramar, como lamenta François Depons: «El criollo francés que se siente inclinado hacia el foro, la Iglesia o la soledad del claustro; hacia las armas o la medicina, no puede satisfacerla más que en la metrópoli; porque en las colonias no existen ni universidades, ni facultades de Derecho o de Medicina, ni seminarios ni tampoco conventos ni escuelas militares».[454]

Peculiaridad destacable es la influencia inversa en ámbitos clave entonces como el religioso. Por ejemplo, la advocación de la Virgen de Guadalupe, mexicana y patrona de América, consiguió tal popularidad también en España que llega a opacar a la Guadalupe de Cáceres. De igual forma cabe destacar el tráfico artístico, más bidireccional de lo que se cree. Entre la conquista y la independencia llegaron a España más objetos desde América que desde Italia o Flandes.[455] Una muestra es la representación, poco conocida, de la Santísima Trinidad del monasterio de Santa Engracia, en Olite (Navarra). La imagen ilustra el modo de evangelizar con ella para intentar explicar ese dogma trinitario.[456]

Presencia en el mundo académico europeo

Aun a riesgo de resultar prolija, se expone una relación de personas sobresalientes que merecen visibilidad y altavoz para no desaparecer engullidas por la inercia del silencio[457] y sepultadas por la del ruido. Ojalá su mención desactive la desfachatez de quienes —adaptando el verso machadiano— desprecian cuanto ignoran.

Parejo al desarrollo de la educación superior hispanoamericana se produjo una notable presencia de españoles en el ámbito académico internacional. Algunos nombres se repiten porque son referentes en varios campos. En Filosofía, Teología y Matemáticas impartieron docencia Álvaro Thomas, Jerónimo Pardo, Pedro de Lerma, los hermanos Coronel, Juan Dolz de Castellar, Miguel Servet, Fernando de Encina, Juan de Celaya, Juan Gélida, Luis Baeza…

En La Sorbona fueron catedráticos Gaspar Lux, Miguel Francés, Pedro Ciruelo, Juan Martínez Siliceo, Juan de Mariana, Fray Gregorio Arias, Francisco Escobar, Fernán Pérez de Oliva…

Junto a Miguel Ángel, Bramante o Bernini, hubo arquitectos españoles entre los constructores de la basílica de San Pedro en el Vaticano, como Juan Bautista de Toledo. Este poco conocido personaje fue también artífice del monasterio de El Escorial, obra monumental que concluyó otro grande de la arquitectura, Juan de Herrera. Por aquellos mismos años figuraban en la cartelera pictórica internacional maestros como El Greco, Zurbarán, Rivera, Velázquez, Murillo, Goya…

Profesores en Lovaina fueron Luis Vives, Antonio Pérez o Juan Verzosa; en Dillingen e Ingolstadt, Fray Pedro de Soto, Martín de Olave, Alonso de Pisa, Gregorio de Valencia o Juan Ángel Sumarán; en Praga, Rodrigo de Arriaga; en Toulouse, Antonio Gouvea o Luis de Lucena; en Varsovia y Cracovia, Pedro Ruiz de Moros o Alfonso de Salmerón; en Padua, Bernardo Gil, Antonio Burgos, Juan Montesdeoca, Francisco de Valencia, Estéfano de Terraza o Rodrigo Fonseca; en Bolonia, Pedro Naranjo, Gonzalo Díaz, Pedro García de Atodo, Alfonso de Guevara o Pedro Carnicer; en Oxford, Luis Vives, Fray Pedro de Soto o Francisco Encinas; en Burdeos, Gabriel de Tárraga o Raimundo de Granoller; en Lausana (Suiza), Pedro Núñez de Vela; en Nápoles, Miguel Vilar, Juan López o Gonzalo del Olmo; en Ancona (Italia), Jerónimo Muñoz; en Roma, Francisco de Toledo, Juan de Mariana, Juan de Maldonado, Pedro de Ribadeneyra…

Una muestra más del carácter pionero, incluido el ámbito académico, lleva a recordar que España fue el primer lugar donde un hombre de color ocupó una cátedra, la de Gramática y Lengua

Latina, en la Universidad de Granada: el etíope Juan de Sessa o Juan Latino (1518-1596), hijo de esclavos de la casa Aguilar en el Palacio de Baena y paje del nieto de Gonzalo Fernández de Córdoba, el «Gran Capitán». Para valorar este hecho en su justa medida, baste señalar que el primer hombre negro admitido en un campus de EE.UU. fue George McLaurin, en la Universidad de Oklahoma, en 1948. Tras la sentencia que declaraba inconstitucional la discriminación por motivo de raza, pudo sentarse junto a sus compañeros blancos… en una esquina, lejos de ellos.

España, primer país donde un negro ocupó una cátedra: a la izquierda, el etíope Juan de Sessa o Juan Latino (1518-1596). A la derecha, George McLaurin, primer afroamericano admitido en una universidad en EE.UU. (1948).

Mujeres españolas, referentes internacionales

Junto a la larga nómina de hombres relevantes en la academia, también destacan mujeres como Beatriz Galindo, maestra de latín de la reina Isabel la Católica; Lucía de Medrano, docente de los clásicos en Salamanca; Francisca de Lebrija, catedrática de Retórica en Alcalá, la citada Emilia Pardo Bazán, etc.

También se debe mencionar a otras mujeres protagonistas, como la novelista María de Zayas; y conquistadoras y exploradoras: María Estrada guerreó en la batalla de Otumba, Inés Suárez se unió a la partida de Pedro Valdivia, Isabel de Guevara participó en la campaña de Mendoza en el Río de la Plata, Isabel Barreto fue almirante en la odisea de Álvaro de Mendaña, María de Toledo ascendió a virreina de las Indias Occidentales, Beatriz de la Cueva ejerció como gobernadora de Guatemala, Mencía Calderón y otras cincuenta mujeres atravesaron 1.600 kilómetros de selva entre Brasil y Paraguay.[458]

En esta relación de heroínas que aporta José Varela, destaca la particular bravura de Catalina de Erauso. Conocida como la monja alférez, esta novicia vasca huyó del convento a América y, travestida de conquistador, ejerció como tal y mató a un cacique indígena en Chile (1608). Descubierta su identidad y devuelta a la península, su celebridad creció hasta el punto de entrevistarse con el rey Felipe IV, que le adjudicó una pensión. El papa Urbano VIII le permitió seguir vistiendo como hombre.

La investigación de Javier Fernández Aguado[459] amplía esta nómina con Mencía Ortiz, quien, junto a otros socios, fletó (1549) la nao «La Concepción» para mover mercancías entre España y América; Marina Gutiérrez Flores de la Caballería (1515-1553), propietaria de la segunda encomienda más extensa de Nueva España, en Tlapa; Inés de Bobadilla (1505-1546) ejerció como gobernadora y capitán general de Cuba cuando su marido, Hernando de Soto, viajó hacia el sur de lo que hoy es EE.UU., entre otras mujeres ilustres.

Autores relevantes en literatura, geografía, medicina, astronomía, navegación...

En todas las áreas del saber entonces relevante destacan autores españoles:

Literatura: Cervantes, Tirso de Molina, Rojas, Lope de Vega, Calderón de la Barca, Quevedo, Garcilaso, Góngora, Gracián, Alarcón, etc. Los tres primeros, además, crearon sendos grandes mitos literarios del mundo moderno, como Don Quijote, Don

Juan y la Celestina, respectivamente. Entre las escasas equiparables a la trascendencia de estas creaciones son Hamlet, de Shakespeare; Fausto, de Goethe; o Raskolnikov, de Dostoievsky.

Geografía: Eduardo López y su *Relación del viaje al África*, Pedro de Medina con su *Arte de navegar*, Luis del Mármol que describió África, Juan de la Cosa y su primer *Mapamundi*…

Cosmografía/astronomía: Nebrija con su *Cosmografía* y sus *Tablas de la diversidad de días y horas*, Alonso de Santa Cruz y su *Libro de las longitudes* (siglo y medio antes de la obra de Humboldt), el Brocense y su *Tratado sobre la Esfera*, Simón de Tovar con su *Examen y censura del modo de averiguar las alturas de las tierras por la altura de la estrella Norte*… Digno de más detalle es Andrés García de Céspedes, autor de *Teoría de los planetas* que propuso a Felipe II la Academia de Matemáticas y ofreció un premio de 6.000 ducados de renta perpetua a quien descubriera cómo calcular la longitud por medios astronómicos. Aunque se presentaron candidatos de varios países, el premio quedó desierto porque ninguno demostró conocimientos superiores a los que ya se tenían en España. Años después Inglaterra, Francia y Holanda promovieron en sus territorios concursos similares al propuesto por García de Céspedes.

Navegación: Enciso, Falero, Medina, Martín Cortés, Juan Escalante de Mendoza, Pedro Núñez, Pedro Menéndez de Avilés, Ángel Saavedra, Antonio Galván…

Medicina: Vallés, Mercado, Bruguera, Carmona, Díaz de Toledo, Fragoso, Huarte, Valverde… Otros más conocidos, como Servet y sus descubrimientos sobre la circulación de la sangre, Alejo de Venegas y la enseñanza de los ciegos, Manuel García Siches y su invención del laringoscopio, Pedro Ponce y Juan Pablo Bonet y el arte de enseñar a los sordomudos…

Lingüística: Nebrija, autor de la primera *Gramática castellana* (1492) y otras obras como *Arte retórica*, el Brocense y su *Arte de decir,* Pinciano y su *Antigua filosofía poética,* Barrientos y su *Tratado del periodo,* Alonso de Zamora y su *Gramática hebrea,* Arias Montano y sus *Estudios hebraicos,* Díaz Paterniano y su *Gramática caldea,* Juan López y su *Arte y vocabulario de lengua árabe...*

Espiritualidad: teólogos como Alfonso de Castro, Diego Laínez, Salmerón, Maldonado, Domingo de Soto o Suárez; místicos como Teresa de Jesús, Ignacio de Loyola, Juan de la Cruz, Juan de Ávila, Fray Luis de Granada o Pedro Malón de Chaide; canonistas como Antonio Agustín, García de Loaysa o Mendoza; escrituristas como Alfonso de Zamora, Arias Montano o Fray Luis de León.

Ciencias exactas: Pedro Ciruelo, Martínez Siliceo, Fernán Pérez de Oliva, Fernando de Córdoba, Pedro Juan Oliver, Pedro Juan Monzó, Jerónimo Muñoz, Pedro Jaime Esteve, Andrés de Lorenzo, Lorenzo Vitorio Molón, Miguel Francés, Gaspar Lux, Álvaro Thomas, Pedro Núñez, Antich Rocha, Francisco Sánchez, Pedro Chacón...

Mecánica: Diego Rivero, inventor de un aparato para achicar el agua de los buques con bombas de metal en vez de las de madera, Felipe Guillén y su brújula de variación, Martín Cortés y su aguja imantada, los hermanos Rogetes y su telescopio (anterior al de Galileo)... Isaac Peral y su prototipo de submarino con propulsión eléctrica; o Jerónimo de Ayanz (1553-1613), ingeniero con más de cincuenta patentes, entre ellas prototipos de barcas submarinas o diversas máquinas de vapor. También conocido por la escafandra que, el 2 de agosto de 1606, empleó un buzo en el Pisuerga durante más de una hora. El dispositivo renovaba el aire gracias a una máquina situada en una galera. Testigo de tan magno hecho, el del primer buzo moderno de la historia, fue Felipe III.

Metalurgia: Juan de Arfe, autor de *Quilatador de la plata, oro y piedras* y precursor de Boecio, Bergen, Rosnel y otros. Los primeros descubridores de las fórmulas de fundición de metales fueron Antonio Boteller, Bernardo Pérez de Vargas, Garci Sánchez, Carlos Corzo, Pedro de Contreras, Lope de Saavedra, Blas del Castillo, Álvaro Alonso Barba...

Azpilcueta (siglo XVI), precedente de Schumpeter (XX)

Economía: Joseph Alois Schumpeter (1883-1950) es hoy un conocido economista, famoso por su concepto de «destrucción creativa» asociada al cambio tecnológico y económico. Lo que muchos ignoran es que bebe intelectualmente de autores como Martín de Azpilcueta (1492-1586), prolífico teólogo y economista navarro. El propio Schumpeter reconoció que debía agradecerse a la Escuela de Salamanca la fundación de la economía como disciplina científica.

Botánica: Fernández de Oviedo, Antonio de Herrera, López de Gómara, Francisco Hernández, Gabriel Alonso de Herrera, Francisco Micó, Juan Bautista Monarde, Juan Jaraba, Juan Gil Jiménez… o Andrés Laguna, promotor del primer jardín botánico en Europa, establecido en Aranjuez.

Historia: Florián de Ocampo, Ambrosio de Morales, Zurita, Garibay, Sandoval, Sigüenza, Hurtado de Mendoza, Juan Ginés de Sepúlveda, Juan de Mariana, Diego de Yepes…

Derecho: Palacios Rubio, Covarrubias, Solórzano Pereira, Antonio Agustín, Sepúlveda, Costa, Victoria, Soto, Suárez, Baltasar de Ayala, Nicolás Antonio, Ramos del Manzano…

El apoyo de Felipe II fue decisivo en muchas iniciativas de avance del conocimiento. Fundó en Valladolid el primer Museo de Ciencias. Reunía «tal número de mapas y cartas geográficas y tanta variedad de esferas, astrolabios, armillas, radios astronómicos y otros objetos científicos que constituían un complejísimo museo de las artes y ciencias de la época, como no lo tenía ninguna otra nación».[460] Así lo describe el científico asturiano Acisclo Fernández Vallín, autor de *Cultura científica de España en el siglo XVI* (1893).

Modelo de sanidad pública replicado en América

Sobre el «estado del bienestar» de la época, es significativa la aportación del cántabro Francisco Guerra Pérez-Carral, catedrático de Farmacología, que fue profesor en la Universidad de California y en Yale. Según expuso en el campus californiano, «Lima, Perú, en los días coloniales tenía más hospitales que iglesias, y por término medio, había una cama por cada 101 habitantes, índice considerablemente superior al que tiene hoy en día [1957] una ciudad como Los Ángeles».[461]

En su extensa obra en varios idiomas, el Dr. Guerra glosa el proceso de profesionalización de la práctica médica, que con los Reyes Católicos se reguló como servicio público y civil, con cierta independencia de la caridad religiosa. Este planteamiento era novedoso entonces para el resto de Europa.

El primer centro médico relevante del continente americano fue el Hospital San Nicolás de Bari. Se empezó a construir en 1503 en Santo Domingo de Guzmán, capital de La Española (hoy República Dominicana). El gobernador de la isla, Nicolás de Ovando, siguió las órdenes de Isabel y Fernando: «Haga en las poblaciones donde vea que fuere necesario casa para hospitales en que se acojan y curen así de los cristianos como de los indios».[462] De los actualmente activos, el más antiguo es el Hospital de La Purísima Concepción y Jesús Nazareno, fundado por Hernán Cortés en 1524, hoy conocido como Hospital de Jesús.

El ejercicio de la medicina se sometió a los mismos controles que en España, de manera que en el reinado de Felipe II los galenos formados en América se ahorraban el viaje trasatlántico para examinarse. El monarca también promovió la cátedra de Medicina (1578) en la Universidad de México (1551), un siglo antes de la fundación de Harvard (1636) y dos centurias previas a la primera cátedra de Medicina en las colonias británicas americanas en Filadelfia, Pensilvania (1765).

En 1587, Felipe II ordenó a los virreyes del Perú y la Nueva España visitar con frecuencia los hospitales de Lima y México, «y procuren que los oidores por su turno hagan lo mismo, cuando ellos no pudieren por sus personas, y vean las curas, servicio y hospitalidad que se hace a los enfermos, estado del edificio, dotación, limosnas y formas de distribución».[463]

Balmis: primera campaña internacional de vacunación (1803-1814)

Pionera fue también la considerada primera campaña internacional de vacunación (1803-1814), promovida por el alicantino Francisco Javier Balmis. Este médico militar convenció al rey Carlos IV para financiar el proyecto de distribución de la vacuna contra la viruela desde España a todo el mundo, como se recoge en el artículo científico de John Z. Bowers publicado en el *Bulletin of the History of Medicine* de la Universidad Johns Hopkins.[464] El itinerario iniciado en La Coruña incluyó escalas en Puerto Rico, Venezuela, Cuba, México, Colombia, Chile, Filipinas y China.

Se trataba de distribuir por el mundo el remedio hallado por el inglés Edward Jenner para combatir tan letal enfermedad. El transporte *sui géneris* empleado fueron los llamados «niños vacuníferos», veintidós huérfanos a los que se inyectó fluido de viruela vacuna (de vacas). A bordo viajaban también Isabel Zendal,[465] enfermera y rectora del orfanato coruñés, y una decena de médicos y enfermeros dirigidos por el Dr. Balmis. Durante la travesía las vacunas pasaron de brazo a brazo para conservar su poder terapéutico. En América, veintiséis huérfanos mexicanos relevaron a los niños españoles en la expedición que emprendió rumbo a Filipinas.

Como sucede con tantas actuaciones humanas, la acción filantrópica de Balmis podría ser compatible con algún interés político, ya que el efecto devastador de la viruela se cobró millones de vidas en Europa y América. Sin restar valor a la hazaña benefactora, tampoco es descartable que en algunas zonas ya existiera la terapia de Jenner, incluso que se traficara con ella.[466]

Contrapunto: aberraciones al amparo de la ciencia y la técnica en EE.UU.

Como contrapunto paradójico de la acción española claramente humanitaria frente a la epidemia, cabe también reseñar dos casos ocurridos un siglo después en EE.UU. al amparo de la ciencia.[467] La prensa norteamericana informó en 1915 de un plan de esterilizaciones masivas de personas «defectuosas» en ese país. La iniciativa contó con el apoyo intelectual de profesores de Harvard, Yale o Princeton; la ayuda financiera de filántropos de renombre y el aval científico de la *American Association for the Advancement of Science*. El contagio aberrante llegó a la Alemania nazi, que aplicó aquel falso progreso a cientos de miles de personas.

El segundo caso se localizó en Tuskeegee (Alabama), testigo en 1932 de «investigaciones» con 400 personas negras, pacientes de sífilis, a quienes ni se informó ni administró antibióticos. La «investigación» se canceló en 1972, cuando se publicaron noticias de lo ocurrido y la repulsa social fue clamor. En 1997 el presidente Bill Clinton pidió perdón en nombre de EE.UU.

Continuando con el ejemplo estadounidense, cabe mencionar la publicación, en 1921, del libro *The Rising Tide of Color*, del historiador Lothrop Stoddard. En él se sostenía que el factor clave de la historia no era la política, sino la raza. También se lamentaba la que el autor consideraba una avalancha de africanos, asiáticos y otros grupos étnicos que, en su opinión, atentaba contra la pureza de la raza blanca. Su racismo le llevó a afirmar que «Occidente ha justificado –y quizá con cierta razón– todas las agresiones a las razas más débiles, y lo ha hecho basándose en la 'supervivencia del más apto', aduciendo que es mejor, para la humanidad del futuro, que se elimine a los ineptos para ceder ese lugar a la raza más capaz».[468]

El entonces influyente historiador aseguraba que, gracias a las migraciones en Europa, blancos «superiores» desplazaron a los «aborígenes de aspecto simiesco, y así Norteamérica se pobló con nórdicos en lugar de pieles rojas nómadas». Stoddard añadía que «las migraciones también bastardearon el mundo romano con híbridos levantinos, ahogaron a las Indias Occidentales bajo una marea negra y están llenando nuestra tierra con la escoria de los europeos del este y del sur».[469]

Siguiendo su triste estela, Nueva York acogió en 1932 el II Congreso Internacional de Eugenesia. Henry Fairfield Osborn, presidente del encuentro científico, dijo en la inauguración:

> «Dudo de que hubiera un momento en la historia universal en el que un congreso internacional sobre el carácter y la mejora de la raza fuera más importante que el actual. Europa, en una muestra de sacrificio patriótico por parte de ambos bandos durante la Guerra Mundial, ha perdido gran parte de la herencia que le legaron siglos de civilización, y ese legado nunca se podrá recuperar. […] En los Estados Unidos […] estamos comprometidos en una seria lucha para mantener nuestras instituciones republicanas históricas, y a tal fin impedimos que entren aquellos no aptos para compartir los deberes y las responsabilidades de nuestro sólido Gobierno. El verdadero espíritu de la democracia norteamericana, para la cual todos los hombres nacen con iguales derechos y deberes, se ha confundido con esa sofistería política que afirma que todos los hombres nacen con igual carácter y capacidad para gobernarse a sí mismos y gobernar a los demás, y también con las sofistería educativa, en el sentido de que la educación y el entorno compensan las desventajas de la herencia».[470]

Como la lista es larga y negra, solo cabe mencionar a algunos de los más relevantes, como Philipp Lenard, Premio Nobel de Física (1905). Desarrolló la denominada «física aria» en los cuatro volúmenes de su obra *Deutsche Physik* (1936) y combatió la libertad intelectual de prestigiosos científicos judíos.[471]

El historiador alemán Philipp Blom cuenta que en esos mismos años el racismo científico también gozaba de apoyo entre ingleses y franceses. Partidario destacado fue el Dr. Just Sicard de Plauzoles, aplaudido por su conferencia en La Sorbona (1932) donde resumió el propósito de su obra: «La miseria, junto con el alcoholismo y la tuberculosis, es un factor que influye con fuerza en la degeneración [...] y los hijos de las clases pobres, comparados con los de las clases pudientes, presentan un desarrollo físico, intelectual y moral inferior».[472] Según el científico francés, esa «degeneración» se transmitía de una generación a la siguiente, por lo que la solución no pasaba por una mayor justicia social, sino por evitar que hombres y mujeres «inferiores» tuviesen hijos.

Resulta sorprendente ver cómo instituciones y empresas con hechos probados demoledores, que podrían sepultar su reputación de por vida, disfrutan de un halo de leyenda blanca. Es el caso de la Fundación Rockefeller, que financió las investigaciones de Otmar Freiherr von Verschuer, segundo director del Instituto Kaiser y fundador del Instituto de Herencia Biológica e Higiene Racial de la Universidad de Frankfurt y maestro de Josef Mengele, quien realizó sus «experimentos» (crímenes) con hermanos siameses o mellizos en Auschwitz. Las conexiones nazis de la Fundación Rockefeller antes de la II Guerra Mundial son más que evidentes.

Algo similar sucede con Siemens y otras entidades, como refieren Edwin Black, en *IBM y el Holocausto*;[473] y Javier Fernández Aguado, en *El management del III Reich*.[474] Cuadrar las cifras de personas por vagón y garantizar la puntualidad de los trenes con destino a la muerte fue, en su momento un modo de profesionalizar la aberración.

No hace mucho ni muy lejos, la tecnología se convirtió en vasalla de la maldad humana. Recordarlo debe inmunizarnos para impedir que falsos líderes nos cieguen, imaginarios avances nos deslumbren y para repensar técnicas y prácticas hoy consideradas progreso. Resulta paradójico que, mientras unos arrastran injusta fama —Leyenda Negra— por falsificaciones o exageraciones de su pasado, otros disfrutan de prestigio apuntalado por un inmerecido olvido de hechos pretéritos —verdad histórica— aberrantes.

Que las verdades no tengan complejos, que las mentiras parezcan mentira

Si comparar el colonialismo español con el extranjero puede modificar la percepción que se tiene al respecto, verificar que el nivel hispano en los distintos saberes es equiparable en el mapa internacional puede ayudar a sustituir leyendas por verdades y estereotipos por sorpresas. La realidad muestra que España ha ocupado posiciones de vanguardia mundial, igual que algunos otros países. Pocos. No significa haber sido los primeros, los mejores y los únicos.

La (buena) reputación tiene que ver con reconocer una realidad (positiva). Es obvio que no se puede re-conocer lo que se des-conoce. Aquí radica un punto clave de la comunicación de España como país. Algo se ha hecho mal si se ignoran verdades favorables. Igualmente rechazable es ocultar o falsear verdades incómodas. El cómputo global de reputación de alguna manera se compone de lo positivo que se sabe y de lo negativo que se ignora.

El caso español adolece, *grosso modo,* justo de lo contrario: se conoce tanto lo negativo como se ignora lo positivo. Esta desproporción puede corregirse. Premisa para conseguirlo es ser consciente del hecho. Siguientes pasos: diseñar un sistema educativo estable y común, profesionalizar la comunicación institucional como país, mimar a los actores más influyentes dentro y fuera de España, etc. Y como canta Joaquín Sabina, «que las verdades no tengan complejos, que las mentiras parezcan mentira».

Yerra quien confía la reputación solo a la percepción positiva de algo, como si la belleza se redujera a cosmética o la comunicación se limitase a hablar bien. También se equivoca quien espera que algo bueno, automáticamente, también lo parezca. Protagonismo clave en la gestión de percepciones es el uso del lenguaje. La Leyenda Negra supone una escuela inigualable de aprendizajes sobre el manejo de las palabras para referirse a España.

Idiomas especialmente ricos como el castellano ofrecen sinónimos entre los que es preciso elegir para designar con tino las realidades que se prestan a juicios valorativos. Un error habitual entre figuras de relevancia pública consiste en incluir en sus respuestas las palabras negativas de ciertas preguntas que se le formulan o flotan en el ambiente. Bien conocidas son las declaraciones de dos presidentes estadounidenses sobre sendas crisis reputacionales que padecieron. En estos casos, trasciende e impacta lo que se responde, no lo que se pregunta. Richard Nixon, sobre el *Watergate*: «*I am not a crook*» (no soy un granuja). Bill Clinton, acerca del caso Lewinsky: «*I never had sexual relations with that woman*» (nunca tuve relaciones sexuales con esa mujer). Lo fuera o no, las tuviera o no, ellos mismos pronunciaron palabras a las que quedaron asociados para siempre.

Vocabulario reputacional: elegir palabras no es indiferente

Con independencia de su correlato con la realidad, las palabras generan imágenes mentales y a veces también gráficas, y es un grave error pensar que remiten automáticamente a hechos. Con este fundamento, a continuación se propone un vocabulario exprés, como botón de muestra del impacto reputacional de elegir unas expresiones y no otras.

«Hispanoamérica (HISPAM)», mejor que «Iberoamérica», «Latinoamérica (LATAM)» o «América Latina». De estas tres expresiones, la única que se refiere explícitamente a España es la primera. Incluir el origen latino diluye el legado español, que es el mayoritario en el continente, y magnifica verbalmente el protagonismo menor de otros países de raíz también latina, como Francia. Algo similar ocurre con la voz «Iberoamérica» que, por referirse a toda la Península Ibérica, equipara la huella española y portuguesa. No se trata de negar relevancia histórica a Francia y Portugal, que la tuvieron, sino de hacerlo con proporcionalidad, ya que de los países de esa zona, diecinueve hablan español,[475] uno portugués y otro francés. No es neutro elegir el prefijo del nombre: hispano-, latino-, ibero-, sud-, etc. Hay denominaciones que trascienden su función designativa y ascienden a significativas, y por tanto influyentes en la percepción de la realidad. Mientras el legado español se diluye en la confusa expresión (América Latina) de un sustantivo y un adjetivo,[476] EE.UU. ha conseguido dos victorias comunicativas: vincular la voz inglesa «America», sin adjetivo, a su propio país; y generalizar el gentilicio «American» como sinónimo de estadounidense.

«Armada española», mejor que «Armada Invencible». Como se explica más adelante al mencionar la conocida batalla naval de 1588 que perdió España frente a Inglaterra, dentro de la complejidad de identificar el origen de la expresión parece que se usó ocasionalmente en la Inglaterra de la época, aunque rara vez con intención denigrante. Lo mismo ocurre en sentido inverso con la denominación «Felicísima Armada». La amplia bibliografía inglesa referida al tema la suele mencionar como *Spanish Armada*. Por alguna razón de extraño patriotismo, autores españoles rescataron en el siglo XIX la calificación de «invencible» empleada puntualmente en el XVI.[477]

«Gripe de 1918», mejor que «Gripe española». La referencia cronológica es más adecuada que la geográfica. Primero, porque España no fue el origen de aquella epidemia, aunque sí la padeció con especial virulencia. Tras los primeros casos en otros países europeos, que silenciaron la noticia, pasó a España, que no la ocultó. Mientras la prensa hispana —que operaba en un país neutral— fue pionera en informar sobre la grave enfermedad, el resto de Europa —inmersa en el final de la I Guerra Mundial— censuraba toda información al respecto para no desmoralizar a los suyos ni mostrar debilidad ante el enemigo. Por tanto, solo fue noticia en países neutrales, como España. Inicialmente, los medios intentaron bautizarla con otros nombres, como «El soldado de Nápoles» o «La enfermedad de moda». El detonante definitivo fue la crónica del corresponsal de *The Times* en Madrid. Acuñó con éxito la injusta expresión *Spanish Influenza* o «Gripe Española», que conviene sustituir por «Gripe de 1918».[478]

Otro ejemplo pertinente es cómo se denominaba la sífilis: en Alemania, España y Reino Unido, «el mal francés»; en Francia, «el mal napolitano»; en Rusia, «el mal polaco», en Polonia, «el mal alemán»; en Países Bajos, «el mal español»…

Es frecuente emplear a modo de justificación expresiones como «la mal llamada» antes de reproducir palabras o sintagmas que, por no corresponder con la realidad, no deberían utilizarse. En buena lógica, si algo no debe denominarse así, lo mejor es no hacerlo. Aunque se critique el error, verbalizarlo contribuye a su difusión

SÍNTESIS REPUTACIONAL

1. Norteamérica se enriqueció y Sudamérica se empobreció después de independizarse, no antes.

2. Comprobar que el nivel hispano en los distintos saberes ha sido equiparable en el mapa internacional ayuda a sustituir leyendas por verdades y estereotipos por sorpresas. España ha ocupado posiciones de vanguardia mundial, igual que algunos otros países. Pocos. No significa haber sido los primeros, los mejores y los únicos.

3. La (buena) reputación tiene que ver con reconocer una realidad (positiva). No se puede re-conocer lo que se des-conoce. Algo se ha hecho mal si se ignoran verdades favorables. Igualmente rechazable es ocultar o falsear verdades incómodas. El cómputo global de reputación de alguna manera se compone de lo positivo que se sabe y de lo negativo que se ignora.

4. El caso español adolece de que se conoce tanto lo negativo como se ignora lo positivo. Esta desproporción puede corregirse. Siguientes pasos: diseñar un sistema educativo estable y común, profesionalizar la comunicación institucional como país, mimar a los actores más influyentes dentro y fuera de España… Y como canta Joaquín Sabina, «que las verdades no tengan complejos, que las mentiras parezcan mentira».

5. La imprenta llegó a Hispanoamérica (México, 1535) un siglo antes que a EE.UU. (Massachusetts, 1638). Si publicaciones como la *Enciclopedia Brockhaus* omiten la primera fecha, tergiversan el supuesto hito histórico de la segunda. Tan relevante como actuar por alusiones es hacerlo por omisiones.

6. Yerra quien confía la reputación solo a la percepción positiva de algo, como si la belleza se redujera a cosmética o la comunicación se limitase a hablar bien. También se equivoca quien espera que algo bueno, automáticamente, lo parezca. El uso del lenguaje es clave en la gestión de percepciones. La Leyenda Negra supone una escuela inigualable de aprendizajes sobre el manejo de los términos para referirse a España.

7. Con independencia de su correlato con la realidad, las palabras generan imágenes mentales y a veces también visuales. Es un grave error pensar que las palabras remiten automáticamente a hechos. Algunas propuestas: «Hispanoamérica (HISPAM)», mejor que «Iberoamérica», «Latinoamérica (LATAM)» o «América Latina»; «Armada española», mejor que «Armada Invencible» y «Gripe de 1918», mejor que «Gripe española».

8. Mientras el legado español se diluye en la confusa expresión (América Latina) de un sustantivo y un adjetivo, EE.UU. ha conseguido dos victorias comunicativas: vincular la voz inglesa «America», sin adjetivos, para su propio país; y generalizar el gentilicio «American» como sinónimo de estadounidense.

9. Conviene evitar expresiones como «la mal llamada» justo antes de reproducir palabras o sintagmas que, por no corresponder con la realidad, no deberían utilizarse. Si algo no debe denominarse así, lo mejor es no hacerlo. Aunque se critique el error, verbalizarlo contribuye a su difusión.

7

Gestionar lo anecdótico y lo sintomático

Ni magnificar lo puntual ni silenciar lo habitual: la Armada española

La historia de la Armada española resulta especialmente enjundiosa por el interés que suscita su leyenda, en particular la referida a 1588. Como potencia imperial de la época, es lógico que cualquier victoria frente a España generase un efecto euforizante en sus enemigos. En este episodio angloespañol hay que poner en juego tres elementos clave: datos, contexto y emociones. Esta tríada tiene además sus versiones de percepción, según se mire desde la península o desde la ínsula. De nuevo el lenguaje desempeña un papel relevante. Por eso este epígrafe se titula así y no la «Armada Invencible», como se explica en el capítulo anterior.

De estar emparentadas las Coronas española y británica —con Felipe II como rey consorte de María de Inglaterra y antes con el primer matrimonio de Enrique VIII y Catalina de Aragón— se pasó a la hostilidad que llevó a Felipe II a planear la invasión de las islas. Tan cierta es la derrota de 1588 como la serie de victorias previas y posteriores a esa fecha. Si verdad es el fracaso español de invadir Inglaterra, no lo es menos la serie de similares intentos fallidos de ingleses en territorio hispano: Veracruz (1568), la Contra Armada de Francis Drake y John Norreys (1589), Cartagena de Indias (1741), Río de la Plata (1763), Islas Maldivas (1770) o Argentina (1804 y 1806). Se estima que, de los más de 3.000 barcos españoles que cruzaron el Atlántico entre 1555 y 1598, se perdieron unos 200, de los cuales no más de medio centenar por ataques enemigos.

De todas las batallas navales entre ambas potencias, la única que goza de conocimiento general es la trágica para España del Canal de la Mancha en 1588. En síntesis, de las 130 naves de la flota española, apenas seis se perdieron como consecuencia directa del combate. Más de medio centenar de barcos desapareció por el temporal previo y posterior a ese 7 de agosto, día del combate. Unos 15.000 hombres murieron por causas extrabélicas. Felipe II resumió en pocas palabras: «Contra los hombres la envié, no contra los vientos y la mar».

El temor británico al poder español era patente, hasta considerarse «la isla sitiada». Del evidente fracaso naval de 1588 no se debe deducir, según Parker, que la estrategia fuera equivocada ni que la flota no estuviera preparada. «Al contrario; sus contemporáneos admiraban las avanzadas técnicas de gobierno utilizadas por Felipe II, pues solo así pudo crear y controlar la Armada, una hazaña muy por encima de la capacidad de otros gobernantes de la época».[479]

Pasa lo que sucede, influye cómo se cuenta

Para el historiador británico Henry Kamen, «lo que no se puede negar es que el acontecimiento sirvió de base eficaz para un mito espléndido que los ingleses construyeron en torno a él. La eficacia de su propaganda convirtió la derrota de la Armada Invencible en una de las historias fundamentales de la grandeza nacional inglesa».[480] Prueba de ese carácter más legendario que real es que la reina Isabel I no consiguió ninguno de los tres objetivos que tras la batalla se propuso en connivencia con Portugal: destruir los buques españoles que quedaban en Lisboa, generar una rebelión lusa a través del aliado inglés Antonio de Prato e incautar los tesoros americanos que llegaran a la península.

Pasa lo que sucede, pero influye cómo se cuenta. Entre los muchos ejemplos disponibles, el siguiente ilustra cómo se desarrolla el proceso en varios pasos de importancia creciente:

1. Hecho: fracaso español ante Inglaterra en el que pierden unos 15.000 hombres, media docena de naves en combate y medio centenar por el temporal, de un total de 130.

2. Ficción: relato de Ruyard Kipling en *Puck en la colina de Pook*.

   > «¿Ves esa irregular senda que corre
   > paralela a los surcos de los trigos?
   > Ahí fue donde emplazaron los cañones
   > que al rey Felipe hundieron los navíos».[481]

3. Explicación: nota a pie de página aclaratoria de la estrofa.

   > «Se refiere al rey Felipe II de España y a la Armada Invencible que el monarca español envió contra la reina Isabel I de Inglaterra en 1588. La armada, al mando del inexperto duque de Medina-Sidonia, constituida por grandes galeones y pesados navíos de carga, no pudo competir con la flota inglesa, más ligera y de gran capacidad de maniobra. La armada, tras ser derrotada, emprendió una trágica singladura de regreso a España por el norte de la Gran Bretaña y el oeste de Irlanda, donde los temporales la destruyeron en su totalidad».[482]

4. Impacto: la percepción negativa para España y positiva para Inglaterra es proporcionalmente muy superior al hecho.

Al año siguiente se produjo la citada Contra Armada de Drake y Norreys. Ambos estimaron baja la moral de los españoles y alta la predisposición de los portugueses a sublevarse contra su nuevo soberano imperial. La flota británica acudió con alrededor de 180 barcos, unos cincuenta más de los enviados por Felipe II el año anterior. No solo no consiguió su propósito, sino que tuvo que huir, sufrir motines, deserciones, perder medio centenar de barcos y, sobre todo, lamentar unos 15.000 muertos.

Es difícil, si no imposible, hallar repercusión equiparable entre la derrota española de 1588 y la inglesa de 1589. De nuevo, pasa lo que sucede, pero influye cómo se cuenta.

1. Hecho: fracaso inglés ante España en el que pierden unos 15.000 hombres y medio centenar de naves en combate, de un total de 180. Solo tres barcos españoles hundidos.

2. Ficción: no se crea ningún relato o, si existe, su desconocimiento es general.

3. Explicación: solo en fuentes bibliográficas muy contadas y específicas.

4. Impacto: irrelevante.

Algo similar ocurrió con otra derrota inglesa, el intento frustrado de invadir Cartagena de Indias (hoy Colombia) en 1741. La expedición del almirante Edward Vernon se considera el mayor despliegue de la Armada de ese país hasta el desembarco de Normandía (1944) en la II Guerra Mundial: ocho navíos de tres puentes (alturas) y noventa cañones, veintiuno de dos puentes y cincuenta cañones, doce fragatas de 40 cañones, varias lombardas y 130 buques de transporte con 12.600 marineros y 10.000 soldados de infantería. Tras el ataque a Blas de Lezo y sus 3.000 hombres,[483] la expedición inglesa perdió más de 7.000 marinos y cincuenta buques.[484]

El exceso de autoestima e imprudencia llevó a Jorge II a acuñar monedas conmemorativas de una victoria que daba por segura. Hoy, el único hecho constatable son esas reliquias, buen símil del ridículo popular de vender la piel del oso antes de cazarlo. Las piezas muestran a lord Vernon de pie y a Blas de Lezo de rodillas bajo el lema *«The pride of Spain humbled by Ad. Vernon»*, el orgullo de España humillado por el almirante Vernon. Confirmada la derrota, la orden fue destruir las monedas y silenciar lo ocurrido. La represión británica resultó eficaz: pocos se enteraron entonces de lo sucedido y muchos lo siguen ignorando.

La importancia de omitir referencias a hechos que disgustan brindó un nuevo capítulo cuando, en 2016, se organizó una consulta popular por Internet para elegir el nombre de un nuevo barco de la Armada inglesa. Las autoridades británicas retiraron la candidatura del nombre del que apareció en primer lugar: «Blas de Lezo».[485]

Censura democrática: borrar la realidad que disgusta

A diferencia de lo ocurrido en España, donde se permitió criticar públicamente la política de Felipe II, esa libertad de expresión no halló espacio en el reinado de Isabel I. El historiador estadunidense William S. Maltby señala:

> «La crítica interna, por muy constructiva que fuese rara vez fue tolerada en la Inglaterra isabelina o de los Tudor, y resultaba difícil creer que monarcas absolutos como Carlos V y Felipe II la fomentaran entre sus súbditos. Aparte de cuestiones de fe, la libertad de palabra fue cara prerrogativa de los españoles durante el Siglo de Oro y no permitieron que cayera en desuso».[486]

Uno de los mejores reflejos contemporáneos de cómo se percibe el suceso histórico de 1588 en Inglaterra ocurrió cuando se preparaba la efeméride de su 400° aniversario. *The Times* informó en su portada del 17 de septiembre de 1987 de que la supuesta hazaña de Drake y la flota inglesa no fue tal y que la clave se debió al temporal. El titular resaltaba cómo Plymouth defendía a su héroe contra las novedades conocidas sobre la Armada española: «*Plymouth defends Drake against new Armada*». El cuerpo de la noticia rebajaba su protagonismo «*to a minor role, much less responsible for the Spanish defeat than was the British weather*», a un papel menor, muy inferior al factor meteorológico.

El rotativo incluía declaraciones del organizador de la exposición prevista para el año siguiente en el Museo Marítimo Nacional de Londres, en las que Stephen Deuchar decía no querer infravalorar el papel del famoso corsario. Añadía que el personaje encajaba con cierto arquetipo heroico inglés y que muchos en su país pensaban, erróneamente, que Drake estuvo al frente de la flota británica.

> «*Most people think Drake was in charge of the English fleet; he was not. He has been turned into a hero because he suits the English archetype of the swashbuckling, laid-back,*

super-efficient hero. But before the Armada he was a privateer who would go off raiding Spanish treasure ships. He was private enterprise personified».

Demasiados hechos contradecían, en efecto, lo que la mayoría de la gente pensaba. Lo malo es cuando en este tipo de situaciones el supuesto héroe es más mito que verdad. Cuando la realidad disgusta siempre cabe combatirla, aunque sea de forma ficticia, con la retórica. A tal remedio acudió en esa misma primera plana Reginald (Reg) Scott, representante del Ayuntamiento de Plymouth y *Lord Mayor* (alcalde) en 1982, año de la guerra de las Malvinas (o *Falklands*) contra Argentina. El político local criticó lo que consideraba un trato demasiado amable para no ofender a los españoles «*now that they are in Europe. Drake's role in the campaign was extremely significant; he was the best known Englishman to the Spaniards at the time*»: Drake fue el británico más conocido por los españoles de la época, sentenció. La condescendencia unida al estereotipo tiene efectos como los que saltan a la vista. Scott expresó también su intención de proponer una queja formal al Museo Marítimo Nacional.

Plymouth defends Drake against new Armada

By Alan Hamilton and Ruth Gledhill

Citizens of Plymouth are less than impressed by a forthcoming exhibition at the National Maritime Museum in London which suggests that their most famous son may not, after all, have been single-handedly responsible for the defeat of the Spanish Armada.

The exhibition, arranged to mark the four-hundredth anniversary of the Armada next year and due to open on April 20, aims to put the event into a wider historical context, and demotes Sir Francis Drake to a minor role, much less responsible for the Spanish defeat than was the British weather.

Dr Stephen Deuchar, organizer of the exhibition, said he was not trying to undermine Drake's role, "but we are not interested in the heroes and villains aspect of the story.

"Most people think Drake was in charge of the English fleet; he was not. He has been turned into a hero because he suits the English archetype of the swashbuckling, laid-back, super-efficient hero. But before the Armada he was a privateer who would go off raiding Spanish treasure ships. He was private enterprise personified."

The demotion of Sir Francis has particularly angered Mr Reg Scott, a member of Plymouth City Council and its Lord Mayor at the time of the Falklands campaign.

"The National Maritime Museum are being much too prissy about this, as though they did not want to offend the Spanish now that they are in Europe. Drake's role in the campaign was extremely significant; he was the best known Englishman to the Spaniards at the time."

Mr Scott intends to raise the issue at a city council meeting next week, and hopes that Plymouth will write to the National Maritime Museum to complain.

He is not impressed that Spain has lent many items for the exhibition, that the Queen is its patron, and that the Spanish ambassador is on its committee.

The city is fighting back; its first shot in the war was to refuse to lend the National Maritime Museum Drake's Drum, which is kept at his former West Country home, Buckland Abbey. It is also staging an important series of commemorative events of its own next summer.

Miss Janet Poynter, coordinator of Armada 400, the city council body running the commemoration, said yesterday: "In Plymouth, Drake is a great historical figure. Whereever I go in the world and mention 'Armada', people immediately say 'Drake'".

Bowls clubs from all over the world are coming to play on Plymouth Hoe, a large Spanish contingent is expected, and invitations have been sent to the 38 other Plymouths around the world. The city has put out tentative invitations to the Queen and to King Juan Carlos of Spain.

The highlight of Plymouth's celebrations will be a re-enactment of the naval battle next July.

Leading article, page 17

Portada de *The Times* del 17 de septiembre de 1987.

Celebraciones que proyectan mitos y no reflejan hechos

Si el impacto de la noticia fue notable, mayor relevancia alcanzó el comentario editorial —es decir, la postura del periódico— de ese mismo día: «*Whose Armada?*». Tras constatar cómo afectaba ese cuarto centenario al espíritu patriótico, se exponía que la queja radicaba en la ausencia de reconocimiento al impacto que la batalla en cuestión supuso para la causa de Inglaterra, el protestantismo y la libertad.

Resulta significativa la argumentación que se hacía de que las celebraciones de aniversarios nacionales deben ocuparse de proyectar mitos, no de reflejar hechos. Glosando al historiador inglés *sir* Herbert Butterfield, *The Times* distinguía dos tipos de historia: la científicamente comprobada, con precisión literal; y la alejada de la realidad pero esencial para mantener el espíritu nacional. Y concluía con una tercera opción, referida a las relaciones diplomáticas. El diario londinense estimaba que las relaciones angloespañolas no sufrirían por una celebración sin base histórica, pero con gran empuje emocional para los ingleses. Y remataba: los españoles son también libres de conmemorar su propia versión.

Esta última idea arroja una propuesta inédita de ejecución en España: ¿por qué no rememorar y celebrar acontecimientos históricos verificables, incontestables y alejados del mito y la ficción? Poner en práctica esta iniciativa ayudaría a la gestión reputacional de España, siempre que no se caiga en el extremo opuesto del exceso y la leyenda dorada.

Eduardo Garrigues, consejero cultural de la embajada y director del Instituto de España en Londres durante ese 400° aniversario, describe el ambiente imperante entonces, utilizado para «alimentar toda una doctrina chovinista sobre una supuesta victoria naval aplastante de una pequeña nación de gobierno liberal y religión protestante contra el Goliat de un imperio autoritario y fanáticamente católico».[487]

También cita la investigación arqueológica submarina de Colin Martin y Geoffrey Parker sobre barcos españoles naufragados en las costas de Irlanda y Escocia, que venía a confirmar la causa del temporal como determinante de la derrota. Según el diplomático español, la polémica alcanzó alto voltaje político y el entonces ministro de Educación, Christopher Patten, sentenció con peculiar humor: «Si fue cierto que lo que derrotó a la Armada española fue el mal tiempo, ¡al fin y al cabo no deja de ser nuestro mal tiempo británico!».

WHOSE ARMADA?

The proposed plans for the commemoration next year of the 400th anniversary of the Spanish Armada have already aroused deep anger in many patriotic breasts. The complaint is that the intended exhibition will make virtually no reference to Sir Francis Drake and that it will pay no tribute to the received English view that this great battle was a signal victory for the cause of England, Protestantism and liberty. The spirit of the occasion, it would seem, will be ecumenical, not patriotic.

Let it be said at once that, as far as accurate, scientific history goes, the festivities may be far nearer the literal truth than is the traditionally accepted English version of the event. Historians with no political axe to grind have for long been diminishing the reputation of Drake.

The Armada, it is now believed, was dispersed thanks to bad weather. The Spanish fleet was incompetent. Drake cannot quite be cast in the role of David against King Philip's Goliath. But what has a fourth centenary celebration to do with literal history?

The point is well illustrated by two great essays by the late Sir Herbert Butterfield. In his *Whig Interpretation of History*, published before the war, he subjected the received view of English history to a devastating attack. The notion that this country's past was a steady progress towards liberty, the rule of law, parliamentary democracy and all the other benefits of contemporary life was a grievous error. Our present liberties were not wrested by enlightened libertarian Protestants from bad authoritarian Catholics but arose from the mutual exhaustion of these two equally autocratic forces.

In the era of iconoclasm which Butterfield inaugurated, all the heroes and sacred cows were thrown overboard. Magna Carta became an instrument of tyranny designed by overmighty Barons to oppress the people; the Glorious Revolution, which we are also enjoined to celebrate next year, ceased to be a unique constitutional achievement and became instead the introduction to a century of Whig oligarchy.

In 1944, however, Butterfield wrote another book, not quite penitential, but certainly corrective. There were, he had discovered, two kinds of history, one which was scientifically tested and literally accurate, the other which had very little to do with what had happened but was essential to the maintenance of the nation's spirit. In short, we needed that abominable Whig interpretation of history in order to express our national ideals.

It was a myth in the proper philosophical sense of the word, a presentation designed to elevate the human mind and to symbolize profound convictions. The Whig, that is to say the national interpretation of history, told us nothing illuminating about the past. But it told much that was significant about the present and about our aspirations for the future. It was the history which is to be read in the nation's eyes.

It is this distinction which those responsible for organizing the commemoration of the Armada seem to have neglected. Historical pageants, national anniversary festivities should properly be concerned with projecting myths not recording facts. Could it be, however, that the organizers of this particular event have been concerned not so much with historical accuracy as with diplomatic politeness? A member of the Armada Group (which is organizing the festivities and which includes the Spanish ambassador) has said that it would not be diplomatic to say "Rah, rah, we gave them a thrashing".

This introduces us to a third kind of history — that designed not to tell the truth or express a national myth but to oil the wheels of diplomacy. Most international alliances, however, do not depend on cultural affinities and warm feelings between peoples, but are common interests between states. Anglo-Spanish relations will not really suffer if the English allow themselves a spasm of innocent and unhistorical self-congratulation over the Armada. The Spaniards are after all free to commemorate their version of the occasion.

Editorial de *The Times* del 17 de septiembre de 1987, página 17.

Como cabía esperar, el editorial del diario generó reacciones entre los lectores. Sus primeras cartas se publicaron una semana después, el 24 de septiembre, en la sección de Opinión. Stewart of Fulham expresó su temor de que alguien acabara escribiendo un libro que concluyera que la victoria inglesa solo fue un *«fluke»* (golpe de suerte o casualidad). Del sentido común de su legítima inquietud se deriva otra gran enseñanza para gestionar la reputación: las realidades sobre las que se escribe/lee menos parecen menos reales.

La carta de otro lector, F.H.E. Townshend-Rose, retrataba el comportamiento de Drake como el típico de un *«freebooter»* (bandido o pirata), más que de un comandante o jefe. Justo debajo aparecía el testimonio de Robson Lowe, que se describía como coleccionista de cartas del siglo XVI. Aseguraba que durante cuarenta años había tenido la esperanza de encontrar alguna misiva inglesa que, al menos, mencionara a la Armada. Citaba varias de julio-agosto de 1588, todas sin referencia alguna. Solo la carta de un comerciante italiano, a principios de julio, decía que si la fuerza naval española tuviera éxito en la ocupación de Londres sería *«very good for business»*, muy bueno para el negocio. Terminaba preguntándose si los ingleses tenían algún tipo de censura para prohibir cualquier mención de este histórico acontecimiento.

Mito familiar, realidad espectacular

Cinco días después, el 29 de septiembre, *The Times* publicaba en la misma sección una carta del entonces director del Museo Marítimo Nacional de Londres. Richard Ormond señalaba dos aspectos de la referida exposición prevista para el año siguiente: se incluía a Drake entre otros personajes y el evento conmemorativo no respondía a objetivos diplomáticos. El propósito era solo ofrecer la historia completa de la Armada *«in all its richness»*, en toda su riqueza. Se sabe mucho de lo ocurrido entonces, que afectó a dos grandes naciones y, en su opinión, no debía pedirse disculpas por prestar igual atención a ambas.

Merecen reproducirse de forma íntegra y literal los dos últimos párrafos de la carta, como se sabe, dirigida al director del rotativo. Por una parte, le sorprendía que un reputado periódico bicentenario, comprometido con reflejar la realidad, apostara en este caso más por proyectar mitos que por recordar hechos. Por otra, el director del museo se reafirmaba en su compromiso de «anteponer la verdad a la fantasía»:

> «[…] *Your view that «anniversary festivities should properly be concerned with projecting miths, not recording facts» is enlightening (if not conspiciously enlighetened). I confess to have been wholly taken in by The Times's own recent anniversary celebrations [1785-1985], which I eagerly followed in the evidently naive belief that they paid some concession to the facts of our illustrous past.*
>
> *Our Armada celebrations, by contrast, will unashamedly put truth before fantasy. The several hundred original artefacts we will be exhibitng next year [1988] represent real, living history. Whilst the myth is merely familiar the reality is truly spectacular»*.[488]

Magnífico resumen del criterio errado de desdibujar fronteras entre verdad y leyenda o, según el periódico, proyectar mitos no rememorando hechos. Sí, resulta esclarecedor el enfoque de un medio de comunicación influyente. Llegados a estos niveles, hoy aún más rebasados, merece agradecimiento la apuesta del rigor científico para anteponer la verdad a la fantasía. Es digna de enmarcarse la frase final de Richard Ormond: «mientras que el mito resulta solo familiar, la realidad es verdaderamente espectacular».

Esa realidad incluye episodios desconocidos para muchos, que relata el historiador español de origen holandés Álvaro van den Brule. El autor de *Inglaterra derrotada* pormenoriza: batalla de la Rochelle, incursión en Londres del almirante Tovar, batalla de San Juan de Ulúa, gesta del capitán Cuéllar, batalla de la isla de Flores, Cornualles e incursiones en el sur de Inglaterra, caso de

«El Glorioso», historia de Jorge Juan, golpe del «doble convoy», guerra en Pensacola (Norteamérica), batalla de Tenerife y varias derrotas de Nelson, etc.[489]

No se trata de confrontar quién lidera la clasificación de victorias, y menos aún en una realidad tan dramática como es cualquier guerra. Estos datos muestran que para la gestión reputacional no basta el bíblico «por sus frutos los conoceréis».[490] Por sus obras o hechos el conocimiento llega solo a quienes leen, se informan, y por tanto invierten tiempo y esfuerzo. Desgraciadamente son pocos. La mayoría desconoce los sucesos y forja su opinión con base en relatos técnicamente bien contados y, a veces, éticamente reprobables.

La divergencia percepción-realidad alcanza sus más altas cotas políticas en la aludida «emocracia», donde reina la emoción. Tras dejar la Casa Blanca, Barack Obama constató lo que muy probablemente ya sabía antes de ser presidente: «Me gustara o no, lo que conmovía a las personas eran las emociones, no los hechos».[491] Ese impacto afectivo parece que le ayudó a conseguir ciertos «galardones preventivos», como el Nobel de la Paz (2009), que recibió cuando aún no había cumplido un año como presidente. Cuando asumió el poder, prometió poner fin a las guerras heredadas de su antecesor, George W. Bush. Meses antes de salir de la Casa Blanca, sin embargo, «Obama alcanzó un triste hito que casi ha pasado desapercibido: lleva en guerra más tiempo que Bush o que cualquier otro presidente estadounidense», publicó *The New York Times*. Junto con amables palabras y evidentes aciertos políticos, sus dos mandatos fueron «ocho años de guerra continua»: Afganistán, Irak y Siria. Además, autorizó ataques contra grupos terroristas en Libia, Pakistán, Somalia y Yemen, lo que eleva el total a siete países en los que su Administración desarrolló acciones militares.[492] En contraste, su sucesor, Donald Trump, junto con palpables desaciertos verbales y ejecutivos, fue el único presidente norteamericano desde 1980 que no empezó ninguna guerra en su primer mandato. Paradójica divergencia entre realidad y reputación.

Tú, facilita las imágenes y yo me ocuparé de (provocar) la guerra

Cuatro siglos después del capítulo de la Armada, el entorno naval protagonizó otro episodio digno de análisis desde la óptica comunicativa. El resultado fue la pérdida ante EE.UU. del último territorio español en suelo americano, Cuba. Igual que ocurrió contra los ingleses en 1588, lo que España perdió primero en 1898 fue la batalla de la comunicación o, si se prefiere, del relato de la verdad en torno al hundimiento del «Maine».

Determinante fue el icono del periodismo torticero William Randolph Hearst y el *New York Journal,* medio de su emporio. A sus ambiciones de influencia y poder mediáticos tras su paso por Harvard añadió sus aspiraciones políticas: consiguió escaño en la Cámara de Representantes por el Partido Demócrata, aunque no alcanzó su sueño de ser alcalde de Nueva York ni gobernador del estado homónimo. Las extravagancias de su perfil personal y profesional se muestran en la película *Ciudadano Kane.*

Como se vio en la guerra contra Irak (2003) y en otros conflictos internacionales liderados por EE.UU. en los siglos XX y XXI, cuando existe voluntad política de atacar a un país se buscan pruebas y, si no se hallan, se fabrican. Desde que el mundo es tal, la mentira asoma de la mano de la pulsión humana del poder. En este caso, cuanto más mermaba el poderío español en el mundo, mayor ambición expansiva guiaba la influencia estadounidense.

Actor político ineludible fue entonces el futuro presidente Theodore Roosevelt, como se detalla en la biografía de Henry F. Pringle. Tras su paso por la Asamblea del estado de Nueva York, el 4 de julio de 1886 expresó su deseo de ver desaparecer cualquier poder europeo en suelo americano, «*to see the day when not a foot of American soil will be held by any European power*». En 1895, Roosevelt brindó una muestra de su fervor belicoso, al sugerir a John D. Long, secretario (ministro) de la *US Navy* (Marina), que su país necesitaba una guerra: «*This country needs a war*». Ya nombrado subsecretario, n° 2 de la Marina, reiteró en una carta privada de 1897, aún con mayor franqueza, su deseo de confrontación con España desde dos puntos de vista: liberar a Cuba de la dominación europea y mostrar a los estadounidenses el valor real de su Ejército y su Marina:

> *«I would regard a war with Spain from two viewpoints: First, the advisability on the ground both the humanity and self-interest of interfering on behalf of the Cubans, and of taking one more step toward the complete freering of America from European domination; second, the benefit done to our people by giving them something to think of which isn't material gain, and especially the benefit done our military forces by trying both the Army and the Navy in actual practice. I should be very sorry not to see us make the experiment of trying to land, and therefore to feed and clothe, an expeditionary force, if only for the sake of learning from our blunders. I should hope that the force would have some fighting to do. It would be a great lesson, and we would profit much by it».*[493]

De nuevo, intereses políticos y económicos maridaban con ámbitos mediáticos. Entre los peones del tablero de Hearst, destacaron el dibujante Frederick Remington y el reportero Richard Harding Davis, enviados por el *Journal* en 1896 para informar de la revolución cubana. Se cuenta que poco después de llegar y tras comprobar el ambiente de calma que reinaba en la isla, Remington escribió a Hearst con lo que veía y su jefe le respondió con lo que buscaba:

> *«–Everything is quiet. There is no trouble. There will be no war. I wish to return.*
> *–Please, remain. You furnish the pictures and I'll furnish the war».*

«Si hay calma –venía a decir–, tú facilita las imágenes y yo me ocuparé de (provocar) la guerra». Al parecer, cobró 3.000 dólares mensuales de la época para crear material gráfico que mostrara el conflicto cubano.

A un contexto ultramarino de frecuentes revueltas independentistas se sumaron otros sucesos peninsulares, como el asesinato del presidente español Cánovas del Castillo (1897). Tras nuevos disturbios en la isla el 12 de enero de 1898, la Casa Blanca dijo contemplar la opción de enviar un navío de guerra. Supuestamente solo buscaba un efecto calmante y proteger los intereses de sus ciudadanos allí. El embajador español en Washington, Dupuy de Lôme, avisó de que España consideraría esa acción como un acto poco amistoso.

El hundimiento del 'Maine' (1898)

El 24 de enero por la mañana Washington reiteró su intención de desplazar a la zona un barco en misión amigable. Ese mismo día por la tarde una segunda comunicación detalló que el «Maine» ya iba rumbo a Cuba. Sorprende este modo particularmente expeditivo. El contralmirante Montgomery Sicard, comandante del North Atlantic Squadron, recibió un cable telegráfico del citado John D. Long, secretario de la Marina. Le ordenaba dirigir el buque hacia Cuba, cuidar toda forma de amistad y que no lo acompañara ningún barco lanzatorpedos:

> *«Order the Maine to proceed to Havana, Cuba, and make friendly call - Pay his respects to the authorities there - Particular attention must be paid to usual interchange of civility - Torpedo boat must not accompany Maine - The squadron must not return to Key West on this account».*

Con esta consigna de amistad y civilidad, 24 horas después, el 25 de enero el acorazado arribaba en la costa cubana con el práctico Julián García López a bordo. El comandante y capitán de navío Charles D. Sigsbee preguntó a García si se esperaba al buque y qué clase de recibimiento tendría. El hispano contestó que no se le esperaba —las autoridades cubanas habían recibido el aviso la víspera por la noche— y que los americanos no tenían nada que temer, siempre que se comportaran correctamente. El práctico mostró una carta del puerto al comandante con la sección destinada al fondeo de los buques de guerra. Le preguntó si le parecía bien el lugar, a lo que Sigsbee respondió que sí. Mientras un gentío de cubanos contemplaba la entrada del acorazado en el puerto, García dirigió la maniobra de amarre a la boya número cuatro con una pericia que mereció la admiración del comandante.

La llegada de un navío de EE.UU. acrecentó el interés informativo de una prensa especialmente ávida de novedades. El movimiento militar exacerbó el ya beligerante activismo intervencionista jaleado por el *New York Journal* contra España. El propio Hearst viajó a Cuba para fotografiar al «Maine» desde su yate. Una semana antes del hundimiento, Roosevelt había sugerido a Long un ataque aéreo en la España peninsular, «*a flying squadron which slip through Gibraltar at night, destroy Barcelona, and strike Cadiz*».[494] El 15 de febrero de 1898 el buque explotó.[495]

Según la cronología que recoge Antonio Barro,[496] esa misma noche Sigsbee envió un cable al capitán de navío James A. Forsythe, comandante de la base naval de Key West (Florida). Le informaba de que el «Maine» había explotado a las 21.40 h y había quedado destruido; muchos muertos, heridos y ahogados; ante la confusión y los datos imprecisos, pedía cautela para que la información periodística no sacara conclusiones precipitadas ante la opinión pública y destacaba el apoyo y la simpatía que los norteamericanos estaban recibiendo de los españoles, incluida la máxima autoridad en la isla, el gobernador y capitán general Ramón Blanco y Erenas:

> *«Maine blown up in Havana harbor at nine forty to-night (sic) and destroyed. Many wounded and doubtless more killed or drowned. Wounded and others aboard Spanish man-of-war and Ward Line Steamer. Send Light House Tenders from Key West for crew and the few pieces of equipment above water. No one has clothing other than that upon him. Public opinion should be suspended until further report. All officers believed to be saved… Many Spanish officers, including representatives of General Blanco, now with us to express sympathy».*

Forsythe, a su vez, cablegrafiaba al secretario John D. Long para transmitirle, con mayor brevedad, lo comunicado por Sigsbee:

> *«Sigsbee wires - Tell admiral Maine blown up and destroyed - Send lightHouse (sic) Tenders - Many killed and wounded - Dont (sic) send War vessel if others available. I have sent ereecssen (sic) [ericsson] to Sicard with sigsbee's (sic) dispatch about disaster - Mangrove getting up steam to go over shall I also send Fern?».*

Y telefoneaba después personalmente a William McKinley, el 25° presidente de Estados Unidos, que mostró gran sorpresa.

De estas primeras comunicaciones militares merecen subrayarse algunos fragmentos. Para empezar, no se percibe hostilidad ni en los hechos ni en las palabras; más bien al contrario. Al solicitar ayuda, Forsythe enfatiza la conveniencia de no enviar un nuevo buque de guerra, si hubiera otros disponibles. También destila prudencia la petición del comandante del «Maine»: *«Public opinion should be suspended until further report»*. La gestión de los momentos iniciales de una crisis es determinante. Se debe primar la cautela y agilizar el saber a ciencia cierta qué ha pasado (datos). De forma simultánea, conviene rebajar la tensión propia de tan extraordinaria circunstancia (emociones). Esta descompresión emocional es tanto más necesaria cuanta mayor gravedad rodea al suceso (contexto). Por eso merece elogio la frase final de Sigsbee: muchos agentes españoles, incluidos representantes de la máxima autoridad de España en Cuba, están ahora con nosotros para expresarnos simpatía.

Sin embargo, poco más de 24 horas después, el 17 de febrero el periódico de Hearst titulaba en su primera plana: *«Destruction of the War Ship Maine was the Work of an Enemy»*; y subtitulaba que el subsecretario de la Marina, Theodore Roosevelt, estaba convencido de que no había sido un accidente. La portada del *Journal* se completaba con anuncios del propio diario que ofrecían recompensas de 50.000 dólares a quien aportara indicios sobre los *«criminals Who Sent 258 American Sailors to Their Death»*. Al parecer, de los 354 componentes de la tripulación fallecieron finalmente 266. Los ocho restantes murieron días después a causa de las heridas.

El *Journal* abanderó un estilo periodístico que siguieron otros medios para convencer a la opinión pública norteamericana de que la guerra entre EE.UU. y España era justa y necesaria. Es arriesgado afirmar que Hearst provocó la guerra, pero caben pocas dudas de que no habría estallado sin su deshonesta munición periodística.[497]

Portada del *New York Journal* del 17 de febrero de 1898.

Hearst y el negocio de la prensa: bulos de ayer y de hoy

La información gráfica incluía un dibujo del buque en el que se apreciaba una mina junto a la quilla, de la que salían hilos eléctricos conectados a un detonador manipulado por españoles en la playa. Poco después se publicaba una imagen del boquete abierto por un supuesto torpedo español. El historiador estadounidense Willis F. Johnson descubrió más tarde que esa misma imagen se había publicado años antes como un eclipse de sol. Se constata que los bulos que hoy asolan el contexto social de tantos países vienen de lejos.

Hearst erigió un monumento en memoria de los fallecidos, puso en marcha el llamado «juego de la guerra con España» y animó a los lectores a escribir a la Casa Blanca para atacar cuanto antes al enemigo. Este tipo de promociones se entienden mejor al saber de la competencia feroz que el *Journal* libraba con el no menos amarillo *World* de Joseph Pulitzer. La rivalidad llevó al excéntrico millonario al extremo de imprimir hasta cuarenta ediciones en un solo día. Por aquellas fechas Hearst, con treinta y cinco años, proclamaba haber alcanzado la tirada récord de 1.250.000 ejemplares diarios, cantidad idéntica a la declarada por su competidor y mentor.[498]

Para combatir las calumnias, las autoridades españolas decidieron impedir a los periodistas del *Journal* acceder al telégrafo, ante lo cual el rotativo de Hearst se presentó como víctima de una injusta represión. El propio empresario aprovechó el viaje a Cuba de miembros del Congreso para unirse a ellos y denominarlos «los comisionados del *Journal*».

Sobre la explosión en sí cabían dos explicaciones: accidente o acto deliberado. En el primer caso, el comandante Sigsbee debería dar explicaciones. Si se trataba de un sabotaje, en cierto modo él también era culpable. Pero si la acción procedía de autoridades hispanas, disidentes actuando contra su Gobierno o insurgentes cubanos, España era responsable, ya que tenía en sus manos la seguridad del buque en aguas cubanas, siempre y cuando este hubiese cumplido con la reglamentación del puerto. También debía esclarecerse si la explosión se había originado dentro del buque —entonces España no era culpable— o fuera, en cuyo caso era posiblemente deliberada y la responsabilidad, de nuevo, hispana.

Los hechos tardan en verificarse, las emociones afloran 'ipso facto'

El 17 de febrero, Sigsbee transmitió un cable al secretario de la *US Navy*: «*Probably Maine destroyed by mine, perhaps by accident. I surmise that her berth was planted previous to her arrival, perhaps long ago. I can only surmise this*». Esto que suponía el comandante ponía en cuestión la decisión norteamericana de una visita de cortesía imprevista, que es lo que había argumentado a Sigsbee el práctico, Julián García López, al decirle que no se le esperaba.

El 19 de febrero, la *US Navy* constituyó la *Court of Inquiry* para investigar el origen del suceso, una junta bipartita compuesta por miembros de ambos países. Por EE.UU.: los capitanes de navío William T. Sampson (presidente) y French E. Chadwick, y los capitanes de corbeta William P. Potter y Adolph Marix (este último como juez auditor); y tenía autorización para reunirse en cualquier buque del *North Atlantic Squadron*, tanto en Key West como en La Habana. Por España, la correspondiente Comisión de Investigación —designada por el almirante Vicente Manterola, comandante del Apostadero de La Habana— nombró presidente al capitán de navío Pedro del Peral y Caballero, y como secretario, al teniente de navío Francisco Javier de Salas y González. Ramón Blanco y Erenas, capitán general de Cuba, propuso realizar una investigación conjunta, pero Roosevelt creía que la opinión pública norteamericana no lo aceptaría, por lo que se decidió investigar por separado.

Según las conclusiones de la Comisión española, de acuerdo con los informes de oficiales de Artillería naval, la explosión se debió a la combustión espontánea del carbón almacenado en el espacio adyacente al pañol o compartimento de municiones del buque. Para los expertos españoles, resultaba asombroso que todavía se construyeran barcos con pañoles de munición contiguos a las carboneras. Sobre la imposibilidad de que hubiera explotado una mina, señalaban: a) no se observó ninguna columna de agua; b) una mina de contacto no podría detonarse al no moverse el buque por estar el viento y la mar en calma, y en el caso de que hubiera sido eléctrica, no se encontraron cables entre el lugar del accidente y la costa; c) no había peces muertos en las inmediaciones del «Maine»; y d) los pañoles de munición no suelen hacer explosión cuando un buque se hunde a consecuencia de una mina.

Por su parte, los miembros de la *Court of Inquiry* firmaron el acta el 21 de marzo y la entregaron al presidente McKinley el día 25.

Según la junta, se habían tomado todas las precauciones reglamentarias sobre la seguridad de los pañoles de municiones. En cuanto al hundimiento del buque, identificaba dos explosiones. La primera había levantado la proa del barco, deformado la quilla en forma de V invertida y dejado las planchas del fondo hacia arriba. Para esta comisión, esto solo pudo originarse por «*the explosion of a mine situated under the bottom of the ship at about frame 18 and somewhat on the port side of the ship*». La causa de la segunda era un pañol de municiones.

Querer o no querer saber la verdad

Con base en la documentación manejada en su relato cronológico, Antonio Barro señala varias curiosidades. Por una parte, Sigsbee, siendo parte interesada, tenía autorización para asistir a las sesiones e interrogar a testigos. Por otra, no se llamó a testificar al contralmirante George W. Melville, jefe del *Bureau of Steam Engineering*, que había dicho que la causa del desastre fue una explosión en un pañol de municiones. Tal ausencia sorprende más por tratarse de alguien que ocupaba un puesto oficial que requería una gran competencia profesional. Investigaciones publicadas después, como la del almirante Hyman G. Rickover, inciden en este punto: «*He* [Melville] *gave no credit to the theory that a shock from a mine explosion could detonate the magazines* [cargadores]».

El *Journal* no albergaba dudas sobre la autoría directa de España en el hundimiento. El diario de Hearst prosiguió y potenció aún más su activismo para que los lectores escribieran al presidente en busca de venganza. Empezó a publicar noticias que transmitían lo fácil que sería ganar esa guerra. Informaba, para demostrarlo, de la creación de un regimiento voluntario de atletas famosos (jugadores de béisbol, boxeadores, etc.) que con su sola presencia amedrentaría a cualquiera, el hermano del famoso bandido Jesse James se brindada a dirigir una compañía formada por *cowboys*,

600 indios *sioux* se ofrecían para acabar con el enemigo, etc. Para competir con esta última noticia, el *World*, de Pulitzer, subió la cifra a 30.000 indios que, dirigidos por Búfalo Bill, ganarían en menos de una semana.[499]

Como siempre, la desinformación distrae de los hechos y sublima las emociones. El caso desencadenó una retórica perversa al grito de «*Remember the Maine, to Hell with Spain!*»: recordad el «Maine», ¡al infierno con España! Una vez más, se constata la ventaja de impacto de ser el primero en dar cifras o explicaciones sobre cualquier asunto, por complejo y delicado que sea. Es frecuente que sean los menos prudentes y ponderados quienes ocupen ese lamentable privilegio. La manipulación informativa de Hearst y su juicio acusatorio, sin pruebas, contra España fueron muy por delante de los pronunciamientos oficiales... y en política esto influye más que la verdad.

El 7 de marzo, dos semanas antes de que la *Court of Inquiry* concluyera su investigación, el *Bureau of Ordnance* firmó una orden para comprar munición por valor de cuatro millones de dólares. Días después, un tren con cincuenta toneladas de armamento salía hacia Tampa (Florida) con destino al *North Atlantic Squadron*. El 28 de marzo, el presidente McKinley remitía al Congreso un escrito junto con el informe de la *Court of Inquiry*. El 19 de abril, la Cámara aprobaba una resolución que reconocía la independencia de Cuba —pero no la existencia de un Gobierno cubano—, y autorizaba al presidente a forzar que España renunciara a ese territorio. El mandatario firmaba la resolución el día siguiente, el 21 España y EE.UU. rompían relaciones diplomáticas y el 25 de abril de 1898 el Congreso declaraba la guerra a España. El *Journal* titulaba su edición vespertina: «¡Ahora a vengar al 'Maine'!».

Apenas unos días después, el 4 de mayo, el primer ministro inglés lord Salisbury pronunciaba un discurso en el que dividía a los pueblos del mundo en «*living nations*», naciones llenas de vitalidad, y «*dying nations*», naciones moribundas.[500] Precisaba que las primeras tenían la vocación de dominar a las segundas. Cuba pasó a convertirse en colonia estadounidense.

De la beligerancia verbal a la ejecutiva

La *Enciclopedia Británica* retrata las tristes consecuencias de la perversa ambición de William Randolph Hearst y su desmedido afán por vender más periódicos: «*The Journal... demanded (1897-98) war between the United States and Spain. Hearst, in fact, was widely believed to have conjured up the Spanish-American War of 1898 merely to stimulate newspaper sales*». Añade que la influencia del *Journal* fue tal que promovió el asesinato del presidente McKinley: «*A Hearst editorial approving political assassination under extreme circumstances preceded by five months the murder of McKinley (September 1901); Theodore Roosevelt, in his first official message as McKinley's successor, denounced Hearst without mentioning him by name*».[501]

La beligerancia verbal y ejecutiva de Roosevelt, que en 1901 le auparía como el 26º presidente de EE.UU., mereció el tardío reproche de quien antes fue su jefe. John D. Long lamentaba las consecuencias de la gestión imprudente y sin la necesaria cabeza fría de su nº 2, al que describía «*like a bull in a china shop*», como un elefante en una cacharrería:

> «*I find that Roosevelt, in his precipitate way, has come very near causing more than an explosion that happened to the Maine. Having authority for that time of Acting Secretary, he immediately began to launch peremtory orders. He has gone at things like a bull in a china shop. It shows how the best fellow in the world —and with splendid capacities— is worse than no use if he lacks a cool head and discrimination*».[502]

Pulitzer y su 'precisión, concisión, exactitud': buen lema, mala práctica

El periodismo destructivo de Hearst no actuó solo en su ataque a España y a la verdad. Compartió mezquindad profesional con *The Sun, The New York Herald* y también el *New York World* de Joseph Pulitzer. Este afamado periodista, nacido en Mako (Hungría), tenía clara su ambición: «Yo nunca seré un presidente porque soy un extranjero, pero algún día yo elegiré a uno». Sus aires de grandeza, quizá agravados por su quebradiza salud mental, revelaban tics de narcisismo y obnubilación ante sus excelsos proyectos. En el caso del «Maine», su diario sostuvo que los oficiales españoles habían llegado a brindar tras la explosión del barco, cuando lo cierto es que trabajaron durante toda esa noche para rescatar a los supervivientes. El 16 de febrero, sembraba la duda: «No está claro si la explosión se produjo dentro o debajo del 'Maine'». Entre las afirmaciones destacadas en la portada del día 17, se aseguraba que el Gobierno federal estaba «*ready for vigorous action if Spanish responsability can be shown*», preparado para una respuesta contundente si se demostraba la responsabilidad española.

Resulta irónico que algunos ejemplos tan sensacionalistas, lejos de criticarse, se tornaran en referentes internacionales para reconocer la excelencia del mejor periodismo. En su testamento estableció la convocatoria de los conocidos Premios Pulitzer. Se puede comprender quizá porque también los protervos aciertan en algunos mensajes. El director del *World* poblaba las paredes del rotativo con loables criterios de buen hacer periodístico, como «*accurate*»: precisión, concisión, exactitud. Es un lema excelente, sobre todo, si se practica.

Portada del *New York World* del 17 de febrero de 1898.

Nacionalistas vascos elogian a EE.UU. como 'defensor de los pueblos oprimidos'

Como nuevo inquilino de la Casa Blanca desde 1901, Roosevelt recibió numerosas felicitaciones, entre las que se encontraba la del Partido Nacionalista Vasco (PNV), que reprodujo *The New York Times:*

«Vascos felicitan al Sr. Roosevelt

San Sebastián, España, septiembre 22. Los nacionalistas de las Provincias Vascas han enviado un mensaje al presidente Roosevelt, felicitándolo por su nombramiento y expresando sus mejores deseos por el bienestar de los Estados Unidos como el 'defensor de los pueblos oprimidos'».

Un segundo telegrama no llegó a su destinatario, pero tuvo más consecuencias. El motivo fue la declaración del presidente norteamericano para proclamar la independencia de Cuba en 1902. Esta vez fue el propio fundador del PNV, Sabino Arana Goiri, quien intentó enviarle este mensaje:

«Roosevelt, presidente Estados Unidos. Washington. Nombre Partido Nacionalista Vasco felicito por independencia Cuba por federación nobilísima que presidís, que supo liberar la esclavitud. Ejemplo magnanimidad y culto justicia y libertad dan vuestros poderosos estados, desconocido historia, e inimitable para potencias Europa, particularmente latinas. Si Europa imitara, también nación vasca, su pueblo más antiguo, que más siglos gozó libertad rigiéndose Constitución que mereció elogios Estados Unidos, sería libre. Arana Goiri».

Interceptada la comunicación, se encarceló a Sabino Arana, acusado de ataque a la integridad española. Conocida la historia de EE.UU., llama la atención en el texto la referencia, precisamente, a liberar de la esclavitud. También es apreciable el uso ya comentado del adjetivo «latinas», que diluye el protagonismo español, a diferencia del calificativo «hispanas» para referirse a potencias europeas. Abundan por el contrario las evidencias, que no se mencionan, de los numerosos vascos protagonistas en el Imperio hispano,[503] en este caso, también en relación con EE.UU., como Diego de Gardoqui, primer embajador de España allí.

Para que no solo el tiempo dé la razón, gestionar también lo emocional

Entre 1910 y 1911, el Congreso estadounidense, en diferentes sesiones asignó 650.000 dólares para sacar el «Maine» del puerto de Cuba y recuperar los setenta cadáveres que se estimaba seguían en su interior. El 13 de febrero de 1912 se reflotó el barco, que fue remolcado y hundido con gran ceremonia a cuatro millas de la costa cubana. Antes de recuperar los restos del «Maine», una comisión de la *US Navy* lo inspeccionó y fotografió. En noviembre de ese año, la Marina nombró una comisión inspectora, presidida por el contralmirante Charles E. Vreeland, técnicamente más cualificada que la *Court of Inquiry* de 1898, pero que concluyó básicamente lo mismo: el hundimiento se debió a una carga explosiva exterior y al consiguiente estallido del pañol de municiones de proa.

Varias décadas más tarde, con los datos reposados y las emociones calmadas, el almirante Hyman G. Rickover se embarcó en un análisis pormenorizado de informes, fotografías y otras evidencias disponibles. Pidió ayuda a dos expertos, que plasmaron sus conclusiones en *The USS Maine: an examination of the technical evidence bearing on its destruction.*[504] En síntesis, como se lee en el epígrafe 2.1.2., fue una explosión iniciada en el interior del buque lo que lo destruyó:

> *«Evidence of a Magazine explosion. The general character of the overall wrecked structure of the Maine, with hull sides and whole deck structures peeled back, leaves no doubt that a large internal explosion occurred. This is the immediate reaction on seeing the photographs of the wreckage. The impression is verified by the similarity to some later experience... The internal explosion on the Maine was, without a doubt, a magazine explosion, since only the magazines contained an*

amount of explosive material sufficient to do the documented damage. The wreckage also leaves no doubt that the explosion was in the forward magazines, since the after magazines were found intact in the less damaged after portion of the ship».

Completamente en línea con lo expuesto por la Comisión de investigación española de 1898, el análisis concluye que, al no hallarse evidencias técnicas de una explosión externa, las pruebas disponibles apuntan a un origen interno como causa de la destrucción y del hundimiento del «Maine»: «*We have found no technical evidence in the records examined that an external explosion initiated the destruction of the Maine. The available evidence is consistent with an internal explosion alone. We therefore conclude that an internal source was the cause of the explosion».* Rickover incluyó este análisis en su libro *How the Battleship Maine Was Destroyed.*[505]

En 1976, el almirante norteamericano autorizó a la Armada española a traducir el libro e imprimir un número limitado de copias. En 2001 se publicó *Theodore Roosevelt, the US Navy and the Spanish-American War,*[506] libro que ofrece datos adicionales. Al parecer, en aquella época se usaban mamparos comunes (tabiques de tablas o planchas de hierro) para separar las carboneras de los pañoles de munición, pero la *US Navy* empezó a utilizar carbón bituminoso, que es mucho más volátil y propenso a la autocombustión. Por tanto, un fuego en las carboneras pudo haber originado la detonación de los pañoles de munición del buque, confirmando así lo publicado por Rickover. A idéntica conclusión llegó una investigación en 2002 del *The History Channel* en el documental «*Death of The USS Maine*», de la serie *Unsolved History.*

Como expresa Miguel Herrero de Miñón, «cuando solo el tiempo termina dando la razón, es de lamentar por la ineficacia de la razón y la pérdida del tiempo».[507] Ayuda a evitarlo profesionalizar una gestión armónica racional-emocional.

SÍNTESIS REPUTACIONAL

1. Propuesta inédita: rememorar y celebrar acontecimientos históricos verificables, incontestables y alejados del mito y la ficción. Poner en práctica esta iniciativa ayudaría a la gestión reputacional de España, siempre que no se caiga en el extremo opuesto del exceso y la leyenda dorada.

2. Las realidades sobre las que se escribe o lee menos parecen menos reales.

3. Para la gestión reputacional no basta el bíblico «por sus frutos los conoceréis». Por sus obras o hechos el conocimiento llega solo a quienes leen, se informan y, por tanto, invierten tiempo y esfuerzo. Desgraciadamente son pocos. La mayoría desconoce los hechos y forja su opinión con base en relatos técnicamente bien contados y, a veces, éticamente reprobables.

4. La gestión de los momentos iniciales de una crisis es determinante: 1. Primar la cautela y agilizar el saber a ciencia cierta qué ha pasado (datos). 2. Rebajar la tensión emotiva propia de tan extraordinaria circunstancia (emociones). 3. Esta descompresión emocional es tanto más necesaria cuanta mayor gravedad rodea al suceso (contexto).

5. La desinformación distrae de los hechos y sublima las emociones.

6. Lleva ventaja de impacto el primero en dar cifras o explicaciones sobre cualquier asunto, por complejo y delicado que sea. Es frecuente que se adelanten los menos prudentes. La manipulación informativa de Hearst y su juicio acusatorio, sin pruebas, contra España fueron muy por delante de los pronunciamientos oficiales… y en política esto influye más que la verdad.

55 reflexiones ejecutivas

Hasta aquí un somero repaso a algunos episodios de la historia de España desde una perspectiva de comunicación directiva y de gestión reputacional.

Se observan patrones de abordaje político y tratamiento informativo por parte de ingleses, franceses, estadounidenses… no solo en los hitos que comparten con los españoles, sino también a la hora de contar ellos nuestra historia. Resultan claramente rastreables tanto líneas generales como aplicaciones prácticas para defender legítimamente la imagen de los respectivos países.

Sin embargo, este modo de proceder no halla equivalente en España. Es más, el mero intento de un proyecto semejante requeriría un consenso político tan infrecuente como necesario. Estas páginas se articulan como estrategia y propuesta concreta para revertir tan injusta tendencia, en la que también se aprecia cierto gusto por la autoflagelación.

Comparto algunas reflexiones inspiradoras de Willy Brandt acerca de la «locura organizada» de tragedias como la carrera armamentista y el hambre en el mundo.[508] Adaptadas, sus ideas y palabras encajan en mi también «preocupación fecunda» sobre la Leyenda Negra.

Coincido con el veterano socialdemócrata alemán en que «el hambre masiva evitable es injusticia masiva clamorosa» y que «donde reina el hambre masiva no se puede hallar la paz». Por mi parte, añado que donde señorea la ignorancia no cabe la verdad, y sin ella escasea la libertad. Quien fue premio Nobel de la Paz (1971) enfatiza que «los pueblos hambrientos no son libres». Los ignorantes tampoco. Sí, «los hechos hablan», pero no es suficiente si nadie los escucha.

Querer Saber la Verdad y Ser Libres

El diagnóstico destilable de este análisis precisa inteligencia contextual para relacionar adecuadamente sus puntos cardinales, resumibles en Querer Saber la Verdad y Ser Libres.

Querer. Si la voluntad no activa la apertura mental, no cabe mejora posible. No hay evidencia suficiente para quien no quiere ver, ni argumento para el reticente a comprender, ni experiencia para quien se niega a aceptar la realidad. Prueba de voluntad saludable es la capacidad de asumir que a veces tiene razón quien nos cae mal o que yerra quien nos cae bien. No estar abierto a cambiar de opinión ahoga la vida.

Saber. Solo queriendo se puede combatir la ignorancia. Reclama humildad e implica escuchar, leer, relacionar, comprender… La madurez personal y social de saber supone una amenaza para cualquier totalitarismo, para muchas democracias y para las organizaciones que desconfían del talento. Más grave que desconocer es ignorar esa carencia. El saber profundo permite identificar mecanismos anestesiantes de conciencias que sucumben a la ignorancia, antesala tanto de parálisis como de atolondramiento. Como el terrorismo, que mata a personas y paraliza sociedades, el desconocimiento es esclavitud. Una forma de perpetuar esta lacra es prescindir del pasado, pretender cambiarlo o desconectarlo del presente. El saber genuino vacuna contra el virus de la prostitución lingüística, la que disocia las palabras de la realidad. La trasparencia se muestra con hechos y, después, se ratifica con dichos.

La Verdad. Existe, con independencia de que se llegue a ella. No conocerla no la hace desaparecer. Prueba de estar ante la verdad es que no bloquea, sino que es creciente y abre a nuevas verdades. Cuando se quiere saber, la verdad es liberadora, si adaptamos nuestra percepción a ella. Armonizar pasión por la verdad e inteligencia emocional orienta en las encrucijadas de procesos entrañablemente humanos de pasado doloroso. Por el contrario, la mentira esclaviza y se aparea con el odio y el miedo. Mentir separa, divide y colapsa. Quizá por ello es recurso de quienes atentan contra la unidad legítima de personas y organizaciones.

Ser. Lo que somos de forma esencial, no superficial, puede gustar o no, pero no se puede forzar. Nuestro ser hoy se explica por lo que fuimos ayer. Imposible cambiar el pasado. Conocerlo bien predispone a gestionar mejor el presente y el futuro. Ser y parecer se asemejan, pero difieren sustancialmente. Alta envidia y baja autoestima minan el ser propio. Más que intentar parecerse a lo mejor del presente ajeno, conviene procurar ser fiel a lo mejor del pasado propio. Eso implica dos acciones, solo eficaces si van acompasadas: asumir los aciertos para potenciarlos y los errores para evitarlos. Conocer las mejores cualidades de algo o alguien y encontrar su sitio en una organización o un país es de las inversiones más eficientes. No hacerlo genera pérdida de tiempo, energía, dinero, talento… y personas.

Libres. La libertad es una capacidad. Abre opciones, pero no garantiza aciertos. Sin verdad no hay libertad, ya que se ignoran posibilidades, incluidas las correctas. Mejor elegir la verdad incómoda que la mentira complaciente. La libertad honesta descomplica la gestión reputacional porque, entre otras cosas, reduce a una las versiones de lo ocurrido: la verdad conocida, siempre abierta a nuevas verdades. La frescura de la libertad y el sentido común humanizan cualquier sociedad.

Interiorizar estos cinco hitos predispone a una doble transición aplicable tanto a las personas como a la verdad: pasar de querer saber a saber querer.

Comparar lo comparable

España, como cualquier gran país, cuenta con luces y sombras. Lo honesto es conocerlas, asumirlas y gestionarlas en su justa proporción. Comparar lo comparable de lo ocurrido en territorios que durante años o siglos pertenecieron a diversos países permite esbozar las siguientes conclusiones provisionales:

1. España fue el primer gran imperio intercontinental y transoceánico de la época moderna, situación inédita que motivó decisiones pioneras y vigentes hoy.

2. Hay una diferencia sustancial entre la barbarie de españoles y la de vecinos europeos, todas condenables: los hispanos se excedieron saltándose la ley que prohibía los excesos, mientras que otros lo hicieron siguiendo directamente instrucciones del poder.

3. Todo colonialismo conlleva motivación económica. El español fue el único que, además, tuvo una motivación espiritual/religiosa y educativa.

4. España fue una potencia mundial que, en el apogeo de su liderazgo, paralizó su expansión y abrió un debate ético y público sobre qué era legítimo hacer y qué no. Ningún otro país ha hecho nada comparable desde entonces.

5. Fruto del debate moral y político fomentado por el emperador Carlos V son los fundamentos de los actuales Derechos Humanos y el Derecho Internacional.

6. Solo España promovió por propia iniciativa una sanidad, educación, lengua y legislación autóctonas equiparables a las entonces vigentes en la península.

Asumir premisas, priorizar estrategias y planificar tácticas

El repaso exprés en estas páginas a los últimos cinco siglos de historia, en los que se fundamenta la Leyenda Negra, brinda aprendizajes de comunicación directiva y gestión reputacional. Pretenden ser útiles para cualquier Gobierno español, siempre que —con palabras de Willy Brandt— no dependa de «arrogantes sabelotodo y sabelonada [...], promotores del desorden establecido que gustan hacerse agasajar como políticos realistas». Estas enseñanzas también ofrecen pautas directivas para otros países y para organizaciones de todo tipo. Pueden agruparse en asumir premisas, priorizar estrategias y planificar tácticas.

Mi conclusión provisional es más provisional que conclusión. Con esta cautela, a continuación se enumeran propuestas ejecutivas que buscan inyectar reputación 0 % leyenda, no importa de qué color. El intento aspira a fundamentarse en la verdad, guste o no su contenido, y alejarse de la ficción. Consciente de lo difícil que resulta ser testigo fiable incluso de lo que uno mismo ha vivido, parece prudente contar también con un margen de error —el mínimo posible— que siempre acompaña a toda acción humana.

I. Asumir premisas

1. Deben combatirse falsedades admitidas como premisas incuestionables.

2. Caer bien magnifica lo positivo y amortigua lo negativo.

3. Percepción y realidad no siempre coinciden: distinguirlas requiere atención.

4. Actuamos a partir de percepciones, coincidan o no con la realidad.

5. Negar la realidad que disgusta no la hace desaparecer.

6. Llevarse mal con la realidad dificulta cambiarla.

7. No cambiar de opinión nunca, en nada, revela fanatismo y ruptura con la realidad.

8. Se puede engañar con verdades omitidas y con verdades exageradas.

9. Una leyenda bien contada influye más que la verdad histórica, conocida o ignorada.

10. Conviene armonizar autocrítica, autoestima y discreción.

11. Ignorar la existencia de la Leyenda Negra aumenta las víctimas de ese prejuicio.

12. Es imposible reflexionar sobre lo que se desconoce.

13. Muchos españoles ignoran gran parte de la verdad histórica de su país.

14. Sin leer es casi imposible hacerse una cabal idea de la realidad.

15. Resulta inútil explicar algo a quien no quiere o no puede comprender.

16. Los estereotipos estables son parte de la realidad y la ficción tiene impacto real.

17. Es un error juzgar el pasado lejano con criterio actual y local.

18. Las imágenes falsas también influyen en el pensar y el actuar.

19. Crear y alimentar una leyenda apenas requiere precisión; combatirla, sí.

20. Las realidades sobre las que se escribe o lee menos parecen menos reales.

21. En las frases sobre historia es más fácil escribir el sujeto que el predicado.

22. Mucha información aumenta la importancia de cualquier tema y poca la reduce.

23. No siempre las palabras remiten a hechos, ni las imágenes a la realidad.

II. Priorizar estrategias

24. Apostar por la educación, base para conocer y opinar.

25. Mimar la reputación nacional y fomentar su continuidad al cambiar gobiernos.

26. Invertir dinero en profesionalizar la comunicación estratégica y operativa.

27. Comparar datos históricos con otros países favorece a España.

28. La vida privada de personajes públicos afecta a la reputación nacional.

29. Gestionar personas clave que, por carácter o comportamiento, dañan la reputación.

30. Identificar cuanto antes lo que crea estereotipos, sea veraz o no.

31. Organizar inteligencia internacional de detección precoz de lo relevante.

32. Vale más proporcionar cifras provisionales a tiempo que definitivas tarde.

33. Es eficaz acuñar expresiones con vocación de impacto universal.

34. Calibrar la conveniencia de airear debates públicos que requieren discreción.

35. La trasparencia sin criterio brinda información útil contra ingenuos.

36. Expertos: la capacidad de identificar problemas no garantiza solucionarlos bien.

37. Igual atención precisa lo sabido de algo como lo ignorado de su contrario.

38. Formar en comunicación a historiadores, políticos, intelectuales, etc.

39. Ofrecer versión divulgativa y accesible de trabajos punteros en las áreas del saber.

40. Identificar y gestionar acusadores que denuncian lo que ellos mismos practican.

41. Como criterio general, hay que responder por alusiones y por omisiones.

42. Ni comprender equivale a justificar ni respetar supone aplaudir.

III. Planificar tácticas

43. Crear y mantener fuentes de conocimiento solventes, accesibles y amables.

44. Programar acciones/reacciones: responder a todo, priorizar lo esencial.

45. Identificar asuntos cruciales y reiterar sin saturar conocimientos básicos.

46. Asegurar información y formación en toda España, con adaptación autonómica.

47. Promover el español y las demás lenguas que se hablan en España.

48. Idioma líder: Hispanoamérica (HISPAM), mejor que Latinoamérica (LATAM).

49. Escuchar a quien sabe y compartir lo sabido con quienes influyen:

    a. Intelectuales, científicos…
    b. Periodistas españoles y extranjeros.
    c. Políticos nacionales, autonómicos y locales.

    d. Artistas, cantantes, compositores, agentes culturales…
    e. Cineastas, guionistas, fotógrafos…
    f. Escritores y traductores.
    g. Infografistas, dibujantes, humoristas…
    h. Guías turísticos, agencias de viajes…
    i. Embajadores españoles y extranjeros, organismos internacionales…
    j. Universidades, escuelas de dirección, Instituto Cervantes, centros cívico-sociales, academias de cine y TV, archivos…
    k. Profesores de Historia, Lengua, Ética, Religiones, Relaciones Internacionales, Periodismo, Marketing, Publicidad, Política, Sociología, Cine…
    l. Otros influyentes, temporales o permanentes: *podcast*, *youtubers*, *instagramers*…

50. Incorporar vanguardia tecnológica del momento: *big data*, inteligencia artificial…

51. Segmentar información, canales y públicos.

52. Alimentar la producción bibliográfica.

53. Incentivar la ficción que refuerza la verdad, no la que la cuestiona.

54. Combatir el adjetivo calificativo que muta en sustantivo irrefutable.

55. Rememorar y celebrar hechos históricos verificables, incontestables y alejados de mitos.

Gracias

La gratitud es una de las más altas formas de pensamiento, según Chesterton. Esta idea del escritor inglés refuerza mi querer ser agradecido, al tiempo que me hace consciente de la dificultad de expresarlo a todas las personas que lo merecen.

Imprescindibles en la lista son mis padres, mis hermanas y mis hermanos; y, por supuesto, mis amigos (saben quiénes son). También incluye a mis mejores profesores, desde Lourdes Sanz, amable formadora en la etapa infantil; hasta Alfonso Nieto, estimulante maestro en la investigación doctoral.

Un particular agradecimiento debo a Javier Fernández Aguado, por inspirarme para leer como premisa de saber, crecer y aportar. Gracias también a quienes, empezando por la editora, han leído borradores de estas páginas y me han transmitido observaciones que me han hecho pensar y, en algunos casos, modificar el texto: Marta Prieto, María José Larríu, Sergio Casquet, Íñigo Flórez, Jaione Inda y Antonio José Molero.

Mi homenaje también a los autores cuyas aportaciones he leído para hacerme una idea más cabal de la realidad. Algunos figuran en la bibliografía, pero son muchos más los que merecen justa mención en las más de 500 notas.

Alegría de última hora fue que José Antonio Zarzalejos accediera a prologar este libro. Es muy de agradecer que un abogado y periodista con su perfil de excelencia y moderación, y de Bilbao, dedique su tiempo a leer estas páginas y escribir sobre ellas. Su autoridad es reconocida por sus años como director de *El Correo*, de *Abc* y ahora como columnista de *El Confidencial* y colaborador en otros medios.

Apoyo clave desde el primer momento fue el de Lourdes. Su afán de perfección compitió con el mío cuando, tras la octava versión del texto original, discrepamos porque creí llegado el momento de enviarlo ya a la editora. La divergencia también asomó cuando en alguna ocasión sugirió que acentuara la que yo consideraba suficiente moderación al tratar asuntos tan delicados. A la generosidad con su tiempo añadió la paciencia con su marido escritor. Soy muy consciente de ello, sobre todo, ahora que lo pongo por escrito.

Por último, mi reconocimiento a los lectores que me han dedicado su tiempo. Consciente de que mi empeño en evitar errores, imprecisiones y erratas no garantiza su desaparición, me encantará recibir cualquier comentario al respecto, con la ilusión de pulir el contenido en futuras ediciones. www.enriquesueiro.com

Notas

Apertura (mental)

1 Cfr. Owen, David, *En el poder y en la enfermedad: enfermedades de jefes de Estado y de Gobierno en los últimos cien años*, Siruela, Madrid, 2015. Pág. 84.

2 Cfr. Castellani, Leonardo, *Cómo sobrevivir intelectualmente al siglo XXI*, Libros Libres, Madrid, 2008. Pág. 70.

3 *9ª Oleada Barómetro Imagen de España (abril 2021)*, Real Instituto Elcano. http://www.realinstitutoelcano.org/wps/portal/rielcano_es/encuesta?WCM_GLOBAL_CONTEXT=/elcano/elcano_es/observatoriomarcaespana/estudios/resultados/barometro-imagen-espana-9. Fecha de consulta: 23 de abril de 2021.

4 «*Spain's powerful world empire of the 16th and 17th centuries ultimately yielded command of the seas to England. Subsequent failure to embrace the mercantile and industrial revolutions caused the country to fall behind Britain, France, and Germany in economic and political power. Spain remained neutral in World War I and II, but suffered through a devastating civil war (1936-39). A peaceful transition to democracy following the death of dictator Francisco FRANCO in 1975, and rapid economic modernization (Spain joined the EU in 1986) gave Spain a dynamic and rapidly growing economy, and made it a global champion of freedom and human rights. More recently, Spain has emerged from a severe economic recession that began in mid-2008, posting four straight years of GDP growth above the EU average. Unemployment has fallen, but remains high, especially among youth. Spain is the Eurozone's fourth largest economy. The country has faced increased domestic turmoil in recent years due to the independence movement in its restive Catalonia region*». https://www.cia.gov/the-world-factbook/countries/spain/. Fecha de consulta: 2 de noviembre de 2021.

5 Cfr. Melero, Domingo, «La Expansión Europea (1491-1522) en un marco de Hª Global», en *El descobriment: les causes i les conseqüències*, I.B. Salvador Vilaseca, Reus, 1993. Págs. 13-88.

6 Cfr. Ceram, C. W., *Dioses, tumbas y sabios*, Ediciones Destino, Barcelona, 1967. Págs. 302-303.

7 Según la Iglesia católica, la misa o eucaristía es el memorial o la renovación incruenta de la muerte de Jesucristo por la humanidad. Cfr. Catecismo de la Iglesia católica, puntos 1322-1405. https://www.vatican.va/archive/catechism_sp/index_sp.html. Fecha de consulta: 27 de marzo de 2021.

8 Cfr. Arendt, Hannah, *Los orígenes del totalitarismo*, Alianza Editorial, Madrid, 2021. Pág. 35.

9 *Euskadi Ta Askatasuna* (Euskadi y Libertad), ETA, fue una banda terrorista nacionalista vasca. Según el Ministerio del Interior del Gobierno de España, entre 1960 y 2010 ETA asesinó a 853 personas e hirió a no menos de 6.000. A estas cifras hay que añadir secuestros, amenazas, extorsiones, etc. Cfr. http://www.interior.gob.es/fallecidos-por-terrorismo, https://www.europapress.es/nacional/noticia-censo-interior-reconoce-10181-victimas-terrorismo-cifra-853-asesinados-eta-20170618102154.html y https://cdn.20m.es/adj/2018/05/06/3941.pdf. Fecha de consulta: 19 de abril de 2021. Sobre los orígenes de la organización criminal, cfr. Elorza, Antonio, *La historia de ETA*, Temas de Hoy, Madrid, 2000; sobre el contexto social, cfr. Aramburu, Fernando, *Patria*, Tusquets, Barcelona, 2016.

10 Cfr. «La noche que Tokio fue arrasada: cómo fue el bombardeo no nuclear más mortífero de la historia (y que quedó eclipsado por las bombas de Hiroshima y Nagasaki)», en *BBC News Mundo*, 10 de marzo de 2020. https://www.bbc.com/mundo/noticias-51802174. Fecha de consulta: 26 de octubre de 2021.

11 Brajnović, Olga, *Una odisea de amor y guerra: la lucha de una joven pareja croata por la conquista de su libertad* (2ª ed.), Rialp, Madrid, 2019. Pág. 113.

12 León-Portilla, Miguel, *Visión de los vencidos: relaciones indígenas de la conquista*, Universidad Nacional Autónoma de México, México, 2006. Págs. 12-19.

13 Ibíd. Pág. 33.

14 *Onda Madrid*, 16 de abril de 2021. https://www.telemadrid.es/programas/madrid-misterioso/Madrid-Misterioso-leyenda-negra-brujeria-9-2332656727--20210416120100.html. Fecha de consulta: 19 de mayo de 2021.

15 *Abc*, 15 de abril de 2021. https://www.abc.es/historia/abci-nueva-ataque-legado-espanol-proponen-borrar-simbolos-espanoles-escudo-san-diego-eeuu-202104151300_noticia.html. Fecha de consulta: 20 de abril de 2021.

16 *El Mundo*, 18 de abril de 2021. https://www.elmundo.es/loc/famosos/2021/04/18/6079a4ac21efa0b31c8b45d5.html. Fecha de consulta: 19 de mayo de 2021.

17 *El País*, 9 de diciembre de 2020. https://elpais.com/babelia/2020-12-08/toda-la-verdad-sobre-la-armada-invencible.html. Fecha de consulta: 20 de abril de 2021.

18 *Universidad de Málaga*, 17-19 de julio de 2019. https://fguma.es/curso-verano/geopolitica-leyenda-negra/. Fecha de consulta: 19 de mayo de 2021.

19 *El Independiente*, 26 de mayo de 2019. https://www.elindependiente.com/tendencias/historia/2019/05/26/guerra-a-la-leyenda-negra-la-reconquista-de-la-historia-de-espana/. Fecha de consulta: 19 de mayo de 2021.

20 *Crónica Global*, 16 de septiembre de 2019. https://cronicaglobal.elespanol.com/letra-global/la-charla/doris-moreno_260961_102.html. Fecha de consulta: 19 de mayo de 2021.

21 *LaSexta*, 16 de mayo de 2019. https://www.lasexta.com/programas/sexta-columna/noticias/por-que-espana-tiene-peor-fama-que-otros-conquistadores-las-fake-news-que-originaron-nuestra-leyenda-negra_201905165cdd6eda0cf24a9918eba019.html. Fecha de consulta: 19 de mayo de 2021.

22 *Noticias*, Universidad de Navarra, 12 de abril de 2019. https://www.unav.edu/web/facultad-de-filosofia-y-letras/detalle-noticia/2019/04/12/un-experto-mexicano-afirma-que-la-leyenda-negra-sobre-la-historia-de-espa%C3%B1a-es-rentable-para-ciertos-sectores/-/asset_publisher/4G6p/content/2019_04_12_fyl_noticia_leyenda_negra/10174. Fecha de consulta: 19 de mayo de 2021.

23 *BBC*, 27 de marzo de 2019. https://www.bbc.com/mundo/noticias-america-latina-47727817. Fecha de consulta: 19 de mayo de 2021.

24 *La Vanguardia*, 13 de febrero de 2019. https://www.lavanguardia.com/politica/20190213/46434494367/borrell-juicio-proces-cataluna-leyenda-negra-espana-independentismo.html. Fecha de consulta: 19 de mayo de 2021.

25 Ministerio de Defensa del Gobierno de España, 17 de enero de 2019. https://www.defensa.gob.es/portaldecultura/noticias/home/2019/Enero/multimedia/CicloConferenciasEpicaTinieblas.html. Fecha de consulta: 19 de mayo de 2021.

26 *Euromind*, 26 de junio de 2018. https://euromind.global/es/5-siglos-de-fake-news-la-leyenda-negra-frente-a-europa/. Fecha de consulta: 19 de mayo de 2021.

27 *Noticias*, UNED, 12 de diciembre de 2017. https://unedmadrid.es/noticias/los-viernes-de-la-senior-leyenda-negra-imperiofobia-e-ilustracion/. Fecha de consulta: 19 de mayo de 2021.

28 *RTVE*, 2 de marzo de 2017. https://www.rtve.es/noticias/20170302/imperiofobia-leyenda-negra-desmontando-topicos-sobre-imperio-espanol/1497481.shtml. Fecha de consulta: 19 de mayo de 2021.

29 *Noticias*, Universidad CEU San Pablo, 12 de diciembre de 2016. https://www.uspceu.com/prensa/noticia/podemos-hablar-leyenda-negra-conquista-america. Fecha de consulta: 19 de mayo de 2021.

30 *Télam*, 11 de octubre de 2005. https://blogs-fcpolit.unr.edu.ar/redaccion1/2005/10/13/el-cable-de-telam-sobre-el-12-de-octubre/. *La Nación*, 12 de octubre de 2005. https://www.lanacion.com.ar/cultura/telam-considera-la-conquista-de-america-el-mayor-genocidio-nid746796/. Fecha de consulta: 20 de abril de 2021.

31 Sueiro, Enrique, *Saber comunicar saber: guía para practicar comunicación efectiva*, ACCI, Madrid, 2016.

32 Payne, Stanley G., *En defensa de España: desmontando mitos y leyendas negras*, Espasa, Barcelona, 2019. Pág. 273.

33 https://memoriasdeuntambor.com/. Fecha de consulta: 12 de mayo de 2021.

34 Citado en Abellán, José Luis, *La idea de América: origen y evolución*, Iberoamericana-Vervuert, Madrid, 2009. Pág. 54.

1. Adaptar la percepción a la realidad, no al revés

35 https://dle.rae.es/leyenda. Fecha de consulta: 10 de enero de 2022.

36 Cfr. *Épitre à mon honneur. Satire politique imitée de Boileau*, de autor anónimo, obra referenciada en Vélez, Iván, *Sobre la leyenda negra* (2ª ed.), Ediciones Encuentro, Madrid, 2018. Pág. 235. Y Lévy, Arthur, *Napoleon intime*, libro mencionado en Roca Barea, María Elvira, *Imperiofobia y leyenda negra: Roma, Rusia, Estados Unidos y el Imperio español*, Siruela, Madrid, 2018. Pág. 24.

37 Roca Barea, María Elvira, *Op. Cit*. Págs. 24-25.

38 Juderías, Julián, *La leyenda negra* (3ª ed.), Araluce, Barcelona, 1917. Págs. 19-20.

39 Ibíd. Pág. 262.

40 Mazzoni, Giuliana, *¿Se puede creer a un testigo?: el testimonio y las trampas de la memoria*, Editorial Trotta, Madrid, 2010. Pág. 9.

41 García Márquez, Gabriel, *Vivir para contarla*, Mondadori, Barcelona, 2002.

42 Hirst, W., Phelps, E. A., Buckner, R. L., Budson, A. E., Cuc, A., Gabrieli, J. D., Johnson, M. K., Lustig, C., Lyle, K. B., Mather, M., Meksin, R., Mitchell, K. J., Ochsner, K. N., Schacter, D. L., Simons, J. S., & Vaidya, C. J. (2009). «*Long-term memory for the terrorist attack of September 11: Flashbulb memories, event memories, and the factors that influence their retention*». *Journal of experimental psychology. General*, 138(2), 161–176.

43 Vilar, Pierre, *Historia de España*, Crítica, Barcelona, 2009. Pág. 97.

44 Ibíd. Pág. 80.

45 Fernández Retamar, Roberto, *Contra la leyenda negra*, 1976. Pág. 5. También en https://es.unesco. org/courier/aout-septembre-1977/desacreditando-leyenda-negra. Fecha de consulta: 21 de febrero de 2021.

46 Séjourné, Laurette, *América Latina. Antiguas culturas precolombinas*, Siglo XXI editores, Madrid, 2007. Págs. 8-9.

47 Powell, Philip W., *Árbol de odio: la Leyenda Negra y sus consecuencias en las relaciones entre Estados Unidos y el Mundo Hispánico*, Ediciones José Porrúa Turanzas, Madrid, 1972. Pág. IX.

48 Ibíd. Pág. 21.

49 Syme, Ronald, *Colonial Elites: Rome, Spain and the Americas* (The Whidden Lectures), Oxford University Press, London, 1958. Pág. 42. Referenciado en Powell, Philip W., *Op. Cit*. Págs. 33-34.

50 Kennedy, David M. y Cohen, Lizabeth, *The American Pageant* (13ª ed.), Cengage Learning, Boston, 2005. Págs. 23-24. Párrafo traducido por María Elvira Roca en *Imperiofobia* (Op. Cit). Págs. 454-455.

51 Arnoldsson, Sverker, *La leyenda negra: estudios sobre sus orígenes*, (Acta Universitatis Gothoburgensis; Göteborgs Universitets Arsskrift, LXVI), N.º 3, 1960. Págs. 58-59. Referenciado en Powell, Philip W., *Op. Cit*. Págs. 63-64.

52 El hispanista británico John H. Elliott destaca que la suma de la *Brevísima* de Las Casas más la *Historia del Nuevo Mundo*, de Girolamo Benzoni (Venecia, 1565), «contenía más munición de la que incluso hubiesen podido desear los enemigos más fanáticos de España». Citado en Beceiro García, Juan Luis, *La mentira histórica desvelada: ¿Genocidio en América?*, Ejearte, Madrid, 1994. Pág. 232.

53 Schilling, Heinz, «Del imperio común a la leyenda negra: la imagen de España en la Alemania del siglo XVI y comienzos del XVII», en Vega Cernuda, Miguel Ángel y Wegener, Hennig (editores), *España y Alemania: percepciones mutuas de cinco siglos de historia*, Editorial Complutense, Madrid, 2002. Pág. 38.

54 Ibíd. Pág. 39.

55 Ibíd. Pág. 51.

56 Ibíd. Pág. 58.

57 «Nada es tan interesante como una cronología y una cartografía de los usos de Europa y Cristiandad. Hacia 1620, Europa despierta el interés, pero la palabra es aún excepcional. En torno a 1750 cristiandad ya no es más que un arcaísmo. Su sentido se ha modificado, ha dejado de ser el nombre de Europa. En Francia, en Holanda, en Inglaterra, la sustitución se hace pronto, entre 1630-60. En España, en el sur de Italia, en Austria, Hungría y Polonia, es decir, allí donde Europa es frontera frente a los turcos o donde lo ha sido y aún sigue vivo el espíritu de cruzada, Cristiandad sigue imperando». Chaunu, Pierre, *La civilización de la Europa clásica*, Juventud, Barcelona, 1976. Pág. 19.

58 Cfr. Ibíd. Pág. 632.

59 Sanderson, Edgar, *Historia de la Civilización*, Editorial Ramón Sopena, Barcelona, 1941. Págs. 601-602. Citado en Beceiro García, Juan Luis, *Op. Cit.* Pág. 66.

60 Cfr. Marías, Julián, *Hispanoamérica*, Alianza Editorial, Madrid, 1986. Págs. 314-315.

61 Ceram, C. W., *En busca del pasado*, Editorial Labor, Barcelona, 1965. Pág. 277.

62 Entrevista de Rodrigo Alés en *El Confidencial*, 12 de octubre de 2021. https://www.elconfidencial.com/mundo/2021-10-12/america-latina-espana-12-octubre-exito-leyenda-negra_3304763/. Fecha de consulta: 6 de noviembre de 2021.

63 Brandoli, Javier, «'Hay una esquizofrenia que resolver': autores mexicanos, contra el rechazo a lo español», *El Confidencial*, 15 de septiembre de 2021. https://www.elconfidencial.com/mundo/2021-09-15/historiadores-mexicanos-esquizofrenia-identidad-rechazo-espanol_3289039/. Fecha de consulta: 23 de septiembre de 2021.

64 Ríos, Martín, conferencia «Hernán Cortés en su contexto histórico: de las fronteras hispanas a las fronteras atlánticas», en la Universidad Nacional Autónoma de México (UNAM) el 21 de marzo de 2019. https://www.youtube.com/watch?v=NQmhMp8sAc4&t=4114s. Fecha de consulta: 22 de junio de 2021.

65 Cervantes, Fernando, *Conquistadores, una historia diferente*, Turner, Madrid, 2021.

66 Entrevista de Irene Hernández Velasco en *BBC Mundo*, 2 de noviembre de 2021. https://www.bbc.com/mundo/noticias-america-latina-59037914. Fecha de consulta: 4 de noviembre de 2021.

67 Paz, Octavio, «Hernán Cortés: exorcismo y liberación», *Abc*, 28 de diciembre de 1985. Pág. 3.

68 Krauze, Enrique, «La imagen de Hernán Cortés a través de los siglos», *Letras Libres*, 1 de julio de 2021. https://www.letraslibres.com/espana-mexico/revista/la-imagen-hernan-cortes-traves-los-siglos. Fecha de consulta: 23 de septiembre de 2021.

69 Loaeza, Soledad, «1521, ¿quinientos años de tiempo presente?», *Nexos*, 1 de agosto de 2021. https://www.nexos.com.mx/?p=58734. Fecha de consulta: 23 de septiembre de 2021.

70 Cfr. Galeano, Eduardo, *Las venas abiertas de América Latina*, Siglo XXI de España Editores, Madrid, 1985. Pág. 65.

71 Sábato, Ernesto, «Ni leyenda negra ni leyenda blanca», *El País*, 2 de enero de 1991. https://elpais.com/diario/1991/01/02/opinion/662770813_850215.html. Fecha de consulta: 13 de octubre de 2021.

72 Conferencia de Ernesto Sábato en la Real Academia Española, Madrid, 23 de mayo de 1989.

73 Entrevista de Julio Martín Alarcón en *El Confidencial*, el 27 de mayo de 2021. https://www.elconfidencial.com/cultura/2021-05-27/marcelo-gullo-omodeo-madre-patria_3102084/. Fecha de consulta: 5 de junio de 2021.

74 Cfr. Entrevista de Miguel Manso de Lucas en *Nius*, el 27 de mayo de 2021. https://www.niusdiario.es/cultura/libros/entrevista-marcelo-gullo-omodeo-historiador-argentino-libro-madre-patria-leyenda-negra-espana-primera-fake-news-historia_18_3145545222.html. Fecha de consulta: 5 de junio de 2021.

75 Guerra, Alfonso, en prólogo de Gullo Omodeo, Marcelo, *Madre patria: desmontando la leyenda negra desde Bartolomé de Las Casas hasta el separatismo catalán*. Espasa, Barcelona, 2021. Págs. 17-18.

76 Hernández Arregui, Juan José, citado por Guerra, Alfonso, en prólogo de Gullo Omodeo, Marcelo, *Op. Cit.* Págs. 19-20.

77 Cfr. Galindo, Jorge, «Un 62 % de los mexicanos creen que López Obrador utiliza la conquista para hacer política», en *El País*, 18 de julio de 2021. https://elpais.com/mexico/2021-07-18/los-mexicanos-creen-que-lopez-obrador-utiliza-la-conquista-para-hacer-politica-y-no-ven-necesidad-de-que-espana-pida-disculpas.html. Fecha de consulta: 10 de septiembre de 2021.

78 Mensaje del papa Francisco a Mons. Rogelio Cabrera, presidente de la Conferencia del Episcopado Mexicano, el 16 de septiembre de 2021. https://www.cem.org.mx/SantaSede/3917-Carta-del-Papa-Francisco-con-motivo-de-la-Consumaci%C3%B3n-de-la-Independencia.html. Fecha de consulta: 30 de septiembre de 2021.

79 Cfr. *Digital News Report España 2021*. https://www.digitalnewsreport.es/. Fecha de consulta: 19 de julio de 2021. Este informe del Instituto Reuters para el Estudio del Periodismo analiza tendencias del consumo de información en España durante el último año. *Digital News Report* es un estudio sobre 46

países basado en una encuesta realizada por YouGov. La Universidad de Navarra, patrocinador y socio académico, es autora del informe español y responsable de la interpretación de esos datos. Los investigadores son Avelino Amoedo, Jürg Kaufmann, Elsa Moreno, Samuel Negredo y Alfonso Vara-Miguel.

80 Revel, Jean-François, *L'Obsession antiaméricanne: Son fonctionnement, ses causes, ses inconséquences*, Plon, París, 2002. Versión española: *La obsesión antiamericana: dinámica, causas e incongruencias*, Urano, Barcelona, 2003.

81 Cfr. Pérez, Joseph, *La Leyenda negra*, Gadir, Madrid, 2010. Pág. 138.

82 Quevedo, Francisco de, *España defendida, y los tiempos de ahora, de las calumnias de los noveleros y sediciosos*, SIELAE, A Coruña, 2018. Pág. 41.

83 Ibíd. Pág. 45.

84 Maeztu, Ramiro de, *Defensa de la Hispanidad*, Gráfica Universal, Madrid, 1934. La carta de Antonio Machado al autor, publicada en *Abc* el 29 de octubre de 1959, se transcribe en la introducción del historiador Federico Suárez en *Defensa de la Hispanidad* (5ª ed.), Rialp, Madrid, 2020. Págs. 60-61.

85 Cfr. Villaverde, María José, «*Una historia interminable*», *El País*, 2 de mayo de 2016. https://elpais. com/elpais/2016/05/02/opinion/1462213464_344053.html. Fecha de consulta: 14 de julio de 2021. La autora es catedrática de Ciencia Política en la Universidad Complutense de Madrid y codirectora del libro colectivo La sombra de la leyenda negra, Tecnos, Madrid, 2016.

2. Desvelar la mentira de la verdad exagerada

86 Maquiavelo, Nicolás, *El Príncipe*, Alianza Editorial, Madrid, 2005. Pág. 124.

87 Parry, John H., Sherlock, Philip M., *A Short History of the West Indies*, Macmillan, London, 1971. Citado en Beceiro García, Juan Luis, *La mentira histórica desvelada: ¿Genocidio en América?*, Ejearte, Madrid, 1994. Pág. 467.

88 Höffner, Joseph, *La ética colonial española del Siglo de Oro*, Ediciones Cultura Hispánica, Madrid, 1957. Pág. 522.

89 Cfr. Baumhauer, Herman, *Historia Universal*, Editorial Labor, Barcelona, 1956. Pág. 424.

90 Payne, Stanley G., *En defensa de España: desmontando mitos y leyendas negras*, Espasa, Barcelona, 2019. Pág. 66.

91 Lavallé, Bernard, *Bartolomé de Las Casas: entre la espada y la cruz*, Ariel, Barcelona, 2007. Pág. 46.

92 Lewis, B. D. Wyndhan, *Carlos de Europa, emperador de Occidente* (7ª ed.), Espasa-Calpe, Madrid, 1962. Pág. 35.

93 Marx, Karl, y Engels, Friedrich, *Manifiesto Comunista*, Ediciones Brontes, Barcelona, 2009. Pág. 82.

94 Cfr. Roca Barea, María Elvira, *Imperiofobia y leyenda negra: Roma, Rusia, Estados Unidos y el Imperio español*, Siruela, Madrid, 2018. Pág. 322.

95 Cfr. González Rodríguez, Jaime, *La idea de Roma en la historiografía indiana* (1492-1550), CSIC, Madrid, 1981. Pág. 148-149.

96 Cfr. Maeztu, Ramiro de, *Defensa de la hispanidad* (5ª ed.), Ediciones Rialp, Madrid, 2020. Págs. 343-344.

97 *Sublimis Deus*, bula publicada por Paulo III el 2 de junio de 1537: https://web.archive.org/ web/20170407025625/http://webs.advance.com.ar/pfernando/DocsIglLA/Paulo3_sublimis.html. http://www.vatican.va/roman_curia/pontifical_councils/justpeace/documents/rc_pc_justpeace_ doc_19881103_racismo_sp.html#_ftnref5. Fecha de consulta: 7 de marzo de 2021.

98 Cfr. Ramos, Demetrio, *Historia general de España y América* (Tomo VII), Ediciones Rialp, Madrid, 1982. Págs. XVIII y XIX.

99 Cfr. Melero, Domingo, «Estudio introductorio a 3 textos de A. J. Toynbee», en *Cuadernos de la diáspora 13*, AML, Madrid, 2001. Págs. 47-80.

100 El autor argentino Máximo Etchecopar reproduce la frase de Hegel, que le sorprende habida cuenta «de sus ásperos prejuicios anticatólicos y, por ende, antiespañoles». Etchecopar, Máximo, *El fin del Nuevo Mundo*, Ediciones Corregidor, Buenos Aires, 1984. Pág. 46. Citado en Beceiro García, Juan Luis, *Op. Cit.* Pág. 546.

101 Lavallé, Bernard, *Op. Cit.* Pág. 76.

102 http://www.cervantesvirtual.com/obra-visor/historia-de-las-indias-tomo-1--0/html/. http://www.cervantesvirtual.com/obra-visor/historia-de-las-indias-tomo-2--0/html/. http://www.cervantes-virtual.com/obra-visor/historia-de-las-indias-tomo-3--0/html/. http://www.cervantesvirtual.com/obra-visor/historia-de-las-indias-tomo-4--0/html/. http://www.cervantesvirtual.com/obra-visor/historia-de-las-indias-to-mo-5--0/html/. Fecha de consulta: 5 de marzo de 2021.

103 Entre otras rivalidades franciscano-dominicas, cabe mencionar la que se produjo entre el francis-cano Bernardo de Fresneda, confesor de Felipe II, y los dos dominicos de nombre Bartolomé: Las Casas y Carranza.

104 Cfr. Lavallé, Bernard, *Op. Cit.* Pág. 204.

105 La confesión es uno de los siete sacramentos que contempla la Iglesia para distribuir la gracia o ayuda de Dios a los fieles a través de los sacerdotes. Mediante ella y el arrepentimiento de los pecados, el penitente recibe la absolución. Así, su alma y conciencia quedan limpias. Los otros seis sacramentos son bautismo, confirmación, eucaristía, matrimonio, orden sacerdotal y unción de enfermos.

106 «Ciertos pecados particularmente graves están sancionados con la excomunión, la pena eclesiás-tica más severa, que impide la recepción de los sacramentos y el ejercicio de ciertos actos eclesiásticos, y cuya absolución, por consiguiente, sólo puede ser concedida, según el derecho de la Iglesia, por el Papa, por el obispo del lugar, o por sacerdotes autorizados por ellos. En caso de peligro de muerte, todo sacerdote, aun el que carece de la facultad de oír confesiones, puede absolver de cualquier pe-cado y de toda excomunión». Catecismo de la Iglesia católica, punto 1463. https://www.vatican.va/archive/catechism_sp/index_sp.html. Fecha de consulta: 7 de marzo de 2021.

107 Cfr. Lavallé, Bernard, *Op. Cit.* Pág. 202.

108 Fray Reginaldo de Lizárraga, en su *Descripción de las Indias* (1609), juzgaba que los indígenas eran «del ánimo más vil y bajo que has hallado en nación alguna [...], cobardes como pocas razas en el mundo, vengativos, hipócritas, borrachos, rufianes, incestuosos, sodomitas, en fin, la nación más sin honra que se ha visto». Hanke, Lewis, *La lucha por la justicia en la conquista de América*, Ediciones Istmo, Madrid, 1988. Pág. 98.

109 Cfr. Lavallé, Bernard, *Op. Cit.* Pág. 270.

110 Hank, Lewis, *El prejuicio racial en el Nuevo Mundo*, Editorial Universitaria, Santiago de Chile, 1958. Pág. 15.

111 Cfr. Lavallé, Bernard, *Op. Cit.* Pág. 271.

112 Giner, Juan Antonio, «Incunables impresos y digitales», *La Vanguardia*, 3 de octubre de 2021. ht-tps://www.lavanguardia.com/vida/20211003/7761101/mediamorphosis-roger-fidler-incunables-im-presos-digitales.html. Fecha de consulta: 3 de octubre de 2021.

113 El clérigo Jerónimo de Aguilar relata el primer contacto directo entre mayas y españoles (1511). Tras una tormenta y el posterior naufragio de la expedición que viajaba hacia La Española, solo una veintena de la tripulación llegó a tierra en la zona de Yucatán. Capturados por la tribu de los cocomes, el capitán Valdivia y cuatro de sus hombres murieron devorados por los nativos.

114 Díaz del Castillo, Bernal, *Historia verdadera de la conquista de Nueva España*, Editorial Ramón Sope-na, Barcelona, 1975. Pág. 122.

115 Cfr. Crow, John A., *The Epic of Latin America*, Doubleday & Company, New York, 1946. Pág. 160. Citado en Beceiro García, Juan Luis, *Op. Cit.* Pág. 190.

116 Cfr. Pereña, Luciano, *Descubrimiento y conquista. ¿Genocidio?*, Universidad Pontificia de Salaman-ca, Salamanca, 1990.

117 Höffner, Joseph, *Op. Cit.* Págs. 258-260.

118 Cfr. Rosenblat, Ángel, *La población indígena y el mestizaje en América*, Editorial Nova, Buenos Aires, 1954. También https://pueblosoriginarios.com/textos/rosenblat/1492.html. Fecha de consulta: 20 de febrero de 2021.

119 Cfr. Borah, Woodrow & Cook, Sherburne F., *Essays in Population History, vol. I*, University of Califor-nia (Berkeley), 1971-1979.

120 Cfr. Beceiro García, Juan Luis, *Op. Cit.* Págs. 489-504.

121 Guerra, Francisco, «Origen de las epidemias en la conquista de América», *Quinto Centenario*, nº 14, Madrid, 1988. Págs. 41-42. Cfr. también Guerra, Francisco, «El efecto demográfico de las epidemias tras el descubrimiento de América», *Revista de Indias*, nº 177, Vol. XLVI, Madrid, enero-junio 1986. Págs. 48-49.

122 Cook, Noble David, «¿Una primera epidemia de viruela americana en 1493?», *Revista de Indias*, Vol. LXIII, núm. 227, 2003. Págs. 49-64; *Born to Die: Disease and New World Conquest*, 1492–1650, Cambridge University Press, New York, 1998; «*Sickness, Starvation, and Death in Early Hispaniola*», *Journal of Interdisciplinary History*, XXXII: 3, Winter 2002. Págs. 349-386. https://docplayer.net/85279973-Sickness-starvation-and-death-in-early-hispaniola.html. Fecha de consulta: 31 de octubre de 2021.

123 Cfr. Cook, Noble David, *Op. Cit.* Págs. 61-62.

124 Cfr. Dumont, Jean, *La Iglesia ante el reto de la Historia*, Ediciones Encuentro, Madrid, 1987. Pág. 152.

125 Cfr. Bakewell, Peter, *El mundo hispánico*, Editorial Crítica, Barcelona, 1991. Pág. 69.

126 Cfr. Testas, Guy-Jean, *Los conquistadores*, EDAF, Madrid, 1990. Pág. 120.

127 Cfr. Kirkpatrick, Frederic A., *Los conquistadores españoles*, Espasa-Calpe, Madrid. Pág. 65.

128 Williams, Mary W., *The People and the Politics of Latin America*, Ginn and Company, Boston, 1945. Pág. 243.

129 Bourne, Edward G., *Spain in America: 1450-1580*, Barnes & Noble, New York, 1962. Pág. 212.

130 Cfr. Fagg, John Edwin, *Latin America: a General History*, The Macmillan Company, New York, 1963. Pág. 127.

131 Cfr. Mörner, Magnus, *La mezcla de razas en la historia de América Latina*, Editorial Paidós, Buenos Aires, 1969. Pág. 41.

132 Cfr. Friederici, George, *El carácter del descubrimiento y de la conquista de América*, Fondo de Cultura Económica, México, 1986. Pág. 249.

133 Cfr. Wachtel, Nathan, *Los vencidos*, Alianza Editorial, Madrid, 1976. Págs. 146-147.

134 Cfr. Crosby, Alfred W., «Conquistador y pestilencia: the First New World Pandemic and the Fall of the Great Indian Empires», *The Hispanic American Historical Review*, Vol. 47, No. 3, August, 1967. Págs. 321-337.

135 Cfr. Gibson, Charles, *Los aztecas bajo el dominio español*, Siglo XXI Editores, México, 1964. Pág. 140.

136 Cfr. Dobyns, Henry F. «*An Outline of Andean Epidemic History to 1720*», *Bulletin of the History of Medicine*, Vol. 37, No. 6, November-December 1963. Págs. 493-515.

137 Cfr. Chaunu, Pierre, *Conquista y explotación de los nuevos mundos: siglo XVI*, Editorial Labor, Barcelona, 1973. Pág. 239.

138 Cfr. Mahn-Lot, Marianne, *Una aproximación histórica a la conquista de América*, Oikos-Tau, Barcelona, 1977. Pág. 122.

139 Langer, William L. (ed.), *Western Civilization*, Vol. I, 2nd Ed., Harper & Row Publishers, New York, 1975. Pág. 416.

140 Helps, Arthur, *The Spanish Conquest in America*, John Lane, London-New York, 1900. Pág. 259.

141 André-Vincent, Phillipe, *Derechos de los indios y desarrollo en Hispanoamérica*, Cultura Hispánica, Madrid, 1975. Pág. 18.

142 Cfr. James, Preston E., *Latin America*, Cassell & Company, London, 1941. Pág. 590.

143   Powell, Philip W., *Árbol de odio: la Leyenda Negra y sus consecuencias en las relaciones entre Estados Unidos y el Mundo Hispánico*, Ediciones José Porrúa Turanzas, Madrid, 1972. Págs. 48-49.

144 Juderías, Julián, *La leyenda negra* (3ª ed.), Araluce, Barcelona, 1917. Pág. 305.

145 Cfr. Lavallé, Bernard, *Op. Cit.* Pág. 122.

146 Cfr. Powell, Philip W., *Op. Cit.* Págs. 50-51.

147 Sombart, Werner, *El Burgués*, Alianza Editorial, Madrid, 1977. Págs. 47-48. Citado en Beceiro García, Juan Luis, *Op. Cit.* Pág. 539.

148 Cfr. Hernández Arregui, Juan José, *¿Qué es el ser nacional? La conciencia histórica iberoamericana* (3ª ed.), Editorial Plus Ultra, Buenos Aires, 1973. Págs. 27-28.

149 Entrevista de Paula Corroto en *El Confidencial*, el 29 de marzo de 2021. https://www.elconfidencial.com/cultura/2021-03-29/michael-shellenberger-activista-climatico-alarmismo_3009855/. Fecha de consulta: 18 de mayo de 2021.

150 Fragmento de la carta de José Eusebio de Llano Zapata, en Vélez, Iván, *Sobre la leyenda negra* (2ª ed.), Ediciones Encuentro, Madrid, 2018. Págs. 192-193.

151 Vargas Llosa, Mario, «Los hispanicidas», *El País*, 11 de mayo de 2003. https://elpais.com/diario/2003/05/11/opinion/1052604006_850215.html. Fecha de consulta: 19 de mayo de 2021.

152 https://curiosity.lib.harvard.edu/latin-american-pamphlet-digital-collection/catalog/43-990043408330203941. Fecha de consulta: 19 de febrero de 2021.

153 Goodno, James B., *The Philippines: Land of Broken Promises*, Zed Books, London, 1991.

154 «Mientras unos se encontraban en un neolítico otros se hallaban en condiciones infra culturales. Mientras unos poseían una organización estatal definida, otros se aglutinaban en tribus nómadas, sin nexo alguno a nada ni a nadie. Mientras unos gozaban de una civilización agrícola y permanecían unidos por una lengua y común religión, otros carecían de esto y arrastraban una vida contraria a todo avance». Chaunu, Pierre, *Op. Cit.* Pág. 193.

155 Cfr. Carbia, Rómulo D., *Historia de la Leyenda Negra Hispano-Americana*, Marcial Pons Historia, Madrid, 2004. Pág. 81.

156 Cfr. Powell, Philip W., *Op. Cit.* Pág. 139.

157 Montesquieu, *El espíritu de las leyes*, 1748. Libro X, capítulo 4.

158 Entrevista con Jean-Paul Sartre en *Libre*, N° 4, París, 1972. Pág. 10.

159 Juderías, Julián, *Op. Cit.* Págs. 246-247.

160 Cfr. Giner, Juan Antonio, «Abe Rosenthal, el mejor director de la historia del 'The New York Times'», *La Vanguardia*, 1 de agosto de 2021. https://www.lavanguardia.com/vida/20210801/7636255/abe-rosenthal-dean-baquet-director-ney-york-times.html. Fecha de consulta: 3 de octubre de 2021.

161 Maltby, William S., *La leyenda negra en Inglaterra*, Fondo de Cultura Económica, México, 1982. Págs. 172-173.

162 Cfr. Lavallé, Bernard, *Op. Cit.* Pág. 268.

163 Cfr. Gosse, Philip, *Historia de la piratería*, Espasa-Calpe, Madrid, 1973. Libro II (Los piratas del norte), capítulo 3 (Los corsarios bajo el reinado de Isabel).

164 Cfr. Varela Ortega, José, *España, un relato de grandeza y odio: entre la realidad de la imagen y la de los hechos*, Espasa, Barcelona, 2019. Págs. 250-260.

165 El historiador estadounidense Crow eleva, sin embargo, a 42 las ediciones extranjeras de la obra de Las Casas que aparecieron durante el siglo siguiente a su publicación, «un número increíble para una época tan ignorante». Crow, John A., *Op. Cit.* Pág. 161.

166 Powell, Philip W., *Op. Cit.* Pág. 42.

167 Simpson, Lesley B., *Los conquistadores y el indio americano*, Ediciones Península, Barcelona, 1970. Pág. 54.

168 «Cuando la Brevísima relación de Las Casas era reeditada por los enemigos de España en el siglo XVI, durante la Guerra de los Treinta Años, en 1898 cuando la guerra hispano-norteamericana y en otras ocasiones la deducción lógica —y en verdad, a veces en plan de una rotunda declaración, sin necesidad de deducir nada— era que la brutalidad española permanecía invariable desde el tiempo de la Conquista». Gibson, Charles, The Black Legend: Anti-Spanish Attitudes in the Old World and the New, Alfred A. Knopf, New York, 1971. Citado en Beceiro García, Juan Luis, *Op. Cit.* Pág. 197.

169 *Pravda* (en ruso, la Verdad) fue el periódico oficial del Partido Comunista de la Unión Soviética (PCUS) entre 1918 y 1991.

170 *Izvestia* (en ruso, Noticias) fue el periódico oficial del Gobierno soviético que expresaba la postura del Presidium del Sóviet Supremo de la URSS (Unión de Repúblicas Socialistas Soviéticas) entre 1917 y 1991.

171 *El camino del tabaco* es una novela de Erskine Caldwell (1932) sobre los campesinos del algodón en Georgia (EE.UU.). Con el argumento de dureza notablemente atenuado, se rodó la película homónima (1941) dirigida por John Ford.

172 *Las uvas de la ira* es una novela de John Steinbeck (1939), ambientada en el EE.UU. posterior al crac de 1929 y con la que ganó un Premio Pulitzer (1940).

173 Cfr. Dávila, Carlos, «La Leyenda Negra», en *Americas*, Organización de los Estados Americanos (OEA), Washington, agosto, 1949. Págs. 12-15.

3. Combatir la mentira de la verdad omitida

174 Cfr. Satter, David, «Evaluando a la nueva Unión Soviética», en *Reader's Digest*, marzo 1990. Pág. 18.

175 *Age of Delirium*, en inglés (1 hora, 48 minutos): https://www.youtube.com/watch?v=TOiW0EqU-6yo. En español (fragmento de 58 minutos): https://www.youtube.com/watch?v=beFOFmBo0tg. Fecha de consulta: 25 de octubre de 2021.

176 Cfr. Smal Stocky, Roman, «*The genocide convention*», en *The Ukrainian Quarterly*, Volume V, Number 2, Spring, 1949.

177 Cfr. Kravchenko, Victor, *I Chose Freedom: the Personal and Political Life of a Soviet Oficial*, New York, 1946. Págs. 278 y 303. Citado por Arendt, Hannah, *Los orígenes del totalitarismo*, Alianza Editorial, Madrid, 2021. Pág. 450.

178 Cfr. Kurashvili, B.P., *Istoricheskaia Logika Stalinizma*, Moscow, 1996. Págs. 159-160. Citado en Lewin, Moshe, *The Soviet Century*, Verso, London – New York, 2005. Págs. 397-398.

179 Cfr. Arendt, Hannah, *Op. Cit.* Pág. 564.

180 Krivitsky, Walter. G., *I Was Stalin's Agent*, Hamish Hamilton, London, 1939. Krivitsky, Walter. G., Yo, jefe del Servicio secreto militar soviético, Nos, Madrid, 1947.

181 Crozier, Brian, «Gorbachov: itinerario de un premio Nobel», *Abc*, 3 de febrero de 1991. Pág. 86.

182 Discurso de Mao Zedong en la XI Sesión (Ampliada) de la Conferencia Suprema de Estado. Se publicó el 19 de junio de 1957 en *Diario del Pueblo*, después de que el autor revisara el texto transcrito de las actas y ordenara algunas adiciones. https://www.marxists.org/espanol/mao/escritos/CHC57s.html#fnp. Fecha de consulta: 27 de octubre de 2021.

183 Cfr. Gironella, Jose Mª, «El Dalai Lama y el Tíbet», *Abc*, 7 de abril de 1991. Pág. 54.

184 Dujardin, Jean-Pierre, «*Coût du communisme: 150 millions de morts*», en *Le Figaro-Magazine*, 18 de noviembre de 1978, págs. 50-51 y 150.

185 Cfr. Dávila, Carlos, *Nosotros los de las Américas*, Editorial del Pacífico, Santiago de Chile, 1950. Pág. 333. Citado en Beceiro García, Juan Luis, *La mentira histórica desvelada: ¿Genocidio en América?*, Ejearte, Madrid, 1994. Pág. 88. Cfr. también, Roca Barea, María Elvira, *Imperiofobia y leyenda negra: Roma, Rusia, Estados Unidos y el Imperio español*, Siruela, Madrid, 2018. Pág. 49.

186 Draper, John W., citado por Varela, Juan, *Sobre dos tremendas acusaciones sobre España del angloamericano Draper*, Madrid, 1896. http://www.cervantesvirtual.com/obra-visor/estudios-criticos-sobre-historia-y-politica--0/html/ff39418e-82b1-11df-acc7-002185ce6064_2.html#I_4_. Fecha de consulta: 11 de abril de 2021.

187 Cfr. Vélez, Iván, *Sobre la leyenda negra* (2ª ed.), Ediciones Encuentro, Madrid, 2018. Pág. 51.

188 Cfr. Varela Ortega, José, *España, un relato de grandeza y odio: entre la realidad de la imagen y la de los hechos*, Espasa, Barcelona, 2019. Pág. 205.

189 Gullo Omodeo, Marcelo, *Madre patria: desmontando la leyenda negra desde Bartolomé de Las Casas hasta el separatismo catalán* (9ª ed.), Espasa, Barcelona, 2021. Págs. 78-79.

190 «Porque fueron incorporadas a la Corona de Castilla y León, conforme a la concesión pontificia y a las inspiraciones de los Reyes Católicos, y no podían ser enajenadas. Porque sus naturales eran iguales en derecho a los españoles europeos y se consagró la legitimidad de los matrimonios entre ellos. Porque los descendientes de españoles europeos o criollos, y en general los beneméritos de Indias, debían ser preferidos en la provisión de los oficios. Porque los Consejos de Castilla y de Indias eran iguales como altas potestades políticas. Porque las instituciones provinciales o regionales de Indias ejercían la potestad legislativa. Porque siendo de una Corona los reinos de Castilla y León y de Indias, las leyes y orden de gobierno de los unos y de los otros debían ser los más semejantes que se puedan. Porque en todos los casos que no estuviese decidido lo que se debía proveer por las Leyes de Indias, se guardarían las de Castilla conforme al orden de prelación de las Leyes de Toro. Porque, en fin, se mandó excusar la palabra conquista como fuente de derecho, reemplazándola por las de población y pacificación. [...] De ahí la conclusión de que España ha formado política y jurídicamente, de estas provincias, reinos, dominios o repúblicas indianas —que no eran colonias o factorías, según las leyes— nacionalidades independientes y libres». Levene, Ricardo, *Las Indias no eran colonias* (3ª ed.), Espasa-Calpe, Madrid, 1973. Págs. 9-11.

191 Cfr. Eyzaguirre, Jaime, *Hispanoamérica del dolor y otros estudios*, Ediciones Cultura Hispánica, Madrid, 1979. Págs. 22-23. Citado en Beceiro García, Juan Luis, *Op. Cit.* Pág. 288.

192 Galeano, Eduardo, *Las venas abiertas de América Latina*, Siglo XXI de España Editores, Madrid, 1985. Pág. 63.

193 Ibíd. Pág. 74.

194 Cfr. Ibíd. Pág. 307.

195 Cfr. Colombres, Adolfo, *La colonización cultural de la América indígena*, Ediciones del Sol, Quito, 1976. Pág. 111.

196 Cfr. Pérez de Barradas, José, *Los mestizos de América*, Espasa-Calpe, Madrid, 1976. Pág. 243.

197 Cfr. Arendt, Hannah, *Op. Cit.* Pág. 331.

198 Ibíd. Págs. 474-475.

199 Ferro, Marc, *El libro negro del colonialismo: siglos XVI al XXI, del exterminio al arrepentimiento*, La Esfera de los libros, Madrid, 2005. Págs. 11-12.

200 Pfister, Thierry, *Lettre ouverte aux gardiens du mensonge*, Albin Michel, París, 1999. Citado en Owen, David, *En el poder y en la enfermedad: enfermedades de jefes de Estado y de Gobierno en los últimos cien años*, Siruela, Madrid, 2015. Pág. 84.

201 *La France, le Rwanda et le génocide des Tutsi (1990-1994)*. https://www.vie-publique.fr/sites/default/files/rapport/pdf/279186_0.pdf. Fecha de consulta: 5 de junio de 2021.

202 Cfr. Gil, Iñaki, «Macron reconoce 'la responsabilidad de Francia' en el genocidio de Ruanda, pero no pide perdón», *El Mundo*, 27 de mayo de 2021. https://www.elmundo.es/internacional/2021/05/27/60af85f2e4d4d8c0078b4624.html. Fecha de consulta: 5 de junio de 2021.

203 Bassets, Marc, «Macron admite en Ruanda la 'responsabilidad abrumadora de Francia en el genocidio», *El País*, 27 de mayo de 2021. https://elpais.com/internacional/2021-05-27/macron-admite-en-ruanda-la-responsabilidad-abrumadora-de-francia-en-el-genocidio.html. Fecha de consulta: 5 de junio de 2021.

204 Voltaire, citado por Coquery-Vidrovitch, Catherine, «El postulado de la superioridad blanca y de la inferioridad negra», en Ferro, Marc, *Op. Cit.* Pág. 789.

205 Voltaire, *Essai sur les moeurs*, citado por Pluchon, Pierre, *Nègres et Juifs au XVIII siècle. Le racisme au siècle des Lumières,* Tallandier, París, 1984. Pág. 156. Referenciado en Ferro, Marc, *Op. Cit.* Pág. 789.

206 Lemaître, Jules, *Impressions de théâtre*, Première Série, Éditions d'Imprimerie et de Librairie, París, 1887. Citado en *La France colonisatrice*, Liana Lévi-Sylvie Messinger, París, 1983, colecc. «Les reporters de l'histoire». Referenciado en Ferro, Marc, *Op. Cit.* Pág. 800.

207 Citado por Coquery-Vidrovitch, Catherine, «El postulado de la superioridad blanca y de la inferioridad negra». Referenciado en Ferro, Marc, *Op. Cit.* Pág. 811.

208 Bloy, Léon, *Le sang du pauvre*, París, 1909, citado en *La France colonisatrice*. Colecc. «Les reporters de l'histoire», nº 3, 1983, pp. 233-234. Referenciado en Ferro, Marc, *Op. Cit.* Págs. 731-733.

209 Fleury-Villate, Béatrice, *La Mémoire télévisuelle* de la guerre d'Algérie, L'Harmattan, París,

1992. Citada por Ferro, Marc, *Op. Cit.* Pág. 14.

210 Bassets, Marc, «Francia conmemora, pero no celebra el bicentenario de la muerte de Napoleón», *El País*, 5 de mayo de 2021. https://elpais.com/cultura/2021-05-05/francia-conmemora-pero-no-celebra-el-bicentenario-de-la-muerte-de-napoleon.html. Fecha de consulta: 11 de mayo de 2021.

211 Veuillot, Louis, «Rapports á Guizot», en *Les Français en Algérie*. Referenciado en Ferro, Marc, *Op. Cit.* Págs. 582-583.

212 Ferro, Marc, *Op. Cit.* Pág. 586.

213 Cfr. Daniel, Jean, «Camus y el terrorismo en Argelia», *El País*, 17 de noviembre de 2002. https://elpais.com/diario/2002/11/17/domingo/1037508758_850215.html. Fecha de consulta: 27 de septiembre de 2021.

214 Camus, Albert, *Crónicas argelinas (1939-1958)*, Alianza, Madrid, 2006. Págs. 13-15.

215 Bourdet, Claude, *France-Obsevateur*, 13 de enero de 1955. Referenciado en Ferro, Marc, *Op. Cit.* Pág. 647.

216 Bonnaud, Robért, *Esprit*, París, abril de 1957. Págs. 581-583. Citado por Ferro, Marc, *Op. Cit.* Págs. 15-18.

217 Cohen, Jean, «*Colonialisme et racisme en Algérie*», en *Les Temps Modernes*, 1955. Págs. 580-590. Citado en Ferro, Marc, *Op. Cit.* Pág. 36.

218 Ferro, Marc, *Op. Cit.* Págs. 38-39.

219 Hamdane Khodja, citado en Medded, Abdelwahab, *La maladie de l'Islam*, 2002. Pág. 36. Referenciado en Ferro, Marc, *Op. Cit.* Pág. 44.

220 Merle, Marcel, «El anticolonialismo», en Ferro, Marc, *Op. Cit.* Pág. 768.

221 Cornuel, Pascale, «Guayana Francesa: del paraíso al infierno del penal», en Ferro, Marc, *Op. Cit.* Págs. 247-260.

222 Londres, Albert, *Au bagne*, (en Oeuvres completes), Arléa, París,1992. Pág. 96. Referenciado en Ferro, Marc, *Op. Cit.* Pág. 259.

223 Gómez Muñoz, Javier, «Chirac decreta el 10 de mayo como jornada para conmemorar la abolición de la esclavitud», *Europa Press*, 30 de enero de 2006. https://www.europapress.es/internacional/noticia-francia-chirac-decreta-10-mayo-jornada-conmemorar-abolicion-esclavitud-20060130141640.html. Fecha de consulta: 23 de abril de 2021.

224 Cfr. Altares, Guillermo, «La memoria borrada de la esclavitud en España», *El País*, 23 de octubre de 2021. https://elpais.com/babelia/2021-10-23/la-memoria-borrada-de-la-esclavitud-en-espana.html?event_log=oklogin. Fecha de consulta: 1 de noviembre de 2021.

225 Cfr. Brocheux, Pierre, «El colonialismo francés en Indochina», en Ferro, Marc, *Op. Cit.* Págs. 413-441.

226 Cfr. CAOM (*Centre des Archives d'Outre-Mer), fondo Agence Économique de l'Indochine*, 927. Referenciado en Ferro, Marc, *Op. Cit.* Pág. 424.

227 Carta citada en la tesis del coronel Robert Bonnafous: *Les prisonniers de guerre du corps expéditionnaire français en Extrême-Orient dans les camps Viêt-minh, 1945-1954, Université de Montpellier-III*, 1985. Pág. 292. [Publicada como libro con el mismo título]. Referenciado en Ferro, Marc, *Op. Cit.* Pág. 436.

228 Cfr. Challaye, Félicien, *Un livre noir du colonialisme: souvenirs sur la colonisation. Les Nuits Rouges*, París, 1998. Págs. 162-165. Referenciado en Ferro, Marc, *Op. Cit.* Págs. 439-441.

229 Brocheux, Pierre, «El colonialismo francés en Indochina», en Ferro, Marc, *Op. Cit.* Pág. 437.

230 Maltby, William S., *Alba: A Biography of Fernando Álvarez de Toledo*, Third Duke of Alba (1507-1582), University of California Press, Berkeley-Los Angeles-Londres, 1983. Versión Española: *El Gran Duque de Alba*, Atalanta, Gerona, 2007. Referenciado en Pérez, Joseph, *La Leyenda negra*, Gadir, Madrid, 2010. Pág. 208.

231 Citado por Siegfried, André, *La crise britannique au XXèmesiècle*, Armand Colin, París, 1847. Págs. 10-11. Referenciado en Pérez, Joseph, *Op. Cit.* Págs. 125 y 233.

232 Citado por Pérez, Joseph, *Op. Cit.* Págs. 125 y 126.

233 Citado ibíd. Pág. 126.

234 Carta de Lloyd George a Bonar Law en 1923. Beaverbrook,Max Aitken *The Decline and Fall of Lloyd George*. Pág. 253. Citado en Owen, David, *Op. Cit.* Siruela, Madrid, 2015. Pág. 53.

235 El historiador Arnold J. Toynbee, en *A Study of History* (1947), escribía: «Los hábitos de horror adquiridos por los ingleses en su prolongada acción contra los restos de la franja céltica en los highlands de Escocia y los pantanos de Irlanda fueron llevados a través del Atlántico y practicados a expensas de los indios norteamericanos».

236 Friederici, Georg, *El carácter del descubrimiento y de la conquista de América*, Fondo de Cultura Económica, México, 1986. Págs. 286-287.

237 Cfr. Ibíd. Págs. 112-115. Citado en Beceiro García, Juan Luis, *Op. Cit.* Págs. 283-285.

238 Fiske, John, «Manifest Destiny», *Harper's Magazine*,1885. https://harpers.org/archive/1885/03/manifest-destiny-2/. Fecha de consulta: 21 de julio de 2021.

239 Cfr. Ruiz García, Enrique, «Panamá y el 'destino manifiesto'», *El País*, 29 de julio de 1987. https://elpais.com/diario/1987/07/29/opinion/554508010_850215.html. Fecha de consulta: 21 de julio de 2021.

240 Citado en Bailey, Thomas A., *A Diplomatic History of the American People* (3ª ed.), Crofts, New York, 1947. Pág. 558. Referenciado en Powell, Philip W., *Árbol de odio: la Leyenda Negra y sus consecuencias en las relaciones entre Estados Unidos y el Mundo Hispánico*, Ediciones José Porrúa Turanzas, Madrid, 1972. Pág. 196.

241 Cfr. https://www.nobelprize.org/prizes/peace/1906/summary/. Fecha de consulta: 10 de septiembre de 2021.

242 Ndiaye, Pap, «El exterminio de los indios de América del Norte», en Ferro, Marc, *Op. Cit.* Pág. 67.

243 Wilgus, A. Curtis, *Colonial Hispanic America*, Russell & Russell, New York, 1963. Pág. 6. Citado en Beceiro García, Juan Luis, *Op. Cit.* Pág. 39.

244 Lummis, Charles F., *Los exploradores españoles del siglo XVI*, Espasa-Calpe, Madrid, 1959. Pág. 155.

245 Jacobs, Wilburn R., *El expolio del indio norteamericano*, Alianza Editorial, Madrid, 1973. Pág. 45.

246 Cfr. Thompson, Andrew C., «*The Wesleyan Witness on Race*», 19 de junio de 2020. https://firebrand-mag.com/articles/the-wesleyan-witness-on-race. Fecha de consulta: 16 de octubre de 2021.

247 Cfr. Wesley, Charles, *The Journal of the Reverend Charles Wesley*, Londres, 1849.

248 Cornelius, Janet Duitsman, *When I Can Read My Title Clear: Literacy, Slavery, and Religion in the Antebellum South*, Columbia S. C., 1991. Citado en Vallejo, Irene, *El infinito en un junco: la invención de los libros en el mundo antiguo* (21ª ed.), Siruela, Madrid, 2021. Pág. 274.

249 Cfr. Manguel, Alberto, *Una historia de la lectura*, Alianza Editorial, Madrid, 2002. Pág. 388.

250 Güenechea, Juan Ignacio, «Fuerte Mosé: el asentamiento español en EE.UU. que defendió la libertad de la población afroamericana», *The Hispanic Council*, julio 2020. https://www.hispaniccouncil.org/wp-content/uploads/THC-Fuerte-Mose-Digital-FINAL-copia.pdf. Fecha de consulta: 16 de julio de 2021.

251 Cfr. Powell, Philip W., *Op. Cit.* Págs. 185-187.

252 Cfr. H. Riaño, Peio, «La escultura vandalizada del esclavista Edward Colston se expone en Bristol para que los vecinos decidan su futuro», *eldiario.es*, 7 de junio de 2021. https://www.eldiario.es/internacional/escultura-vandalizada-esclavista-edward-colston-expone-bristol-vecinos-decidan-futuro_1_8005224.html. Fecha de consulta: 12 de junio de 2021.

253 Stannard, David, *American Holocaust: Columbus and the Conquest of the New World*, Oxford University Press, Nueva York, 1992. P. 245. Citado en Ferro, Marc, *Op. Cit.* Pág. 70.

254 Fenn, Elizabeth A., «*Biological Warfare in Eighteenth-Century North America: Beyond Jeffery Amherst*», en *The Journal of American History*, Vol. 86, No. 4 (Mar. 2000). Págs. 1552-1580.

255 Sinclair, Andrew, *Prohibition*, the Era of Excess, Little-Brown, Boston, 1963. Pág. 220. Citado por Blom, Philipp, *La fractura: vida y cultura en Occidente*, 1918-1938, Anagrama, Barcelona, 2016. Pág. 89.

256 Porras Ferreyra, Jaime, «Conmoción en Canadá tras el hallazgo de los restos de 215 niños en un antiguo internado para indígenas», *El País*, 29 de mayo de 2021. https://elpais.com/internacional/2021-05-29/conmocion-en-canada-tras-el-hallazgo-de-los-restos-de-215-ninos-en-un-antiguo-internado-para-menores-indigenas.html. Fecha de consulta: 5 de junio de 2021.

257 «Canada Mourns as Remains of 215 Children Found at Indigenous School», *BBC*, 29 de mayo de 2021.

 https://www.bbc.com/news/world-us-canada-57291530. Fecha de consulta: 5 de junio de 2021.

258 «Hallan más de 700 tumbas anónimas en otro internado de menores indígenas en Canadá», *Europa Press*, 24 de junio de 2021. https://www.elconfidencial.com/mundo/2021-06-24/cientos-tumbas-anonimas-internado-menores-indigenas-canada_3149015/. Fecha de consulta: 2 de julio de 2021.

259 Cfr. Porras Ferreyra, Jaime, «Los internados canadienses del horror», *El País*, 11 de julio de 2021. https://elpais.com/internacional/2021-07-11/los-internados-canadienses-del-horror.html. Fecha de consulta: 13 de julio de 2021.

260 Ndiaye, Pap, «El exterminio de los indios de América del Norte», en Ferro, Marc, *Op. Cit.* Págs. 80 y 84.

261 Mars, Amanda, «Vida de Joe Ligon, encarcelado a los 15 años y puesto en libertad a los 83», *El País*, 18 de julio de 2021. https://elpais.com/internacional/2021-07-18/vida-de-joe-ligon-encarcelado-a-los-15-anos-y-liberado-a-los-83.html. Fecha de consulta: 6 de noviembre de 2021.

262 Wyld, Henry C. K., *The Universal Dictionary of the English Language*, citado en «Una raza condenada: la colonización y los aborígenes de Australia», Davidson, Alastair, en Ferro, Marc, *Op. Cit.* Pág. 85.

263 Watson, Irene, *The White Invasion Booklet*, Volcano, Adelaida, 1982. Citada en Ferro, Marc, *Op. Cit.* Pág. 86.

264 Watson, Irene, «Buried Alive», en *Law and Critique* 13, 253–269 (2002).

265 Watson, Irene, «There is No Possibility of Rights without Law», *Indigenous Law Bulletin*, 44, 2000: http://www5.austlii.edu.au/au/journals/IndigLawB/2000/44.html. Fecha de consulta: 3 de mayo de 2021.

266 Acemoglu, Daron y Robinson, James A., *Por qué fracasan los países: los orígenes del poder, la prosperidad y la pobreza* (7ª ed.), Ediciones Deusto, Barcelona, 2014. Pág. 325.

267 Davidson, Alastair, «*Una raza condenada: la colonización y los aborígenes de Australia*», en Ferro, Marc, *Op. Cit.* Pág. 87.

268 Cfr. Rowley, Charles, *The Destruction of Aboriginal Society*, Penguin Books, Harmondsworth, 1972. Pág. 169. Citado en Ferro, Marc, *Op. Cit.* Pág. 95.

269 Davidson, Alastair, *Op. Cit.* Pág. 102.

270 *The Age*, 5 de mayo de 2000. Citado en Ferro, Marc, *Op. Cit.* Pág. 113.

271 Dodson, Mick, «Indigenous Peoples and Globalization», en Davidson, Alastair y Weekly, Kathleen. (compils.), *Globalization and Citizenship in Asia-Pacific*, MacMillan, Londres, 1999. Referenciado en Ferro, Marc, *Op. Cit.* Pág. 121.

272 Doherty, Ben, «Australia to End Offshore Processing in Papua New Guinea», *The Guardian*, 6 de octubre de 2021. https://www.theguardian.com/australia-news/2021/oct/06/australia-to-end-offshore-processing-in-papua-new-guinea. Fecha de consulta: 6 de noviembre de 2021.

273 Barreira, David, «La compañía comercial inglesa de 35 empleados que conquistó y expolió la India en medio siglo», *El Español*, 2 de junio de 2021. https://www.elespanol.com/cultura/historia/20210602/compania-comercial-inglesa-empleados-conquisto-expolio-india/585692711_0.html. Fecha de consulta: 5 de junio de 2021.

274 Ors, Javier, «La Compañía de las Indias Orientales: los abusos y matanzas que dieron lugar a la leyenda negra de los ingleses», *La Razón*, 29 de mayo de 2021. https://www.larazon.es/cultura/20210530/q7cpdm35ovc5zk7pt7t2gmt4wa.html. Fecha de consulta: 5 de junio de 2021.

275 Cfr. Pouchepadass, Jacques, «La India: el primer siglo colonial», en Ferro, Marc, *Op. Cit.* Pág. 327.

276 Ferro, Marc, *Op. Cit.* Pág. 337.

277 Íbid. Pág. 352.

278 Cfr. Fourcade, Marie, «Los británicos en la India (1858-1947) o el reinado de lo cínicamente correcto», en Ferro, Marc, *Op. Cit.* Págs. 357-412.

279 Sartre, Jean-Paul, «*Situations*», V, *Colonialisme et néocolonialisme*, Gallimard, NRF, París, 1964. Pág. 181. Citado en Ferro, Marc, *Op. Cit.* Pág. 359.

280 Rushdie, Salman, *Patries imaginaires*, Christian Bourgois, París, 1993. Pág. 115. Citado en Ferro, Marc, *Op. Cit.* Pág. 363.

281 El comercio de opio de los británicos provocó al menos dos guerras con China (1839-1842 y 1856-1860), justificadas hipócritamente bajo el principio del libre comercio –el objetivo real era vender el excedente de opio en el país asiático– y a las que se sumaron franceses y portugueses, con intereses en la región: Indochina y Macao. La primera acabó con uno de los tristemente llamados tratados desiguales, como el de Nankin, por el cual, entre otras concesiones, Hong Kong pasó a manos británicas. Sus consecuencias abarcaron desde la rebelión de los bóxer hasta la guerra civil china que empezaría en 1927 y acabaría con el triunfo del comunismo. Es algo que no han olvidado los chinos, que en el fondo trazan sus estrategias por tiempos casi geológicos, también en su memoria. Cfr. Platt, Stephen R. *Imperial Twilight: The Opium War and the End of China's Last Golden Age*, Vintage Books, Nueva York, 2019.

282 Cfr. Mahias, Marie-Claude, «Le tabac et l'opium en Inde: leur rôle dans l'histoire des Nilgiri», en Hubert, Annie y Le Failler, Philippe, *Opiums: les plantes du plaisir et de la convivialité en Asie*, L'Harmattan, París, 2000. Pág. 217. Citado en Ferro, Marc, *Op. Cit.* Pág. 385.

283 Shankar, Gauri, *Born Criminals*, Kishor Vidya Niketan, Varanasi, 1979. Pág. 61. Citado en Ferro, Marc, *Op. Cit.* Pág. 381.

284 Cfr. Marx, Karl, *El Capital*, Siglo XXI de España Editores, Madrid, 1983. Págs. 305, 304 y 290-291, respectivamente.

285 Russell, Bertrand, *El impacto de la ciencia* (Obras escogidas), Aguilar, Madrid, 1962. Pág. 405.

286 Cfr. Chaumet, André, citado en Fourcade, Marie, «Los británicos en la India (1858-1947) o el reinado de lo cínicamente correcto», en Ferro, Marc, *Op. Cit.* Págs. 405-411.

287 Davis, Mike, *Late Victorian Holocausts. El Niño Famines and the Making of the Third World*, Verso, Londres-Nueva York, 2001. Hay edición española del libro: *Los holocaustos de la era victoriana tardía: el Niño, las hambrunas y la formación del tercer mundo*, Universitat de València, Valencia, 2006.

288 Cfr. Fourcade, Marie, «Los británicos en la India (1858-1947) o el reinado de lo cínicamente correcto», en Ferro, Marc, *Op. Cit.* Pág. 373.

289 Ibíd. 376-377.

290 «*The Indian Famine Commission*», Nature 22, 553–554 (1880). https://www.nature.com/articles/022553a0. Fecha de consulta: 12 de mayo de 2021.

291 Cfr. *The Lancet*, 16 de mayo de 1901. Citado en Davis, Mike, *Los holocaustos de la era victoriana tardía: el Niño, las hambrunas y la formación del Tercer mundo*, Universitat de València, Valencia, 2006. Pág. 19.

292 *Report on the Famine in Bombay Presidency* 1899-1902, Government Central Press, Bombay, 1902.

293 *Report of the Indian Famine Commission* 1901, Superintendent Government Printing, Calcuta, 1908. https://indianculture.gov.in/report-indian-famine-commission-1901. Fecha de consulta: 12 de mayo de 2021.

294 Cfr. Fourcade, Marie, en Ferro, Marc, *Op. Cit.* Pág. 365.

295 Cfr. Etemad, Bouda, *La possession du monde: poids et mesures de la colonisation*, Éditions Complexe, Bruselas-París, 2000. Pág. 146. Citado en Ferro, Marc, *Op. Cit.* Pág. 369.

296 M'Bokolo, Élikia, «África central: el tiempo de las matanzas», en Ferro, Marc, *Op. Cit.* Págs. 509-531.

297 Cfr. Selwyn, James, *South of the Congo*, Ramdom House, New York, 1943. Pág. 305. Citado en Arendt, Hannah, *Op. Cit.* Pág. 287.

298 Cfr. Altares, Guillermo, «La violencia del colonialismo se abre paso en la memoria colectiva de Europa», *El País*, 11 de junio de 2021. https://elpais.com/internacional/2021-06-11/la-violencia-del-colonialismo-se-abre-paso-en-la-memoria-colectiva-de-europa.html. Fecha de consulta: 12 de junio de 2021.

299 Vermeersch, Arthur, *La Question Congolaise*, Charles Bulens, Bruxelles, 1906.

300 Hochschild, Adam, *El fantasma del rey Leopoldo: una historia de codicia, terror y heroísmo en el África colonial*, Península, Barcelona, 2020.

301 Altares, Guillermo, «Viaje al corazón de las tinieblas de la colonización», *El País*, 8 de abril de 2021. https://elpais.com/television/2021-04-08/viaje-al-corazon-de-las-tinieblas-de-la-colonizacion.html. Fecha de consulta: 20 de abril de 2021.

302 Cfr. Hochschild, *Adam, Les fantômes du roi Léopold II: un holocaust oublié, Belfond*, París, 1998. Pág. 273. Referenciado en Pérez, Joseph, *Op. Cit.* Págs. 116 y 231.

303 Cfr. Boffey, Daniel, «Bélgica asume los zoos humanos de su pasado colonial», *eldiario.es*, 21 de abril de 2018, https://www.eldiario.es/internacional/theguardian/belgica-racismo-pasado-colonial_1_2169478.html. Fecha de consulta: 3 de agosto de 2021.

304 Sanz, Sara, «Países Bajos reabre su pasado como país esclavista», *El Mundo*, 21 de junio de 2021. https://www.elmundo.es/internacional/2021/06/21/60c8af3021efa0d4658b4612.html. Fecha de consulta: 2 de julio de 2021.

305 http://www.asia-pacific-photography.com/towardindependence/Neeb/index.htm. Fecha de consulta: 3 de agosto de 2021.

306 Cfr. Sueiro, Enrique, *Brújula directiva: 25 horizontes* (2ª ed.), Eunsa, Pamplona, 2021. Págs. 287-304.

307 Ibíd. Pág. 647.

308 Ferro, Marc, *Op. Cit.* Pág. 28.

309 Cfr. Galeano, Eduardo, *Op. Cit.* Págs. 76-77.

310 Cfr. López García, José Miguel, *La esclavitud a finales del Antiguo Régimen: Madrid 1701-1837, de moros de presa a negros de nación*, Alianza Editorial, Madrid. 2020. Al parecer, Carlos III llegó a poseer veinte mil esclavos entre Cuba, Colombia y otras tierras, incluida España. Según el autor, en 1760 había en Madrid cerca de seis mil esclavos, casi todos negros.

311 Citado por Davidson, Basil., *L'Angola au coeur des tempêtes*, Maspero (Cahiers libres 246-247), París, 1972. Pág. 115. Referenciado en Ferro, Marc, *Op. Cit.* Pág. 529.

312   Corominas i Julián, Jordi, «El otro Holocausto alemán: el genocidio oculto de Namibia», en *El Confidencial*, 12 de junio de 2021. https://www.elconfidencial.com/cultura/2021-06-12/holocausto-aleman-namibia_3126112/. Fecha de consulta: 19 de junio de 2021.

4. Verificar datos, ofrecer contexto y embridar emociones

313   Cfr. Vallejo, Irene, *El infinito en un junco: la invención de los libros en el mundo antiguo* (21ª ed.), Siruela, Madrid, 2021. Pág. 193.

314   «Las primeras minorías surgieron cuando el principio protestante de libertad de conciencia logró la supresión del principio *cuius regio, eius religio*. El Congreso de Viena de 1815 dio ya algunos pasos para garantizar ciertos derechos de las poblaciones polacas en Rusia, Prusia y Austria, derechos que ciertamente no eran tan sólo religiosos; resulta, sin embargo, característico el que todos los tratados posteriores —el protocolo que garantizaba la independencia de Grecia, en 1930; el que garantizaba la independencia de Moldavia y Valaquia, en 1856, y el Congreso de Berlín de 1878, en relación con Rumanía— hablen de minorías religiosas y no de minorías nacionales, a las que se les otorgaban derechos civiles pero no políticos». Arendt, Hannah, *Los orígenes del totalitarismo*, Alianza Editorial, Madrid, 2021. Pág. 394.

315   Sobre la cruzada contra los cátaros, hay que recordar el falso mito de la frase atribuida al cisterciense Arnaldo Amalric en el sitio de Béziers (1209): «Matadlos a todos, pues Dios ya conoce a los suyos». Arroja luz la investigación de Guillermo Fatás, catedrático de Historia: «El único texto que recoge esta supuesta orden es el de un monje alemán llamado Cesáreo de Heisterbach. Erudito poco fiable, redactó un libro sobre milagros en el que también se recoge este suceso. Escribió la obra entre 1219 y 1223, pero no estuvo presente en la campaña. Por el contrario, cinco cronistas distintos, minuciosos y testigos de los hechos varios de ellos, recogen muchas anécdotas y detalles de la guerra, pero no esta frase. Cesáreo, por lo demás, fue autor nada crítico y, por si faltase algo, pone la pregunta en boca de unos soldados de conciencia preocupadiza cuando, por el contrario, fue iniciativa de la tropa entrar a saco y cuchillo en la plaza».

316   Cfr. Artigas, Mariano, «Galileo después de la comisión pontificia», en *Scripta Theologica*, 32, Pamplona, 2000. Págs. 877-896. https://www.unav.edu/web/ciencia-razon-y-fe/galieo-despues-de-la-comision-pontificia. Fecha de consulta: 11 de abril de 2021.

317   Kamen, Henry, *La invención de España: leyendas e ilusiones que han construido la realidad*, Espasa, Barcelona, 2020. Pág. 69.

318   Las divertidas escenas humorísticas de *Nobody Expects the Spanish Inquisition!*, de los Monty Python, ejemplifican cómo este entretenimiento bien puede ser lo único que no pocos anglosajones conozcan sobre esa institución.

319   Cfr. Villatoro, Manuel, «Las torturas más sanguinarias y crueles de la Inquisición», *Abc*, 3 de junio de 2020. https://www.abc.es/historia/abci-torturas-mas-sanguinarias-y-crueles-santa-inquisicion-201512040253_noticia.html. Fecha de consulta: 28 de julio de 2021.

320   Cfr. De Suberwick, *Irene, Misterios de la Inquisición y otras sociedades secretas de España*, Barcelona, 1845. https://archive.org/details/misteriosdelain00subegoog/mode/2up. Al parecer, la autora firmaba con seudónimo como M. V. de Féréal. http://www.priceonepenny.info/database/show_author.php?author_id=140. Fecha de consulta: 28 de julio de 2021.

321   Savage, Charlie, «Detenidos por la CIA revelan torturas en transcripciones desclasificadas», *The New York Times*, 21 de junio de 2016. https://www.nytimes.com/es/2016/06/21/espanol/en-transcripciones-desclasificadas-detenidos-por-la-cia-revelan-torturas.html. Fecha de consulta: 28 de julio de 2021.

322   Fink, Sheri y Risen, James, «El entramado psicológico de los brutales interrogatorios de la CIA», *The New York Times*, 26 de junio de 2017. https://www.nytimes.com/es/2017/06/26/espanol/el-entramado-psicologico-de-los-brutales-interrogatorios-de-la-cia.html. Fecha de consulta: 28 de julio de 2021.

323   Goldman, Adam, «La nominada de Trump para dirigir la CIA participó en un programa de torturas», *The New York Times*, 14 de marzo de 2018. https://www.nytimes.com/es/2018/03/14/espanol/gina-haspel-cia-tortura-trump.html. Fecha de consulta: 28 de julio de 2021.

324   Londoño, Ernesto, «Nuevos documentos desclasificados revelan detalles sobre las desapariciones en Argentina», *The New York Times*, 12 de abril de 2019. https://www.nytimes.com/es/2019/04/12/

espanol/america-latina/argentina-dictadura-washington-documentos.html. Fecha de consulta: 28 de julio de 2021.

325   Savage, Charlie y Rosenberg, Carol, «La CIA no censura la memoria del agente del FBI que protestó por la tortura de terroristas», *The New York Times*, 29 de agosto de 2020. https://www.nytimes.com/2020/08/29/us/politics/ali-soufan-memoir-cia-torture.html. Fecha de consulta: 28 de julio de 2021.

326   Rosenberg, Carol, «Fiscales de Guantánamo piden huelga [desechar] información obtenida de la tortura», *The New York Times*, 17 de julio de 2021. https://www.nytimes.com/2021/07/17/us/politics/guantanamo-cia-torture.html. Fecha de consulta: 28 de julio de 2021.

327   Cfr. Arendt, Hannah, *Op. Cit.* Pág. 40.

328   Cfr. Eymeric, Nicolau, *Manual de inquisidores: para uso de las Inquisiciones de España y Portugal*, Editorial Fontamara, Barcelona, 1974. Págs. 33-41.

329   Cfr. Llorente, Juan Antonio, *La Inquisición y los españoles*, Editorial Ciencia Nueva, Madrid, 1967. Pág. 80.

330   Un caso ejemplar de la búsqueda de excusas para perseguir tanto a los judíos como a los conversos es el montaje del Santo Niño de la Guardia, hacia 1480. Hay precedentes, como el de Dominguito de Val, hacia el siglo XIII, y casos parecidos en Centroeuropa hasta el siglo XX.

331   La eucaristía (del griego, «acción de gracias») es «fuente y culmen de toda la vida cristiana», según la Iglesia católica. También llamada santa misa, divina liturgia o santo sacrificio, es el memorial o la renovación incruenta de la muerte de Jesucristo. La consagración es la fórmula que el sacerdote pronuncia para obrar la llamada transustanciación, por la que el pan y el vino de las ofrendas se transforman en el cuerpo y la sangre de Cristo que se recibe en la comunión. Cfr. Catecismo de la Iglesia católica, puntos 1322-1405.

https://www.vatican.va/archive/catechism_sp/index_sp.html. Fecha de consulta: 27 de marzo de 2021.

332   Cfr. Vélez, Iván, *Torquemada, el gran inquisidor: una historia del Santo Oficio*, La Esfera de los Libros, Madrid, 2020. Págs. 50-52, 80, 157 y 159.

333   Cfr. Llorente, Juan Antonio, *Op. Cit.* Págs. 62-63.

334   Ibíd. Págs. 130-131.

335   Cfr. De Sandoval, Prudencio, *Historia de la vida y hechos del emperador Carlos V*, Zaragoza, 1634. Tomo I, Libro 3, Apartado 10. http://www.cervantesvirtual.com/obra-visor/historia-de-la-vida-y-hechos-del-emperador-carlos-v--2/html/. Fecha de consulta: 15 de junio de 2021.

336   1. Que la reina doña Juana, madre del rey, estuviese con la casa y asiento que a su real majestad se debía, como a reina señora de estos reinos. 2. Que fuese servido de se casar lo más brevemente que pudiese, según la necesidad que de ello estos reinos tenían. Porque de tan alto príncipe quedasen a estos reinos hijos de bendición, que por muchos años reinasen en ellos. 3. Que el infante don Fernando no saliese de estos reinos hasta tanto que él fuese casado y tuviese hijos. 4. Que mandase confirmar las leyes y premáticas [normativas] de estos reinos, usadas y guardadas, y los privilegios, libertades y franquezas de las ciudades y villas, y no consintiese poner en ellas nuevas imposiciones y lo jurase así. 5. Que no se diesen a extranjeros oficios, ni beneficios, ni dignidades, ni gobiernos; ni diese, ni consintiese carta de naturaleza, y si se habían dado, las revocase. Y que mandase ver la cláusula del testamento de la reina doña Isabel, que habla de esto, que la presentaron; y en lo que contra esto estaba hecho, lo mandase remediar, especialmente las tenencias, dignidades y otros beneficios que vacaron en el arzobispado de Toledo, y otros obispados se den a naturales. Y que el arzobispo de Toledo viniese a residir en estos reinos, porque gastase aquí las rentas. 6. Que los embajadores de estos reinos fuesen naturales. 7. Que en la casa real sirviesen y tuviesen entrada castellanos, o españoles, como era en tiempo de sus pasados. Y tengan los oficios de ella, como con los reyes sus antecesores los tenían. Y en el género de porteros y aposentadores, haya de todos, porque algunos de ellos entendiesen y pudiesen ser entendidos. 8. Que fuese servido de hablar castellano, porque haciéndolo así lo sabría más presto, y podría mejor entender a sus vasallos, y ellos a él. 9. Que no enajenase cosa de la corona real, y si había algún agraviado que pidiese justicia se la mandase guardar. 10. Que escribiese al Pontífice sobre el agravio que la corona real de Castilla y iglesia de Murcia reciben de la elección de Orihuela que tantas veces prometió en Cortes el Rey Católico de la deshacer; y Su Alteza lo había agora [sic] prometido en esta diligencia se apretase para que el Papa la revocase antes que él entrase en Aragón.

337 La lista de peticiones resulta tan extensa como reveladora: «que mandase guardar a los monteros de Espinosa sus privilegios y libertades, cerca de la guarda de su real persona, por ser tan antiguo y que toca a la lealtad de España» (reclamación nº 12); «que no permita sacar de estos reinos oro, ni plata, ni moneda, ni diese cédulas por su cámara para ello» (16); «que no se saquen caballos del reino» (18); «que los protomédicos no envíen personas que en su nombre visiten las boticas, por los daños que hacen» (19); «que se guarden las leyes que hay en el reino, contra los que se alzan con haciendas ajenas, habiéndolos por públicos robadores» (21); «que se vede, como lo vedó el Rey Católico, el juego de los dados» (22); «que cuando algún juez fuese recusado habiendo de tomar acompañados, se tenga lo que la mayor parte sentenciare» (32); «que los corregidores y asistentes cumplan sus oficios a los dos años, y luego se les tome residencia [auditoría], y tomada, no puedan ser proveídos al dicho oficio, aunque la ciudad lo pida donde lo haya sido» (34); »que no anden pobres por el reino, sino que cada uno pida en su naturaleza. Y los contagiosos estén en casa particular» (41); «que mandase tener consulta ordinaria para el buen despacho de los negocios, y dar audiencia personalmente, a lo menos dos días en la semana» (48).

338 49. Que en el echar de las bulas no se hiciesen fuerzas ni extorsiones, sino que cada uno tuviese libertad de tomarlas, y no se prediquen sino en día de fiesta. Y las provisiones que llevasen, fuesen rubricadas del Consejo Real. 50. Que se pida a Su Santidad que dé orden cómo los jueces y escribanos eclesiásticos tengan aranceles y hagan residencia. 51. Que los obispos que estando fuera del reino arriendan las rentas no puedan arrendar la jurisdicción. 52. Que pida al Papa que no dé reservas en los cuatro meses de los obispados. Y los prelados visiten con mucho cuidado las iglesias. 53. Que no se resuma ninguna calonjía [casa contigua] de las catedrales. 54. Que Su Alteza provea cómo los clérigos puedan testar, porque, de otra manera, los papas serían señores de la más hacienda del reino. 55. Que ninguno pueda mandar bienes raíces a ninguna iglesia, monasterio ni hospital ni cofradías. Ni ellos lo puedan heredar ni comprar, porque si se permitiese, en breve tiempo sería todo suyo. 56. Que no permita que el Papa aneje beneficios a obispados que sean de fuera del reino. 57. Que se provea cómo los obispados y dignidades y beneficios que vacasen en Roma se volviesen a proveer por el rey, como patrón y presentero de ellas, y no quedasen en Roma.

339 Llorente, Juan Antonio, *Op. Cit.* Pág. 194.

340 Cfr. Juderías, Julián, *La leyenda negra* (3ª ed.), Araluce, Barcelona, 1917. Págs. 486-488.

341 Ibíd. Pág. 486.

342 Juan Pablo II, *Tertio millennio adveniente*, Vaticano, 1994, nº 35.

http://www.vatican.va/content/john-paul-ii/es/apost_letters/1994/documents/hf_jp-ii_apl_19941110_tertio-millennio-adveniente.html. Fecha de consulta: 30 de marzo de 2021.

343 Juan Pablo II, audiencia general del 1 de septiembre de 1999.

http://www.vatican.va/content/john-paul-ii/es/audiences/1999/documents/hf_jp-ii_aud_01091999.html. Homilía del 12 de marzo de 2000.

http://www.vatican.va/content/john-paul-ii/es/homilies/2000/documents/hf_jp-ii_hom_20000312_pardon.html. Fecha de consulta: 30 de marzo de 2021.

344 Entrevista de Juan Vicente Boo en *Abc*, 15 de junio de 2004.

https://www.abc.es/sociedad/abci-agostino-borromeo-inquisicion-espanola-juzgo-personas-y-mayoria-condenas-fueron-espirituales-200406150300-9622036253986_noticia.html. Fecha de consulta: 30 de marzo de 2021.

345 Brown, Dan, *El Código Da Vinci*, Ediciones Urano, Barcelona, 2003. Pág. 105.

346 Cfr. Juderías, Julián, *Op. Cit.* Págs. 484-489.

347 Von Kemnat, Matthias, *Historia de la Reforma religiosa en Alemania*, citado por Juderías, Julián, *Op. Cit.* Pág. 485.

348 Cfr. Monteano Sorbet, Peio J., *El iceberg navarro: euskera y castellano en la Navarra del siglo XVI*, Pamiela, Arre (Navarra), 2017. Págs. 13-18 y 95-104.

349 En la voz akelarre, de origen vasco, el prefijo aker equivale a «macho cabrío» y el sufijo larre es «prado». Literalmente, *akelarre* significa «prado del macho cabrío». Cfr. Dueso, José, *Nosotros los vascos: mitos, leyendas y costumbres*, volumen V, Lur Argitaletxea, Bilbao, 1994. Pág. 29.

350 El sacramento de la penitencia y de la reconciliación incluye el arrepentimiento y la voluntad del penitente de no volver a pecar. Según la Iglesia católica, el sacerdote es el intermediario divino para absolver y conceder «el perdón y la paz» que solo Dios puede conceder. Condición previa es expresar

verbalmente la recta intención de rectificar. Ha de hacerse ante el confesor en una conversación que debe ser oral, individual y secreta. Cfr. Catecismo de la Iglesia católica, puntos 1422-1484. https://www.vatican.va/archive/catechism_sp/index_sp.html. Fecha de consulta: 31 de marzo de 2021.

351 Pérez, Joseph, *Crónica de la Inquisición en España*, Ediciones Martínez Roca, Barcelona, 2002. Págs. 201-202.

352 Cfr. Dueso, José, *Op. Cit*. Págs. 100-101.

353 Pérez, Joseph, *Op. Cit*. Pág. 206.

354 Powell, Philip W., *Árbol de odio: la Leyenda Negra y sus consecuencias en las relaciones entre Estados Unidos y el Mundo Hispánico*, Ediciones José Porrúa Turanzas S.A., Madrid, 1972. Pág. 136.

355 «La Leyenda Negra», audio nº 19 de *Memorias de un tambor* https://memoriasdeuntambor.com/la-leyenda-negra. Fecha de consulta: 7 de abril de 2021.

356 Cfr. Vélez, Iván, *Op. Cit*. Págs. 55-56.

357 Kamen, Henry, *Op. Cit*. Págs. 140-141.

358 1989: 9.344 fallecidos por accidente de tráfico en España. 1990-2014: miles de muertos todos los años. 2015: 1.689. 2016: 1.810. 2017: 1.830. 2018: 1.806. 2019: 1.755. 2020: 1.370. Datos de la Dirección General de Tráfico del Gobierno de España: https://www.dgt.es/es/seguridad-vial/estadisticas-e-indicadores/publicaciones/anuario-estadistico-accidentes/. El descenso de fallecidos en 2020 se debe, en gran medida, a los confinamientos con motivo de la pandemia del covid19. https://www.dgt.es/es/prensa/notas-de-prensa/2021/en-2020-fallecieron-1370-personas-en-accidentes-de-trafico.shtml. Fecha de consulta: 29 de septiembre de 2021.

359 Parker asegura que Felipe II presidió personalmente cinco autos de fe: Valladolid (1559), Toledo (1560), Barcelona (1564), Lisboa (1582) y, de nuevo, Toledo (1591). Cfr. Parker, Geoffrey, *Felipe II*, Alianza Editorial, Madrid, 2008. Pág. 126.

360 Kamen, Henry, *Op. Cit*. Pág. 147.

361 Cfr. Peixoto, Afranio, *Pequeña Historia de las Américas*, Ediciones Botas, México, 1946. Pág. 127. Citado en Beceiro García, Juan Luis, *La mentira histórica desvelada: ¿Genocidio en América?*, Ejearte, Madrid, 1994. Pág. 69.

362 Powell, Philip W., *Op. Cit*. Pág. 37.

363 Cfr. Vélez, Iván, *Op. Cit*. Pág. 64.

364 Cfr. Viana, Israel, «El insólito hallazgo de las retorcidas cartas de amor de Enrique VIII a sus esposas antes de ejecutarlas», *Abc*, 5 de octubre de 2021. https://www.abc.es/historia/abci-insolito-hallazgo-retorcidas-cartas-amor-enrique-viii-esposas-antes-ejecutarlas-202110042344_noticia.html#ancla_comentarios. Fecha de consulta: 1 de noviembre de 2021.

365 Cfr. Fernández Aguado, Javier, *2000 años liderando equipos: enseñanzas del management más exitoso*, Kolima, Madrid, 2020. Págs. 269-270.

366 Leland, John, *The Laboryouse Journey…*, John Bale (ed.), S. Mierdman, Londres, 1549. Citado en Ovenden, Richard, *Op. Cit*. Pág. 71.

367 Cfr. García-Villoslada, Ricardo y Llorca, Bernardino, *Historia de la Iglesia Católica III* (2ª ed.), BAC, Madrid, 1967. Pág. 729.

368 Hamilton, Alexander Henry Abercromby, *Quarter sessions from Queen Elizabeth to Queen Anne*, Londres, 1878. Pág. 31. https://archive.org/details/quartersessionsf00hamiuoft/page/n11/mode/2up. Fecha de consulta: 29 de marzo de 2021.

369 Cfr. Stephen, James Fitzjames, *A History of the Criminal Law of England*, Londres, 1883. Pág. 468. https://www.cambridge.org/core/books/history-of-the-criminal-law-of-england/A1BA5E600A41A123570E33B-C1B8BD978 y https://books.google.es/books?id=ymg0AAAAIAAJ&printsec=frontcover&hl=es&source=gbs_ge_summary_r&cad=0#v=onepage&q&f=true. Fecha de consulta: 29 de marzo de 2021.

370 Cfr. Stephen, James Fitzjames, *Op. Cit*. Pág. 434.

371 Cfr. Faus, Joan, «Día de Acción de Gracias: ¿Qué es 'Thanksgiving'?, *El País*, 24 de noviembre de 2017. https://elpais.com/elpais/2017/11/23/estilo/1511423802_229135.html. Fecha de consulta: 14 de julio de 2021.

372 Cfr. Wynne, John Huddlestone, *A General History of the British Empire in America*, Londres, 1770, citado por Juderías, Julián, *Op. Cit*. Págs. 489-496.

373   Buen ejemplo literario del proceder de los puritanos es *La letra escarlata*, novela de Nathaniel Hawthorne en la que se narra el castigo en Boston (siglo XVII) de Hester Prynne, una joven declarada culpable de adulterio y condenada a llevar una A escarlata de adúltera en su vestido. La sentencia exigía que, además, pasara tres horas en la picota, expuesta a la humillación pública.

374   Cfr. Roca Barea, María Elvira, *Imperiofobia y leyenda negra: Roma, Rusia, Estados Unidos y el Imperio español*, Siruela, Madrid, 2018. Pág. 210.

375   Cfr. Pérez, Joseph, *La Leyenda negra*, Gadir, Madrid, 2010. Pág. 125.

376   Cfr. Ruggiu, François-Joseph, «L'Angleterre, modèle de tolerance?», *L'Histoire*, nº 289. Referenciado en Pérez, Joseph, La Leyenda negra, Gadir, Madrid, 2010. Pág. 232.

377   Cfr. Van den Brule, Álvaro, «La Conspiración de la Pólvora: el día que España intentó volar el Parlamento inglés», *El Confidencial*, 16 de mayo de 2020.
https://www.elconfidencial.com/alma-corazon-vida/2020-05-16/historia-de-espana-inglaterra-parlamento-tudor_2591020/. Fecha de consulta: 1 de abril de 2021.

378   Franco, Jess, «El juez sangriento», *El País*, 4 de diciembre de 2005. https://elpais.com/diario/2005/12/04/eps/1133681222_850215.html?prm=enviar_email. Fecha de consulta: 28 de julio de 2021.

379   Cobbett, William, *History of the Protestant Reformation in England and Ireland, Exclassics Project*, 2009. Págs. 105 y 127. https://www.exclassics.com/protref/protref.pdf. Fecha de consulta: 1 de abril de 2021.

380   Walsh, William Thomas, *Felipe II*, Espasa-Calpe, Madrid, 1976. Pág. 261.

381   Cfr. *Enciclopedia Universal Ilustrada Europeo-Americana*, Espasa-Calpe, Barcelona, 1991, Tomo 19. Págs. 105-106. https://www.nubeluz.es/europa/inglaterra/coburgo/eduardoVII.html. Fecha de consulta: 2 de abril de 2021.

382   *The Guardian*, 22 de junio de 2007. https://www.theguardian.com/politics/2007/jun/22/uk.religion1. Fecha de consulta: 1 de abril de 2021.

383   Cfr. Pampliega Pedreira, Víctor, «La censura libraria: una mirada a Europa». Pág. 304. https://ifc.dpz.es/recursos/publicaciones/33/01/25pampliega.pdf. Fecha de consulta: 31 de marzo de 2021.

384   Cfr. Melero, Domingo, «La Expansión Europea (1491-1522) en un marco de Hª Global», en *El descobriment: les causes i les conseqüències*, I.B. Salvador Vilaseca, Reus, 1993. Págs. 13-88.

385   Cfr. Owen, David, *En el poder y en la enfermedad: enfermedades de jefes de Estado y de Gobierno en los últimos cien años*, Siruela, Madrid, 2015. Págs. 340-341.

386   Cfr. Sánchez-Albornoz, Claudio, *España, un enigma histórico*, Edhasa, Barcelona, 2001. Págs. 351-352.

387   Montesquieu, *Del espíritu de las leyes*, Libro VIII, Capítulo XVIII, 1748.

388   Juderías, Julián, *Op. Cit.* Págs. 110-111.

389   Blom, Philipp, *La fractura: vida y cultura en Occidente*, 1918-1938, Anagrama, Barcelona, 2016. Pág. 30.

390   Lutero, Martín, *Exhortación a la paz: en relación con los Doce Artículos de los Campesinos de Suabia*, 1525. http://escriturayverdad.cl/wp-content/uploads/ObrasdeMartinLutero/15211525Contine/ExhortaciOnalaPaz.pdf. Fecha de consulta: 4 de abril de 2021.

391   García-Villoslada, Ricardo, *Martín Lutero: en lucha contra Roma*, Vol. II, BAC, Madrid, 2008. Pág. 203.

392   En este sentido, hay que recordar las guerras campesinas que asolaron Alemania y de las que tanto escribiría siglos después Engels. En particular, destaca la figura de Thomas Müntzer, sacerdote, iluminado, líder revolucionario y precursor del comunismo. Müntzer fue inicialmente partidario de Lutero y, después, enemigo declarado, al considerarlo demasiado tibio y comprometido con la nobleza feudal. En Frankenhausen (1527) llevó a la muerte a cerca de cinco mil campesinos, bajo la promesa de hacer el reino celestial en la tierra. Sus palabras ya presagiaban la sangre derramada, con ese tono enfebrecido, entre lo poético y lo criminal —en esencia patológico—, que siglos más tarde imitarían otros muchos revolucionarios: «El Dios vivo está afilando en mí su guadaña para que luego pueda segar las rojas amapolas y los acianos azules».

393   Cfr. Pollard, Albert. F., citado en Beceiro García, Juan Luis, *Op. Cit.* Pág. 134.

394   Samhaber, Ernst, *Sudamérica*, Editorial Sudamericana, Buenos Aires, 1946. Pág. 53. Citado en Beceiro García, Juan Luis, *Op. Cit.* Pág. 123.

395   García-Villoslada, Ricardo, *Op. Cit.* Pág. 116.

396   Cfr. Acemoglu, Daron y Robinson, James A., *Op. Cit.* Pág. 340-341.

397   Ross, Ronald J., «The Kulturkampf: Restriction and Controls on the Practice of Religion in Bismark's Germany», en Helmstadter, Richard J.(ed.), *Freedom and Religion in the Nineteenth-Century*, Redwood: Stanford University, 1997. Pág. 29.

398   Cfr. «Alemania celebra los 500 años de la Reforma Protestante», *The Objective*, 9 de noviembre de 2018. https://theobjective.com/alemania-celebra-los-500-anos-de-la-reforma-protestante. Fecha de consulta: 2 de abril de 2021.

399   Cfr. Seewald, Peter y sus libros de conversaciones con Joseph Ratzinger, antes y después de convertirse en el 265º papa de la Iglesia católica: *La sal de la tierra, Dios y el mundo, Benedicto XVI: una mirada cercana, Luz del mundo, Benedicto XVI: últimas conversaciones con Peter Seewald*, etc.

400   Cfr. Fernández Aguado, Javier, *Op. Cit.* Págs. 175-183 y 569-576.

401   Discurso de Benedicto XVI ante el Reichstag (Berlín) el 22 de septiembre de 2011:

http://www.vatican.va/content/benedict-xvi/es/speeches/2011/september/documents/hf_ben-xvi_spe_20110922_reichstag-berlin.html. Fecha de consulta: 24 de abril de 2021.

402   Dostoievski, Fiódor Mijáilovich, *Los hermanos Karamázov*, Planeta, Barcelona, 1988. Pág. 313.

403   Beck, Andrew, «Catholicism in Denmark: An Historical Survey», *The Tablet*, London, April 20th, 1940, Vol. 175, No. 5215. https://reader.exacteditions.com/issues/72007/page/1. Sobre la historia religiosa de Dinamarca: https://www.encyclopedia.com/religion/encyclopedias-almanacs-transcripts-and-maps/denmark-catholic-church. Fecha de consulta: 2 de abril de 2021.

404   Juderías, Julián, *Op. Cit.* Págs. 525-526.

5. Conocer claves del comportamiento humano

405   Cfr. Redondo, Gonzalo, *Las libertades y las democracias*, Historia Universal, Tomo XIII, Eunsa, Pamplona, 1984. Págs. 21-22.

406   El árbol genealógico de Felipe II que reproduce Geoffrey Parker refleja: Carlos (1545-68), aborto (1562), aborto (1564), Isabel (1566-1633), Catalina (1567-97), nacido muerto (1568), Fernando (1571-78), Carlos Lorenzo (1573-75), nacido muerto (1574), Diego (1575-82), María (1580-83), nacido muerto (1580) y Felipe III (1578-1621), el único que sobrevivió a su progenitor. Cfr. Parker, Geoffrey, *Felipe II*, Alianza Editorial, Madrid, 2008. Pág. 107.

407   Bouza Álvarez, Fernando, *Cartas de Felipe II a sus hijas*, Madrid, 1988. Pág. 114. Citado en Parker, Geoffrey, *Op. Cit.* Pág. 43.

408   Pérez, Antonio, *Relaciones del secretario de Estado de Felipe II*, Editorial Renacimiento, Sevilla, 2013. Pág. 56.

409   Cfr. https://blog-holanda.com/historia-y-geografia-de-holanda/himno-de-holanda/. Fecha de consulta: 18 de julio de 2021.

410   Pérez, Joseph, *La Leyenda negra*, Gadir, Madrid, 2010. Pág. 61.

411   Cita extraída de Schilling, Heinz, «Del imperio común a la leyenda negra: la imagen de España en la Alemania del siglo XVI y comienzos del XVII», en Vega Cernuda, Miguel Ángel y Wegener, Hennig (editores), *España y Alemania: percepciones mutuas de cinco siglos de historia*, Editorial Complutense, Madrid, 2002. Pág. 44.

412   Cfr. Powell, Philip W., *Árbol de odio: la Leyenda Negra y sus consecuencias en las relaciones entre Estados Unidos y el Mundo Hispánico*, Ediciones José Porrúa Turanzas, Madrid, 1972. Págs. 88-92.

413   Koninklijke Bibliotheek (La Haya), folleto 1199. Referenciado en Powell, Philip W., *Op. Cit.* Pág. 97.

414   Según el historiador belga Gustaaf Janssens, «el hecho de que las leyes penales del Duque hayan constituido la base práctica del procedimiento penal y del Derecho Penal en los Países Bajos durante dos siglos y medio aproximadamente demuestra que fueron ejemplares en su tiempo». Sus impuestos, otra razón que se suele esgrimir en su contra, tampoco fueron muy altos y resultaron, en la práctica, bastante más bajos que los posteriores, tras la independencia.

415   Maltby, William S., *Alba: A Biography of Fernando Álvarez de Toledo, Third Duke of Alba (1507-1582)*, University of California Press, Berkeley-Los Angeles-Londres, 1983. *Versión Española: El Gran Duque de Alba*, Atalanta, Gerona, 2007.

416 Maltby, William S., *The Black Legend in England*, 1982. Referenciado en Pérez, Joseph, *Op. Cit.* Pág. 234.

417 Cfr. Fernández Aguado, Javier, *El management del III Reich*, LID, Madrid, 2014. Págs. 75-103.

418 bíd. Págs. 80-81.

419 https://www.elcuadrodeldia.com/post/155062447968/pieter-bruegel-el-viejo-la-matanza-de-los. Fecha de consulta: 21 de julio de 2021.

420 Cfr. Pérez, Joseph, *Op. Cit.* Págs. 63 y 215.

421 Cfr. San Mateo 2, 13.

422 https://historia-arte.com/obras/la-masacre-de-los-inocentes-bruegel. Fecha de consulta: 21 de julio de 2021.

423 Arnoldsson, Sverker, *La leyenda negra: estudios sobre sus orígenes*, (Acta Universitatis Gothoburgensis; Göteborgs Universitets Arsskrift, LXVI, No. 3, 1960. Pág. 125. Referenciado en Roca Barea, María Elvira, *Imperiofobia y leyenda negra: Roma, Rusia, Estados Unidos y el Imperio español*, Siruela, Madrid, 2018. Pág. 187.

424 Sobre el origen de la expresión, algunas referencias apuntan a una obra de Goethe. https://cronicasgermanicas.com/2014/09/04/das-kommt-mir-spanisch-vor-el-origen/. Fecha de consulta: 28 de julio de 2021.

425 Cita extraída de Schilling, Heinz, «Del imperio común a la leyenda negra: la imagen de España en la Alemania del siglo XVI y comienzos del XVII», en Vega Cernuda, Miguel Ángel y Wegener, Hennig (editores), *Op. Cit.* Pág. 57. Según el propio autor, la cita se publicó originalmente en *Konfessionalisierum und Formierung eines internationalen Systems während der frühhen Neuzeit, en Guggisberg, Hans R. y Krodel, Gottfried K. (eds.), Die Reformation in Deutschland und Europa: Interpretationem und Debatten*, Gütersloher Verlagshaus, 1993.

426 Cfr. Pérez, Joseph, *Op. Cit.* Págs. 80 y 221.

427 Parker, Geoffrey, *Op. Cit.* Pág. 120.

428 bíd. Pág. 153.

429 Gelabert, Juan Eloy, «Geoffrey Parker y Felipe II: tercera entrega», 27 de junio de 2016. https://www.revistadelibros.com/resenas/el-rey-imprudente-la-biografia-esencial-de-felipe-ii-de-geoffrey-parker. Fecha de consulta: 2 de julio de 2021.

430 Cfr. Parker, Geoffrey, *El rey imprudente: la biografía esencial de Felipe II*, Planeta, Barcelona, 2015. Pág. 396.

431 Marañón, Gregorio, *Antonio Pérez: el hombre, el drama, la época* (2ª ed.), Espasa-Calpe, Madrid, 1948. Pág. 41.

432 Ibíd. Pág. 783.

433 Cfr. Lucas 16, 1.

434 Cfr. Holzwarth, Larry, «Myths and misteries from J. Edgar Hoover's personal files», *History Collection*, 23 de Agosto de 2019. https://historycollection.com/myths-and-mysteries-from-j-edgar-hoovers-personal-files/14/. Fecha de consulta: 29 de octubre

435 Sheehan, Neil, «Vietnam Archive: Pentagon Study Traces 3 Decades of Growing U. S. Involvement», *The New York Times*, 13 de junio de 1971. https://www.nytimes.com/1971/06/13/archives/vietnam-archive-pentagon-study-traces-3-decades-of-growing-u-s.html. Fecha de consulta: 29 de octubre de 2021.

436 Marañón, Gregorio, *Op. Cit.* Pág. 728.

437 El historiador británico Niall Ferguson considera que ahora «vivimos en una emocracia, en la que las emociones mandan más que las mayorías y los sentimientos cuentan más que la razón. Cuanto más fuertes son tus sentimientos, más fácil los transformas en indignación y más influyente eres». Glosando esta reflexión, el asesor de comunicación política Gutiérrez-Rubí sugiere que «la democracia podría ser la línea roja para la comunicación y la política. Ignorar los sentimientos es grave. Sobreexcitarlos para su utilización política es peligroso. La historia da fe de ello». Gutiérrez-Rubí, Antoni, *Gestionar las emociones políticas: una guía para entender la irrupción de las emociones en la vida política y en la opinión pública*, Gedisa, Barcelona, 2019. Págs. 17-18.

438 Cfr. Juan 8, 1.

439   Marañón, Gregorio, *Op. Cit.* Págs. 593-594.

440   Cfr. Slocombe, Georges, biógrafo de Enrique IV, citado por Marañón, Gregorio, *Op. Cit.* Pág. 708.

441   Cfr. Jueces 16, 1.

442   Cfr. Sánchez Molledo, José María, en «Introducción» de Pérez, Antonio, *Relaciones del secretario de Estado de Felipe II*, Editorial Renacimiento, Sevilla, 2013. Págs. 23-26.

6. Saber comunicar reputación

443   Cfr. Alvar Ezquerra, Alfredo, *Espejo de príncipes y avisos a princesas: la educación palaciega de la Casa de Austria*, Fundación Banco Santander, Madrid, 2021.

444   Kamen, Henry, *La invención de España: leyendas e ilusiones que han construido la realidad*, Espasa, Barcelona, 2020. Pág. 160.

445   Ibíd. Págs. 159-160.

446   Acemoglu, Daron y Robinson, James A., *Por qué fracasan los países: los orígenes del poder, la prosperidad y la pobreza* (7ª ed.), Ediciones Deusto, Barcelona, 2014. Págs. 21-24.

447   Lummis, Charles F., *Los exploradores españoles del siglo XVI: vindicación de la acción colonizadora española en América* (5ª ed.), Casa Editorial Araluce, Barcelona, 1922. Pág. 13.

448   https://eljusticiadearagon.es/historia/. Fecha de consulta: 8 de abril de 2021.

449   Cfr. Juderías, Julián, *La leyenda negra* (3ª ed.), Araluce, Barcelona, 1917. Pág. 71.

450   Von Randa, Alexander, *El Imperio Mundial*, Luis de Caralt, Barcelona, 1968. Pág. 166. Citado en Beceiro García, Juan Luis, *La mentira histórica desvelada: ¿Genocidio en América?*, Ejearte, Madrid, 1994. Pág. 81.

451   Roca Barea, María Elvira, *Imperiofobia y leyenda negra: Roma, Rusia, Estados Unidos y el Imperio español*, Siruela, Madrid, 2018. Pág. 306. La autora cita las obras de Georges H. Bousquet, *A French View of the Netherlands Indies*, y Clementino Pastor Migueláñez, *Cultura y humanismo en la América colonial española*.

452   Rüegg, Walter y Ridder-Symoens, Hilde (ed.), *Historia de la universidad en Europa* (4 volúmenes), Universidad del País Vasco, 1994 (vol. 1), 1999 (vol. 2), 2018 (vol. 3) y 2020 (vol. 4).

453   Álvarez Sánchez, Adriana, «Las cátedras de lenguas indígenas en la Universidad del Reino de Guatemala, Siglos XVII-XIX». https://www.elsevier.es/es-revista-estudios-cultura-maya-96-articulo-las-catedras-lenguas-indigenas-universidad-S0185257415300162. Fecha de consulta: 15 de septiembre de 2021.

454   Depons, François, *Viaje a la parte oriental de la tierra firme en la América meridional*, Banco Central de Venezuela, Caracas, 1960.

455   Cfr. Marcos, Ana, «La huella de la conquista en el arte americano entra en el Prado», *El País*, 4 de octubre de 2021. https://elpais.com/cultura/2021-10-04/la-huella-de-la-conquista-en-el-arte-americano-entra-en-el-prado.html. Fecha de consulta: 2 de noviembre de 2021.

456   En la imagen, titulada Santísima Trinidad y atribuida a José de Alcíbar (hacia 1753), se representa a tres hombres de edades similares, cada uno con un pequeño atributo sobre el pecho para distinguirlos. De izquierda a derecha: el Hijo, con un cordero; el Padre, con un sol; y el Espíritu Santo, con una paloma.

457   La politóloga alemana Noelle-Neumann estudió el silencio como fenómeno sociológico de gran influencia en la opinión pública. Acuñó la expresión y desarrolló el concepto de "espiral del silencio". Noelle-Neumann, Elisabeth, *La espiral del silencio: opinión pública, nuestra piel social*, Paidós, Barcelona, 1995.

458   Cfr. Varela Ortega, José, *España, un relato de grandeza y odio: entre la realidad de la imagen y la de los hechos*, Espasa, Barcelona, 2019. Pág. 209.

459   Cfr. Fernández Aguado, Javier, *Encuentro de cuatro imperios*, Kolima, Madrid, 2022.

460   Fernández Vallín, Acisclo, *Discursos leídos ante la Real Academia de Ciencias Exactas, Físicas y Naturales*, Establecimiento tipográfico 'Sucesores de Rivadeneyra', Madrid, 1893. Pág. 41. https://archive.

org/details/culturacientific00fernuoft/page/40/mode/2up?q=mapas. Fecha de consulta: 8 de abril de 2021.

461   Guerra Pérez-Carral, Francisco, *University of California, Bulletin 5*, n° 28 (25 de febrero de 1957). Págs. 134-135.

462   Muñoz Delgado, Juan Jacobo, *El primer hospital de América y otros relatos médicos*, Instituto Caro y Cuervo, Bogotá, 1995. Pág. 218. Citado por Roca Barea, María Elvira, *Op. Cit.* Pág. 303.

463   Guerra Pérez-Carral, Francisco, *El hospital en Hispanoamérica y Filipinas*, Ministerio de Sanidad y Consumo, Madrid, 1996. Pág. 45.

464   Cfr. Bowers, John Z., «*The Odyssey of Smallpox Vaccination*», *Bulletin of the History of Medicine*, Vol. 55, N° 1 (Spring), The Johns Hopkins University Press, 1981. Págs. 17-33.

465   Isabel Zendal incluyó a su propio hijo, Benito, entre los 22 niños de la expedición. El apellido de esta mujer cuenta con muchas versiones, según el documento que se consulte. Con motivo de la pandemia del coronavirus (covid19), que causó la muerte a miles de personas en España y a millones en todo el mundo, en 2020 se construyó en Madrid el Hospital de Emergencias Enfermera Isabel Zendal. Meses antes, se había desplegado en todo el país con el mismo objetivo la llamada Operación Balmis, un dispositivo de miles de miembros de las Fuerzas Armadas. El hito humanitario del siglo XIX ha hallado, así, continuidad en el XXI.

466   Cfr. Martínez Hoyos, Francisco, «La Operación Balmis y la verdad sobre la expedición contra la viruela», *La Vanguardia*, 1 de abril de 2020. https://www.lavanguardia.com/historiayvida/historia-contemporanea/20200401/48219306052/operacion-balmis-expedicion-balmis-vacuna-viruela-hispanoamerica.html. Cfr. también la investigación doctoral de Caffarena Barcenilla, Paula, resumida en https://scielo.conicyt.cl/pdf/historia/v49n2/art01.pdf y publicada en *Viruela y vacuna: Difusión y circulación de una práctica médica. Chile en el contexto hispanoamericano 1780-1830*, Editorial Universitaria de Chile, 2016. Fecha de consulta: 10 de abril de 2021.

467   Cfr. Sueiro, Enrique, *Comunicación y ciencia médica: investigar con animales para curar a personas*, Consejo Superior de Investigaciones Científicas (CSIC), Madrid, 2010. Pág. 32.

468   Stoddard, Lothrop, *The Rising Tide of Color Against White World Supremacy*, Charles Scribner's Son, Nueva York, 1921. Pág. 23. Disponible en https://www.gutenberg.org/files/37408/37408-h/37408-h.htm. Fecha de consulta: 12 de abril de 2021.

469   Ibíd. Pág. 253.

470   Keely, Karen A., «Scientific Selection on the Silver Screen», en Currell, Susan y Codgell, Christina, *Popular Eugenics: National Efficiency and American Mass Culture in the 1930s*, Ohio University Press, Athens, 2006. Págs. 196-197.

471   Cfr. Blom, Philipp, *La fractura: vida y cultura en Occidente, 1918-1938*, Anagrama, Barcelona, 2016. Pág. 162.

472   Sicard de Plauzoles, Just, «L'avenir et la préservation de la race: l'eugénique», en *Prophilaxie antivénerienne*, 1932. Págs. 201-203. Citado en Schneider, William, «*Toward the Improvement of the Human Race: the History of Eugenics in France*», *Journal of Modern History*, 54, n° 2, junio 1982. Págs. 268-291. https://pubmed.ncbi.nlm.nih.gov/11614784/. Fecha de consulta: 12 de abril de 2021.

473   Black, Edwin, *IBM y el Holocausto: la alianza estratégica entre la Alemania nazi y la más poderosa corporación norteamericana*, Editorial Atlántida, Buenos Aires, 2001.

474   Fernández Aguado, Javier, *El Management del III Reich*, LID, Madrid, 2014.

475   Se habla español como idioma oficial en Argentina, Bolivia, Chile, Colombia, Costa Rica, Cuba, Ecuador, El Salvador, Guatemala, Nicaragua, Honduras, México, Panamá, Perú, Puerto Rico, República Dominicana, Uruguay, Paraguay y Venezuela. Aunque no es oficial en EE.UU., unos 50 millones de personas utilizan este idioma, que es la segunda lengua más hablada en casi todos los estados del país. Referencias complementarias en Roca Barea, María Elvira, *Op. Cit.* Págs. 412-413. Cfr. Pérez, Joseph, *La Leyenda negra*, Gadir, Madrid, 2010. Pág. 171. Cfr. Beceiro García, Juan Luis, *Op. Cit.* Págs. 41-45.

476   El académico Guillermo Díaz-Plaja estima que la expresión América Latina o Latinoamérica es una designación confusa, híbrida y despectiva: «Confusa, porque se apoya en una unidad de origen —la lengua de Roma— que se traduce para América en tres subunidades; castellano, portugués y francés. Híbrida, por esta misma superposición demográfica. Y despectiva, porque es una locución norteamericana que señala en bloque, marginándola, a la América que no tiene el honor de ser sajona». Referido en Beceiro García, Juan Luis, *Op. Cit.* Pág. 47.

477   Cfr. Chinchilla, Pedro Luis, https://www.armadainvencible.org/el-verdadero-origen-del-nombre-armada-invencible/. Fecha de consulta: 17 de abril de 2021.

478   Cfr. Pulido, Sandra, «La Gripe Española: la pandemia de 1918 que no empezó en España», *Gaceta Médica*, 19 de enero de 2018. https://gacetamedica.com/investigacion/la-gripe-espanola-la-pandemia-de-1918-que-no-comenzo-en-espana-fy1357456/. Fecha de consulta: 16 de junio de 2021.

7. Gestionar lo anecdótico y lo sintomático

479   Parker, Geoffrey, *Felipe II*, Alianza Editorial, Madrid, 2008. Pág. 190.

480   Kamen, Henry, *La invención de España: leyendas e ilusiones que han construido la realidad*, Espasa, Barcelona, 2020. Pág. 272.

481   Kipling, Ruyard, *Puck en la colina de Pook*, Anaya, Madrid, 1987. Pág. 8.

482   Ídem. Traducción y notas de Jorge Ferrer-Vidal.

483   Cfr. Roca Barea, María Elvira, *Imperiofobia y leyenda negra: Roma, Rusia, Estados Unidos y el Imperio español*, Siruela, Madrid, 2018. Pág. 225.

484   Cfr. Varela Ortega, José, *España, un relato de grandeza y odio: entre la realidad de la imagen y la de los hechos*, Espasa, Barcelona, 2019. Pág. 271.

485   Cfr. Tubella, Patricia, «Blas de Lezo perdió la batalla: Reino Unido borra el nombre del marino del concurso para bautizar a un buque de investigación», *El País*, 4 de abril de 2016. https://elpais.com/cultura/2016/04/04/actualidad/1459766104_599031.html. Fecha de consulta: 16 de abril de 2021.

486   Maltby, William S., *La leyenda negra en Inglaterra: desarrollo del sentimiento antihispánico, 1588-1660*, Fondo de Cultura Económica, México, 1982. Pág. 20.

487   Cfr. Garrigues, Eduardo, «Las cintas de la historia», *Abc*, 10 noviembre 1995. Pág. 38.

488   Ormond, Richard, «*History, myths and the Armada*», *The Times*, Londres, 29 de septiembre de 1987. Pág. 17.

489   Van den Brule, Álvaro, *Inglaterra derrotada: las grandes hazañas navales de España frente a su mayor enemigo*, La Esfera de los Libros, Madrid, 2017. http://www.esferalibros.com/libro/inglaterra-derrotada/. Fecha de consulta: 17 de abril de 2021.

490   San Mateo 7, 16 y San Lucas 6, 44.

491   Obama, Barack, *Una tierra prometida*, Debate, Barcelona, 2020. Pág. 107.

492   Lander, Mark, «El inesperado legado de Obama: ocho años de guerra continua», *The New York Times*, 18 de mayo de 2016. https://www.nytimes.com/es/2016/05/18/espanol/el-inesperado-legado-de-obama-ocho-anos-de-guerra.html. Fecha de consulta: 3 de octubre de 2021.

493   Pringle, Henry F., *Theodore Roosevelt: a Biography*, Hartcourt Brace & Company, New York, 1984. Pág. 123.

494   Ibíd. Pág. 125.

495   https://historia.nationalgeographic.com.es/a/explosion-acorazado-maine-atentado-o-accidente_12386. Fecha de consulta: 19 de junio de 2021.

496   Cfr. Barro Ordovás, Antonio, «USS Maine, 1898», *Revista General de Marina*, Ministerio de Defensa, Gobierno de España, junio de 2019. Págs. 885-899. https://armada.defensa.gob.es/archivo/rgm/2019/06/RGM%20Junio%202019.pdf. Fecha de consulta: 21 de junio de 2021.

497   Cfr. https://www.pbs.org/crucible/bio_hearst.html. Fecha de consulta: 20 de junio de 2021.

498   Cfr. Sánchez Aranda, José Javier, *Pulitzer: luces y sombras en la vida de un periodista genial* (3ª edición), Eunsa, Pamplona, 2002. Pág. 153.

499   Cfr. Ibíd. Pág. 152.

500   Cfr. *The New York Times*, 18 de mayo de 1898. https://www.nytimes.com/1898/05/18/archives/living-and-dying-nations.html. Fecha de consulta: 21 de julio de 2021.

501   Encyclopaedia Britannica (Micropaedia). «The University of Chicago, 1985, William Randolph Hearst», Tomo 5. Pág. 782.

502   Pringle, Henry F., *Op. Cit.* Pág. 124.

503   Algunos de los muchos vascos protagonistas en el imperio hispano: Juan Sebastián Elcano, Cosme Damián Churruca, Blas de Lezo, Manuel de Montiano y Sopelana, Andrés de Urdaneta, Miguel López de Legazpi, Juan de Urbieta, Catalina de Erauso, etc.

504   Hansen, Ib S., and Price, Robert S., «The USS Maine: an examination of the technical evidence bearing on its destruction», 25-XI-1975, en Rickover, Hyman G., *How the Battleship Maine Was Destroyed*, Naval Institute Press, Annapolis, Maryland, 1995 (publicado originalmente en 1976 por Naval History Division, Department of the Navy).

505   Rickover, Hyman G., *Op. Cit.*

506   Marolda, Edward J. (ed.), *Theodore Roosevelt, the US Navy and the Spanish-American War*, Palgrave Macmillan, 2001.

507   Herrero de Miñón, Miguel, *Memorias de estío*, Temas de Hoy, Madrid, 1993. Pág. 78.

55 reflexiones ejecutivas

508   Brandt, Willy, *La locura organizada: carrera armamentista y hambre en el mundo*, Círculo de Lectores, Barcelona, 1988.

Bibliografía

- Acemoglu, Daron y Robinson, James A., *Por qué fracasan los países: los orígenes del poder, la prosperidad y la pobreza* (7ª ed.), Ediciones Deusto, Barcelona, 2014.

- Arendt, Hannah, *Los orígenes del totalitarismo*, Alianza Editorial, Madrid, 2021.

- Arnoldsson, Sverker, *La leyenda negra: estudios sobre sus orígenes*, (Acta Universitatis Gothoburgensis; Göteborgs Universitets Arsskrift, LXVI), N.º 3, 1960.

- Barro Ordovás, Antonio, «*USS Maine, 1898*», *Revista General de Marina*, Ministerio de Defensa, Gobierno de España, junio de 2019.

- Beceiro García, Juan Luis, *La mentira histórica desvelada: ¿Genocidio en América?*, Ejearte, Madrid, 1994.

- Chaunu, Pierre, *Conquista y explotación de los nuevos mundos: siglo XVI*, Editorial Labor, Barcelona, 1973.

- Díaz del Castillo, Bernal, *Historia verdadera de la conquista de Nueva España*, Editorial Ramón Sopena, Barcelona, 1975.

- Eymeric, Nicolau, *Manual de inquisidores: para uso de las Inquisiciones de España y Portugal*, Editorial Fontamara, Barcelona, 1974.

- Fernández Aguado, Javier, *El encuentro de cuatro imperios*, Editorial Kolima, Madrid, 2022.

- Fernández Aguado, Javier, *2000 años liderando equipos: enseñanzas del management más exitoso*, Editorial Kolima, Madrid, 2020.

- Fernández Aguado, Javier, *El management del III Reich*, LID, Madrid, 2014.

- Ferro, Marc, *El libro negro del colonialismo: siglos XVI al XXI, del exterminio al arrepentimiento*, La Esfera de los libros, Madrid, 2005.

- Galeano, Eduardo, *Las venas abiertas de América Latina*, Siglo XXI de España Editores, Madrid, 1985.

- García-Villoslada, Ricardo, *Martín Lutero: en lucha contra Roma*, Vols. I y II, BAC, Madrid, 2008.

- Gullo Omodeo, Marcelo, *Madre patria: desmontando la leyenda negra desde Bartolomé de Las Casas hasta el separatismo catalán* (9ª ed.), Espasa, Barcelona, 2021.

- Hanke, Lewis, *La lucha por la justicia en la conquista de América*, Ediciones Istmo, Madrid, 1988.

- Höffner, Joseph, *La ética colonial española del Siglo de Oro*, Ediciones Cultura Hispánica, Madrid, 1957.

- Kamen, Henry, *La invención de España: leyendas e ilusiones que han construido la realidad*, Espasa, Barcelona, 2020.

- Las Casas, Bartolomé de, *Brevísima relación de la destrucción de las Indias*, 1552.

- Lavallé, Bernard, *Bartolomé de Las Casas: entre la espada y la cruz*, Ariel, Barcelona, 2007.

- León-Portilla, Miguel, *Visión de los vencidos: relaciones indígenas de la conquista*, Universidad Nacional Autónoma de México, México, 2006.

- Lewis, B. D. Wyndhan, *Carlos de Europa, emperador de Occidente* (7ª ed.), Espasa-Calpe, Madrid, 1962.

- Lummis, Charles F., *Los exploradores españoles del siglo XVI*, Espasa-Calpe, Madrid, 1959.

- Lutero, Martín, *Exhortación a la paz: en relación con los Doce Artículos de los Campesinos de Suabia*, 1525.

- Llorente, Juan Antonio, *La Inquisición y los españoles*, Editorial Ciencia Nueva, Madrid, 1967.

- Maeztu, Ramiro de, *Defensa de la Hispanidad* (5ª ed.), Rialp, Madrid, 2020.

- Maltby, William S., *La leyenda negra en Inglaterra: desarrollo del sentimiento antihispánico*, 1588-1660, Fondo de Cultura Económica, México, 1982.

- Marañón, Gregorio, *Antonio Pérez: el hombre, el drama, la época* (2ª ed.), Vols. I y II. Espasa-Calpe, Madrid, 1948.

- Mazzoni, Giuliana, *¿Se puede creer a un testigo?: el testimonio y las trampas de la memoria*, Editorial Trotta, Madrid, 2010.

- Noelle-Neumann, Elisabeth, *La espiral del silencio: opinión pública, nuestra piel social*, Paidós, Barcelona, 1995.

- Parker, Geoffrey, *Felipe II*, Alianza Editorial, Madrid, 2008.

- Parker, Geoffrey, *El rey imprudente: la biografía esencial de Felipe II*, Planeta, Barcelona, 2015.

- Payne, Stanley G., *En defensa de España: desmontando mitos y leyendas negras*, Espasa, Barcelona, 2019.

- Pérez, Antonio, *Relaciones del secretario de Estado de Felipe II*, Editorial Renacimiento, Sevilla, 2013.

- Pérez, Joseph, *La Leyenda negra*, Gadir, Madrid, 2010.

- Pérez, Joseph, *Crónica de la Inquisición en España*, Ediciones Martínez Roca, Barcelona, 2002.

- Powell, Philip W., *Árbol de odio: la Leyenda Negra y sus consecuencias en las relaciones entre Estados Unidos y el Mundo Hispánico*, Ediciones José Porrúa Turanzas S.A., Madrid, 1972.

- Quevedo, Francisco de, *España defendida, y los tiempos de ahora, de las calumnias de los noveleros y sediciosos*, SIELAE, A Coruña, 2018.

- Roca Barea, María Elvira, *Imperiofobia y leyenda negra: Roma, Rusia, Estados Unidos y el Imperio español*, Siruela, Madrid, 2018.

- Rosenblat, Ángel, *La población indígena y el mestizaje en América*, Editorial Nova, Buenos Aires, 1954.

- Sánchez-Albornoz, Claudio, *España, un enigma histórico*, Edhasa, Barcelona, 2001.

- Stephen, James Fitzjames, *A History of the Criminal Law of England*, Londres, 1883.

- Sueiro, Enrique, *Saber comunicar saber: guía para practicar comunicación efectiva*, ACCI, Madrid, 2016.

- Sueiro, Enrique, *Brújula directiva: 25 horizontes* (2ª ed.), Eunsa, Pamplona, 2021.

- Varela Ortega, José, *España, un relato de grandeza y odio: entre la realidad de la imagen y la de los hechos*, Espasa, Barcelona, 2019.

- Vega Cernuda, Miguel Ángel y Wegener, Hennig (eds.), *España y Alemania: percepciones mutuas de cinco siglos de historia*, Editorial Complutense, Madrid, 2002.

- Vélez, Iván, *Sobre la leyenda negra* (2ª ed.), Ediciones Encuentro, Madrid, 2018.

- Vilar, Pierre, *Historia de España*, Crítica, Barcelona, 2009.

Índice temático
(selección)

www.ingramcontent.com/pod-product-compliance
Lightning Source LLC
LaVergne TN
LVHW020048210726